# Classica et Orientalia

Herausgegeben von
Reinhold Bichler, Bruno Jacobs,
Giovanni B. Lanfranchi, Robert Rollinger,
Kai Ruffing und Josef Wiesehöfer

Band 14

2016
Harrassowitz Verlag · Wiesbaden

Christiane Voigt

# Recherches sur la tradition arabe du *Roman d'Alexandre*

2016

Harrassowitz Verlag · Wiesbaden

Cover illustration: Johann Georg Platzer (1704–1761),
Die Amazonenkönigin Thalestris im Lager Alexanders des Großen,
Öl auf Kupfer (um 1750).

Bibliografische Information der Deutschen Nationalbibliothek
Die Deutsche Nationalbibliothek verzeichnet diese Publikation in der Deutschen Nationalbibliografie; detaillierte bibliografische Daten sind im Internet über http://dnb.dnb.de abrufbar.

Bibliographic information published by the Deutsche Nationalbibliothek
The Deutsche Nationalbibliothek lists this publication in the Deutsche Nationalbibliografie; detailed bibliographic data are available on the Internet at http://dnb.dnb.de.

For further information about our publishing program consult our website http://www.harrassowitz-verlag.de


Printed on permanent/durable paper.
Printing and binding: Hubert & Co., Göttingen
Printed in Germany

ISSN 2190-3638
ISBN 978-3-447-10661-0

Allen Schwertwalen gewidmet

Solo che ci vuole tempo, bisogna
considerare gli accadimenti,
collegarli, scoprire i nessi,
anche quelli meno visibili.

Umberto Eco, *Baudolino*

# Table des matières

# Préface

Le présent livre est issue d'une thèse de doctorat soutenue en juillet 2014 à l'Université de Strasbourg. En premier lieu, je souhaite remercier les deux directeurs de cette cotutelle franco-allemande: du côté français, Laurent Pernot et du côté allemand, Gotthard Strohmaier pour avoir bien voulu me guider dans cette recherche interdisciplinaire. Cette synthèse est en quelque sorte le fruit de la combinaison de leurs compétences si complémentaires: la clarté méthodique de la Rhétorique et la pensée ouverte des *Graeco-Arabica*.

En deuxième lieu, je dois exprimer toute ma gratitude et toute ma reconnaissance envers Pierre Sauzeau, Jean-Noël Michaud, Mari-Jo Lafarge et Marie Fritsch pour avoir méticuleusement relu le manuscrit tout en proposant de nombreuses améliorations au niveau de la langue et de la stylistique françaises. Je remercie également Ronny Vollandt, Johann Goeken et Johannes Niehoff-Panagiotidis pour leurs remarques critiques qui m'ont guidé dans l'amélioration de cet ensemble.

En troisième lieu, je souhaite remercier Faustina Doufikar-Aerts pour m'avoir envoyé son édition de la *Lettre des merveilles* et pour toutes ses remarques critiques. L'idée originale pour ce sujet m'était déjà venue en 2009 en lisant son article sur la fondation d'Alexandrie.

Dernièrement, l'enseignement expérimentel du grec ancien ainsi que les questions critiques des étudiants à Strasbourg et à Berlin ont toujours été une véritable source d'inspiration dans le contexte de la genèse de cet ouvrage.

Dans le même cadre de l'enseignement clair et méthodique et/ou de l'inspiration poétique, je voudrais remercier Haci Maria Longhi Farina, Marie-Noëlle Ciccia, Jean-François Thomas, Alain Fraisse, Philippe le Moigne, Marie-Pierre Noël, Tristano Gargiulo, Patrizia Mureddu, Paolo Cugusi, Bernhard Zimmermann, Stefan Faller, Christian Orth, Paul Heilporn, Jean-Luc Vix et Julien Dufour grâce à qui j'avais l'occasion et la chance d'apprendre beaucoup en relativement peu de temps. Je remercie aussi Gérard Freyburger, Yves Lehmann et James Hirstein pour leur engagement en matière des relations franco-allemandes qui ont profondément marqué notamment les dernières six années de mon parcours universitaire. Par ailleurs, cette thèse a aussi reçu une subvention de l'*Université franco-allemande* (UFA). Je remercie également Thoralf Hanstein de la Staatsbibliothek de Berlin pour m'avoir procuré les sources nécessaires à mon projet de recherche.

De plus, je suis très reconnaissante envers les éditeurs de la collection *Classica et Orientalia* Reinhold Bichler, Bruno Jacobs, Giovanni B. Lanfranchi, Robert Rollinger, Kai Ruffing et Josef Wiesehöfer pour accueillir cette contribution au sein de leur collection; in diesem Zusammenhang gilt mein besonderer Dank Wolfgang Kofler. Sans l'aide et la disponibilité de Jens Fetkenheuer de la maison d'édition Harrassowitz le manuscrit n'aurait jamais pu prendre cette forme esthétique.

Au bout de ce long parcours de thèse, mes pensées vont, bien sûr, à tous ceux qui m'ont accompagné au cours de ces dernières années si riches en expériences. Avant tout, je remercie mon âme jumelle Maximiliano de l'autre bout du monde qui n'a cessé de m'encourager à terminer la thèse de doctorat et, bien plus tard, aussi le manuscrit, en me faisant rire même quand j'avais envie de pleurer ainsi que Friedemann et Maciej, Ouelid, Adeline, Beryl, Sharon, Bertrand, Daniela, Angela, Doreen, Matthias et Mark, Heide et Mazdak, Dara, Kornelia, Julia, Juliane, Sana, Laura, Nina, Özlem, Doris et Ute, Barbara et Kula, et naturellement ma famille qui m'a toujours soutenu.

En ce qui concerne les sources grecques citées, celles qui sont citées sans note correspondent à la version contenue dans le *Thesaurus Linguae Graecae*. Toutes les traductions sont les miennes, que ce soit du grec, du latin ou de l'arabe ou encore de l'anglais d'E. W. A Budge. Des ajouts dans la traduction sont marqués par le signe ⟨ ⟩. Les transcriptions arabes suivent les règles de la *ZDMG*. Les vocalisations arabes sont celles des différentes éditions critiques utilisées. Parfois, j'ai effectué quelques légères corrections dans les éditions dont je garde la ponctuation dans un souci de cohérence.

Enfin, j'espère que l'on me pardonne mon style parfois trop synthétique et elliptique ainsi que les coquilles restantes qui relèvent uniquement de ma propre responsabilité. Mon idée était, avant tout, de fournir une synthèse apte à répondre à deux questions cruciales, à mon avis: quelle recension grecque du *Roman d'Alexandre* a été traduite en arabe et pourquoi cette biographie légendaire d'une qualité littéraire plutôt médiocre en grec ancien – face aux auteurs de l'époque classique, bien entendu – a été transmise dans l'Orient alors qu'elle ne rentre pas *a priori* dans le cadre scientifique et philosophique des *Graeco-Arabica*?

Christiane Voigt — Berlin, juin 2016

# 1 Le *Roman d'Alexandre* et les *Graeco-Arabica*

> «Of all the dividing lines set up between academic disciplines in the western intellectual tradition, the frontier between classical and Islamic studies has proved among the most durable and impenetrable.»[1]
>
> Hugh Kennedy

## 1.1 L'introduction

Le *Roman d'Alexandre* du Pseudo-Callisthène est un ouvrage très complexe à son origine. Difficile à analyser à cause de sa tradition textuelle, il a été transmis par des voies indiscernables de l'Occident à l'Orient.

La question de l'héritage grec dans l'Orient est étudiée dans le cadre des *Graeco-Arabica*. Cette discipline a une origine relativement récente, datant du XIX^e^ siècle, comparée à la longue tradition de la Philologie classique inaugurée à l'âge humaniste. Au centre des *Graeco-Arabica* se trouve l'étude des traductions arabes faites à partir d'ouvrages scientifiques, philosophiques ou de médecine grecque.[2] Les manuscrits arabes peuvent dans ce type de texte à caractère majoritairement «pratique» combler les lacunes des manuscrits grecs puisque les traductions arabes ont été faites à partir de manuscrits grecs souvent plus anciens que les manuscrits grecs conservés.

Le rôle du *Roman d'Alexandre* au sein des *Graeco-Arabica* représente un cas très spécifique. En fait, celui-ci se démarque complètement des traductions que l'on pourrait qualifier de «techniques». Déjà dans le domaine grec, l'ouvrage en question apparaît sous la forme d'un véritable foisonnement de différentes recensions. Dans le domaine arabe, il connaîtra un *Nachleben* non moins complexe. En effet, on repère une multitude de sources en langue arabe ainsi qu'une grande diversité de genres littéraires qui finiront par se superposer les uns aux autres.

Au cœur de la présente étude se trouve la survie orientale du seul ouvrage grec ayant été traduit en arabe appartenant à ce que l'on pourrait appeler la catégorie des «Belles Lettres».

---

1 «Islam», *Interpretating Late Antiquity*, Bowersock (G.W.)/Brown (P.)/Grabar (O.)(éds.), Cambridge-London 2002.

2 *Cf.* la liste des ouvrages grecs traduits en arabe à l'époque abbaside dressée par Gutas (1998) 1: «astrology and alchemy and the rest of the occult sciences; the subjects of the quadrivium: arithmetic, geometry, astronomy, and theory of music; the entire field of Aristotelian philosophy throughout the history: metaphysics, ethics, physics, zoology, botany, and especially logic – the *Organon*; all the health sciences: medicine, pharmacology, and veterinary science; and various other marginal genres of writings, such as Byzantine handbooks on military science (the tactica), popular collections of wisdom sayings, and even books on falconry».

La méthode appliquée sera celle de l'analyse philologique qui consiste à rechercher le modèle grec précis dans une traduction arabe donnée.

Contrairement à la traduction de caractère «technique», fondée sur la traduction littérale, la transmission du *Roman* du Pseudo-Callisthène s'est faite principalement de trois manières. Dans le meilleur des cas, il y a une traduction plus ou moins littérale d'un chapitre donné; cas de figure plutôt rare pour la présente étude. En revanche, ce qui est très fréquent, c'est la réélaboration d'un épisode, souvent marquée par des ajouts de l'auteur. Parfois, la recension grecque, ou du moins la famille de manuscrits, à laquelle appartient le témoignage en question, peut encore être identifiée. Cependant, ce processus d'une activité littéraire, qui dépasse le cadre étroit d'une traduction mécanique, implique des défis méthodiques: il n'est pas facile de rattacher une traduction arabe à une recension grecque donnée. Le troisième cas de figure est celui de ce que l'on pourrait désigner par la «pure» transmission orale de la matière romanesque.

La confusion entre Alexandre et Moïse dans le *Coran* en est un exemple très parlant. Cette ligne de transmission pose un problème majeur de méthode car, face à l'absence de documents écrits, il faut supposer la circulation orale de légendes autour de la figure du Macédonien dans l'Orient. Néanmoins, quelquefois, il est possible d'émettre une hypothèse fondée sur des critères textuels précis, que ce soit des chiffres, des noms propres ou encore des détails si singuliers qu'ils ne peuvent pas avoir été inventés à deux reprises.

Ce triple processus – de traduction littérale, de réélaboration thématique, de transmission orale – crée une telle dynamique dans l'Orient que les différentes interprétations de la figure Conquérant macédonien – d'origine grecque ou non – vont se mélanger et aboutir très souvent à une transformation orientale. Au-delà de cette innovation islamique, deux tendances non conciliables marquent aussi l'image d'Alexandre le Grand dans l'Orient.

D'un côté, il incarne l'idéal d'un empereur chrétien dans la tradition syriaque, susceptible de mettre fin à l'avancée arabe. De l'autre côté, il est représenté de façon extrêmement négative en raison de sa victoire sur Darius III – le dernier achéménide – en tant que destructeur «par excellence» de l'Empire perse. De toute évidence, cette représentation historique est aussi fausse que celle de la tradition syriaque puisque l'écroulement de l'Empire en question est le résultat de la conquête des armées arabes.

Quant à la transmission de la matière romanesque relative à Alexandre le Grand de l'Occident à l'Orient, ce mouvement de l'Ouest à l'Est apparaît déjà dans la structure biographique même du *Roman* du Pseudo-Callisthène. En effet, l'accent se déplace, au fur et à mesure que la narration avance, depuis l'Occident – l'action étant située au premier livre en Macédoine, en Asie Mineure et à Alexandrie – vers l'Orient. Au deuxième livre, il est question notamment des affrontements militaires en Perse. Enfin, l'action finit par passer à l'Extrême Orient au livre III, consacré à l'Inde et au retour d'Alexandre à Babylone. Il revêt le rôle d'un conquérant de l'espace imaginaire, esquissé plutôt que défini par des repères mathématiquement vérifiables.

À l'origine de cette tradition se trouve encore une fois l'Alexandre historique dont les conquêtes ont marqué le deuxième grand moment de l'évolution des connaissances géographiques dans l'Antiquité gréco-romaine. Après l'époque de la colonisation grecque, grâce à laquelle l'horizon du peuple grec s'est élargi vers les côtes de la Méditerranée et de la Mer Noire ainsi que vers l'Asie Mineure, les campagnes du Macédonien ont été à l'origine de la connaissance de l'Asie jusqu'à l'Inde et l'actuel Afghanistan. Il a traversé l'Asie Mineure (la Turquie actuelle), la Phénicie (l'actuel Liban), la Syrie, l'Égypte avant de se diriger vers l'Empire perse (l'actuel Irak, Iran, Afghanistan) pour arriver jusqu'en Inde où ses soldats ont refusé de le suivre plus loin.

Les deux composantes essentielles des *Graeco-Arabica* font l'objet de deux contributions récentes très détaillées, celles de F. Doufikar-Aerts et de C. Jouanno, accentuées sur le domaine arabe pour la première et grec pour la seconde.

Dans son *Alexander Magnus Arabicus*,[3] F. Doufikar-Aerts fournit une riche synthèse de la réception du Pseudo-Callisthène dans le domaine arabe, enrichie par des manuscrits contenant des traductions arabes jusqu'à présent inédites. Etant spécialisé dans le domaine des versions arabes, elle ne se prononce que très rarement sur le modèle grec d'un témoignage arabe donné.

En parallèle, dans le domaine grec, C. Jouanno décortique de manière très précise le caractère propre à chacune des recensions grecques dans sa synthèse *Naissance et métamorphoses du Roman d'Alexandre* réunissant les acquis de plus d'un siècle. Elle signale dans sa conclusion l'importance des recherches à mener dans le domaine oriental:

> Sans doute aussi l'étude des versions grecques du *Roman* a-t-elle beaucoup à attendre des recherches menées dans le domaine oriental, arabe et judaïque, par F. Doufikar-Aerts, F. de Polignac ou W. J. van Bekkum: en effet, les accointances de recensions comme ε ou λ avec l'Orient sont évidentes et mériteraient d'être explorées plus avant.[4]

Le rôle exact que ces deux recensions grecques mentionnées ont joué dans la transmission du *Roman* constitue un point de départ pour la présente étude. Est-ce que ces deux recensions mentionnées sont à l'origine de la transmission du Pseudo-Callisthène dans l'Orient? Y a-t-il d'autres recensions grecques ayant joué un rôle de premier plan? Seule l'analyse philologique va pouvoir répondre à ces questions.

Le relais gréco-arabe est un sujet d'actualité et de discussions scientifiques qui n'intéressent pas seulement les cercles académiques mais également l'opinion publique. Au-delà de la polémique, il convient approcher ce sujet – axé entre l'Occident et l'Orient – de façon critique basée sur l'analyse des données purement philologiques. En France, le médiéviste S. Gouguenheim a été à l'origine de toute une série de polémiques à la suite de son ouvrage *Aristote au mont Saint-Michel*.[5] Le médiéviste français adopte une position centrée sur l'Europe quant à la transmission du savoir de l'Antiquité au Moyen Âge européen.

Au cœur de sa thèse figurent les monastères localisés en Europe, comme celui du mont Saint-Michel, qui auraient assuré la transmission des textes anciens. Il prend le contre-pied de la *communis opinio* sur la question de la transmission du savoir grec à travers l'intermédiaire arabe dans l'Europe médiévale. Selon lui, l'impact des traductions arabes a été surévalué. Il faudrait prendre en compte que S. Gouguenheim consacre son analyse à la transmission des textes se trouvant au cœur même des *Graeco-Arabica*, à savoir l'*Organon*

3 Doufikar-Aerts (2010b).
4 Jouanno (2002) 463.
5 Gouguenheim (2008).

d'Aristote de Stagire, Ptolémée ou encore Galien de Pergame. Pour ce qui est des traductions arabes du *Roman d'Alexandre*, seule la collection des sentences de al-Mubaššir ibn Fātik portant le titre *Muḫtar al-ḥikam wa-maḥāsin al-kalim (Choix de proverbes et beauté des sentences)* a fait l'objet d'une réception dans l'Occident. L'ouvrage en question a été traduit en espagnol sous le titre *Los bocados de oro*, sans avoir exercé une influence importante sur l'Occident, en dépit d'une traduction latine qui a été faite à partir de la version espagnole. De manière générale, aucune version arabe du *Roman* n'a exercé d'impact comparable à celui des traductions scientifiques sur l'Occident au Moyen Âge. Cette thèse est donc, malgré toute la polémique qui en dérive, au moins valable pour ce cas particulier de la traduction arabe du Pseudo-Callisthène.

Au centre de la présente étude se trouve la question de la comparaison d'un épisode arabe à son original grec, c'est-à-dire à un chapitre précis du *Roman d'Alexandre*. En revanche, là où il est impossible de remonter à un modèle grec précis, il faudrait se contenter de cerner le plus possible la et/ou les recensions qui montrent des coïncidences philologiques. Par ailleurs, ce qui se révèle extrêmement compliqué pour ce qui est du *Roman* en question, c'est l'établissement d'un *stemma codicum* valable qui permet de mieux cerner les fondements de la transmission du grec à l'arabe. Une tentative de ce genre a été présentée par F. Doufikar-Aerts. Elle se base en particulier sur un certain nombre de romans arabes inédits.[6] Dans sa contribution récente, elle trace déjà le cadre des sources cruciales «of the Arabic Pseudo-Callisthenes tradition»:

> The observation that the oldest Arabic tradition of the *Alexander Romance* is based on the Syriac translation of the Pseudo-Callisthenes romance is not new. It is, however, new that this conclusion, which was partially based on assumptions, has now been substantiated by a great deal of new text material. The *Qiṣṣat Dhī 'l-Qarnayn* by Abū ʿAbd al-Malik adds several 'new' passages to known material with regard to Mubashshir. ʿUmāra's *Qiṣṣat al-Iskandar, Dhū 'l-Qarnayn*, has proved to be an invaluable source of material translated and adapted from the Syriac. Even more convincing is the evidence for Syriac sources in the Quzmān text. And, finally, providing outstanding evidence, are the four text fragments found as interpolations in the various *Sīra* manuscripts: the Letter to Aristotle, the 'Last days of Alexander', Aristotle's Elevating Letter to Alexander and the Amazon story.[7]

De ces affirmations résultent des données importantes pour comprendre la transmission du *Roman d'Alexandre* du grec en arabe. La publication de ces versions sous forme d'édition critique va pouvoir permettre de vérifier, dans le meilleur des cas, si elles ont été traduites à partir d'une recension grecque spécifique. En ce qui concerne les quatre «interpolations de la *Sīra*», mentionnées par F. Doufikar-Aerts, seule la lettre d'Alexandre à Aristote, l'*Epistola Alexandri ad Aristotelem*, figure dans le corpus des sources.

Lors du processus de la transmission textuelle, nous manquons parfois d'éléments intermédiaires, mais toutefois importants en vue de la reconstruction des sources. La question de la connaissance du *Roman* dans la péninsule arabique au moment de la révélation coranique représente un problème particulier. Véhiculés de l'Occident à l'Orient

6 Doufikar-Aerts (2010b) 91.
7 Doufikar-Aerts (2010b) 78.

jusqu'à la péninsule arabique, deux épisodes familiers depuis le *Roman d'Alexandre* attirent tout particulièrement l'attention d'un public musulman plus large. Il s'agit de l'apparition d'Alexandre le Grand dans la *Sourate de la caverne* du *Coran* où il est associé à la construction du rempart contre les peuples apocalyptiques de Gog et Magog ainsi qu'à la source de l'immortalité. En réalité, la présence de ces deux épisodes dans le *Coran* ne peut pas être le résultat d'une traduction écrite à partir d'une recension grecque spécifique.

Lors du passage du grec à l'arabe, le rôle du syriaque comme langue intermédiaire doit également être pris en compte. Il y a, à côté de la traduction syriaque du *Roman*, un deuxième complexe littéraire qui trouve son origine dans la *Légende d'Alexandre*, également rédigée en syriaque. Les problèmes méthodologiques, qui peuvent en dériver, sont résumés par F. Doufikar-Aerts:

> In addition to the Syriac Pseudo-Callisthenes, a version of the *Christian Syriac Alexander Legend* has also been translated into Arabic. In a number of Arabic transmissions, amongst which in any case are those by ʿUmāra, Abū ʿAbd al-Malik, Quzmān, Pseudo-Aṣmaʿī as well as the *Leyenda*, material borrowed from this source has become interwoven with the Pseudo-Callisthenes material. It must again be noted that none of the texts belonging to the Pseudo-Callisthenes tradition are 'pure'; i.e., in every case data from other sources have been used.[8]

Cet assemblage de sources différentes au sein de ces romans cités souligne qu'il n'y avait pas un *Roman d'Alexandre* «par excellence» dans l'Orient. Bien au contraire, chaque rédacteur oriental semblait puiser très librement dans les sources – grecques, syriaques ou arabes – qu'il avait à sa disposition. Cette absence de source unique constitue une des difficultés majeures à la description et l'analyse philologique de ce processus de transmission. A cette difficulté s'ajoute une seconde problématique, non moins complexe, que l'on peut résumer par la question suivante: quelle recension grecque du Pseudo-Callisthène a été traduite en arabe? Malgré les difficultés méthodologiques inhérentes, la présente synthèse interdisciplinaire essaie de faire le point sur la survie des différentes recensions grecques dans l'Orient.

La recherche de la traduction arabe commence véritablement une étude de l'orientaliste allemand Th. Nöldeke. Il soutenait la thèse que la traduction syriaque ne dépend pas d'une recension grecque du *Roman d'Alexandre* mais d'une version pahlavie (moyen-persan).[9] Par conséquent, cette version devait être antérieure au mouvement des traductions de l'époque omeyyade. Dans le sillage de Th. Nöldeke, K. F. Weymann a mené une comparaison des motifs littéraires sous l'angle philologique entre la traduction syriaque et la traduction éthiopienne du XIV^e^ siècle ap. J.-C. en avançant des remarques précieux concernant le modèle grec de la traduction arabe perdue. Il constate déjà à cette époque que cette dernière n'a pas été faite à partir d'une recension grecque unique, mais que ses différents composants dériveraient soit de la recension α soit d'une version de β.[10] Par ailleurs, l'analyse philologique de la traduction arabe du *Roman* se révèle difficile en raison

8 Doufikar-Aerts (2010b) 78.
9 Nöldeke (1890) 14-17.
10 Weymann (1901) 17: Dagegen kann allerdings der Umstand geltend gemacht werden, dass der Eingang die jüngere Rezension β, der Schluss hingegen die ältere α darstellt.

d'un problème crucial lié à l'accès immédiat aux sources. Contrairement au domaine de la philologie classique, où les différentes recensions ont toutes été éditées, dans le domaine de la philologie arabe, certaines sources attendent encore une collation des manuscrits menant à l'édition.[11] Jusqu'à présent, il n'existe pas encore une synthèse interdisciplinaire qui réunit de façon méthodique et structurée les acquis de la philologie grecque et arabe de plus d'un siècle.

Loin d'une transmission linéaire de l'Occident à l'Orient, la tradition arabe a opéré un choix éclectique à partir des trois livres du *Roman d'Alexandre*. En effet, les chapitres relevés dans la deuxième partie donnent au lecteur une idée très concrète de ce qui a été si universel au point d'avoir été transféré dans une aire culturelle bien différente de celle de son origine. La structure des trois livres du Pseudo-Callisthène est préservée afin de permettre au lecteur une orientation facile à partir des plus anciennes recensions en relevant les épisodes qui ont attiré l'attention d'un auteur écrivant indépendamment de son contexte religieux en langue arabe: celui de l'Islam ou encore du Christianisme oriental.

Cela dit, mieux vaut se garder d'établir une équation entre un témoignage littéraire en langue arabe et l'Islam, surtout si l'on tient compte des contributions importantes et singulières de la plume des auteurs chrétiens comme Eutychius, Agapius ou Ḥunayn ibn Isḥāq. La thèse, soutenue depuis le début du XX^e siècle entre autre par K. F. Weymann[12] et J. Zacher,[13] qui consistait à dire que ce dernier aurait traduit le *Roman d'Alexandre*, n'est plus valable à présent. K. F. Weymann a avancé comme preuve philologique la forme syriaque du nom de Roxane (*Rušanaq*) dans le *Kitāb ādāb al-falāsifa (Livre des sentences des philosophes)* pour fonder son avis que Ḥunayn ibn Isḥāq aurait pu avoir connaissance de la version syriaque du *Roman*. J. Zacher, quant à lui, soutenait que le célèbre traducteur, ayant connu l'ouvrage du Pseudo-Callisthène, l'aurait traduit. Il n'est pas possible que Ḥunayn ibn Isḥāq ait traduit un ouvrage populaire comme le Pseudo-Callisthène, mais il a emprunté la «Lettre de consolation» et l'a insérée dans sa collection de sentences.

La structure de cette étude s'articule ainsi en deux parties. Après une présentation des sources grecques (latines), syriaques et arabes, suit un aperçu du cadre historique de la transmission du *Roman d'Alexandre* au Proche-Orient, notamment en langues syriaque et en arabe. Cette division historique est complétée par un aperçu des trois traditions fondamentales arabes, à savoir la tradition coranique du Bi-cornu, la tradition du Pseudo-Callisthène et la littérature de sagesse. La deuxième partie comporte une analyse linéaire du *Roman* tout en suivant la division habituelle en trois livres, la recension ε y faisant exception et offrant une numérotation différente des chapitres. La longueur des chapitres peut varier de façon considérable afin de mieux illustrer la popularité de certains thèmes dans l'Orient.

11 Il s'agit en particulier de la chronique historique *Nihāyatu l-arab fī aḫbāri l-fursi wa-l-ʿarab (Le dernier but au sujet des histoires des Perses et des Arabes)*, du roman populaire de ʿUmāra, dont Friedländer (1931) 308-316 a publié des extraits, en annexe à son étude sur le mythe de la source de l'immortalité, et du roman populaire intitulé *Sīra al-malik al-Iskandar ḏī l-qarnayn (La Vie du Roi Alexandre, le Bi-Cornu)*, évoquée par Doufikar-Aerts (2010b) 58-73.

12 Weymann (1901) 79.

13 Zacher (1876) 191.

## 1.2 Les sources

Le *corpus* des sources majeures – en grec, latin, syriaque et arabe – s'inscrit dans un arc chronologique couvrant *grosso modo* dix siècles allant de la recension α du *Roman d'Alexandre*, le Βίος Ἀλεξάνδρου τοῦ Μακεδόνος *(La vie d'Alexandre de Macédoine)*[14] à la *Qiṣṣat ḏī l-qarnayn (Histoire du Bi-cornu)*.[15] Le titre grec Βίος Ἀλεξάνδρου τοῦ Μακεδόνος de la recension α fait allusion au genre littéraire de la biographie. En trois livres, le *Roman d'Alexandre* narre la vie du héros éponyme de sa naissance jusqu'à sa mort, tout en excluant les épisodes à connotation négative. A l'autre bout de la chaîne de transmission se situe la *Qiṣṣat ḏī l-qarnayn (Histoire du Bi-cornu)*, une compilation d'histoires d'inspiration islamique centrée autour de la figure coranique de *Ḏū l-qarnayn*. Cet épithète se traduit par «qui possède les cornes» ou de façon plus concise par «le Bi-cornu», la dernière traduction étant préférable car elle reproduit de manière plus élégante le syntagme arabe en français.[16]

La langue des manuscrits de la *Qiṣṣat ḏī l-qarnayn (Histoire du Bi-cornu)* datant de la moitié du XIII^e^ siècle comme *terminus post quem* est celle de deux régions visitées par le protagoniste au cours de ses pérégrinations dans l'imaginaire oriental: l'«Afrique ⟨du Nord⟩» *(Ifrīqīya)* et «l'Espagne ⟨sous la domination musulmane⟩» *(al-Andalus)*. En dépit de ce fait linguistique, certaines parties remontent probablement jusqu'au VII^e^ siècle de notre ère car Kaʿb al-Aḫbār est cité en tant que source. Ce juif converti, mort environ en 652 ap. J.-C., était célèbre pour sa connaissance des matériaux judéo-chrétiens qui circulaient oralement dans la péninsule arabique au VII^e^ siècle. Selon la *communis opinio* des arabisants occidentaux, c'est ainsi que le prophète de l'Islam Mahomet est censé avoir fait la connaissance d'Alexandre le Grand.[17] Cet exemple montre très bien dans quelle mesure le contenu d'un témoignage tardif peut remonter à une époque bien antérieure et enrichir le panorama des sources orientales notamment.

### 1.2.1 Les sources grecques et latines

Dans le domaine grec du *Roman d'Alexandre*, C. Jouanno décrit son évolution de manière très détaillée en suivant un plan chronologique à partir de la plus ancienne recension α jusqu'aux recensions protobyzantines qu'elle distingue ainsi des versions plus récentes de l'époque byzantine (α, β, ε, γ). Seule la classification de la recension λ ne suit pas la chronologie de l'apparition des différentes recensions en raison de son appartenance à la famille de β.[18] Dans l'optique de la transmission orientale du *Roman*, il est utile d'évoquer les éléments spécifiques de chaque recension grecque faisant l'objet d'une réception arabe. Une analyse plus approfondie leur est réservée dans la deuxième partie de cette étude. A la suite de la présentation des différentes recensions du Pseudo-Callisthène ainsi que des chroniques byzantines, la question des sources latines est abordée de façon très concise afin de compléter le cadre des sources gréco-romaines.

---

14 Kroll (1926).
15 Zuwiyya (2001).
16 *Cf.* le chapitre 1.4.1 pour une analyse détaillée de la tradition du Bi-cornu.
17 *Cf.* par exemple Nöldeke (1890).
18 Jouanno (2002) 6 tient pour douteux que qu'elle soit antérieure à la recension ε.

*1.2.1.1 La recension α de l'époque impériale*

La plus ancienne recension α pose encore des problèmes de datation, tout comme ses réécritures byzantines. Communément datée autour de 300 ap. J.-C., c'est-à-dire de l'époque impériale, elle contient également des matériaux de l'époque hellénistique, qui ont dû commencer à circuler peu après la mort d'Alexandre le Grand en 323 av. J.-C. Elle joue un rôle de premier plan dans la transmission de ce texte dans l'Orient, car la traduction syriaque (*δ) y est étroitement apparentée sans qu'il ne s'agisse d'une traduction littérale du grec au syriaque. Bien qu'elle contienne déjà un grand nombre d'épisodes ayant fait l'objet d'une réception arabe, elle ignore encore les éléments appartenant à la tradition du Bi-cornu.[19] En étudiant les différents motifs littéraires issus de la tradition du Pseudo-Callisthène, F. Doufikar-Aerts souligne l'importance du troisième livre de la traduction syriaque pour la réception en langue arabe:

> Most of the material that has been handed down in Arabic translation has been taken from Book III of the Syriac Romance.[20]

Cette hypothèse devrait encore être vérifiée dans une future enquête au moyen d'une comparaison philologique entre le syriaque et l'arabe.

Quant à sa composition, on reconnaît qu'il y a plusieurs strates d'écriture ayant circulé de façon indépendante avant de faire leur entrée dans la recension α. Parmi ces strates se distinguent des matériaux plus anciens que le noyau du récit de l'époque impériale.[21] Par exemple, on constate la présence d'un recueil épistolaire avant la formation du *Roman d'Alexandre*, ayant pour protagonistes Alexandre, son maître Aristote et son père Philippe. Or, c'est dans le domaine arabe que la présence d'un tel recueil épistolaire – un miroir de princes – atteste du succès que cette matière a connu dans l'Orient. La question de savoir s'il s'agit d'une traduction arabe à partir d'un modèle grec n'est pas résolue de façon convaincante jusqu'à présent.

Quoi qu'il en soit, C. Jouanno a relevé cinq épisodes du *Roman d'Alexandre* qui, à l'origine, ont circulé de façon indépendante, avant de faire leur entrée dans le récit romanesque proprement dit. Il est surprenant de constater dans le tableau suivant que ces mêmes épisodes ont fait l'objet, du moins partiellement, d'une réception arabe:

| Contenu de l'épisode relevé | Chapitre correspondant dans «La réception arabe du *Roman d'Alexandre*» (II^e^ partie) |
|---|---|
| 1. L'histoire de Nectanébo de l'époque ptolémaïque[22] | 2.1.1 La naissance d'Alexandre |
| 2. La fondation d'Alexandrie: un morceau tardif de l'époque impériale[23] | 2.1.6 La fondation d'Alexandrie |

19 *Cf.* les chapitres 1.2.2.1 et 1.4.1; La traduction éthiopienne du *Roman d'Alexandre* est, quant à elle, étroitement dérivée de la traduction syriaque et enrichie d'éléments chrétiens.

20 Doufikar-Aerts (2010b) 83.

21 *Cf.* pour un bref apercu R. Stoneman, «Primary sources from the Classical and Early Medieval Periods», dans Zuwiyya (2011) 1-20; et aussi Jouanno (2002) 17-26 qui consacre un sous-chapitre à l'étude des sources de la recension α («La question des sources»).

22 Jouanno (2002) 17.

23 Jouanno (2002) 25.

| | |
|---|---|
| 3. La question des lettres: une correspondance sous forme de papyrus datant de l'époque hellénistique[24] | 2.1.7 La lettre de Darius à Alexandre<br>2.1.9 La lettre d'Alexandre à Darius |
| 4. L'épisode des Brahmanes[25] | 2.3.3 Les Brahmanes |
| 5. *Liber de morte testamentoque Alexandri Magni*[26] | 2.3.9 L'empoisonnement d'Alexandre |

De ce schéma résulte que les trois premiers épisodes appartiennent au premier livre, tandis que les deux derniers au troisième livre. En revanche, le deuxième livre devrait donc dater d'une époque beaucoup plus récente. Cependant, derrière ce tableau se cache une difficulté méthodologique. Il ne faudrait pas partir du principe que la présence d'un épisode dès la recension α équivaut à cette dernière comme modèle grec pour la traduction arabe. Très souvent, on ne peut pas trancher nettement entre les différentes recensions grecques. De plus, cette recension est représentée par un seul manuscrit ce qui est plutôt une coïncidence de la transmission que d'une preuve déterminante pour en faire dépendre une grande partie de la réception arabe.

*1.2.1.2. La recension β de l'époque byzantine*

Dans la chronologie des recensions grecques du *Roman d'Alexandre* vient ensuite la recension β qui est la plus ancienne version de l'époque byzantine. En raison du grand nombre des manuscrits conservés,[27] cette version très populaire est probablement plus connue dans l'Orient que les recensions α et ε pour des raisons linguistiques qu'évoque C. Jouanno:

> Se livrant à un travail d'uniformisation linguistique en harmonie avec l'effort d'homogénéisation auquel il a soumis le matériau même de la narration, notre auteur use d'une langue plus pauvre et plus répétitive, où le vocabulaire est peu fourni, les tours stéréotypés courants. Son récit possède un caractère populaire beaucoup plus marqué que le texte A: les latinismes y sont plus fréquents, l'oubli des règles de la syntaxe classique s'accentue, comme en témoignent de nombreux flottements dans l'emploi des modes, ou l'emploi constant de pronoms de rappel superflus, conférant à la formulation un caractère gauche et embarrassé. Et surtout, le style du texte a été considérablement simplifié: évitant les structures syntaxiques complexes, le narrateur de β construit son récit par accumulation de petites phrases, qu'il coud les unes aux autres au moyen d'un éventail peu varié de particules de liaison, δέ, οὖν, γάρ et καί (…)[28]

Le style extrêmement simple de la recension β est beaucoup plus proche de celui d'un chroniqueur byzantin comme Jean Malalas que celui de la recension α de l'époque impériale. L'intérêt de cette recension pour la réception arabe est double: premièrement,

24 Jouanno (2002) 19-21.
25 Jouanno (2002) 25 -26.
26 Jouanno (2002) 17-19.
27 Bergson (1956) V-XXX; Jouanno (2002) 247.
28 Jouanno (2002) 252.

elle conserve – tout comme la recension α – de nombreux épisodes cruciaux, comme par exemple celui des Brahmanes ou des Amazones; deuxièmement, elle donne naissance à deux autres versions apportant de nouveaux éléments que l'on retrouve dans l'Orient, à savoir la recension λ[29] et le texte L.[30]

La recension λ est une sous-recension de β, apparentée au manuscrit L. Comme ce dernier, elle contient l'exploration des Ténèbres avec la source de vie,[31] la plongée sous-marine,[32] le vol aérien[33] et la «Lettre de consolation» d'Alexandre à Olympias.[34] Face au développement des collections de sentences *(gnomologia)* dans l'Orient, il convient de noter la présence des mêmes apophtegmes dans la recension λ et dans les collections gnomiques de la moyenne époque byzantine, c'est-à-dire la période du VI^e^ au X^e^ siècle ap. J.-C.[35] Pour ce qui est de l'apparition de Gog et Magog dans la recension λ, il s'agit d'un emprunt aux *Révélations* du Pseudo-Méthode, texte a été rédigé à l'origine en syriaque, puis traduit en grec. Sa fortune tout à fait singulière sur le *Roman d'Alexandre* est résumée ainsi par C. Jouanno:

> Inconnu du texte A et de β, cet épisode, contrairement aux apophtegmes, qui n'ont pas fait souche dans le *Roman*, est très vite devenu partie intégrante de la tradition pseudo-callisthénienne, et figure aussi dans les recensions ε et γ. Y apparaissent conjoints deux motifs qui eurent, assez longtemps, une existence séparée: le motif des portes construites par Alexandre, et celui de Gog et Magog.[36]

Le motif de Gog et Magog a été pour la première fois associé à une dimension apocalyptique dans la *Légende d'Alexandre* en syriaque,[37] qui a inspiré à la fois l'*Homélie métrique* en syriaque et les *Révélations* du Pseudo-Méthode.

Quant au texte L, «un manuscrit atypique de la recension β»,[38] il présente des nouveautés thématiques qui ne vont pas seulement enrichir la tradition grecque mais également la tradition arabe, du moins sous forme d'une réélaboration thématique, comme le voyage en bathyscaphe et le vol aérien du livre II ainsi que la «Lettre de consolation» du livre III.

#### *1.2.1.3 La recension ε de l'époque byzantine*

Seul l'éditeur de cette recension de l'époque byzantine, J. Trumpf, avait reconnu son caractère fortement novateur qui la distingue considérablement des recensions antérieures. C. Jouanno note que «Le texte d'ε a toutefois été utilisé pour compléter, ou réviser, celui des recensions β et λ, et surtout, il a servi à l'élaboration de la recension γ (…)».[39] Selon

---

29 Van Thiel (1959).
30 Van Thiel (1974).
31 *Cf.* le chapitre 2.2.4.
32 *Cf.* le chapitre 2.2.3.
33 *Cf.* le chapitre 2.2.5.
34 *Cf.* le chapitre 2.3.8.
35 Jouanno (2002) 308.
36 Jouanno (2002) 309.
37 *Cf.* le chapitre 1.2.2.2.
38 Jouanno (2002) 271.
39 Jouanno (2002) 339.

elle, cette recension est «généralement datée de l'extrême fin du VII$^{e}$ siècle ap. J.-C. ou du début du VIII$^{e}$ ap. J.-C.: l'auteur a en effet utilisé les *Révélations* du Pseudo-Méthode».[40] L'analyse de la recension ε face aux recensions antérieures révèle qu'elle est tout de même liée à la recension α ce qui paraît être, à première vue, en forte contradiction avec sa date tardive:

> En dépit de son caractère récent, la recension ε est parfois plus proche de la version première du *Roman* que ne l'est la recension β – preuve que l'histoire du texte du Pseudo-Callisthène est loin de suivre des voies linéaires.[41]

A la difficulté de dater cette recension s'ajoute une question singulière mise en évidence par Ch. Genequand. Quant à la réception arabe de la recension ε, il soutient la thèse que le géographe Ibn al-Faqīh aurait inséré «quelques fragments d'un roman d'Alexandre» dans son chapitre sur le Maghreb. Il ajoute que «ces passages sont intéressants en ce qu'ils nous donnent une idée de la forme sous laquelle le *Roman* grec a pu se présenter aux Arabes avant d'être retravaillé dans un sens islamique et harmonisé avec les données du *Coran*».[42] Selon lui, Ibn al-Faqīh offre une description du pays des Bienheureux et «les données du géographe recouvrent exactement celles de la *Vita Alexandri*».[43] Ibn al-Faqīh ajoute aux traces de la recension ε une dimension géographique, vue non pas sous un angle scientifique, mais sous un angle imaginaire. Cet accent mis sur la géographie imaginaire fait apparaître Alexandre le Grand comme un conquérant de l'espace imaginaire où les repères se brouillent davantage, pendant que le caractère mythique s'accentue. Selon C. Jouanno, ces nouveautés seraient le produit de l'imagination du rédacteur sans qu'il y ait eu une implication à l'échelle historique:

> Quant aux épisodes ajoutés par le narrateur d'ε, la plupart sont sans équivalent dans la tradition historique: certains dérivent de sources d'autre nature, comme le passage à Jérusalem ou le combat contre Gog et Magog, et d'autres semblent directement sortis de l'imagination du rédacteur, témoin l'expédition initiale d'Alexandre aux confins de l'Occident.[44]

Au-delà de cette implication géographique, cette recension byzantine semble être également un modèle lointain d'un genre extrêmement populaire dans l'Orient, à savoir les sentences des philosophes.[45]

*1.2.1.4 Les chroniques universelles à Byzance*

Très probablement, les chroniques universelles à Byzance représentent un intermédiaire entre les recensions byzantines du *Roman d'Alexandre* et l'historiographie musulmane. Or, ces chroniques populaires, «die in annalistischer Reihung und ohne viel kritischen Sinn die Weltgeschichte von der Schöpfung bis auf die Zeit des Verfassers vorführen»[46] s'opposent

---

40 Jouanno (2002) 339.
41 Jouanno (2002) 340.
42 Genequand (1996) 125.
43 Genequand (1996) 126; Trumpf (1974) 31.
44 Jouanno (2002) 346.
45 *Cf.* le chapitre 2.3.9.
46 Strohmaier (2003a) 133 («Islamische und byzantinische Geschichtsschreibung»).

précisément à un type d'historiographie qui prend pour modèles les auteurs classiques, notamment Thucydide et Hérodote. Le chef de file des chroniques universelles est la *Chronographie* du Syrien Jean Malalas, avec laquelle il a fourni le modèle «par excellence» à ses successeurs, que ce soit de façon directe ou indirecte. Selon H. Gleixner, les chroniques byzantines puisent le matériau relatif au Macédonien à la fois dans les historiens d'Alexandre et dans le *Roman*:

> Die Vorstellungen von Alexander dem Großen in der gebildeten Schicht der byzantinischen Gesellschaft sind bestimmt von dem Ergebnis der gelehrten Arbeit an den antiken Alexanderhistorikern und ihrem Niederschlag in Enzyklopädien, Sammelwerken und vor allem in den Chroniken. Von ganz besonderer Bedeutung gerade für die Chroniken ist aber der sogenannte Alexanderroman des Pseudo-Kallisthenes (...).[47]

Il est évident que l'ouvrage du Pseudo-Callisthène a été perçu comme une source historique. Au-delà de la valeur des chroniques byzantines pour la transmission orientale du *Roman d'Alexandre*, se pose la question fondamentale de la traduction de l'historiographie grecque. A l'avis de F. Rosenthal, cette possibilité, que ce soit un ouvrage de l'époque classique ou une chronique byzantine, doit être catégoriquement exclue:

> It is common knowledge that none of the classical works of Greek historiography ever reached the Arabs, nor do we have any express information about the existence of complete Arabic translations of Byzantine chronographies. The laws governing *Graeco-Arabic* translation activity would not make us expect the situation otherwise. Historical literature is much more suspect to Muslim theologians than science. Above all, it belonged as little to the curriculum of Greaco-Syriac higher education as Arabic historiography later on was to belong to that of higher Muslim education, and only works belonging to the disciplines of higher education were translated. However, the Byzantines showed a very deep interest in historical literature, and Byzantinists seem to be agree that historiography occupied a preponderant position in Byzantine literary activity. (...) Greek chronicles of the period when Islam came into being represent exactly the type of annalistic historiography we find in the later Muslim works. When Ioannes Malalas gets near his own time, he employs the annalistic form.[48]

Il est certain qu'il y a des procédés techniques dans l'écriture historiographique, comme la forme annalistique, qui rapprochent les chroniqueurs byzantins des historiens musulmans tels que aṭ-Ṭabarī.[49] Néanmoins, l'étude des interactions entre l'historiographie en langue arabe, que l'auteur soit musulman ou chrétien, et les chroniques byzantines, demande encore de futures investigations interdisciplinaires afin d'éclairer non seulement leur forme mais également leur fond commun.

---

47 Gleixner (1961) 23.

48 Rosenthal (1968) 75-76.

49 *Cf.* le chapitre 1.2.3.8.

*1.2.1.5 La question des sources latines*

Dans les nouveaux territoires conquis par les forces islamiques, personne ne savait plus le latin. Les Chrétiens syriens, auxquels on doit une partie considérable des traductions du grec en syriaque et en arabe, ignoraient la langue latine. Un phénomène analogue se présentait à Byzance où la connaissance du latin avait diminué sensiblement tout comme la connaissance du grec dans l'Occident. C'est pourquoi les textes en latin n'ont pas été traduits en langue arabe. En dépit de la méconnaissance du latin dans l'Orient, E. García Gómez énumère un certain nombre de témoignages en latin, dont la version latine, connue communément sous le titre de *Historia de praeliis (Histoire des batailles)*, qui occupe, en raison de son caractère vernaculaire, une position si centrale qu'elle pourrait avoir contribué à la formation de la tradition arabe relative à Alexandre:

> En efecto, en tanto que la leyenda alcanzaba en el mundo oriental el desarollo que hemos tratado de esbozar de un modo sucinto, proliferaba también en Europa en versiones latinas del Pseudo-Callísthenes, o en textos de un modo o de un otro derivados de él. Entre estas obras (el Iulius Valerius, el *Itinerarium Alexandri magni*, la *Epistola de situ Indiae*, la *De moribus Bragmanorum*, el *Epitome Iulii Valerii*, etc.), ninguna obtuvo la difusión de la *Historia Alexandri magni regis Macedoniae de praeliis*, que fué luego, además, la primera impresa. Reunía esta versión todas las condiciones – sencillez, vulgaridad, lenguaje corriente – para hacerse rápidamente popular.[50]

L'apport de la *Historia de praeliis* à la *Leyenda*, éditée et traduite en espagnol par E. García Gómez, représente une question intéressante à résoudre dans une future enquête car elle ne rentre pas dans le cadre d'une analyse des sources grecques, voire de l'héritage grec dans l'Islam. Récemment, F. Doufikar-Aerts a édité l'*Epistola Alexandri ad Aristotelem* sur les merveilles de l'Inde. La recension α ne conserve qu'une version abrégée de cette lettre, alors que l'épître latine, l'*Epistola* présente probablement la traduction latine à partir du grec.[51] Face à ces données jusqu'à présent très peu explorées, on pourrait exprimer des doutes sur la réception d'une version latine du *Roman* dans l'aire arabophone, surtout si l'on constate que la situation ne diffère pas considérablement dans le domaine des traductions scientifiques. L'importance de la tradition arabe à l'étude d'ouvrages grecs de l'époque post-classique est mise en évidence par D. Gutas:

> One can justly claim that the study of post-classical Greek secular writings can hardly proceed without the evidence in Arabic, which in this context becomes the second classical language, even before Latin.[52]

Les sources latines n'occupent donc qu'un rôle secondaire en matière de la transmission du *Roman d'Alexandre* dans l'Orient.

---

50 García Gómez (1929) LXI/LXII.

51 *Cf.* le chapitre 2.3.4.

52 Gutas (1998) 2.

*1.2.2 Les sources syriaques*

Dans le passage du grec à l'arabe, la littérature syriaque des Chrétiens d'Orient occupe une place fondamentale. Appartenant à la famille des langues sémitiques tout comme l'arabe ou l'éthiopien, le syriaque est le dialecte araméen de la ville d'Edesse – l'actuelle Şanlıurfa dans le sud-est de la Turquie. La littérature syriaque fleurit entre les III^e^ et VII^e^ siècles de notre ère, avant que l'arabe n'ait pris le relais comme langue littéraire au Proche-Orient. Selon S. Brock, c'est en syriaque que furent rédigés non seulement des ouvrages de tonalité chrétienne, mais également païenne:

> Nor was Syriac solely a language of Christianity, for there once existed Manichean and pagan literature written in it, but of this only diminutive relics survive.[53]

L'image même que la littérature syriaque a forgée d'Alexandre le Grand rentre dans ce cadre. Tout comme les recensions protobyzantines, la littérature syriaque a cultivé la représentation du Macédonien en empereur chrétien. Par conséquent, le fait que la traduction syriaque soit très proche de la version païenne du *Roman d'Alexandre*, la recension α – sans être imprégnée d'une tonalité chrétienne – peut surprendre. Bien au contraire, on s'attendrait plutôt à la traduction syriaque d'une recension byzantine, ayant subi la transformation du paganisme au christianisme. A l'opposition des intellectuels musulmans sous le califat abbaside, les Chrétiens d'Orient de l'époque sont animés par un certain mépris pour le paganisme des Grecs de l'Antiquité.[54] Ils ont manifestement contribué à propager la légende d'Alexandre qui apparaît comme dernier empereur du monde de sorte qu'ils ont vu en lui l'incarnation apocalyptique censée les libérer du fléau de la conquête islamique. A l'époque du fleurissement de la littérature syriaque – du III^e^ au VII^e^ siècle de notre ère – se rattache également un grand nombre de traductions du grec en syriaque, notamment de textes bibliques et patristiques. En ce qui concerne la réception du *Roman* du Pseudo-Callisthène et les interactions qui en résultent, citons à titre d'exemple les *Révélations* du Pseudo-Méthode, également connues sous le titre *Apocalypse*, rédigées vers 690/691 ap. J.-C. au nord de la Mésopotamie, un texte «qui a connu tout au long du Moyen Âge un succès presque égal à celui de la Bible et des Pères d'Église»[55]:

> Pseudo-Methodius komponierte seine kurzgefasste Weltgeschichte unter dem Gesichtspunkt der Abfolge der Könige und der Weltimperien mit dem Zweck, darzulegen, daß aus den arabisch-islamischen Eroberungen nicht der Fehlschluß gezogen werden sollte, daß die neuen Herrscher ein bleibendes Weltimperium gründen würden, das seinen eigenen Platz in der Weltgeschichte einnehmen würde und beanspruchen könnte, der politisch-religiöse Nachfolger des christlich-byzantinischen Reiches zu sein.[56]

Les *Révélations*, ayant été traduites du syriaque en grec et du grec en latin, sont présentes sous forme d'un emprunt dans la sous-recension λ du Pseudo-Callisthène comme il a été

53 Brock (1994) 153.
54 *Cf.* le chapitre 1.3.2.
55 Jouanno (2002) 311.
56 Reinink (1993) XXXVIII.

évoque ci-dessus.[57] Parmi les textes profanes traduits, on ne manifestait pas uniquement un intérêt pour la philosophie ou pour la médecine, mais, selon S. Brock également pour la figure d'Alexandre le Grand:

> A number of other texts associated with Alexander are to be found in Syriac, some of which are translations from Greek, while others are definitely not.[58]

Il mentionne des ouvrages au sujet du roi macédonien qui ne sont pas des traductions du grec en citant un recueil de sentences des philosophes à la tombe du Conquérant. Selon lui, à ces sentences au sujet d'Alexandre en syriaque correspondent des sentences en arabe conservées chez Eutychius. Cette mise en parallèle fait clairement entrevoir la dimension des interactions entre les intellectuels musulmans, qui comprenaient le syriaque, et les Chrétiens d'Orient, qui comprenaient l'arabe.

Généralement, on peut dire que la tradition syriaque, relative à Alexandre et plus ou moins liée au *Roman d'Alexandre*, s'articule en trois volets: Le premier volet est constitué de la tradition païenne, à savoir de la traduction syriaque du *Roman* du Pseudo-Callisthène.[59] Le deuxième volet est constitué par la tradition chrétienne apocalyptique telle qu'elle se présente dans la *Légende d'Alexandre*,[60] l'*Homélie métrique (mēmrā)* éditée par G. Reinink[61] et l'*Apocalypse* du Pseudo-Méthode. Le troisième volet est constitué par les sentences des philosophes en syriaques. A l'heure actuelle, il est difficile de savoir si l'on peut établir des liens entre ces sentences en syriaque et la recension λ qui est fortement marquée par les apophtegmes.[62] Les trois volets évoqués sont résumés par M. Di Branco de la manière suivante:

> In ogni caso, il *Romanzo* siriaco, integrato dalla cosiddetta *Leggenda*, che fonde insieme, sull'impalcatura dell'opera dello Pseudo-Callistene, elementi propagandistici filo bizantini, temi biblici ed escatologici e miti di tradizione mesopotamica, colloca la "figura ideologica" del conquistatore macedone al centro dell'immaginario collettivo dei cristiani d'Oriente. Per costoro, Alessandro diviene l'esempio classico dell'imperatore cristiano che ottempera ai suoi doveri terreni secondo la volontà – e con l'aiuto di Dio. Allo stesso modo, i lamenti dei filosofi sulla tomba di Alessandro, appartenenti alla ben nota categoria dei *gnomologia* (raccolte di detti attribuiti ai sapienti dell'antichità, contenenti forme di "filosofia popolare", che ebbero grande diffusione nel mondo di lingua siriaca e arabe), inducono il cristiano a riflettere sulla caducità della grandezza terrena e sono strettamente connessi alla radicale cristianizzazione dell'immagine del Macedone, che emerge nei poemi dello Pseudo-Giacomo di Sarūğ e dello Pseudo-Ephrem il Siro.[63]

---

57 *Cf.* le chapitre 1.2.1.2.
58 Brock (1994) 153.
59 Budge (1896).
60 Budge (1896) (en annexe à la traduction syriaque).
61 Reinink (1983).
62 Jouanno (2002) 307-309.
63 Di Branco (2011) 16-17.

Pour cette étude, la traduction syriaque du *Roman* ainsi que la *Légende d'Alexandre* sont d'une importance cruciale ce qui explique le fait qu'un aperçu plus détaillé leur est dédié par la suite.

*1.2.2.1. La traduction syriaque du* Roman d'Alexandre

La traduction syriaque du Pseudo-Callisthène a été accomplie autour de 600 ap. J.-C. Etant proche de la recension α, elle joue un rôle important dans la reconstruction textuelle de cette plus ancienne recension grecque. Elle appartient, comme la traduction latine du IX^e^ siècle faite par Léon l'Archiprêtre, à la recension *δ qui n'est pas conservée en grec. Leur valeur est mise en évidence par C. Jouanno en vue de la reconstruction de la recension α:

> Parmi ces témoins ultérieurs figurent deux autres traductions, qui pourraient nous faire espérer cerner d'un peu plus près les contours de la recension α. Non qu'elles en dérivent directement, mais elles ont été effectuées à partir d'une recension aujourd'hui disparue, la recension *δ qui, quoique contaminée d'extraits de β et d'une version proche de λ, reste pour l'essentiel fort proche d'α, dont elle devait constituer une sous-recension. Le plus ancien des deux témoins de *δ est une traduction syriaque (...). L'autre traduction de *δ est due à l'archiprêtre Léon, envoyé en ambassade à Constantinople, sous le règne de Constantin VII (913-959), par Jean III, duc de Naples (928-968/9), et son fils Marin (*ca* 944-975): Léon copia dans la capitale byzantine un exemplaire du *Roman*, qu'il traduisit en latin, après son retour en Italie, à l'instigation de Jean III, comme il l'indique lui-même dans le prologue de son ouvrage, intitulé *Nativitas et victoria Alexandri Magni regis*. Moins élégante que celle de Julius Valère, dépourvue de tout embellissement rhétorique, la traduction de Léon l'Archiprêtre est aussi plus étroitement calquée sur le texte original – d'où l'intérêt qu'elle revêt pour une étude de la tradition grecque.[64]

Du point de vue de la structure, elle présente la division habituelle en trois livres allant de la naissance d'Alexandre jusqu'à sa mort à Babylone. Cependant, elle contribue à la formation de la tradition arabe par l'ajout de nouveaux thèmes comme celui du tribut des œufs d'or.[65] Quant à son modèle grec, R. Stoneman constate que «there is a large lacuna (II, 6-14), presumably the result of a defective Greek original».[66] Il est intéressant de noter que ces chapitres manquants du deuxième livre ne jouent aucun rôle pour la réception en langue arabe. Face à la thèse de Th. Nöldeke, selon laquelle la traduction syriaque a été faite à partir d'un intermédiaire pahlevi (moyen-persan) perdu, C. Ciancaglini présente ses doutes en posant la question rhétorique suivante:

> com'è possibile, veniva da chiedersi, che una letteratura così violentemente ostile al Macedone, tanto da considerarlo un'incarnazione di Ahriman, una letteratura formatasi in epoca sasanide e così connotata sul piano ideologico, politico e religioso, i cui testi sono nella grande maggioranza testi che mirano a difendere l'ortodossia zoroastriana e tra i quali non è conservata neppure una sola traduzione

64 Jouanno (2002) 16.
65 *Cf.* le chapitre 2.1.3.
66 Stoneman (2011) 7.

di un qualsiasi testo greco, potesse aver compreso la traduzione di un'opera quale il *Romanzo* di Alessandro dello Pseudo Callistene, in cui il Macedone è visto in modo assolutamente positivo?[67]

Après avoir passé en revue les preuves philologiques de son prédécesseur, elle conclut que «l'analisi degli elementi greci ha permesso di evidenziare alcuni fenomeni, come i calchi strutturali e i fraintendimenti del greco, che inducono piuttosto a ritenere che il testo siriaco sia proprio la traduzione di un originale greco».[68] En ce qui concerne la recherche de la traduction arabe perdue, la preuve de son poids crucial a été avancée par K. F. Weymann qui a établi une comparaison entre la traduction syriaque et la traduction éthiopienne datant du XIV^e^ siècle[69] afin de conclure que la traduction arabe «must have been made in Islamic-Arabic circles», pour reprendre la formule de F. Doufikar-Aerts.[70]

### 1.2.3 Les sources arabes

Comme les sources arabes sont présentées par ordre chronologique, les sources les plus anciennes pourraient sembler, à première vue, plus proches des recensions grecques. Néanmoins, un auteur du XI^e^ siècle comme al-Mubaššir ibn Fātik conserve très souvent des chapitres singuliers dans sa version abrégée de l'*Histoire d'Alexandre*, sans correspondant dans l'ensemble de la tradition en langue arabe. Cet exemple montre que même des auteurs plus tardifs peuvent avoir eu à leur disposition des manuscrits anciens dépendant étroitement d'une version grecque. Si l'on tient compte de la perte possible de versions intermédiaires en langue arabe remontant à une version grecque du *Roman* du Pseudo-Callisthène, des romans tardifs comme la *Leyenda de Alejandro* ou la *Qiṣṣat ḏī l-qarnayn (Histoire du Bi-cornu)* peuvent contribuer à élargir le panorama, non seulement celui des sources arabes, mais également celui des épisodes grecs ayant suscité l'intérêt dans l'Orient. La présence de détails singuliers dans ces sources tardives montre la longévité d'un thème de prédilection dans l'Orient et la continuité de sa transmission au cours du Moyen Âge.

#### *1.2.2.2 La* Légende d'Alexandre

A la traduction syriaque s'ajoute un court texte chrétien intitulé *Légende d'Alexandre* transmis en appendice dans le même manuscrit. Sa composition se situe entre les années 628 et 636 ap. J.-C. où le Proche-Orient a subi de nombreux affrontements militaires[71]: En 628 ap. J.-C., l'Empereur Héraclius a mis fin à la domination perse au Proche-Orient en rétablissant le pouvoir byzantin avant que l'armée byzantine ne fût battue par les cavaliers arabes en 636 ap. J.-C.[72] La brève introduction à la *Légende* esquisse déjà les deux épisodes-clés de cette dernière:

67 Ciancaglini (1997) 57/58.
68 Ciancaglini (1997) 85.
69 Weymann (1901).
70 Doufikar-Aerts (2010b) 4.
71 Selon Hunnius (1904) 21 elle fut rédigée vers 626 ap. J.-C. contre l'avis de Nöldeke (1896) 31, qui se prononce pour une rédaction vers 628-629 ap. J.-C.
72 *Cf.* Reinink (1999) 152/153.

> Un exploit d'Alexandre, le fils de Philippe le Macédonien; comment il parvint aux bouts du monde et fit construire un rempart de fer, par lequel il enferma le vent du nord, de sorte que les Huns ne pourraient pas endommager les pays.[73]

Alexandre revêt l'habit d'un empereur chrétien et entame un voyage au bout du monde, là où est située la source de la vie. Lorsqu'il parvient aux confins du Nord dans une région où la population locale est censée payer un tribut au roi persan nommé *Tūbārlaq*, il décide de faire construire un rempart. Cette construction servira à empêcher la venue de Gog et Magog, présentés ici comme l'équivalent des rois des Huns.[74] La séquence de Gog et Magog souligne le fait que la tradition syriaque chrétienne partage des motifs littéraires avec la tradition arabe musulmane. Un exemple très parlant est celui de la ressemblance de la *Légende d'Alexandre* avec la sourate XVIII du *Coran* (18:83-102).[75] Or, cette ressemblance thématique est un indice du fait qu'il s'agisse d'un matériau légendaire commun au Proche-Orient. Pour K. van Bladel, qui suit la thèse de Th. Nöldeke,[76] cette ressemblance indique que «the *Qur'ān* 18:83-102 is a retelling of the story found in this particular Syriac text».[77] Selon G. Reinink, la *Légende* est marquée par les innovations suivantes: d'un côté, «l'auteur a propagé l'idée de l'unité idéologique de l'empire grec-romain-byzantin, c'est-à-dire le quatrième empire de l'*Apocalypse* de Daniel. Ensuite, il a donné une nouvelle impulsion à l'idée de ce que l'on pourrait dans une certaine mesure appeler la «guerre sainte» de l'empire chrétien contre le monde barbare et païen». Il conclut que «les conquêtes d'Alexandre sont représentées comme l'accomplissement d'une mission divine dans l'histoire du monde».[78] Le concept du dernier empereur du monde est présent à la fois dans la *Légende d'Alexandre* et dans les *Révélations* du Pseudo-Méthode où une place spéciale est accordée à l'empire Gréco-Byzantin dans l'histoire du Salut.

#### *1.2.3.1* La *Sourate de la caverne*

Le plus ancien témoignage en langue arabe, relatif en quelque sorte au *Roman d'Alexandre* du Pseudo-Callisthène, correspond à quelques versets coraniques qui contiennent la source de vie (18:60-63) et Gog et Magog (18:83-97). Les coïncidences thématiques entre la *Légende d'Alexandre* en syriaque et les motifs littéraires du *Roman* dans la *sūrat al-kahf (Sourate de la caverne)* du *Coran* témoignent de la présence de matériaux légendaires communs à la fois aux Chrétiens d'Orient et aux habitants de la péninsule arabique, foyer de la naissance de la dernière des trois religions monothéistes qui est celle de l'Islam.

Ces deux épisodes ne sont devenus familiers que grâce aux recensions byzantines du Pseudo-Callisthène tout en manquant dans la recension α de l'époque impériale. Quant au nom de la sourate en question, il se réfère à des gens ayant dormi dans une caverne pour une longue durée. Selon l'interprétation chrétienne, il s'agit des «Sept Dormants d'Ephèse» qui auraient pris la fuite devant les persécutions de l'empereur Dèce (249-251 ap. J.-C.) contre les Chrétiens.

---

73 Budge (1896) 114; La traduction française a été faite à partir de la traduction anglaise de l'éditeur.
74 Van Donzel/Schmitt (2010) 17-21.
75 Van Bladel (2008) 175-203.
76 Nöldeke (1890) 32.
77 Van Bladel (2008) 176.
78 Reinink (1999) 154.

La source de vie et la construction du rempart contre Gog et Magog forment une sorte d'allusion coranique au *Roman*, puisque l'épisode est extrêmement fragmentaire. Alexandre le Grand n'est pas *al-Iskandar* de la tradition historique mais *Ḏū l-qarnayn*, le «Bi-cornu», lorsqu'il opère la construction du rempart contre Gog et Magog (18:83-98). En revanche, le Macédonien n'est pas mentionné dans les versets relatifs à la source de vie (18:60-64) où le protagoniste est Moïse, accompagné d'un jeune homme. L'intérêt de cette sourate réside moins dans le domaine des *Graeco-Arabica* que dans son influence déterminante sur une partie considérable des sources en langue arabe. Cette tradition qui prend son origine avec la sourate de la caverne représente une ligne de transmission secondaire inaugurant de cette manière une tradition purement arabe.

*1.2.3.2 Ibn Hišām*

L'ouvrage de Ibn Hišām, Abū Muḥammad ʿAbd al-Malik († en 828 ou 833 ap. J.-C.), le *Kitāb at-tiǧān (Livre des couronnes)*[79] traite des légendes ayant pour sujet des rois himyarites de l'Arabie du Sud auxquels le «Bi-cornu» *(Ḏū l-qarnayn)* est associé. Etant donné la date précoce, l'ouvrage témoigne d'une littérature fictionnelle fleurissant depuis le VII^e^ siècle ap. J.-C. sur la péninsule arabique. Ce jugement de littérature «fictionnelle» est un jugement plutôt contemporain car, à l'époque de Ibn Hišām, ces légendes ont été perçues comme des éléments réellement «historiques».

Selon M. Lidzbarski, qui ignore la mention des Brahmanes, il ne s'agit pas d'une traduction du *Roman d'Alexandre.*[80] En revanche, R. Stoneman fait mention des Brahmanes, ponctués *tarǧmaniyyūn.*[81] M. Lidzbarski mentionne la différence entre le fleuve de sable chez Ibn al-Hišām et dans le Pseudo-Callisthène.[82] Quant à la transmission du matériau légendaire au sujet du roi macédonien, le même auteur se prononce plutôt en faveur de l'hypothèse de la transmission orale.[83] Il n'est pas clair pourquoi l'«Alexandre sud-arabe» est associé à trois rois yéménites différents: *Tubbaʿ al-Aqran, Abkarib Asʿad, Ṣaʿb Ḏū Marāṯīd.*[84]

Par ailleurs, Alexandre n'apparaît que sous le nom du Bi-cornu *(Ḏū l-qarnayn)* et jamais sous la transcription arabe de son nom grec *al-Iskandar*. La plus grande partie de cette version sud-arabe reproduit très étroitement le contenu de la *sūrat al-kahf (Sourate de la caverne)* que M. Lidzbarski caractérise «nur so breitgetreten wie möglich».[85] Pour ce qui est du style, de longues répétitions, signe d'une narration orale et populaire, confèrent un rythme presque fluvial à l'ensemble. Pour R. Stoneman, qui suit T. Nagel,[86] l'objectif de cette version est le suivant:

79 Lidzbarski (1893); Nagel (1978).
80 Lidzbarski (1893) 271: Auf eine direkte Bekanntschaft mit Pseudokallisthenes weist nichts hin.
81 Stoneman (2008) 161.
82 Lidzbarski (1893) 273.
83 Lidzbarski (1893) 270.
84 Di Branco (2011) 64.
85 Lidzbarski (1893) 272.
86 Nagel (1978).

> The narrative thus serves the purpose of justifying the Islamic conquests in the west and of glorifying the South Arabian dynasty and its conquests in Egypt.[87]

Au-delà de cette dimension politique, historique, idéologique, ce sont les éléments légendaires de la tradition du Bi-cornu qui caractérisent fortement cette version. De plus, la mention des Brahmanes indique que d'autres légendes relatives à Alexandre le Grand, extérieures à la tradition coranique, ont été déjà connues à une date assez précoce dans l'Orient.

#### *1.2.3.3 Ḥunayn ibn Isḥāq*

Le *Kitāb ādāb al-falāsifa (Livre des sentences des philosophes)*, qui remonte aux *Nawādir al-falāsifa (Raretés des philosophes)* du célèbre traducteur nestorien Ḥunayn ibn Isḥāq (808-873 ap. J.-C.) est conservé grâce à la compilation d'un certain Muḥammad ibn ʿAlī ibn Ibrahīm al-Anṣarī. Comme il a déjà été évoqué dans l'introduction, le célèbre traducteur n'a certainement pas traduit le *Roman d'Alexandre*. En revanche, il aurait pu réutiliser une collection byzantine de sentences gnomiques contenant la «Lettre de consolation» qu'il aurait transmises sous forme de deux recensions différentes. Ce fait s'explique par le caractère même de la composition d'une telle collection de sentences qui essaye de réunir les meilleurs morceaux attribués à un personnage célèbre de l'Antiquité. Il ne s'agit pas d'une création originale de Ḥunayn ibn Isḥāq et encore moins du compilateur cité. Bien au contraire, il semble puiser dans un stock de sentences qui étaient en circulation à son époque.

Quant à la thématique de la mort d'Alexandre le Grand, elle touche particulièrement au *Roman* du Pseudo-Callisthène.[88] Ce thème se manifeste principalement par deux éléments: premièrement les deux «Lettre⟨s⟩ de consolation» d'Alexandre à sa mère[89] et la réponse d'Olympias;[90] deuxièmement, il y a les sentences prononcées par cette dernière et les philosophes devant son cercueil à Babylone[91] et à Alexandrie.[92]

L'intérêt de la collection des sentences de Ḥunayn ibn Isḥāq réside particulièrement dans le traitement de la fin du Conquérant où l'on constate la présence de motifs communs entre la littérature de sagesse et le *Roman d'Alexandre*.

#### *1.2.3.4* Nihāyat al-arab fī aḫbār al-furs wa-l-ʿarab

Selon M. Grignaschi, la *Nihāyatu l-arab fī aḫbāri al-furs wa-l-ʿarab (Le dernier but au sujet des histoires des Perses et des Arabes)* devrait être datée des environs de 850 ap. J.-C.[93] De cet ouvrage historique, il a édité deux épisodes relatifs à Alexandre le Grand, la construction de la muraille de Gog et Magog et le voyage du Conquérant chez les Brahmanes. En confrontant ces deux épisodes avec la version de Ibn al-Faqīh l'arabisant italien essaie de prouver que la *Nihāya* figure parmi les sources de l'auteur du *Kitāb al-*

87 Stoneman (2008) 161.
88 Overwien (2003) 115.
89 Badawī (1985) 91-95.
90 Badawī (1985) 96/97.
91 Badawī (1985) 98-104.
92 Badawī (1985) 104-110.
93 Grignaschi (1969) 18.

*buldān (Livre des pays)*, dont dérive le *Muḫtaṣar kitāb al-buldān (L'abrégé du livre des pays)* qui nous a été transmis, pendant que la version originale n'a pas été conservée.

Comme il n'y a pas encore d'édition de l'ouvrage historique en entier, on doit se contenter de ces extraits publiés en 1969. Leur intérêt réside surtout dans la version détaillée de la rencontre entre Alexandre et les Brahmanes montrant à la fois une continuité de l'Antiquité grecque, sous forme d'une réception des dialogues en particulier, et une innovation orientale, marquée par le prisme musulman.[94]

#### *1.2.3.5 ad-Dīnawarī*

Le seul ouvrage entièrement conservé de Abū Ḥanīfa Aḥmad ibn Dāwūd ad-Dīnawarī – mort en 894-895 ou avant 902-903 ap. J.-C. – s'intitule *Al-aḫbār aṭ-ṭiwāl (Les histoires détaillées)*. Ayant été édité en 1888 par W. Guirgass, l'histoire d'Alexandre le Grand, qui remonte à la *Nihāya,* est envisagée d'un point de vue perse puisque le roi macédonien y devient le frère de Darius III ainsi qu'un membre de la dynastie des rois de la Perse.[95]

Sans qu'il ne s'agisse d'une traduction du *Roman d'Alexandre*, les sources de cet historien remontent bien évidemment au Pseudo-Callisthène, ce qui résulte clairement de l'épisode du tribut des œufs d'or[96] appartenant à la description de l'affrontement entre Alexandre et son antagoniste Darius. Déjà Th. Nöldeke a fait remarquer le manque de précision avec lequel l'historien s'est servi arbitrairement de ses sources en ajoutant quelquefois des éléments de sa propre imagination.[97] Ad-Dīnawarī conserve également la scène de la mort de Darius culminant par le discours qu'Alexandre tient à son frère supposé[98] et une importante allusion aux Amazones.[99]

#### *1.2.3.6 al-Ya'qūbī*

Les *Historiae (Ta'rīḫ)* de al-Ya'qūbī, mort en 897 ap. J.-C., constituent la première chronique musulmane universelle qui donne une vision historique de la figure d'Alexandre le Grand et qui ne soit pas inspirée de la tradition persane telle que l'ouvrage de son prédécesseur ad-Dīnawarī ou encore celui de son successeur aṭ-Ṭabarī. Pour M. Di Branco, al-Ya'qūbī est «il primo storico arabo ad offrire una specifica trattazione di storia greca».[100] Le même auteur résume le contenu de l'ouvrage en vue de la présentation de la légende d'Alexandre le Grand de la manière suivante:

> Questo breve racconto si basa sui tre elementi costitutivi della leggenda di Alessandro in Oriente: il *Romanzo* dello Pseudo-Callistene (quadro generale, ultima epistola alla madre); la storia di Ḏū l-Qarnayn (definizione del Macedone come "il Bicorne", sua caratterizzazione ampiamente positiva, menzione di un suo "giro del

94 *Cf.* le chapitre 2.3.3.
95 Guirgass (1888) 31-32.
96 Guirgass (1888) 31.
97 Nöldeke (1890) 35.
98 Guirgass (1888) 34-35.
99 Guirgass (1888) 39; *cf.* le chapitre 2.3.6.
100 Di Branco (2011) 21.

mondo"), e, soprattutto la tradizione dei lamenti dei filosofi sul sarcofago di Alessandro, alla quale è riservato lo spazio più ampio.[101]

Dans ce résumé, il ne cite pas un épisode très important pour le présent sujet, à savoir une traduction arabe de la bataille entre Alexandre et le roi indien Porus marquée, avant tout, par la ruse des statues.[102]

Quant aux sources de al-Yaʿqūbī, M. Di Branco se prononce en faveur de la «tradizione cristiana di lingua siriaca (...) e in particolare alla versione siriaca del Romanzo dello Pseudo-Callistene, il grande medium tra la figura di Alessandro e il mondo orientale. In effetti, il breve riassunto delle gesta del Macedone proposto da Yaʿqūbī è privo di quegli elementi negativi e radicalmente allotrii rispetto al *Romanzo* provenienti dalle leggende sasanidi. Ma la prova più significativa della connessione di Yaʿqūbī con l'ambito siriaco è la presenza dei "lamenti dei filosofi"».[103]

Au premier abord, la version de al-Yaʿqūbī pourrait se révéler décevante pour l'étude des *Graeco-Arabica* en raison de son style extrêmement ramassé par lequel il abrège l'histoire du roi macédonien dont il tend à ne préserver que les grandes lignes. En revanche, la description détaillée de la ruse des statues dont se sert Alexandre le Grand pour vaincre Porus se démarque du traitement général évoqué. Cette dernière se rapproche ainsi davantage des traductions arabes conduites à partir d'un modèle grec précis. Cette différence de précision met en évidence l'art – entendu dans son sens premier de τέχνη – de l'historien qui puise dans un grand nombre de sources différentes parmi lesquelles se trouve même une version du *Roman d'Alexandre*.

#### *1.2.3.7 Ibn al-Faqīh*

Le géographe Ibn al-Faqīh est l'auteur du *Muḫtaṣar kitāb al-buldān (L'abrégé du livre des pays)*, un ouvrage de géographie culturelle transmis sous une forme abrégée, dont la version originale a été composée vers 902-3 ap. J.-C. à Bagdad. Édité par M. J. de Goeje en 1888, c'est le seul ouvrage préservé de cet auteur d'origine perse. Sa prédilection pour des histoires plus ou moins fabuleuses fait en sorte que l'on y retrouve des épisodes romanesques réélaborées à partir du *Roman d'Alexandre* ainsi que quelques réflexions plus générales témoignant d'une esthétique de digression comme par exemple son éloge de l'éloignement de la patrie[104] sur lequel nous aurons l'occasion de revenir.[105]

Les épisodes réélaborés du *Roman* sont au nombre de trois: du premier livre vient la fondation d'Alexandrie qui figure dans le chapitre portant sur l'Égypte,[106] du deuxième la description du rempart qu'Alexandre construit pour empêcher l'invasion de Gog et Magog[107] et du troisième sa rencontre avec les Brahmanes[108] qui fait partie du chapitre sur *al-Andalus* «l'Espagne ⟨sous la conquête musulmane⟩», qui est le nom arabe de la province

101 Di Branco (2011) 75.
102 Houtsma (1883) 96/97.
103 Di Branco (2011) 76; *cf.* Houtsma (1883) 162/163.
104 De Goeje (1888) 50.
105 *Cf.* le chapitre 1.4.4.
106 De Goeje (1888) 70.
107 De Goeje (1888) 298/299.
108 De Goeje (1888) 84-88.

à l'extrême Occident. C'est dans cette même province que l'on situe la célèbre «Ville de bronze» (*madīnat an-nuḥās*).[109] Comme l'agencement de l'ouvrage se fait par régions, sa patrie, la Perse occupe la place la plus importante. En se démarquant de la tradition historique perse relative à Alexandre telle que ad-Dīnawarī, par exemple, Ibn al-Faqīh ne retient que l'épisode de Gog et Magog dont le rempart lui paraît être situé dans la région de Tabaristan, l'ancien nom de la région située dans l'actuel Iran au sud de la mer Caspienne. L'intérêt de cet ouvrage réside dans un croisement de genres, loin de la géographie plus technique de ses prédécesseurs: il inclut des thèmes de *adab*[110] dans un style marqué par des digressions que nous allons retrouver chez al-Mas'ūdī. L'intention de l'auteur est clairement affichée dès le début du *Muḫtaṣar kitāb al-buldān (L'abrégé du livre des pays)*[111] de Ibn al-Faqīh:

| | |
|---|---|
| Mon livre comprend des genres d'histoires de pays *(aḫbār al-buldān)*, de merveilles de nature et de construction. | فكتابي هذا يشتمل على ضروب من اخبار البلدان وعجائب الكور والبنيان |

Cet auteur ne préserve pas un récit continu de la légende d'Alexandre. Bien au contraire, il conserve quelques épisodes phares dans la mesure où ceux-là lui paraissaient dignes d'illustrer une région géographique donnée.

### *1.2.3.8 aṭ-Ṭabarī*

Une des autorités majeures de l'historiographie musulmane fut aṭ-Ṭabarī (839-923 ap. J.-C.) que M. Di Branco décrit comme «l'imam della storiagrafia universale musulmana, fortemente legato alla tradizione storiografica ortodossa del *ḥadīṯ* e assai diffidente verso le culture non islamiche».[112] Dans son ouvrage annalistique intitulé *Ta'rīḫ ar-rusul wa-l-mulūk (Histoire des prophètes et des rois)*, édité par M. J. de Goeje en 1879, Alexandre le Grand joue le rôle d'adversaire de Darius III, ce qui n'est pas étonnant étant donné l'origine perse de l'auteur. Sans qu'il ne s'agisse d'une traduction du *Roman d'Alexandre*, sa chronique offre des détails issus de la tradition persane qui montrent notamment la survie du *Roman* à l'Est du califat des Abbasides. En ce qui concerne les sources utilisées, l'historien ne porte aucun jugement, mais il préfère les présenter de façon juxtaposée pour que son lecteur puisse se faire sa propre opinion. Bien que son ouvrage historique ait le caractère de compilation, M. Di Branco relève des correspondances étroites entre aṭ-Ṭabarī et le *Roman*:

> (…) la vicenda di Alessandro è sintetizzata riunendo una serie di elementi (a volte non presenti né nell'opera di Ya'qūbī né in quella di Dīnawarī) che derivano dal *Romanzo* dello Pseudo-Callistene, in alcuni casi attraverso la mediazione esplicita del tradizionista Hišām b. Muḥammad al-Kalbī (m.204/819 o 206/821). Chiare prove di questa dipendenza sono l'episodio della corrispondenza fra Alessandro e

109 EI$^2$, Supplementum, 554/555 (A. Hamori).
110 EI$^2$, I, 175/176 (F. Gabrieli).
111 De Goeje (1885) 2.
112 Di Branco (2009) 42.

Dario, in cui i due re si scambiano doni simbolici che annunciano la guerra (pp. 696-97 ed. de Goeje = Ps.Callisth., I 35-38), e quello del viaggio nella «regione oscura» (p.701 = Ps.Callisth. II 32-39).[113]

Ces correspondances montrent que «pour l'historien arabe, c'est le *Roman* qui constitue la source des récits relatifs à Alexandre», comme le dit A. Abel.[114] Il offre ainsi une version persane de la généalogie d'Alexandre le Grand,[115] deux versions de l'épisode du tribut,[116] l'échange épistolaire, mentionné ci-dessus par M. Di Branco, et la scène de la mort de Darius,[117] qui marque le transfert de la royauté perse au Macédonien, épisode phare étant donné l'origine de l'auteur. Il conserve, par ailleurs, une version très singulière liée à l'exploration des Ténèbres.[118] Cette version présente un intérêt particulier car elle n'appartient pas à la tradition du Pseudo-Callisthène en arabe, inspirée profondément par une vision historique, mais à une tradition légendaire, transmise probablement par voie orale dans l'Orient.

*1.2.3.9 Eutychius*

L'ouvrage du patriarche melkite Eutychius (877-940 ap. J.-C.), également connu sous le nom de Saʿīd ibn al-Biṭriq,[119] le *Kitāb at-taʾrīḫ al-maǧmuʿ ʿalat-taḥqīq wa-t-taṣdīq (Livre de l'histoire formée en collection en vue de la vérification et de la vérité)* fut appelé par les copistes aussi *Naẓm al-ǧawhar (Série de perles)*. Ce dernier est généralement connu sous le titre d'*Annales*. Eutychius, le patriarche melkite d'Alexandrie, inaugure, grâce à cette chronique universelle commençant avec la création du monde, la tradition de l'historiographie chrétienne en langue arabe. Le titre arabe laisse déjà entrevoir l'aspect technique – qui est une constante dans l'historiographie arabe –, à savoir la compilation de l'ouvrage à partir de sources variées parmi lesquelles le *Roman d'Alexandre* a pu été identifié quoiqu'il ne soit pas mentionné explicitement. Quant à la forme des *Annales*, contrairement à ce que ce titre paraît impliquer, l'ouvrage est plutôt une histoire universelle qu'un ouvrage strictement annalistique. En effet, le règne du Macédonien y est traité dans le cadre d'une chronologie des différents souverains. Eutychius conserve un certain nombre d'épisodes du *Roman*: comme une suite d'épîtres[120] reflètant l'antagonisme entre Alexandre et Darius III. Le récit de la mort de Darius[121] y figure tout comme le témoignage singulier de l'empoisonnement d'Alexandre,[122] qui se rattache de toute évidence au Pseudo-Callisthène. Par conséquent, il s'agit d'une traduction partielle du *Roman* préservée par Eutychius, marquée également par une volonté de réélaboration à partir de sources écrites. En revanche, le patriarche ne fait nullement allusion aux éléments fabuleux ou d'inspiration

113 Di Branco (2011) 76/77.
114 Abel (1955) 63.
115 De Goeje (1879) 696/697.
116 De Goeje (1979) 697; 700.
117 De Goeje (1879) 697/698.
118 De Goeje (1879) 700.
119 EI$^2$, VIII, 853-856 (F. Micheau).
120 Cheikho (1906) 77/78.
121 Cheikho (1906) 79/80.
122 Cheikho (1906) 81.

coranique. Le caractère hétérogène de la version de l'histoire d'Alexandre pourrait s'expliquer par le contexte socioculturel, mentionné par M. Di Branco:

> (...) Eutichio apparteneva al nutrito gruppo di «tradizionisti» *(muḥaddiṯūn)* che fecero di al-Fusṭāṭ (uno dei nuclei dell'odierno Cairo) un centro culturale unico nel suo genere, pullulante di scuole e di circoli culturali «interconfessionali»; egli fu dunque certamente influenzato dalle selezioni dei dati a disposizione sui Greci e sui Romani operate dal tradizionismo islamico.[123]

L'ouvrage eut un véritable succès auprès de ses contemporains puisqu'il est connu par une trentaine de manuscrits à présent. Déjà Th. Nöldeke a mis en évidence l'importance de cet auteur chrétien arabophone:

> Ich mache noch einmal darauf aufmerksam, dass Eutychius eine ziemlich ausführliche Darstellung der Geschichte Alexander's giebt, die sich zum grossen Theil mit der der muslimischen Chronisten deckt, aber auch allerlei Züge aus anderen Texten des Romans enthält, die dem ägyptischen Christen eher zugänglich waren.[124]

L'étude de cet auteur confère une autre dimension culturelle à la réception arabe du *Roman d'Alexandre* car il représente, comme l'auteur suivant, une tradition minoritaire souvent ignorée par les arabisants orientés majoritairement sur les auteurs de foi musulmane.

#### *1.2.3.10 Agapius*

Agapius de Manbiǧ est un auteur arabo-chrétien qui a composé au IX$^{e}$/X$^{e}$ siècle une chronique universelle intitulée *Kitāb al-ʿunwān (Livre du modèle)*. Dans l'avertissement à la première partie de son édition, accompagnée d'une traduction française, A. Vasiliev déplore qu'il s'agisse d'un «écrivain arabe chrétien presque inconnu dans la littérature historique».[125] Tout comme le patriarche melkite Eutychius, il présente des témoignages tout à fait singuliers pour ce qui est de la réception arabe du *Roman* du Pseudo-Callisthène. En fait, il est un des rares auteurs à faire mention de la scène de lécanomancie et de la fuite du pharaon Nectanébo qui devient le père d'Alexandre.[126] Sans qu'il ne s'agisse d'une traduction littérale arabe à partir d'une recension grecque précise, Agapius consacre un développement très détaillé aux événements en Inde, ce qui correspond au livre III. En particulier, il s'agit de la de la ruse des statues[127] et de la description la mort d'Alexandre.[128] Comme Eutychius, il représente une tradition précieuse qui s'est développée à l'écart de celle d'inspiration coranique.

---

123 Di Branco (2011) 36.

124 Nöldeke (1890) 49.

125 http://remacle.org/bloodwolf/arabe/agapius/histoire.htm, consulté le 21/02/2014.

126 Vasiliev (1915) 91; *cf.* le chapitre 2.1.1.

127 Vasiliev (1915) 94/95.

128 Vasiliev (1915) 107/108.

### *1.2.3.11 al-Masʿūdī*

L'historien Abū l-Ḥasan ʿAlī ibn al-Ḥusayn al-Masʿūdī (ca. 893-956 ap. J.-C.) a composé un grand nombre d'ouvrages dont seuls deux ont été conservés intégralement: les *Murūǧ aḏ-ḏahab wa-maʿādin al-ǧawhar (Les prairies d'or et les mines de pierres précieuses)* et le *Kitāb at-tanbīh wa-l-išrāf (Le livre de l'avertissement et de la surveillance)*. Le premier des deux se présente comme un ouvrage de géographie humaine recueillant un certain nombre de légendes, voire de réélaborations de légendes. Au cours de ses voyages dans le monde musulman de son époque, il a visité Alexandrie à laquelle il consacre tout un chapitre traitant de sa fondation par Alexandre, non sans faire preuve d'innovation.[129] Ce trait est particulièrement visible lors de sa réélaboration de la plongée sous-marine.[130] Quant au deuxième ouvrage cité, il s'agit d'une chronique universelle qui tente de recueillir les données purement historiques sans qu'il n'y ait un mélange du genre historique avec des légendes tel que l'on le retrouve dans les *Murūǧ aḏ-ḏahab wa-maʿādin al-ǧawhar (Les prairies d'or et les mines de pierres précieuses)*. Deux citations indiquent qu'il a rencontré Eutychios à *Fusṭāṭ*, noyau historique du Caire où les Romains avaient fondé un camp militaire à l'origine. Quoique le patriarche melkite fût parmi ses sources, cela ne peut pas être prouvé pour son traitement du *Roman d'Alexandre*. En ce qui concerne les sources de al-Masʿūdī, M. Di Branco cite à la fois les chroniques melkites en grec, en syriaque et en arabe:

> (...) le fonti di Masʿūdī sono, per sua esplicita ammissione, le cronache cristiane "melkite" (cioè ortodosse) – sia greche sia siriache sia arabe – che disprezzano e condannano la Grecia classica come roccaforte del paganesimo. La narrazione delle imprese di Alessandro (II parr. 664-668), che l'autore conosce senza dubbio grazie alla versione siriaca del romanzo dello Pseudo-Callistene, ma anche attraverso tradizioni arabo-islamiche (tra cui quelle riportate da Yaʿqūbī e Dīnawarī e dallo stesso Ṭabarī) e arabo-cristiane (soprattutto l'opera dei due storici del X secolo Eutichio e Agapio), contiene dettagli su genealogia e identità del Macedone, informazioni sulla sua attività militare e quattro episodi della sua vita.[131]

L'auteur mentionne à la fin de l'extrait la question de la généalogie et de l'identité du macédonien.[132] Or, ces questions représentent une approche typiquement orientale de la matière d'Alexandre le Grand sans qu'il ne s'agisse d'une traduction du *Roman* du Pseudo-Callisthène. En revanche, il conserve une allusion à la mort du Conquérant[133] suivie des sentences des philosophes.[134]

### *1.2.3.12 al-Bīrūnī*

Le savant universel al-Bīrūnī, qui vécut entre 973 et 1048 ap. J.-C., offre des témoignages singuliers pour la réception arabe du *Roman d'Alexandre*. C'est au sein de trois de ces

---

129 Barbier de Meynard/Pavet de Courteille/Pellat (1966) II, 827-843.

130 *Cf.* le chapitre 2.2.3.

131 Di Branco (2011) 78.

132 Barbier de Meynard/Pavet de Courteille/Pellat (1966) II, § 664-672.

133 Barbier de Meynard/Pavet de Courteille/Pellat (1966) II, § 675.

134 Barbier de Meynard/Pavet de Courteille/Pellat (1966) II, § 676.

ouvrages que l'on perçoit qu'il a dû avoir une certaine connaissance du Pseudo-Callisthène. Grâce à ses nombreuses lectures, il a composé une compilation telle qu'elle est contenue dans le *Kitāb al-āṯār al-bāqiya ʿan al-qurūn al-ḫāliya (Le livre des vestiges restants des siècles passés)* ou bien, selon G. Strohmaier, «eine Welt- und Religionsgeschichte, aus dem besonderen Blickwinkel des Astronomen geschrieben».[135] Dans cet ouvrage, communément désigné comme la *Chronologie*, il consacre un chapitre à toutes les informations qu'il était capable de recueillir au sujet du personnage coranique portant l'épithète du Bi-cornu.[136] En tant que musulman croyant, il devait naturellement prendre au sérieux le contenu de la *Sourate de la caverne* qui décrit la célèbre construction du rempart contre Gog et Magog, opérée par le Bi-cornu. En tant que scientifique, il essaie de donner dans la *Chronologie* une explication tout à fait rationnelle à la généalogie persane du Macédonien.[137]

Dans son ouvrage d'histoire culturelle, *Taḥqīq mā l-hind min maqūla maqbūla fil-ʿaql aw marḏūla (Etude des idées de l'Inde, qu'elles soient conformes à la raison ou rejetées par celle-ci)*, communément désigné par le titre l'*Inde*, il présente une version abrégée de l'épisode de Nectanébo. Or cet épisode, contenu dans un chapitre au sujet de la mythologie des Grecs, a été jusqu'à présent ignoré par la critique.

En dernier lieu, le *Kitāb al-ǧamāhir fil-maʿrifat al-ǧawāhir (Livre des éléments les meilleurs de la connaissance des pierres précieuses)* comprend une allusion à la vallée des diamants[138] telle qu'elle est présente dans la lettre d'Alexandre à Aristote sur les merveilles de l'Inde, lettre qui se rattache au *Roman*[139] et à la traduction arabe de cette même lettre.[140] Le poids de cet auteur s'explique par sa vocation scientifique qui confère une ampleur critique à l'ensemble de la légende orientale du roi macédonien tout en dépassant le simple degré qui consiste à transférer des légendes d'une langue à l'autre.

#### *1.2.3.13 al-Mubaššir ibn Fātik*

Le médecin Abū l-Wafāʾ al-Mubaššir ibn Fātik al-Āmirī,[141] mort vers 1100 ap. J.-C., est l'auteur d'une importante collection de sentences gnomiques, le *Muḫtar al-ḥikam wa-maḥāsin al-kalim (Choix de proverbes et beauté des sentences)* qui conserve de véritables raretés dans le domaine des *Graeco-Arabica*. Quant à la réception du *Roman d'Alexandre*, elle contient deux chapitres extrêmement précieux. Le premier a été publié pour la première fois en 1896 par B. Meissner sous le titre *Aḫbār al-Iskandar (Histoire d'Alexandre)*. Le terme *aḫbār* est le pluriel de *ḫabar* signifiant dans son sens premier coranique «une information que l'on donne de quelqu'un ou de quelque chose». Dans la littérature post-coranique, ce terme en vogue a fini par prendre la signification que nous retrouvons à propos d'Alexandre chez al-Mubaššir, à savoir une narration à caractère historique ou biographique. F. Rosenthal définit le pluriel *aḫbār* en tant que terme technique de l'historiographie musulmane:

---

135 Strohmaier (2002) 19.

136 Sachau (1923) 36-42.

137 Sachau (1923) 37.

138 Sachau (1910) 67.

139 Kroll (1926) III, 17.

140 Doufikar-Aerts (2010a).

141 *Cf.* EI², VII, 282/283 (F. Rosenthal).

> *Aḫbār* corresponds to history in the sense of story, anecdote. It does not imply any fixation in time, nor it is ever restricted to mean an organically connected series of events. The term later on assumed the additional meaning of information about the deeds and sayings of Muḥammad, and, in particular, the ancient Muslim authorities. Together with other words such as *āṯār*, it became in fact something of a synonym of *ḥadīṯ*.[142]

De sa vaste production littéraire, seul l'ouvrage cité a été préservé. Composé en 1048-49, il lui a valu un grand succès auprès du public, dont témoignent le nombre considérable de manuscrits et les citations de l'ouvrage par d'autres écrivains. Il est l'auteur d'un ouvrage historique *(At-taʾrīḫ al-kabīr)* auquel il se réfère dans la section biographique relative à Alexandre[143]:

| | |
|---|---|
| J'ai mentionné cela et d'autres ⟨épisodes⟩ de livres à son sujet dans mon grand ouvrage historique en entier. | وقد ذكرته وغيره من كتبه فى تأريخى الكبير على تمام. |

La perte de cet ouvrage historique est déplorable puisqu'il a probablement utilisé des sources grecques traduites de façon littérale en arabe. La particularité du *Muḫtar al-ḥikam wa-maḥāsin al-kalim (Choix de proverbes et beauté des sentences)* consiste à réunir presque uniquement les sentences attribuées à des sages grecs sous deux angles bien distincts: à une section biographique s'ajoute une section contenant une collection des sentences proprement dites, les *gnomologia*.

Ce procédé est appliqué aussi à Alexandre le Grand, dont la biographie est parfois la seule à avoir préservée des épisodes dans la tradition arabe du Pseudo-Callisthène. Citons à titre d'exemple la traduction du dialogue entre le futur roi macédonien et le philosophe de Stagire,[144] contenue dans la section des sentences attribuées au Macédonien ainsi qu'un autre témoignage unique issu du *Roman d'Alexandre*, conservé par al-Mubaššir ibn Fātik, l'épisode de Pausanias, c'est-à-dire l'assassinat de Philippe.[145] Cette biographie est si importante au sein des *Graeco-Arabica* qu'on la rencontre dans la plupart des chapitres de la deuxième partie de cette étude. Au-delà de la biographie abrégée d'Alexandre, l'analyse des autres biographies de al-Mubaššir pourrait être fructueuse pour ce qui est de la connaissance de la Grèce classique dans l'Islam. Dans cette optique, E. Cottrell cite notamment les biographies très détaillées d'Aristote, de Diogène et de Platon, qui n'ont pas encore été examinées de façon approfondie.[146]

La dimension de la réception de cet ouvrage est un autre point qui doit être mis en évidence. La traduction de l'ouvrage d'abord en espagnol sous le titre de *Bocados de oro* vers 1250, puis en latin, en français, en provençal et en anglais met bien en évidence combien le Moyen Âge, dans un territoire plus tard appelé Europe, – bien avant la

142 Rosenthal (1968) 11.
143 Badawī (1958) 239.
144 Badawī (1958) 247; *cf.* le chapitre 2.1.2.
145 Badawī (1958) 222/223; *cf.* le chapitre 2.1.4.
146 Cottrell (2012) 34.

redécouverte du grec et des auteurs classiques à l'âge humaniste – est tributaire du relais arabe préservant dans le domaine des sentences philosophiques un *continuum* entre l'Antiquité prolongée dans la culture byzantine et le Moyen Âge. Sans doute, cette collection de sentences a son origine dans des recueils byzantins.

La section biographique de al-Mubaššir ibn Fātik est proche de la recension α du Pseudo-Callisthène et de la traduction syriaque. C'est l'avis de B. Meissner, qui est le premier à avoir publié le chapitre biographique du Macédonien, les *Aḫbār al-Iskandar (Histoire d'Alexandre)* avec une traduction allemande en 1896. Quant à la recension grecque qui lui a servi de modèle, il soutient que «seine Vorlage muss zur Redaction A gehören, da er nichts erwähnt, was B und C eigenthümlich ist; und unter den Angehörigen dieser Gruppe zeigen seine Nachrichten in Namen und Begebenheiten die meiste Verwandschaft mit der syrischen Version».[147] Bien au contraire, K. F. Weymann, en étudiant la traduction éthiopienne du Pseudo-Callisthène, remarque que:

> Bei der Vergleichung von Æ mit Mubaššir und Syr. stellt sich heraus, dass Mubaššir mit Æ zusammengeht, wo Syr. von Æ abweicht. Es kann daher kein Zweifel bestehen, dass Æ wie Mubaššir Ausflüsse derselben arabischen Version sind.[148]

Contrairement à cela, T. Fahd rattache la version de al-Mubaššir ibn Fātik à une traduction faite par le traducteur nestorien Ḥunayn ibn Isḥāq:

> Mubaššir, originaire de Damas, mais ayant vécu et écrit en Égypte, ne semble pas avoir accédé directement au texte syriaque: il semble plutôt avoir puisé des informations dans les travaux d'un célèbre traducteur du grec en syriaque et en arabe, Ḥunayn ibn Isḥāq (…)[149]

Cette hypothèse ne peut pas être confirmée en vue de l'état actuel de la question. Bien au contraire, elle illustre comment la traduction arabe du *Roman* a longtemps été envisagée, c'est-à-dire de façon très semblable aux autres traductions plus «techniques». Or, la question est bien plus complexe: à la question de la traduction écrite s'ajoute un complexe difficilement repérable car tout un échange de motifs littéraires et légendaires s'est frayé son chemin de la Grèce en Orient que l'on ne peut pas facilement reconstituer. Quoi qu'il en soit du modèle de al-Mubaššir ibn Fātik, on doit mettre en évidence que sa version abrégée est beaucoup plus proche des sources grecques que la plupart des autres témoignages arabes. A une date récente, E. Cottrell a avancé l'hypothèse que la version de al-Mubaššir n'est, en réalité, pas dérivée de la traduction syriaque du Pseudo-Callisthène:

> The Syriac version shares with Julius Valerius, the A manuscript, and the Armenian version the Nectanebo episodes, the details on the foundation of Alexandria, the Candace episode, all absent in Ibn Fātik, as well as the fantastic and astrological-magical elements. Another proof that the Alexander chapter of *The Choicest Maxims* is not derived from the Syriac text published by Budge are the references to the

147 Meissner (1896) 620.

148 Weymann (1901) 28/29.

149 Fahd (1991) 30.

> additional letters and speeches, and the fact neither the the anthroponyms nor the detailsof the parallels show any possible trace of a direct influence.[150]

Cependant, il pourrait être possible qu'une autre version syriaque ait été à l'origine de la traduction arabe de al-Mubaššir ibn Fātik.[151]

*1.2.3.14* Leyenda de Alejandro

La *Leyenda de Alejandro*, à laquelle l'éditeur E. García Gómez a également donné le titre de *Ḥadīṯ dī l-qarnayn (Récit du Bi-cornu)*, étant donné que le manuscrit est acéphale et qu'il se termine par cette même désignation.[152] Datant probablement du XV^e siècle,[153] ce dernier comprend également «narraciones y *hadices* novelescos, casi todos con algún carácter religioso (intervención de Mahoma, Jesús, Alí, etc.)»[154] La *Leyenda* elle-même est composée d'une pluralité de sources d'origine grecque, syriaque et arabe que son éditeur résume de la manière suivante:

> A primera vista se observa en ésta cómo los episodios se organizen en diferentes grupos, cada uno de los cuales deriva de una fuente distinta. Así, ciertos pasajes delatan una procedencia, más o menos directa del Pseudo-Callísthenes, en alguna de sus recensiones o versiones; otros derivan indudablemente de la leyenda cristianosiríaca sobre Alejandro; algunos parecen ser simple comentario de las alusiones alcoránicas al héroe griego; varias no son sino *hadices* y tradiciones puramente musulmanas, elaboradas con miras exegéticas o con un propósito estrictamente literario; por último, existen episodios que forman parte de las colecciones de "enseñamientos" de Alejandro, y al final se inserta una de las cartas de éste a su madre. Como puede notarse, nuestro texto es un mosaico, formado de piezas procedentes de casi todas las manifestaciones de la leyenda de Alejandro en el islam, y constituye una verdadeira antología de textos que puede ilustrar el bosquejo histórico (...)[155]

Quant aux épisodes qui, selon E. García Gómez,[156] coïncident avec le *Roman* du Pseudo-Callisthène, citons la lettre de Darius à Alexandre,[157] qui correspond, comme celle de al-Mubaššir ibn Fātik à deux chapitres de la biographie romanesque du Conquérant.[158] L'éditeur présente une comparaison entre le *Roman d'Alexandre*[159] et la *Leyenda* où leur protagoniste s'adresse aux ambassadeurs de Darius en leur démontrant la supériorité de

150 Cottrell (2012) 241.

151 Cottrell (2012) 241: the Arabic text does not depend on the Syriac we possess.

152 García Gómez (1929) LXXXVI; Ce roman populaire arabe est contenu dans le *ms.* XXVII appartenant aux *Manuscritos árabes y aljamiados de la Biblioteca de la Junta*.

153 García Gómez (1929) LXXXV.

154 García Gómez (1929) LXXXV.

155 García Gómez (1929) CXV-CXVI.

156 García Gómez (1929) CXX-CXXXV.

157 García Gómez (1929) 8-9.

158 Il s'agit des chapitres I, 36 et I, 40.

159 Il s'agit du chapitre I, 37.

l'Islam sur «la religion grecque» *(dīn ar-rūmī)*.[160] Comme al-Mubaššir ibn Fātik, ce texte comprend la réponse épistolaire d'Alexandre à Darius[161] correspondant au *Roman*.[162] Elle comprend également la fuite de Darius à travers le fleuve Strangas (Στράγγας) du Pseudo-Callisthène (οὗτος δὲ πήγνυται ταῖς χιόσιν «celui-là est gelé par la neige»),[163] fleuve que la *Leyenda* nomme *nahr aṯ-ṯalǧ* «le fleuve de la neige».[164] Il y a une correspondance entre le θρῆνος de Darius[165] du *Roman* et la *Leyenda*. Cela vaut aussi pour la lettre que Darius envoie à Porus.[166] De plus, la célèbre scène de la mort de Darius[167] et la punition de ses assassins[168] ont fait l'objet d'une réception dans la *Leyenda*. Par ailleurs, cette dernière présente des correspondances avec la *Lettre des merveilles* de la recension α.[169] Quant à la nouvelle autour d'Alexandre et Candace,[170] elle comprend, selon E. García Gómez, une adaptation «bastante fiel».[171] En dernier lieu, on constate la présence de l'échange épistolaire entre le Macédonien et «la reine des femmes» *(malika an-nisāʾ)*.[172] L'intérêt de cet ouvrage tardif réside dans le fait qu'il préserve des détails qui peuvent compléter le cadre de la réception arabe du *Roman d'Alexandre* quand il n'y a pas de traduction issue d'une source antérieure à disposition.

*1.2.3.15* Qiṣṣat ḏī l-qarnayn (Histoire du Bi-cornu)

Le roman populaire la *Qiṣṣat ḏī l-qarnayn (Histoire du Bi-cornu)* a été édité par Z. D. Zuwiyya à partir de deux manuscrits.[173] Selon l'éditeur, «The language of *QD* may be characterized as Classical Arabic with regular interference from the Middle Arabic of a Spanish Arabic scribe, whose origins are also evident in his use of a Western Arabic script.»[174] Ce texte – fortement marqué par le processus du passage du l'arabe classique au moyen-arabe – ne suit pas, comme le *Roman* du Pseudo-Callisthène, un fil de narration linéaire relatant la vie d'Alexandre de manière plus ou moins chronologique. Bien au contraire, il est composé selon une technique si inhérente non seulement à la production littéraire en langue arabe, mais également à l'historiographie musulmane. En effet, il y a un certain nombre de textes islamiques interpolés qui se basent tous sur un *isnād*, c'est-à-dire sur une «chaîne de transmetteurs» garantissant ainsi la véracité d'une tradition donnée.[175]

---

160 García Gómez (1929) 9/10.
161 García Gómez (1929) 10.
162 Il s'agit du chapitre I, 38.
163 Il s'agit du chapitre II, 14.
164 García Gómez (1929) 10/11.
165 Il s'agit du chapitre II, 16.
166 García Gómez (1929) 11; il s'agit du chapitre II, 18.
167 García Gómez (1929) 12-13; il s'agit du chapitre II, 20.
168 García Gómez (1929) 14-15; il s'agit du chapitre II, 21.
169 García Gómez (1929) 16-17; Kroll (1926) III, 17.
170 García Gómez (1929) 57-67; Kroll (1926) III, 18-25.
171 García Gómez (1929) CXXXI.
172 García Gómez (1929) 67/68.
173 Zuwiyya (2001) 62.
174 Zuwiyya (2011) 78.
175 EI$^2$, IV, 207 (J. Robson).

Ce type de texte que l'on appelle *ḥadīṯ* «narration d'un fait»[176] est attribué à des transmetteurs tels que ʿAbd ar-Raḥmān ibn Ziyād, cité au tout début de l'ouvrage, ʿAbd al-Malik al-Malšūnī et Muqātil ibn Sulaymān.

De façon générale, le terme *qiṣṣa* signifie une «histoire». Comme la *Leyenda*, ce récit conjugue des traces du Pseudo-Callisthène en grec, sous forme d'une structure biographique, à des apports musulmans issus de l'exégèse coranique *(tafsīr)* et des «histoires des prophètes» *(qiṣaṣ al-anbiyāʾ)*. Or, il y a des interactions entre l'exégèse coranique et les «histoires de prophètes» puisque tous les deux retravaillent, en quelque manière, les histoires bibliques et non-bibliques du *Coran* auxquels Alexandre le Grand a été associé en raison de l'équation avec le Bi-cornu de la *Sourate de la caverne*.

Du *Roman* grec du Pseudo-Callisthène ne persistent que quelques épisodes ou de vagues rencontres thématiques. Pour ces dernières, citons une allusion à la paternité de Nectanébo,[177] la question de l'éducation d'Alexandre par Aristote[178] ou la fondation d'Alexandrie.[179] Quant à l'échange épistolaire entre le roi macédonien et ses deux principaux adversaires, Darius et Porus, la *Qiṣṣat ḏī l-qarnayn (Histoire du Bi-cornu)* conserve un certain nombre de lettres de ce que l'on pourrait qualifier un recueil épistolaire au sein de ce roman populaire arabe:

1. La lettre de Darius à Alexandre[180] (≈ *Roman d'Alexandre,* α, I, 36)
2. La lettre d'Alexandre à Darius[181] (≈ *Roman,* α, I, 38)
3. La deuxième lettre de Darius à Alexandre contenant l'allusion à la jacinthe, au coffre et aux graines de sésame ainsi que leur interprétation[182] (≈ *Roman,* α, I, 40)
4. La troisième lettre de Darius à Alexandre lui demandant de lui rendre sa famille, sa fille et son frère[183] (≈ *Roman,* α, II, 17, 3-4: ἀποδὸς τὴν μητέρα καὶ γυναῖκα καὶ τέκνα «rends-⟨moi⟩ ma mère, mon épouse et mes enfants»)
5. Lettre de Darius à Porus, qui porte le nom de *Labūr*, lui demandant du secours dans le combat contre Alexandre[184] (≈ *Roman*, α, II, 11, 5: γράφει δὲ καὶ τῷ Πώρῳ δεόμενος βοηθείας «il écrit à Porus en lui demandant du secours»)
6. Lettre d'Alexandre à *Labūr*[185] (≈ *Roman*, α, III, 2)
7. Lettre de *Labūr* à Alexandre[186] (≈ *Roman*, α, III, 2)

Le traitement de l'affrontement entre Alexandre et ses deux principaux adversaires du *Roman*, Darius et Porus *(Labūr)*, est d'un intérêt particulier. Une description relativement longue est consacrée à la ruse du protagoniste du *Roman* qui vainc les éléphants du roi

176 EI², III, 23-28 (J. Robson).
177 Zuwiyya (2001) 8.
178 Zuwiyya (2001) 10.
179 Zuwiyya (2001) 9.
180 Zuwiyya (2001) 55.
181 Zuwiyya (2001) 56/57.
182 Zuwiyya (2001) 57/58.
183 Zuwiyya (2001) 63.
184 Zuwiyya (2001) 63/64.
185 Zuwiyya (2001) 83.
186 Zuwiyya (2001) 83/84.

indien grâce à la fabrication de statues de bronze.[187] La *Qiṣṣat ḏī l-qarnayn (Histoire du Bicornu)* offre même un récit de la mort de Darius, un θρῆνος qui remonte au Pseudo-Callisthène.[188] Même si elle ne contient pas de traduction littérale à partir d'un modèle grec précis, elle offre des motifs littéraires pouvant compléter le cadre de la réception arabe d'un épisode grec donné ce qui est le cas pour le vol aérien.[189]

*1.2.3.16* L'*Epistola Alexandri ad Aristotelem arabica*

Cette lettre, que F. Doufikar-Aerts a récemment découverte, n'est conservée que dans la recension α du *Roman d'Alexandre*. Par ailleurs, elle a été transmise indépendamment du *Roman*. De ce fait témoigne une traduction latine dont le modèle grec n'est pas conservé.[190] Le texte de la lettre se base sur quatre manuscrits de la *Sīrat al-Iskandar*, une épopée populaire, témoignage tardif, dont F. Doufikar-Aerts donne un résumé dans la quatrième partie de sa thèse sur la figure d'Alexandre le Grand dans la littérature arabe.[191]

Selon elle, il y a deux familles de manuscrits, dont les codex P2 et P4 semblent préserver «the most original form» caractérisée néanmoins par des ajouts des copistes. Cependant, ces deux *codices* n'ont pas conservé le texte intégral ce qui a amené F. Doufikar-Aerts à combler les lacunes par la recension des codex P3 et WE.[192] La même auteur décrit ainsi le résultat de son édition comme «a reconstruction of the Arabic translation of the *Epistola*, which was made from a Syriac Vorlage similar to the episode exstant in the Syriac *Alexander Romance*».[193] En ce qui concerne l'analyse des différents chapitres du *Roman d'Alexandre* en langue arabe, cette lettre est un témoignage important puisqu'elle préserve l'épisode des arbres oraculaires.[194]

## 1.3 Le contexte historique de la réception orientale

Quant à la réception du *Roman d'Alexandre* dans l'Orient, les premiers témoignages qu'il faut citer, sont, du côté syriaque, la traduction syriaque du Pseudo-Callisthène et la *Légende d'Alexandre* transmis dans un même manuscrit, et, du côté arabe, la *sūrat al-kahf (Sourate de la caverne)* où le roi macédonien devient une figure prophétique – familière à la fois aux Chrétiens d'Orient et aux Musulmans. Après l'époque du califat omeyyade, où la figure d'Alexandre le Grand commence à hanter au fur et à mesure l'Orient, notamment en raison de sa relation avec Aristote, c'est sous le califat abbaside (750-1258 ap. J.-C.), qu'il faut situer la période cruciale de la réception arabe du *Roman d'Alexandre*.

---

187 Zuwiyya (2001) 88/89; *cf.* le chapitre 2.3.2.

188 Zuwiyya (2001) 80/81; il s'agit du chapitre II, 21.

189 Zuwiyya (2001) 12/13; Van Thiel (1974) II, 41.

190 *Epistola Alexandri ad Aristotelem*, Boer (W.W.)(éd.), Meisenheim am Glan 1973; *Der Brief Alexanders an Aristoteles über die Wunder Indien*. Synoptische Edition, Feldbusch (M.)(éd.), Meisenheim am Glan 1976.

191 Doufikar-Aerts (2010b) 195-367.

192 Doufikar-Aerts (2010a) 93.

193 Doufikar-Aerts (2010a) 93.

194 Doufikar-Aerts (2010a) 107-111.

### 1.3.1 Le califat omeyyade

C'est à la suite de la conquête arabe de la Syrie, de la Palestine et de l'Égypte que les premières traductions du grec à l'arabe ont été effectuées au début du califat omeyyade. La raison de telles traductions a été d'ordre purement pratique. Une élite dirigeante, désormais de langue maternelle arabe, a hérité d'un système de fonctionnaires de langue grecque sur un territoire anciennement hellénisé à la suite des conquêtes d'Alexandre le Grand à l'époque hellénistique.

En parallèle, des traductions du grec à l'arabe répondent à un besoin de la vie quotidienne: des papyrus documentaires contenant des contrats, en grec et en arabe, témoignent ainsi d'une réalité bilingue dans l'Égypte au VII^e^ et au VIII^e^ siècle. En réalité, ces papyrus ne sont pas bilingues dans la mesure où les deux langues y seraient présentes à parts égales. Bien au contraire, tous les papyrus documentaires sont écrits dans une langue, en arabe ou en grec, à laquelle ne s'ajoutent que quelques lignes rédigées dans l'autre langue. L'arabe devint la langue de l'administration à l'Ouest du califat omeyyade sous le calife ʿAbd al-Malik (685-705 ap. J.-C.), avant que ce processus ne fût mené à son terme par son fils Hišām (724-743 ap. J.-C.). C'est le secrétaire *(kātib)* de ce dernier qui se trouve à l'origine de la théorie du «Roman épistolaire» de l'arabisant M. Grignaschi, que l'auteur résume de la manière suivante:

> (...) il nous a semblé nécessaire de prouver ce que nous avions considérés comme évident: savoir que les deux *mss.* d'Istanbul ne nous ont pas été transmis un simple recueil d'un auteur musulman de lettres ps. aristotéliciennes, mais bien d'un roman épistolaire hellénistique remanié par un écrivain arabe de l'époque ommayade.[195]

Le point de départ de la thèse de Grignaschi est une notice bibliographique contenue dans le célèbre *Kitāb al-fihrist (Livre des tables de matières)*[196] de Ibn an-Nadīm (mort en 995 ou 998 ap. J.-C.) qui fut libraire à Bagdad:

| | |
|---|---|
| *Sālim*, surnommé *Abū l-ʿAlāʾ*, secrétaire *(kātib)* de *Hišām ibn ʿAbd al-Malik*. (...) Il était un ⟨écrivain⟩ lucide *(al-fuṣaḥāʾ)* et éloquent *(al-bulaġāʾ)*. Il a fit apporter les lettres *(rasāʾil)* d'Aristote *(Arisṭāṭālīs)* à Alexandre (*al-Iskandar*). On les a copiées pour lui et il les arrangées. Sa collection de lettres s'élève à cent feuillets environ. | سالم ويكنى أبا العلاء كاتب هشام بن عبد الملك (...) وكان أحد الفصحآء والبلغآء وقد نقلَ من رسائل أرسطاطاليس إلى الإسكندر ونُقل له وأَصلح هو له رسائل مجموعة نحو مائة ورق. |

195 Grignaschi (1967) 214; *cf.* également le commentaire de M. Di Branco (2011) 39/40 à la théorie de Grignaschi: L'ipotesi di Grignaschi non sembra dunque accettabile: in effetti, i materiali identificati da Grignaschi con la traduzione di Sālim Abū l-ʿAlāʾ di un "romanzo epistolare ellenistico" hanno piuttosto le caratteristiche di un tardo centone di materiali eterogenei riguardanti Alessandro (d'altra parte Ibn al-Nadīm parla esclusivamente di una traduzione di epistole di Aristotele al suo discipolo, senza minimamente menzionare né trattati né biografie né apoftegmi). Tali materiali sono in realtà rielaborazioni tardo-antiche in parte basate sul *Romanzo* dello Pseudo-Callistene e in parte derivanti dalla tradizione siriaca e mediopersiana.

196 Flügel (1871-1872) 117.

La fonction du secrétaire Sālim s'inscrit dans le cadre des traductions à l'époque omeyyade où les «secrétaires» *(kuttāb)* étaient probablement à l'origine de la prose arabe naissante. En ce qui concerne la qualité de son écriture, elle dépasse, selon Ibn an-Nadīm, le cadre d'une traduction utilitaire en témoignant d'une véritable recherche stylistique.

Au premier terme «lucide» s'attache *al-faṣāḥa* «l'éloquence» entendue dans le sens d'un talent oratoire consistant dans l'abondance et la lucidité. A la même racine s'attache *al-fuṣḥā*, une expression elliptique pour *al-luġa al-ʿarabiyya al-fuṣḥā* que l'on pourrait rendre par «la claire langue arabe»: elle désigne l'arabe littéral par opposition aux dialectes de cette langue sémitique. Au deuxième terme «éloquent» s'attache *al-balāġa*, c'est-à-dire «l'éloquence» consistant à exprimer ses pensées avec la netteté et la force nécessaires pour persuader l'auditoire. Une désignation arabe pour l'art de la parole, la rhétorique, est *ʿilm al-balāġa* «la science de l'éloquence».

Le fait qu'un écrivain accompli tel que le secrétaire Sālim Abū l-ʿAlāʾ ait copié des lettres d'Aristote à Alexandre pourrait être un indice d'une certaine qualité littéraire de l'ensemble. A cette notion bibliographique s'ajoute un complexe de seize épîtres pseudo-aristotéliciennes, accompagnées de courtes introductions. Elles sont conservées dans deux manuscrits à Istanbul.[197] Quelques unes seulement sont des lettres du Stagirite à son élève: on perçoit déjà une intention didactique à partir de leurs titres, comme par exemple *De l'incitation à l'étude de la philosophie*, *L'épître sur l'éthique* ou encore *Le testament d'Aristote à Alexandre*.[198] L'ensemble des seize épîtres est résumé dans un commentaire sur le premier feuillet du manuscrit *Aya Sofya* 4260 publié par M. Grignaschi[199]:

| | |
|---|---|
| Cette partie ⟨du manuscrit⟩ contient les meilleures ⟨pièces⟩ que l'on ait trouvées parmi les épîtres *(rasāʾil)* et les dialogues *(muḥāwarāt)* entre le roi Alexandre *(al-Iskandar)*, le Bi-cornu, et son précepteur *(muʿallimihi)*, le sage Aristote *(Arisṭāṭālīs al-ḥakīm)*. | يشتمل هذا الجزء على مستحسن ما وجد من الرسائل والمحاورات التي دارت بين الاسكندر ذي القرنين الملك وبين معلّمه أرسطاطاليس الحكيم |

A la notion d'«épîtres» *(rasāʾil)* s'ajoute celle d'«échange de lettres» *(muḥāwarāt)*, inconnue de la notice bibliographique de Ibn an-Nadīm, cette dernière se basant uniquement sur un ensemble d'épîtres. Or, ces échanges de lettres soulignent la réciprocité des lettres échangées entre le Macédonien et Aristote comme la lettre IX *Les conseils demandés en termes généraux par Alexandre sur le problème du gouvernement du royaume*, suivie de la lettre X *La réponse et les félicitations pour la conquête de la Perse*. Quant à Alexandre, qui devient *al-Iskandar* dans les sources arabes historiques, il porte même l'épithète coranique «le Bi-cornu», tandis que son maître est qualifié de *ḥakīm*; ce terme désigne un «sage», un «philosophe» ou un «savant», excellant surtout dans les sciences naturelles et exactes. Si l'on tient compte des ouvrages du Stagirite qui vont faire l'objet d'une traduction en arabe à une époque ultérieure, sous le califat abbaside, comme la

197 Il s'agit des manuscrits *Fātiḥ* 5323 et *Aya Sofya* 4260.

198 Grignaschi (1967) 221 donne l'ensemble des titres du recueil.

199 Grignaschi (1967) 222; l'édition plus récente de Maróth (2006) 1 suit l'apostille du manuscrit *Fātiḥ* que M. Grignaschi a également éditée.

*Métaphysique*, *Météorologie*, *Physique*, *Histoire des animaux*, l'attribut *al-ḥakīm* correspond tout à fait. Or, dans la plus ancienne recension grecque α, le Stagirite est encore désigné comme sophiste, comme maître de philosophie et d'éloquence[200]:

| | |
|---|---|
| Ἀλέξανδρος δὲ Ἀριστοτέλει τῷ Μιλησίῳ σοφιστῇ μόνῳ ἐκέχρητο. | Alexandre eut uniquement Aristote de Milet comme sophiste. |

A partir de la recension β, la notion de σοφιστής sera remplacée par un autre terme[201]:

| | |
|---|---|
| Ἀλεξάνδρος δὲ Ἀριστοτέλει τῷ καθηγητῇ μόνῳ ἐκέχρητο. | Alexandre eut uniquement Aristote comme précepteur. |

Le datif τῷ καθηγητῇ, καθηγητής signifiant «précepteur» ou bien «maître», correspond à l'arabe *mu'allim* «précepteur» dans le commentaire du manuscrit *Aya Sofya* 4260. Ce court commentaire illustre bien un des thèmes ayant connu une grande fortune dans l'Orient, à savoir la relation entre l'élève Alexandre et le philosophe célèbre.

Avant l'époque abbaside marquée par le mouvement des traductions du grec à l'arabe, l'incertitude règne sur la traduction du complexe épistolaire. Il est probable que la notice bibliographique de Ibn an-Nadīm mentionnant cent feuillets se réfère à une collection d'épîtres plus étendue que les seize lettres contenues dans les deux manuscrits cités ci-dessus. Ce qui est plus sûr, c'est que cette collection est apparentée en quelque manière au *Roman d'Alexandre* notamment pour ce qui est de son introduction biographique.[202]

Quant à son style, l'arabisant hongrois M. Maróth remarque, dans l'introduction à son édition du «Roman épistolaire», que «The words used in the passage are common words from every-day Arabic conversation. The vocabulary of the Quran and that of the early Arabic poetry can not be found in the text.»[203] L'intérêt de cette remarque réside dans le fait que le recueil soit profondément marqué par le nouveau style de prose arabe issu de la plume des secrétaires. Le développement de cette prose artistique, l'oeuvre des secrétaires est résumée par H. Ritter dans l'introduction au traité de rhétorique de al-Ǧurǧānī:

> When the Arabian administration was established, a new field of Arabian literature developed, which was intended from the first for expression in writing. These are the official letters issued by the administrative offices. These letters were expected to have literary form, and that seems to be the reason why from the first decades of the fourth century of the Hegira the literary culture of the Islamic Orient was mainly represented by the secretarial class. In addition there arose an art of private letter-writing which aimed at a high literary standard. The highly finished style of epistolography was then adopted to some extent by historiography and finally also appears in works which were intended only for entertainment.[204]

---

200 Kroll (1926) I, 16, 1.

201 Bergson (1956) I, 16, 1.

202 *Cf.* le chapitre 2.1.1.

203 Maróth (2006) 23.

204 *Asrār al-balāgha. The mysteries of eloquence of 'Abdalqāhir al-Jurjāni*, Ritter (H.)(éd.), Istanbul

En guise de résumé de la partie consacrée à l'étude de la tradition du Pseudo-Callisthène en arabe, F. Doufikar-Aerts – en s'appuyant aussi sur des manuscrits inédits – trace déjà le cadre de cette tradition en soulignant notamment le fait que cette dernière est profondément marquée par la présence de toutes sortes de lettres. La rhétorique épistolaire a-t-elle un impact réel sur la tradition arabe, un impact que l'on pourrait faire remonter à la pratique de la rhétorique scolaire à l'époque impériale, une pratique dont les manuels de rhétorique conserveraient la théorie? En citant l'exemple d'un ouvrage du copiste Quzmān, dans lequel F. Doufikar-Aerts note la présence de trente lettres, cette dernière avance l'hypothèse que cela pourrait se justifier par la conséquence «of the great popularity of epistolary romances».[205]

### 1.3.2 Le califat abbaside

Le mouvement des traductions était à son zénith à l'époque abbaside, à la suite du déplacement de la cour des califes de Damas à Bagdad. Paradoxalement, le mouvement des *Graeco-Arabica* s'est développé au cœur de l'ancien empire persan sous les Abbasides et non pas sous les Omeyyades dans une région anciennement hellénisée au Proche-Orient. Ce mouvement dura environ deux siècles, ce qui montre bien qu'il ne s'agissait pas d'un phénomène éphémère, mais d'une activité organisée par une grande partie de l'élite, qu'elle soit politique, militaire, économique ou intellectuelle. A la suite de la première réception du patrimoine grec de la part des Romains, G. Strohmaier caractérise la réception arabe de la manière suivante:

> Die zweite Rezeption griechischen Erbes, nämlich die im Islam, kann man auch als Fortleben der alexandrinischen Schule im Orient beschreiben. Beherrscht wurde dieses Erbe von den Autoritäten Galen, Ptolemaios und Aristoteles in neuplatonischer Deutung.[206]

L'esprit de l'élite abbaside à l'égard des Grecs est marqué par une dichotomie fondamentale. A l'admiration pour les Grecs de l'époque classique, ce qui équivaut pour eux à l'Athènes classique, s'oppose le mépris pour les Byzantins, leurs contemporains, qui ne sont, pour eux, que des imitateurs des Grecs. Le *Roman d'Alexandre* était bien connu à l'époque abbaside, la période centrale pour sa réception dans l'Orient. Le fait qu'il s'agisse partiellement d'une création byzantine n'a pas empêché la réception arabe. Toutes les approches qui ont essayé de rattacher le début de la réception du *Roman* du Pseudo-Callisthène à une période antérieure, comme celle du califat ommeyyade, n'ont pas été convaincantes de façon définitive.

Face à la culture grecque, la culture de l'époque abbaside est donc caractérisée par le paradoxe suivant: d'un côté, il y a un mépris pour leurs contemporains, les Byzantins, et de l'autre, il y a une véritable vénération pour les Grecs de l'âge classique.[207] Chez les auteurs

---

1954, 1.

205 Doufikar-Aerts (2010b) 80.

206 Strohmaier (2003) 62.

207 *Cf.* Gutas (1998) 18/19: By the seventh century, this Byzantine high culture was inimically indifferent to pagan Greek learning, having left behind the stage of confrontation characterizing the previous age of church fathers. Hellenism was the defeated enemy, to be treated with contemptuous indifference

de chroniques universelles comme al-Yaʿqūbī ou al-Masʿūdī, le récit des hauts-faits d'Alexandre le Grand est incorporé à quelques brèves références à la Grèce de l'âge classique, qui, pour eux, appartient à une époque lointaine, préislamique. Or, selon M. Di Branco, l'historiographie musulmane est dérivée de l'historiographie byzantine qui rejetait la Grèce de l'âge classique au point de ne pas lui consacrer une place prépondérante dans le récit des faits historiques:

> (…) la visione della storia arabo-islamica che si impone in epoca abbaside è invece ampiamente derivata – in maniera piuttosto acritica – dalla storiografia bizantina. È a quest'ultima che si deve dunque quel "rifiuto" della classicità greca che ne costituisce uno dei caratteri fondamentali e che tanto contrasta con la volontà degli appartenenti al "movimento di traduzione" – coordinato dai califfi abbasidi al fine di rendere disponibile in arabo quasi tutta la letteratura scientifica e filosofica greca – di farsi erede di del patrimonio scientifico e filosofico greco.[208]

Il rappelle justement que le mouvement des traductions de textes scientifiques et philosophiques sous le califat abbaside se situe aux antipodes de cette attitude musulmane face à l'historiographie grecque de la même époque. Cette différence entre les Grecs de l'âge classique et «les Byzantins» *(ar-Rūm)* se manifeste pour l'historien al-Masʿūdī même en matière de rhétorique[209]:

En ce qui concerne les Byzantins *(ar-Rūm)*, ils paraissent inférieurs aux Grecs quant à leur langue *(fī luġatihā)* et la composition de leurs livres *(kutubihā)*, ils sont inférieurs *(qafata)* aux Grecs, ils ne sont jamais arrivés à perfection de leur éloquence *(kunh faṣāḥatihim)* et à la modération de leur forme. La langue des Byzantins *(ar-Rūm)* est moins parfaite que celle des Grecs *(al-Yūnāniyyīn)*, l'agencement des phrases *(tartīb al-kalām)*, sur laquelle se base la manière de leur style *(nahǧ taʿbīrihīm)* et les formes de leur action oratoire *(sunan ḫiṭābihim)* est plus défectueux.

والروم قفَت فى لغتها ووضع كتبها اليونانيّين, فلم يَصِلوا إلى كنه فصاحتهم وطلاقة ألسنتهم, والروم أنقض فى اللسان من اليونانيّين وأضعف ترتيب الكلام الذي عليه نهج تعبيرهم وسنن خطابهم.

L'extrait entier est rythmé par la comparaison entre Byzance et la Grèce classique en créant un forte antagonisme entre l'idéal classique et son successeur byzantin. Ces affirmations de

because it was irrelevant: Greek Christianity, as promulgated by Constantinople, had now turned in upon itself, or upon what it perceived as internal ennemies, and tried in a series of councils that lasted throughout the seventh and eight centuries, to define with ever-greater precision its own understanding of orthodoxy. This disparaging attitude toward Hellenism would have been shared, among Greek-speaking Christians under the Umayyads, even by groups who may not have been Chalcedonian Christians, such as the Ġassānids who were Monophysites in pre-Islamic times. This complete turnabout in cultural orientation by Greak-speaking Christians would also explain the desuetude of the old Greek literary themes and styles and the introduction of novel genres of writing reflecting the new preoccupations and concerns of a Christian society: the homily, the disputation, quaestiones, florilegia, miracle stories, and hagiography.

208 Di Branco (2011) 26.

209 Barbier de Meynard/Pavet de Courteille/Pellat (1966) II, 42.

l'historien sont révélatrices d'un point de vue, culturel, littéraire et stylistique. Pour caractériser la «langue» *(luġa)* et les «livres» *(kutub)*, c'est-à-dire la littérature des Byzantins, il emploie l'image poétique d'une plante desséchée dans un paysage désormais aride, comparé à celui de la Grèce de l'âge classique. Selon lui, les Byzantins sont inférieurs aux Grecs, le verbe employé *qafata* signifie littéralement «sécher», «dessécher», «devenir aride».

Chez les Byzantins, il fait allusion à la dégradation de l'«éloquence», la *faṣāḥa*, c'est-à-dire le «talent oratoire» qui doit être distingué de la *balāġa* l'«éloquence», orientée vers la persuasion des auditeurs à travers la force de l'argumentation. La dégradation de l'éloquence grecque est un thème déjà ancré à l'époque impériale, qui ne trouve que son prolongement qu'à l'époque byzantine. En ce qui concerne «la langue» *(al-lisān)* des Byzantins, al-Masʿūdī la critique notamment du point de vue de «l'agencement des phrases» *(tartīb al-kalām)*. A la fin de l'extrait, il cite deux termes à forte connotation rhétorique, *taʿbīr* «style» et *ḫiṭāb* «allocution» traduite par «action oratoire». Cette traduction s'explique par le terme *ḫiṭāb al-ʿarš* «discours de couronnement» qui est un exemple pour un discours délibératif inspiré de modèles sassanides dont al-Mubaššir ibn Fātik conserve le discours d'exhortation d'Alexandre à son peuple, au début de son règne, dans sa version abrégée du *Roman d'Alexandre*.[210] Appartenant à la même racine, la *Rhétorique* d'Aristote se traduit en arabe par le terme *ḫiṭāba*, terme technique pour désigner l'art de la rhétorique et l'action oratoire en public. L'autre terme cité, *taʿbīr* peut signifier, tout comme le terme grec ἡ λέξις «l'expression» ou bien «le style». Cet extrait de al-Masʿūdī est assez révélateur de la manière dont est établi une comparaison entre les Grecs de l'âge classique et leurs contemporains à Byzance. Il utilise un vocabulaire fortement marqué par la rhétorique ce qui est assez curieux d'ailleurs pour un auteur qui est loin d'avoir les connaissances approfondies en grec d'un Ḥunayn ibn Isḥāq.

### 1.3.3 Le cas particulier du *Roman d'Alexandre* dans les *Graeco-Arabica*

Le *Roman d'Alexandre* dans l'Orient est un thème de recherche depuis la moitié du XIX^e^ siècle où l'orientaliste allemand F. Spiegel a consacré une étude sur la figure d'Alexandre le Grand dans l'Orient.[211] L'ouvrage du Pseudo-Callisthène est un cas très particulier: il s'agit d'un ouvrage de l'Antiquité tardive, du III^e^ siècle ap. J.-C., marqué également par l'importance des recensions proto-byzantines. Ces données doivent être vues dans le cadre du mouvement des traductions, qui a connu son zénith à l'époque de al-Maʾmūn, à savoir dans un climat intellectuel de philhellénisme et d'anti-byzantinisme.[212]

Or, contrairement à la préférence pour les auteurs de l'âge classique et hellénistique comme Hippocrate, Platon, Aristote, Euclide ou de l'époque de l'Empire romain tels que Galien de Pergame, Proclus, Artémidore, la raison de la traduction du *Roman d'Alexandre* dans l'Orient n'est certainement pas la même que pour ces auteurs cités. En fait, la traduction arabe du *Roman* a certainement été favorisée par l'impact que le personnage coranique «Bi-cornu» *(Ḏū l-qarnayn)* a exercé sur un grand nombre de genres littéraires dans l'Orient. Il n'apparaît pas uniquement dans l'exégèse coranique mais également chez

210 *Cf.* le chapitre 2.1.5.
211 Spiegel (1851).
212 Gutas (1998) 83-95.

les historiens, les géographes, les poètes, ce que C. Ott démontre très clairement dans une contribution à la synthèse d'E. van Donzel et A. Schmitt sur les peuples apocalyptiques, Gog et Magog.[213]

Par ailleurs, le groupe des traducteurs d'ouvrages grecs et syriaques est loin d'être homogène; à côté d'une minorité de païens de langue syriaque, se trouve une majorité de Chrétiens d'Orient, à savoir des Melkites, des Jacobites ou des Nestoriens.[214] Le *Roman d'Alexandre* est un ouvrage à caractère «historique» que l'on ne peut difficilement associer aux grandes figures de traducteurs, qui avec leurs traductions scientifiques ont poursuivi un autre dessein que les traducteurs anonymes du *Roman* du Pseudo-Callisthène.

Quant aux modalités de la traduction de la littérature scientifique, D. Gutas, au lieu de poursuivre l'antagonisme simple entre une traduction littérale *(ad verbum)* et une traduction plus libre *(ad sensum)*, propose de ne pas examiner le problème de façon chronologique jugée inadéquate. Selon lui, l'évolution de la traduction littérale à une forme plus libre devrait prendre en compte également d'autres facteurs comme le cas des traductions répétées, les révisions de traductions déjà existantes contaminées, la compétence du traducteur et son but consistant à traduire sous forme de paraphrase.[215]

En ce qui concerne la traduction arabe du *Roman d'Alexandre*, l'enquête à mener est bien plus complexe car la tradition arabe offre une pluralité de traductions ne reprenant parfois qu'un seul chapitre de la version grecque. De plus, ces traductions ne reflètent pas de manière fiable leur original grec. Bien au contraire, l'ajout de matériaux nouveaux d'innovation orientale, étrangers à la biographie d'Alexandre le Grand, montre le traitement de cette dernière dans l'Orient où elle subit une telle transformation non seulement linguistique mais également culturelle qu'il n'est plus facile de déterminer de toute évidence de quel modèle grec dérive une traduction arabe donnée.

Il faudrait, *a priori*, partir de l'hypothèse qu'ils existaient des versions désormais perdues entre le modèle grec et la traduction arabe. La question d'un intermédiaire syriaque joue également un rôle tout comme la traduction d'un modèle grec par une paraphrase arabe. Si l'on veut approcher davantage la question de la traduction d'un point de vue technique, G. Strohmaier cite quelques spécificités «der arabischen Übersetzungsliteratur» dans sa recension de l'édition de «La lettre d'Aristote à Alexandre sur la politique envers les cités», publiée par J. Bielawski et M. Plezia[216]:

1. Der Hang zur Synonymenhäufung, d.h. Wiedergabe eines griechischen Ausdrucks durch zwei arabische
2. Eine konsequente, aber in der jeweiligen Ausführung unberechenbare Ausmerzung polytheistischer Aussagen; wenn im Arabischen von dem einem Gott die Rede ist, können im Originaltext sehr wohl die Götter an seiner Stelle gestanden haben
3. Eine gelegentliche Neigung, antike geographische Bezeichnungen durch zeitgenössische Entsprechungen zu ersetzen

213 Van Donzel/Schmitt (2010) 104-114 (il s'agit d'une contribution de C. Ott).

214 Gutas (1998) 136.

215 Gutas (1998) 141-151.

216 Strohmaier (1996) 39.

La première indication se réfère à la structure de la langue même. Comme il n'est pas possible de traduire les mots composés grecs en arabe, le traducteur doit trouver une autre solution qui peut être celle de l'«annexion» *(iḍāfa)* composée par deux termes.

C'est notamment la deuxième indication qui montre de toute évidence qu'il est nécessaire de garder le contexte religieux à l'esprit, qui, comme nous allons voir, peut entraîner des transformations assez profondes y compris dans la représentation d'un personnage comme Alexandre le Grand, auparavant christianisé par les rédacteurs des recensions byzantines. A la seule recension païenne α s'opposent toutes les recensions ultérieures marquées par une forte empreinte chrétienne, qui va être effacée de toute évidence par les traducteurs de foi musulmane.

Dernièrement, les traducteurs ont quelquefois la tendance à remplacer des termes de l'Antiquité grecque qu'ils n'étaient pas ou plus capables de comprendre par des termes géographiques contemporains. Ce procédé sera tout particulièrement visible quant au traitement de la capitale macédonienne Pella qui devient tout simplement Macédoine.

Après avoir traité du cadre historique et les grandes lignes du développement du mouvement des *Graeco-Arabica* en soulignant la spécificité du *Roman d'Alexandre* au sein de ce dernier, les trois complexes thématiques de la réception orientale seront examinés par la suite.

## 1.4 Du grec à l'arabe: les trois traditions littéraires principales

La première classification systématique de la réception arabe du *Roman d'Alexandre* a été faite par F. Doufikar-Aerts. Elle a établi une division de la matière disposée sur quatre axes dont trois relèvent d'un intérêt particulier: la tradition du Bi-cornu, la littérature de sagesse et la tradition du Pseudo-Callisthène.[217] Le quatrième axe était consacré à la tradition de l'épopée populaire de la *Sīrat al-Iskandar (Vie d'Alexandre)*. Dans une communication récente, elle a ajouté un cinquième axe intitulé «Alexander stratègos» faisant référence à la présence d'Alexandre dans des manuels de l'art militaire.[218] Quant au rôle du *Roman d'Alexandre* dans le contexte des *Graeco-Arabica*, il convient de limiter le champ d'investigation ici aux trois premiers axes, à la tradition du Pseudo-Callisthène véhiculant la vision historique, à la littérature de sagesse, marquée par des liens moins étroits avec le *Roman* dans le domaine de la philosophie populaire, et à la tradition purement arabe du «Bi-cornu» *(Ḏū l-qarnayn)*.

---

217 Doufikar-Aerts (2010b).

218 Doufikar-Aerts (2012) 64, note 11, distingue dans sa communication 'King Midas' ears on Alexander's head' présentée lors du colloque 'The Alexander Romance in Persia and the East' entre 5 branches qui se sont développées autour de la figure du Macédonien dans la tradition littéraire en langue arabe, à savoir la tradition du Pseudo-Callisthène, Alexandre et la littérature de sagesse, la tradition de Ḏū l-Qarnayn, la tradition de l'épopée populaire de la *Sīrat al-Iskandar*, Alexandre stratègos.

### 1.4.1 Alexandre et le *Coran*: la tradition du Bi-cornu

Dans la chronologie de la réception du *Roman d'Alexandre* en langue arabe, le *Coran*, et plus particulièrement la *sūrat al-kahf (Sourate de la caverne)* se démarque donc comme une première étape importante. Quoiqu'elle ne contienne qu'une vague allusion au *Roman* du Pseudo-Callisthène, cette sourate marque le début de toute une série de textes qui s'en inspirent et qui en dérivent. Cette tradition s'intitule la tradition du «Bi-cornu» *(Ḏū l-qarnayn)*. Elle ne rentre pas tout à fait dans le cadre des traductions arabes faites à partir d'une recension grecque spécifique dans le cadre étroit des *Graeco-Arabica*. Son étude relève plutôt d'un intérêt de littérature comparée où l'on peut essayer de démontrer quels complexes narratifs du *Roman* ont dépassé le cadre géographique de l'empire gréco-romain pour parvenir dans l'aire culturelle sémitique. C'est à travers la *Légende d'Alexandre* en syriaque et la *Sourate de la caverne*, que nous avons déjà mentionnés ci-dessus, que les exploits associés au Bi-cornu sont entrés dans le patrimoine culturel du Proche-Orient et au nord de la Péninsule arabique.

Même une création très tardive telle que la *Qiṣṣat ḏī l-qarnayn (Histoire du Bi-cornu)*[219] doit être indirectement rattachée à la *Sourate de la caverne*. Ce récit s'inscrit, pour ce qui est de son apport arabe originel, dans la tradition des commentaires coraniques destinés à rendre plus clair de ce qui n'est qu'une simple esquisse de deux épisodes du *Roman* dans le *Coran*.[220] En parallèle à ces derniers, s'est formé le genre des *Qiṣaṣ al-anbiyāʾ (Histoires de prophètes)* qui tout en se servant des résultats des commentaires coraniques montre encore des reflets du Pseudo-Callisthène.[221]

Selon l'avis de F. Doufikar-Aerts cette tradition serait l'amalgame de plusieurs composantes dont les légendes chrétiennes en syriaque, la recension γ du Pseudo-Callisthène et les plus anciens commentaires des versets 18:82-98 du *Coran*. En ce qui concerne la recension γ, il s'agit d'une compilation des recensions β et ε, deux recensions qui font l'objet d'une réception arabe, du moins de façon indirecte pour ce qui est de la recension ε. Le problème méthodologique qui se pose est qu'il est difficile d'établir des liens précis entre la recension γ et les témoignages arabes, ces derniers semblant dériver d'une transmission orale plutôt que d'une transmission écrite. C'est pourquoi F. Doufikar-Aerts essaie de rattacher la recension γ du Pseudo-Callisthène à la tradition du Bi-cornu[222] en citant notamment les chapitres II, 29-35 et III, 7-16 pour illustrer cette hypothèse[223].

L'épithète coranique d'Alexandre le Grand pose un problème particulier. En fait, il n'est pas nommé *al-Iskandar* mais *Ḏū l-qarnayn*. Une explication pour cette épithète pourrait être l'image du roi macédonien sur les pièces de monnaie ayant été émises sous le règne de Lysimaque. Dans le *Roman d'Alexandre* ainsi que chez Arrien par exemple, la visite du Conquérant à Siwa est décrite dans le désert égyptien, et plus précisément dans le sanctuaire d'Ammon en 331 av. J.-C. C. Hunnius s'exprime en faveur de cette thèse,[224] tout comme l'historien A. Demandt qui offre récemment, dans sa biographie d'Alexandre le

---

219 *Cf.* 1.2.3.15.

220 Doufikar-Aerts (2010b) 188.

221 Busse (H.), *Islamische Erzählungen von Propheten und Gottesmännern*, Wiesbaden 2006, 455-468.

222 Doufikar-Aerts (2010b) 190.

223 Doufikar-Aerts (2010b) 190, note 242.

224 Hunnius (1906) 27.

Grand, une analyse des événements historiques associés aux légendes multiples allant de l'Occident à l'Orient.[225] Dans son étude centrée sur la présentation d'Alexandre le Grand sur les pièces de monnaies grecques et romaines, C. Dahmen mentionne non seulement les pièces de monnaies du règne de Lysimaque – «At this point the horn had lost its specific Egyptian connotations and had become a symbol of divine descent and promise of universal hegemony instead.»[226] –, mais également les pièces de monnaies en bronze du règne de Ptolémée (316-283 av. J.-C.) où Alexandre est représenté avec les cornes de bélier.[227] Ces pièces de monnaies, qui ont été émises également par les autres diadoques, ont circulé au Proche-Orient et dans la Péninsule arabique où les habitants, qui ignoraient le personnage historique que fut Alexandre le Grand, l'auraient désigné par «celui avec des cornes», c'est-à-dire par le «Bi-cornu» *(Ḏū l-qarnayn)*. Ce qui est sûr, suivant C. Dahmen, c'est que ces pièces de monnaies ont continué à circuler après la mort de Lysimaque en 281 av. J.-C.:

> His imaginative portrait of Alexander, however, continued to be used well into the late second and early first centuries BC by several cities in the Black Sea region. There were two reasons for this development. First, the gold and silver content of Lysimachos' original had been high and the use of the same designs inspired confidence. Second, Alexander's image was a neutral coin design during a period of rapid political change.[228]

Au de-là de la numismatique, l'épithète coranique d'Alexandre le Grand présente dans l'Orient un sujet vivement débattu chez un grand nombre d'auteurs de foi musulmane. Par conséquent, il y a de nombreuses interprétations concernant l'origine ethnique et géographique d'Alexandre le Grand et tout particulièrement de son épithète coranique.

C'est ainsi que le début du roman de ʿUmāra, un texte qui attend encore son édition, est constitué d'une liste d'hypothèses. I. Friedländer le fait suivre, sous forme d'une édition partielle, de son étude sur le mythe de la source de vie[229]:

| | |
|---|---|
| L'histoire du Bi-cornu, de sa renommée et de ses merveilles selon différents récits et selon ceux qui nous ont rassemblé un recueil d'histoires, ⟨qui⟩ nous ont raconté les meilleurs ⟨récits⟩ et ce qui s'accorde avec le livre de Dieu, ⟨le très⟩ grand. Les gens ont diverses opinions au sujet du Bi-cornu. Certains disent qu'il est originaire du Yemen, d'autres disent qu'il est originaire de la Perse, d'autres qu'il appartient à la tribu des enfants d'Israël, d'autres encore qu'il est originaire de l'Espagne *(al-Išbān)*. Certains | حديث ذى القرنين وأخباره وعجائبه على اختلاف الروايات ومَنْ جمعْنا اخبارَهم وذكرنا أَحْسَنَها وذكرنا ما يوافق كتابَ الله تعالى منها والناس يختلفون فى ذى القرنين منهم من يقول هو من اليمن ومنهم من يقول هو من الفرس ومنهم من يقول هو من بنى اسرائيل ومنهم من يقول هو من الاشبان ومنهم من يقول كان نبيًّا |

225 Demandt (2009) 178.

226 Dahmen (2007) 119.

227 Dahmen (2007) 114/115; Selon F. Doufikar-Aerts, seules la *Légende d'Alexandre* en syriaque et Quzmān en arabe font mention d'Alexandre pourvu de cornes sur la tête.

228 Dahmen (2007) 119.

229 Friedländer (1913) 308.

disent qu'il fut un prophète, d'autres qu'il fut un roi et d'autres encore qu'il fut un grec *(rūmīyyan).*

ومنهم من يقول كان مَلِكًا ومنهم من يقول كان رومِيًّا.

En ce qui concerne l'origine du Bi-cornu, les hypothèses émises couvrent plusieurs centres du califat, que ce soit le royaume préislamique, l'empire perse ou la conquête la plus récente, qu'est l'Espagne, transcrite *al-Išbān* et non pas *al-Andalus/al-Andalūs* comme dans la majorité des sources médiévales en langue arabe. L'association du Bi-cornu au Yémen est particulièrement intéressante – comme al-Bīrūnī l'évoque dans la *Chronologie* – car les rois himyarites portaient des noms commençant par le mot *ḏū* (*fa-inna l-aḏwāʾu kānū min al-Yaman* «parce que les rois dont le nom commençait par le mot *ḏū* étaient du Yémen»). Il prouve cette affirmation en ajoutant une série d'exemples de rois himyarites.[230] Quant au statut du Bi-cornu, il se voit même associé au rôle d'un prophète, un rôle que mentionne également l'historien Abū Manṣūr aṯ-Ṯaʿālibī dans *Ġurar aḫbār mulūk al-fars wa-siyarihim (L'origine des nouvelles des rois persans et leurs vies)*[231] lorsqu'il présente les différentes opinions relatives à Alexandre le Grand dans l'Orient:

Les conteurs *(ar-ruwāt)* pensent de façon très différente au sujet d'Alexandre *(al-Iskandar).* Quelques uns d'entre eux pensent qu'il est le Bi-cornu, dont Dieu puissant a mentionné le nom dans Son Livre *(kitābihi)*, tandis que d'autres pensent que ce n'est pas le cas. Les gens pensent qu'il est un ange; quelques uns pensent qu'il est un prophète *(nabīy)*, cependant la plupart d'eux ⟨pensent⟩ qu'Alexandre *(al-Iskandar)* est le Bi-cornu. Mais Dieu sait le mieux.

وقد اختلف الرواة في الاسكندر اختلفًا كثيرًا. فزعم بعضهم انّه ذو القرنين الّذى ذكره الله عزّ اسمه في كتابه وزعم آخرون انّه غير ذلك. وزعم قوم انّه من الملائكة وزعم بعضهم انّه نبيّ واكثرهم على انّ الاسكندر هو ذو القرنين والله اعلم.

L'éditeur H. Zotenberg traduit *ruwāt* par «historiens» ce qui ne convient peut-être pas tout à fait car les opinions émises appartiennent plutôt au domaine des témoignages populaires inspirés du *Coran* qu'aux ouvrages historiques dont il sera question au chapitre suivant. Le terme *kitābihi* «Son Livre» désigne le *Coran*, ce dernier étant le livre «par excellence» dont la première sourate peut être désignée comme *umm al-kitāb*, littéralement «mère du Livre».

Toutes les hypothèses relatives à l'identité d'Alexandre sont introduites par le verbe *zaʿama* «croire», «penser», «prétendre», un verbe qu'un auteur emploie lorsqu'il ne peut être garant des opinions rapportées. De plus, I. Friedländer cite un autre ouvrage, un reflet de la tradition sud-arabe, qui représente l'apport authentiquement arabe à l'univers mythique centré autour de la figure d'Alexandre le Grand. Voici la tradition sud-arabe, et préislamique chez Sibṭ Ibn al-Ǧauzī, dans *Mirāʾat az-zamān (Miroir du temps)*, qu'I. Friedländer donne aussi en annexe à son étude sur la source de vie[232]:

230 Sachau (1923) 41.
231 Zotenberg (1900) 400.
232 Friedländer (1913) 320.

*Muqātil* a dit que le Bi-cornu appartenait aux Himyarites; son père aurait été envoyé chez les les Grecs *(ar-Rūm)*, où il aurait épousé une femme de la tribu du *Ġassan*, ⟨qui⟩ lui aurait enfanté le Bi-cornu.

وقال مقاتل كان ذو القرنين من حمير وفد ابوه الى الروم فتزوّج امرأةً من غَسّان فولدت له ذا القرنين.

L'appartenance du Bi-cornu aux Himyarites rappelle le *Kitāb at-tiǧān (Livre des couronnes)* de Ibn Hišām où Alexandre est associé aux rois de l'Arabie préislamique. L'historien ad-Dīnawarī, *Al-aḫbār aṭ-ṭiwāl (Les histoires détaillées)*[233] conserve un reflet de cette tradition sud-arabe. Lors de sa campagne militaire, le roi yéménite *Tubbah al-Aqran* se serait soumis à Alexandre en lui payant le tribut exigé:

Il traversa leur pays pour parvenir jusqu'à la mer. Il parvint au rivage d'Aden dans le pays du Yemen. *Tubbah al-Aqran*, le roi du Yémen alla à sa rencontre. Il lui obéit et il reconnut ⟨lui payer⟩ un tribut et le fit entrer dans la ville de *Sanʿāʾ*. Il le traita avec hospitalité et lui donna des cadeaux du Yémen.

فجوازهم حتى انتهى الى البحر فقطع الى ساحل عدن من ارض اليمن. فخرج اليه تبّه الاقرنُ ملك يمن. فاذعن له بالطاعة واقرّ بالاتاوة وادخله مدينة صنعآء. فانزله والطف له من الطاف اليمن.

Quant au texte de l'historien, le verbe *laṭafa* à la forme IV pose des problèmes. S'agit-il de la forme III dont le sens est celui de «traiter quelqu'un avec bonté, avec bienveillance»? Peut-être cette association d'Alexandre le Grand aux rois himyarites s'explique-t-elle par la tendence arabe consistant à rattacher le *Roman d'Alexandre* à l'historiographie préislamique. Le récit historique des royaumes du Sud de la péninsule arabique marque le début de l'historiographie purement arabe avant la révélation coranique. Or, le décor privilégié du roman historique riche en légendes préislamiques était, selon F. Rosenthal, le Yémen:

> The subject matter of these novels was the legendary history of pre-Islamic southwestern Arabia. Through them, that part of the Arabian Peninsula became firmely established in Muslim fiction as the favourite setting for novels. The „Yemenite Saga", in its origin, perhaps a non-Yemenite echo of Yemenite nationalist feeling was attached top such names as Wahb b. Munabbih, who may in fact functioned as a transmitter of some information about south-western Arabia to early historians (...)[234]

La citation de l'arrivée d'Alexandre au Yémen chez ad-Dīnawarī est ainsi l'illustration de la transmission de ce matériau légendaire préislamique aux historiens tel que l'auteur des *Al-aḫbār aṭ-ṭiwāl (Les histoires détaillées)* le fait. La pluralité des traditions associées à l'épithète coranique a été examinée de façon critique par le savant universel al-Bīrūnī qui, dans son *Kitāb al-āṯār al-bāqiya ʿan al-qurūn al-ḫāliya (Livre des vestiges restants des*

233 Guirgass (1888) 36.
234 Rosenthal (1968) 187.

*siècles passés)*, donne un aperçu historico-romanesque au sujet d'Alexandre le Grand.[235] Cette composition générale sur le roi macédonien n'est pas la traduction d'une version grecque du *Roman* du Pseudo-Callisthène, mais le résultat de ses lectures personnelles. Il s'agit ainsi de la juxtaposition des légendes examinées à travers le regard d'un scientifique. Il y rapproche deux traditions, la tradition coranique relative au Bi-cornu et une composition plutôt historique, plus proche de la tradition du Pseudo-Callisthène.[236] Le titre de la digression au sujet de l'épithète coranique est le suivant chez al-Bīrūnī[237]:

| | |
|---|---|
| Les opinions contraires des peuples au sujet du roi portant le surnom de Bi-cornu. | القَوْلُ فى اختلافِ الأُمَمِ فى مائيّةِ المَلِكِ المُلَقَّب بذِى القَرْنَيْن. |

Du point de vue de la sémantique, l'épithète coranique est composée du nom *ḏū*, qui est le premier terme d'une annexion, suivi du duel du nom *qarn*. Ce nom peut avoir plusieurs sens; on en retrouve quelques uns en tant qu'explication de l'épithète dans les sources arabes tels que «la corne d'un animal»; «le bout», «la pointe»; «la boucle de cheveux frisée» ou encore «le sommet d'une montagne». L'historien al-Masʿūdī conserve dans les *Murūǧ aḏ-ḏahab wa-maʿādin al-ǧawhar (Les prairies d'or et les mines de pierres précieuses)*[238] deux de ces explications qu'il cite l'une à côté de l'autre – les extrémités de la terre et les deux mèches – en attirant surtout l'attention sur le fait que l'épithète est à l'origine de disputes:

| | |
|---|---|
| Les gens ne sont pas d'accord ⟨sur l'identité d'Alexandre⟩: Parmi eux, les uns pensent qu'il est le Bi-cornu, tandis que d'autres sont d'un avis contraire. Ils se disputent aussi sur ⟨l'épithète⟩ du Bi-cornu: les uns pensent qu'il a été appelé ⟨ainsi⟩ pour avoir atteint les extrémités de la terre *(aṭrāf al-arḍ)* (…) Quelques uns pensent qu'il possédait deux mèches (…) | وقد تنازع الناس: فمنهم مَن رأى أنّه ذو القَرْنَيْن, ومنهم من رأى أنّه غيره, تنازعوا أيضًا في ذي القرنين: فمنهم مَن رأى أنَّه إنَّما سُمّي ذا القرنين لبلوغه أطراف الأَرض (...) ومنهم مَن رأى أنَّه كان ذا ذُؤَابَتَيْن (...) |

La première explication avancée par al-Masʿūdī est la plus courante, car on la retrouve encore chez Bar Hebraeus, à une date relativement tardive, dans le *Tarīḫ al-muḫtaṣar ad-duwal (Histoire abrégée des pays)*[239]:

| | |
|---|---|
| Il fut appelé Bi-cornu pour avoir atteint les deux extrémités du soleil, qui sont le lever *(al-mašriq)* et le coucher *(al-maġrib)*. | وسُمي ذا القرنين لبلوغهِ قرنَي الشمس وهما المشرق والمغرب. |

235 Sachau (1923) 36-37.

236 *Cf.* le chapitre 1.4.2.

237 Sachau (1923) 36.

238 Barbier de Meynard/Pavet de Courteille/Pellat (1966) § 671.

239 Bar Hebraeus (1890) 96.

Cette opposition entre «le coucher du soleil» *(al-maġrib)* et «le lever du soleil» *(al-mašriq)* est déjà attestée, par exemple, dans la *sūrat al-baqara (Sourate de la vache)* (2:115), *wa-l-llāhi l-mašriqu wa-l-maġribu* «à Dieu appartiennent le lever et le coucher du soleil». Cette particularité musulmane, devenue un véritable τόπος dans l'Orient, est contenue aussi dans la version abrégée du *Roman* chez al-Mubaššir ibn Fātik[240]:

| | |
|---|---|
| On dit qu'il aurait fait le tour du monde, de l'Occident à l'Orient, en deux ans. | ويقال إنه فى ذهابه من المغرب إلى المشرق طاف الدنيا فى سنتين. |

Al-Bīrūnī, quant à lui, associe les deux cornes à la double généalogie d'Alexandre, qui tantôt est caractérisé comme «grec», tantôt comme «persan». Il présente la même explication que Bar Hebraeus en citant le lever et le coucher du soleil dans la *Chronologie*[241]:

| | |
|---|---|
| Après lui, Artaxerxès *(Arṭaḥašast)*, étant surnommé «à la longue main» *(bi-tawīl al-yad)*, régna quatorze ans. | وملك بعده ارطحشاست ويلقب بطويل اليد اربعًا عشرين سنة. |

Une explication bien différente de ce surnom figure dans le recueil des sentences attribuées aux rois chez Plutarque, *Regum et imperatorem apophtegmata*, D, 1[242] sous l'entrée ΑΡΤΟΞΕΡΞΕΣ:

| | |
|---|---|
| Ἀρτοξέρξης τοῦ Ξέρξου, ὁ μακρόχειρ προσαγορευθεὶς διὰ τὸ τὴν ἑτέραν χεῖρα μακρότεραν ἔχειν, ἔλεγεν ὅτι τὸ προσθεῖναι τοῦ ἀφελεῖν βασιλικώτερόν ἐστι. | Artaxerxès, fils de Xerxès, avait été surnommé «Longue Main» parce qu'il avait une main plus longue que l'autre. Il disait qu'il est plus digne d'un roi d'ajouter que d'enlever quelque chose. |

L'explication extrêmement simple de l'épithète dans la collection de sentences s'explique par le caractère mi-savant d'une telle collection de philosophie populaire. Contrairement à l'approche du savant universel al-Bīrūnī, la tradition populaire telle qu'elle apparaît dans la *Qiṣṣat ḏī l-qarnayn (Histoire du Bi-cornu)*, dont les manuscrits datent du XIIIe siècle, est fortement redevable à l'exégèse coranique. Les «gens du livre» *(ahl al-kitāb)* interrogent notamment le prophète Mahomet sur la figure coranique du Bi-cornu dans la *Qiṣṣat ḏī l-qarnayn (Histoire du Bi-cornu)*[243]:

| | |
|---|---|
| «Ô Mahomet, nous te demandons au sujet des hommes qui sont perdus *(faqadawā)* et qui sont morts et qui sont | يا محمّد نسئلك عن رجال فقدوا وماتوا |

240 Badawī (1958) 242.

241 Sachau (1923) 37.

242 *Plutarchi moralia*, Nachstädt (W.)(éd.), Leipzig 1935, vol. 2.1 (réimpr. 1971).

243 Zuwiyya (2001) 5.

| | |
|---|---|
| vivants. Quelle est leur histoire et quels sont leurs noms? Nous te demandons ⟨aussi⟩ au sujet d'un homme qui a parcouru le monde *(ṭāfa ad-dunya)* sur terre comme sur mer, à l'Est comme à l'Ouest. Quel est son origine *(aṣl)* et sa généalogie *(nasab)*?» | وهم أحياءٌ وما قصّتهم وما اسماؤهم؟ ونسئلك عن رجل طاف الدنيا برّها وبحرها شرقها وغربها ما هو أصله وما نسبه؟ |

Les questions spécifiques posées au sujet du Bi-cornu sont centrées, premièrement, autour d'une vision géographique très schématique basée sur un jeu d'opposition entre les expressions «sur terre comme sur mer» ainsi que «à l'Est comme à l'Ouest» tracant le cadre général des conquêtes d'Alexandre le Grand, et deuxièmement, autour de la question de la généalogie, à savoir la «généalogie» *(nasab)* et l'«origine» *(aṣl)* du roi macédonien. Ce vif intérêt pour la généalogie d'une personne célèbre est expliqué par F. Rosenthal par la nécessité socioculturelle et politique inhérente à l'Islam:

> Genealogical literature starts when genealogical lines become dubious and it is felt that their literary fixation would help to clear up doubts and to forestall frauds. Pre-Islamic Arabs cannot have been conscious of any weakness in their genealogical traditions, since that would have undermined their entire social and political organization. Consequently, genealogy is not likely to have developed into a literary form with them, and, in fact, it later on had a rather insignificant part in the shaping of the literary forms of Muslim historiography.[244]

Cette volonté d'éclaircir le texte coranique se comprend si l'on tient compte du verset coranique suivant qui marque le début de l'histoire du Bi-cornu dans la *sūrat al-kahf (Sourate de la caverne)* du *Coran* (18:83) où Dieu s'adresse à Mahomet:

| | |
|---|---|
| Ils te demandent au sujet du Bi-cornu. Dis: «Je vous raconterai une histoire *(ḏikran)* de lui». | وَيَسْـَٔلُونَكَ عَن ذِى ٱلْقَرْنَيْنِ قُلْ سَأَتْلُوا۟ عَلَيْكُم مِّنْهُ ذِكْرًا. |

En comparant la *Sourate de la caverne* à la *Légende d'Alexandre*, K. van Bladel se demande si le terme arabe *ḏikr*, «récit», «histoire» ou «éloge» correspondrait au terme syriaque *neṣḥāna*, à savoir au titre même de la *Légende*, qui signifierait, selon lui, «glory» ou «victory» pour désigner souvent «a narrative account of a person's heroic acts».[245] Malgré cette correspondance apparente, il remarque qu'il y a d'autres attestations dans le *Coran*, où «a dhikr of a person is related without any apparent reference to a written work».[246] L'histoire du Bi-cornu pourrait ainsi faire référence non à un ouvrage écrit tel que la *Légende d'Alexandre* mais probablement à une légende circulant oralement au Proche-Orient.

244 Rosenthal (1968) 21.
245 Van Bladel (2008) 182.
246 Van Bladel (2008) 182.

Quoi qu'il en soit, dans la *Qiṣṣat ḏī l-qarnayn (Histoire du Bi-cornu),*[247] Mahomet reprend la terminologie employée ci-dessus et répond dans un style populaire, profondément marqué par l'oralité:

Quant à votre question au sujet de l'homme qui a parcouru *(ṭāfa)* le monde *(dunyā)* sur terre comme sur mer, à l'Est comme l'ouest. C'est Alexandre, le fils de *Assās*. Dans un autre roman *(riwāya)*, il est le fils de *Nabāš*, connu par le nom de Bi-cornu. Il était un homme des Grecs *(Rūm)*, pieux quant à sa religion, il connaissait son seigneur et obéissait de bonne volonté. Dieu lui a donné la connaissance de Dieu *(al-ʿilm)* et la pratique de la religion *(al-ʿamal)*. On dit qu'il était un prophète ou un homme saint selon les discussions des savants – Dieu, le sait mieux – lui a donné la dignité royale et la sagesse. Il arriva à *Ǧābarqā* et à *Ǧābarṣā*, il est parvenu au *Sind* et à l'*Hind* (Inde). Il a construit les remparts *(as-sudūd)*, il est entré dans les Ténèbres *(aẓ-ẓulma)*, il a conquit le royaume des Grecs *(ar-Rūm)* et des Perses, il a atteint le mont *Qāf*, il finit par régner sur un grand royaume.

وأمّا سؤالكم عن الرجل طاف الدّنيا برّها
وبحرها شرقها وغربها فهو الإسكندر ابن
أسّاس وفي رواية أُخْرَى ابن نَبَّاش
المعروف بدي القرنين وهو رجل من الروم
صالح في دينه عارف بربّه مطاع طائع[248]
أعطاه الله العلم والعمل به ويقال أنّه نبيّ
أو وليّ لاختلاف العلماء والله عالم أعطاه
الله الملك والحكمة ووصل جابرقة وجابرصا
وبلغ السِّنَدَ والهند وبنا السُّدودَ ودخل
الظّلمة وقهر مملكة الرّوم والفرس ودخل
جبل القاف فانتها ملكه ملكا عظيما

Le Bi-cornu coranique serait un véritable prophète de l'Islam, puisqu'on lui a attribué deux facultés reçues de Dieu: *ʿilm* «la connaissance de Dieu», «le savoir en théologie» et *ʿamal* «la pratique de la religion». Il met l'accent sur l'étendue des conquêtes du Bi-cornu, de ses explorations géographiques embrassant de façon schématique les territoires réels appartenant au califat, tels que l'Inde et le Sind, ou imaginaires, comme les villes de *Ǧābarqā* et *Ǧābarṣā*. Dans le fond, c'est la construction en parallélisme qui renforce l'idée d'une vision géographique extrêmement schématique, alors qu'elle souligne, dans la forme, le caractère populaire du roman. Ne manquent pas non plus de brèves allusions à la construction du rempart contre Gog et Magog et à la traversée de la zone des Ténèbres, lieu où la source de vie est censée être située. Le fait que le Bi-cornu est censé avoir «atteint le mont *Qāf*» représente une innovation orientale puisque, dans la cosmologie musulmane, la montagne de ce nom encerclerait le monde terrestre.[249] C'est ainsi que le géographe al-Qazwīnī, *Kitāb al-ʿaǧāʾib al-maḫluqāt (Livre des merveilles de la création)*[250] l'appelle *ǧabalun muḥīṭun bi-d-dunyati* «une montagne encerclant le monde»:

247 Zuwiyya (2001) 7.

248 Il s'agit d'un exemple pour l'emploi de synonymes, il faut ajouter un *wa* «et» pour compléter le sens.

249 *Cf.* EI², IV, 400 (M. Streck-[A. Miquel]: There is little doubt that this conception is borrowed from Iranian traditions. These make the Alburz the mythical mountain at the edge of the world, and the home of the gods.

250 Wüstenfeld (1849) I, 170.

Mont *Qāf*: Les commentateurs ⟨du Coran⟩ disent qu'il est une montagne qui entoure le monde.

جبل القاف قال المفسّرون انه جبل محيط بالدنيا.

On peut se demander si la montagne *Qāf* peut correspondre à la montagne de Nysa localisée en Inde.[251] Dans la *Nihāya*[252] il se trouve un passage qui évoque cette dernière:

Ensuite, il choisit cent hommes parmi les serviteurs de Dieu de son armée et parmi ceux qui sont voués au culte de Dieu. Ils allèrent avec lui jusqu'à une hauteur de cette montagne. Sur son sommet se trouvait un temple énorme.

ثم انتخب مائة رجلٍ من عباد عساكره وزهادهم. فساروا معه حتّى علاء ذلك الجبل وإذا فوقه هيكل عظيم عليه.

Est-ce que la «montagne» *(ǧabal)* citée désigne le mont *Qāf*? Quoi qu'il en soit, ces conquêtes, qu'elles soient réels ou imaginaires, s'inscrivent dans l'objectif d'une mission universelle, puisqu'Alexandre, c'est-à-dire le Bi-cornu, serait celui «qui a parcouru le monde *(ṭāfa ad-dunyā)* sur terre comme sur mer, à l'Est comme l'Ouest». Le fait de parcourir le monde est mentionné également dans la traduction grecque de l'*Apocalypse* du Pseudo-Méthode (καὶ περινόστησε τὴν γῆν «et il fit le tour de la terre»).[253] Malgré un arc chronologique long de dix siècles séparant la *Qiṣṣa* de la recension α, intitulée Βίος Ἀλεξάνδρου τοῦ Μακεδόνος, cette expression arabe rappelle une prophétie du début de la recension α du *Roman d'Alexandre*[254]:

Αἴγυπτον ὁ φυγὼν κραταιὸς ἄλκιμος πρέσβυς βασιλεὺς δυνάστης ἥξει μετὰ χρόνον νέος, τὸ γηραλέον ἀποβαλὼν τύπων εἶδος, κόσμον κυκλεύσας, ἐπὶ τὸ Αἰγύπτου πεδίον, ἐχθρῶν ὑποταγὴν διδοὺς ἡμῖν.

C'est en Égypte que l'ancien roi fuyant, vaillant et fort, retournera après un certain temps en tant que jeune chef, après avoir rejeté le vieil aspect des figures, après avoir fait le tour du monde, vers la plaine égyptienne, il soumettra nos ennemis.

La construction participiale κόσμον κυκλεύσας rappelle donc l'homme qui «parcourût le monde» *(ṭāfa ad-dunyā)* dans la *Qiṣṣat ḏī l-qarnayn (Histoire du Bi-cornu)*. Il y a une opposition entre une prophétie qui annonce le futur, à savoir la libération de l'Égypte des ennemis perses dans le *Roman*, et le regard en arrière dans la *Qiṣṣat ḏī l-qarnayn (Histoire du Bi-cornu)*, où prévaut la tentative d'éclaircir le passage consacré à Alexandre dans le récit coranique. Dans l'interprétation orientale, une importance majeure est accordée à la

251 Pfister (1976c) 148/149: Der häufig erwähnte hohe, steile Berg am Ende der Welt, Qaf genannt, mit dem Zauberschloß, der Weltberg, auf den eine steile Treppe hinaufführt, ist der Berg mit den Sapphir-Treppen in Nysa, den die Griechen Meros, die Inder Meru nannten und der vielleicht identisch ist mit dem Berge Mašu des Gilgamesch-Epos und dem Gebirge Masîs der syrischen Homilie.

252 Grignaschi (1969) 35, f.75r.

253 Van Thiel (1974) 248.

254 Kroll (1926) I, 3.

question de la généalogie *(nasab)* comme il a déjà été évoqué précédemment. Cette question est déjà implicite depuis la plus ancienne version conservée en grec, contenant l'ajout romanesque de la présupposée paternité du pharaon Nectanébo.[255] Les discussions autour de l'épithète coranique se prolongent jusqu'au XX^e^ siècle où Sayyid Quṭb poursuit l'argumentation suivante dans *Fī ẓilāl al-qur'ān (Dans l'ombre du Coran)*[256]:

| | |
|---|---|
| Le texte ne mentionne rien de la personne du Bi-cornu, ni de son époque. C'est un signe qui est universel dans les textes du *Coran*. Le récit historique, ce n'est pas le but. Le but est l'exemple *(ʿibra)* utile de l'histoire *(min al-qiṣṣatihi)*. L'exemple est indubitable sans la nécessité de circonscrire le temps et le lieu dans la plupart des époques. | إن النص لا يذكر شيئاً عن شخصية ذي القرنين ولا عن زمانه. وهذه هي السمة المطردة في نصص القرآن. فالتسجيل التاريخي ليس هو المقصود. إنما المقصود هو العبرة المستفادة من القصة. والعبرة تتحقق بدون حاجة إلى تحديد الزمان والمكان في أغلب الأحيان. |
| L'historiographie *(at-tā'rīḫ)* codifiée connaît un roi, du nom d'Alexandre *(al-Iskandar)* le Bi-cornu. Il est décidé que ce n'est pas le Bi-cornu mentionné dans le *Coran*. Alexandre *(al-Iskandar)* le Grec était un adorateur des idoles. Et celui dont le *Coran* fait le récit est un croyant du Dieu unique, croyant fermement dans la résurrection et la vie future. | والتاريخ المدون يعرف ملكاً اسمه الاسكندر ذو القرنين. ومن المقطوع به أنه ليس ذا القرنين المذكور في القرآن. فالإسكندر الإغريقي كان وثنياً. وهذا الذي يتحدث عنه القرآن مؤمن بالله موحد معتقد بالبعث والآخرة. |

Le théoricien des frères musulmans rejette l'identification d'Alexandre le Grand avec le Bi-cornu coranique en soulignant la différence entre l'Alexandre de l'historiographie *(at-tā'rīḫ)*, qualifié d'«idolâtre», d'«adorateur des idoles» *(waṯanī)*, et appartenant ainsi à l'époque préislamique, et le personnage coranique, défini comme un «exemple» *(ʿibra)* à suivre pour tout Musulman croyant. La pluralité des opinions présentées au sujet de cette épithète coranique au Moyen Âge – à l'époque omeyyade et abbaside – nous fait entrevoir une civilisation cultivée et raffinée, ouverte à toute sorte de discussion, même en matière religieuse.

### 1.4.2 La tradition du Pseudo-Callisthène: entre roman et histoire

Le début de la tradition du Pseudo-Callisthène correspond à la traduction syriaque du VII^e^ siècle. Cette dernière aboutit à son tour à une traduction éthiopienne du XIV^e^ siècle, dont les arabismes pointent vers l'hypothèse d'un intermédiaire arabe – intermédiaire que l'on n'a pas encore retrouvé. Un des plus intéressants témoignages dans le contexte des *Graeco-Arabica* est sans doute la version abrégée, *Aḫbār al-Iskandar (Histoire d'Alexandre)* de al-Mubaššir ibn Fātik du 11^ième^ siècle. Cet aperçu biographique d'Alexandre est contenu dans le *Muḫtar al-ḥikam wa-maḥāsin al-kalim (Choix de proverbes et beauté des sentences)*. Il s'agit d'une collection centrée sur les sentences d'un certain nombre de philosophes et de

255 *Cf.* le chapitre 2.1.1.

256 Quṭb (1971) IV, 2289.

personnages historiques précédées d'un chapitre biographique servant de fond historique. On débat pour savoir si la traduction arabe de la biographie d'Alexandre le Grand chez al-Mubaššir ibn Fātik a été faite à partir d'une version proche de la recension α, comme le pense E. Cottrell,[257] ou bien s'il y a eu un intermédiaire syriaque qui n'est pas la version éditée et traduite par E. A. W. Budge.

Quoi qu'il en soit, la cette traduction arabe représente, d'une part, une continuation du patrimoine gréco-romain; d'autre part, Alexandre devient roi non pour soumettre simplement les barbares, comme il l'évoque lors d'un discours délibératif à l'assemblée des Macédoniens dans le *Roman* grec,[258] mais pour leur porter la vraie foi, à savoir l'Islam. Le concept du monothéisme islamique que l'on perçoit à travers des discours et des lettres qu'Alexandre adresse à son propre peuple ou à son adversaire Darius remonte bien évidemment à un traducteur musulman ou, du moins, à une source de forte empreinte musulmane.

En Orient, deux traditions persanes antagonistes se superposent dans la tradition historique du Pseudo-Callisthène: Premièrement, on tend à forger une généalogie persane qui va faire d'Alexandre le Grand le frère de Darius III. Dans ce sens là, Alexandre fait son apparition dans les chapitres des chroniques universelles consacrées à l'histoire de la Perse.

Deuxièmement, la tradition sassanide hostile à Alexandre[259] le dépeint non seulement comme conquérant de l'Empire Perse mais également comme destructeur de la religion mazdéenne et de ses textes sacrés l'*Avestā* et le *Zand*.[260] Il devient ainsi chez aṭ-Ṭabarī et al-Mubaššir ibn Fātik le précurseur de la conquête islamique qui mettra fin à l'Empire sassanide (224-651 ap. J.-C.):

aṭ-Ṭabarī[261]

ويقال ان الاسكندر حمل كتبا وعلوما كانت لاهل الفارس من علوم نجوم وحكمة بعد ان نقل ذلك الى السريانيّة ثم الى الروميّة.

On dit qu'Alexandre *(al-Iskandar)* a emporté des livres persans de sciences, d'astronomie et de sagesse après les avoir fait traduire en syriaque *(as-suriyāniyya)*, puis en grec *(ar-rūmiyya)*.

al-Mubaššir ibn Fātik[262]

وأحرق كتب دين المجوسيّة , وعمد إلى كتب النجوم والطب والفلسفة فنقلها إلى اللسان اليونانى وأنفذها إلى بلاده وأحرق أصولها.

Il brûla les livres de la religion des mages, il prit les livres d'astronomie, de médecine et de philosophie pour les faire traduire en grec *(al-lisān al-yūnānī)*. Il les fit parvenir dans son pays, avant de brûler les originaux.

L'image sassanide d'Alexandre est ainsi marquée par une forte hostilité à son égard, le conquérant macédonien étant vu comme «l'odiosa figura demoniaca»[263] pour reprendre la

---

257 Cottrell (2012) 241.

258 Kroll (1926) I, 25, 1-2; Bergson (1956) I, 25, 1-2; van Thiel (1974) I, 1-2; von Lauenstein (1962) I, 25, 1-2.

259 Brocker (1966) 62-66.

260 Ciancaglini (1997) 58/59.

261 De Goeje (1879) 700.

262 Badawī (1958) 233.

formule de C. Ciancaglini ou encore comme «incendiario dei libri».[264] Ces deux traditions persanes ont contribué à la formation d'une image historique d'Alexandre le Grand qui se démarque de celle de l'historiographie grecque.

Comment la figure historique d'Alexandre le Grand a-t-elle été perçue dans l'Orient? C'est l'historien al-Masʿūdī qui offre un résumé des haut-faits du Macédonien dans son *Kitāb at-tanbīh wa-l-išrāf (Livre de l'avertissement et de la surveillance).*[265] Dans le chapitre portant sur les rois grecs, il décrit brièvement le contenu historique, sans faire mention du contenu légendaire,[266] à l'exception du rempart bâti contre les peuples apocalyptiques Gog et Magog:

Dans le livre des catégories du savoir *(kitāb funūn al-maʿārif)* nous avons mentionné ce qui a eu lieu dans les siècles précédents dans l'histoire des Grecs *(aḫbār al-yūnāniyyīn)* (…)
l'histoire d'Alexandre *(aḫbār al-Iskandar)*, ses expéditions militaires, son voyage aux pays d'Orient et d'Occident de la terre, les royaumes où il a mis le pied, les rois qu'il a rencontrés, les villes qu'il a construites, les merveilles qu'il a vues, l'histoire de la muraille *(radm)* – c'est la muraille *(sadd)* de Gog et Magog *(Yāǧūǧ wa-Māǧūǧ)*, la relation avec son précepteur Aristote, fils de Nicomachus *(Nīqūmāḫus)*, l'auteur des livres de la logique *(kutub al-manṭiq)* et d'autres ⟨livres⟩. L'explication ⟨du nom⟩ Aristote *(tafsīr Arisṭāṭālīs)* est le repas complet *(al-ġadāʾ at-tāmm)*; on dit qu'il est complet de vertu *(tāmm al-faḍīla)* parce qu'Aristote *(Arisṭū)* signifie la vertu ⟨en grec⟩.

وأتينا في كتاب فنون المعارف، وما جرى في الدهور السوالف على أخبار اليونانيين (...)

وأخبار الإسكندر وسيره ومسيره في مشارق الأرض ومغاربها، وما وطيء من الممالك، ولقي من الملوك، وبنى من المدن، ورأى من العجائب وأخبار الردم وهو سد يأجوج ومأجوج وما كان بينه وبين معلمه أرسطاطاليس بن نيقوماخس، صاحب كتب المنطق وغيرها، وتفسير أرسطاطاليس الغداء التام وقيل تام الفضيلة لأن أرسطو هو الفضيلة.

Al-Masʿūdī fait preuve d'une certaine connaissance du grec en essayant d'avancer une explication étymologique de celui qui apparaît sous forme de deux translittérations bien distinctes : *Arisṭāṭālīs* et *Arisṭū*. Un tel flottement se manifeste de manière assez récurrente dans les sources arabes. L'opposition entre le substantif neutre τὸ ἄριστον «déjeuner», «repas du matin» et un des superlatifs de l'adjectif ἀγαθός, ἄριστος «le plus noble», «le meilleur» dans un sens moral est à l'origine de la confusion dans son interprétation. En effet, ἄριστος rendu par «excellent» correspond au participe actif *fāḍil* «excellent», «supérieur». De plus, il y a l'adjectif grec τέλειος «qui achève», «qui complète» correspond à *tāmm* «complet». Ce qui est également remarquable, c'est qu'il cite

263 Ciancaglini (1997) 59.
264 Habby (1997) 135-141.
265 De Goeje (1894) 115/116.
266 Shboul (1979) 115: In the *Tanbīh* he merely gives chronological and historical details; and only in passing does he refer to the legendary aspects.

correctement le nom du père du philosophe de Stagire – Nicomachus *(Nīqūmāḫus)*. Une telle trace de la généalogie d'Aristote est plutôt rare dans la tradition arabe qui se retrouve également chez al-Mubaššir ibn Fātik dans la section biographique dédiée au Stagirite, précédant la section portant sur Alexandre.[267] Tout comme al-Masʿūdī, al-Mubaššir[268] avance une hypothèse étymologique quant au prénom du philosophe:

| | |
|---|---|
| C'est Aristote *(Arisṭūṭālīs)*. Dans la langue des Grecs *(luġa al-yūnāniyyīn)* la signification de son ⟨nom⟩ est «la perfection de celui qui est excellent *(al-kamāl al-fāḍil)*». | هو أرسطوتاليس. ومعناه في لغة اليونانيين: " الكمال الفاضل." |

En effet, il se sert également du participe actif *fāḍil* «excellent» comme deuxième membre de l'«annexion» *(iḍāfa)*. Le premier terme de l'annexion *al-kamāl* «la perfection» est un synonyme du terme employé par al-Masʿūdī *tāmm* «accompli». En dépit de quelques traces de connaissance du grec, du moins de l'étymologie du nom du philosophe de Stagire, les chroniques universelles en langue arabe ne se contentent pas de véhiculer une espèce de survol des étapes principales de la vie d'Alexandre sans apporter de nouvelles données qui pourraient également intéresser l'historien de l'Antiquité grecque.

En guise de conclusion à la tradition du Pseudo-Callisthène, citons A. Abel qui résume pourquoi l'histoire d'Alexandre sert de prétexte et de préparation au traitement de l'histoire musulmane commençant, pour les auteurs musulmans des chroniques universelles, avec la révélation coranique et/ou éventuellement avec l'histoire des tribus dans l'Arabie préislamique:

> Et l'histoire de l'Antiquité prit sa place dans les recueils d'histoire universelle. Celle-ci, d'ailleurs, constituait plutôt une introduction et un cadre édifiants à l'histoire du monde musulman, qu'une histoire proprement dite. Et il faut bien reconnaître que l'information, souvent dominée par le désir de ne pas sortir du conformisme instauré par l'Islam, participait beaucoup plus de l'anecdote que de l'histoire.[269]

### 1.4.3 La littérature de sagesse

Les lettres pseudo-aristotéliciennes composant un véritable miroir de princes[270] forment peut-être un point de départ pour expliquer la présence durable d'Alexandre le Grand dans la littérature de sagesse. Le roi macédonien y devient un roi sage que le philosophe de Stagire ne cesse de guider en lui donnant des conseils concernant l'administration des territoires conquis.

La question de la lettre se poursuit sous forme de la «Lettre de consolation» qu'Alexandre avait écrite à sa mère Olympias à la veille de sa mort. Cette lettre ne fait son apparition que dans une recension byzantine tardive, dans un manuscrit date du XIII$^{e}$ ap. J.-C., tandis qu'elle figure sous deux recensions différentes dans la collection gnomique du

267 Badawī (1958) 178.
268 Badawī (1958) 178.
269 Abel (1955) 59/60.
270 *Cf.* le chapitre 1.3.1.

célèbre traducteur Ḥunayn ibn Isḥāq (808-873 ap. J.-C.), *Ādāb al-falāsifa (Sentences des philosophes)*. Or, déjà en 1867 le germaniste Julius Zacher s'était exprimé sur la question de savoir si Ḥunayn ibn Isḥāq avait traduit le *Roman d'Alexandre* du grec à l'arabe.[271] Selon lui, le célèbre traducteur d'ouvrages de médecine aurait traduit la «Lettre de consolation» à partir d'un florilège byzantin.

En effet, le matériau gnomique connut un succès énorme non seulement à Byzance, mais également en syriaque et en arabe. Les sentences gnomiques sont présentes tout au long des recensions du *Roman* du Pseudo-Callisthène pour s'intensifier dans la recension λ datant au plus tôt du VIII^e^ siècle ap. J.-C. En particulier, les sentences des philosophes à la tombe d'Alexandre sont une invention orientale. Sans correspondant grec, un modèle syriaque a contribué à la formation des sentences de philosophes en arabe, contenues non seulement dans les collections gnomiques mais également dans les chroniques universelles.

Le conquérant macédonien sert à d'exemple à la condition humaine en général: en dépit de sa gloire liée à la conquête du monde entier, il n'échappera pas non plus à la mort. La littérature de sagesse partage donc les sentences gnomiques avec *Roman d'Alexandre.* Cependant, elle n'est pas issue directement du *Roman d'Alexandre* mais de la tradition byzantine des florilèges. Quant à la tradition arabe, F. Doufikar-Aerts distingue quatre axes thématiques relatifs à Alexandre le Grand au sein de la littérature de sagesse[272]:

1. La relation entre Alexandre et Aristote, exprimée surtout à travers l'échange épistolaire
2. Le rôle du roi-philosophe, exprimé sous forme de compilations d'anecdotes, dits, maximes, proverbes (*adāb* et *ḥikam*)
3. La relation d'Alexandre avec sa mère Olympias/*Rūqiyā* illustrée par la lettre de consolation
4. Le statut d'Alexandre comme empereur décédé, présenté dans les sentences funéraires

Selon elle, la littérature de sagesse représente un genre à part sans dépendre de la tradition biographique issue du *Roman* du Pseudo-Callisthène. La relation entre le Macédonien et son précepteur est brièvement mentionnée dans la section biographique consacrée au Stagirite chez al-Mubaššir ibn Fātik[273]:

| | |
|---|---|
| Philippe lui envoya un messager. Aristote se rendit alors chez lui en Macédoine *(Māqaḏūniya)*. Il y resta un certain temps à enseigner la philosophie *(ḥikma)* jusqu'à ce qu'Alexandre *(al-Iskandar)* soit parti en Asie. | فأرسل إليه فيلبس فصار إليه إلى ماقذونيا فلبث بها يُعَلِم الحكمة إلى ان سار الإسكندر إلى بلاد آسيا. |

Le terme indigène arabe *ḥikma* signifie ici soit «science», soit «philosophie». Pendant les premiers siècles qui suivent la révélation coranique, il s'oppose au *kalām*, «l'art du

271 Zacher (1876) 189.
272 Doufikar-Aerts (2010b) 120.
273 Badawī (1958) 181.

raisonnement appliqué à la défense du dogme».[274] Derrière la littérature de sagesse se déploie un genre à cheval entre la philosophie et les sciences politiques: le miroir de princes. C'est ainsi que les lettres pseudo-aristotéliciennes, évoquées au début de ce chapitre, pointent vers une dimension pratique. Une étude approfondie de cette correspondance épistolaire pourrait être fructueuse pour la définition du miroir de princes, sa logique intrinsèque et le modèle politique propagé par le Stagirite dont la *Politique* n'a malheureusement pas été traduite en arabe.

### 1.4.4 Les limites de cette classification tripartite

Dans la plupart des sources arabes, on constate une superposition permanente d'éléments litéraires issues de différentes traditions qui aboutissent à un dépassement de la classification tripartite. Ce mélange des traditions littéraires relève de la confusion du personnage même du Bi-cornu qui apparaît sous une forme double, à savoir «le petit Bi-cornu» *(Ḏū l-qarnayn al-aṣġar)* et «le grand Bi-cornu» *(Ḏū l-qarnayn al-akbar)*. Ce dernier fait écho à la désignation grecque Ἀλέξανδρος ὁ μέγας, «Alexandre le Grand». Il faudrait souligner, tout en suivant l'avis de E. García Gómez, que les «deux» Bi-cornus appartiendraient à deux traditions différentes, à savoir «le grand Bi-cornu» à la tradition du «Bi-cornu» *(Ḏū l-qarnayn)*, et «le petit Bi-Cornu» à la tradition du Pseudo-Callisthène où il est toujours question d'Alexandre *(al-Iskandar)*:

> (…) los dos Dulcarnain, en muchos casos, volvían a fundirse de hecho en uno solo, superponiénondose las aventuras privativas del uno a las del otro, aun cuando (…) la mayoría de los episodios eran bienes comunes de los dos. En general, en esta superposición tenían primacía los rasgos del primer Dulcarnain (concepción bíblica, episodios alcoránicos) sobre los del segundo. Mas en cada caso concreto predominaba, unas veces el carácter del Dulcarnain «Grande» – bíblioalcoránico –, otras, el del Dulcarnain «Chico», dotado de mayor historicidad.[275]

De fait, la superposition de ces deux personnages a pour conséquence logique le mélange de deux traditions que l'on aimerait séparer dans un souci de clarté. Ibn al-Faqīh présente dans le *Muḫtaṣar kitāb al-buldān (Abrégé du livre des pays)*[276] un autre exemple de cet amalgame caractéristique entre les traditions historique et coranique:

Si l'on n'avait pas quitté sa patrie, a-t-on dit, ce qui se trouverait entre l'Espagne *(al-Andalus)* et la Chine n'aurait pas été connu, Alexandre *(al-Iskandar)* n'aurait pas remblayé les remparts *(as-sudūd)*, ni soumis les parties du monde *(al-aqālīm)*, ni fondé les villes, les rois de celles-là ne lui auraient pas obéi, Darius *(Dāra)*, fils de Darius *(Dāra)* n'aurait pas été tué (…)

قال ولولا اغتراب المغتربين ما عُرف ما
بين الاندلس الى الصين ولا رَدَمَ
الاسكندر السدود ودوَّخ الاقاليم ومدَّن
المدن ونجع ملوكها بالطاعة ولا قُتل دارا
بن دارا

274 Pellat (1970) 160.

275 García Gómez (1929) XLV/XLVI.

276 De Goeje (1885) 50.

La traduction de H. Massé qui traduit *aqālīm* le pluriel de *iqlim* «partie du monde» ou «climat» par «pays» manque de précision, surtout ici où Alexandre est associé à la conquête du monde entier. Ibn al-Faqīh est, avant tout, un géographe qui se sert d'un terme technique de la géographie orientale. Le terme arabe *iqlim* est un calque du grec τὸ κλίμα, le pluriel *aqālīm* ne doit pas être attaché immédiatement au pluriel grec τὰ κλίματα mais il suit la formation arabe du pluriel externe sur le schème *afāʿīl*. Chez les géographes arabes, ce terme fait référence à la division de la terre en climats. Même chez un chroniqueur comme le patriarche melkite Eutychios dans les *Annales*[277] nous trouvons le pluriel de *iqlim* revêtant le sens d'une partie définie du monde connu sans qu'il s'agisse d'un pays spécifique:

| | |
|---|---|
| Alexandre *(al-Iskandar)* régna sur les sept climats *(al-aqālīm)*. | فملك الاسكندر الاقاليم السبعة. |

Au début de son ouvrage, Ibn al-Faqīh[278] expose ce qu'il entend par les différents climats et à quel peuple chacun d'eux est censé appartenir:

| | |
|---|---|
| Ils disent aussi qu'il y a sept climats: un qui appartient aux Arabes, un qui appartient aux Byzantins *(ar-Rūm)*, un qui appartient aux Abyssins, un qui appartient aux Indiens, un qui appartient aux Turcs, un qui appartient à la Chine et un qui appartient à Gog et Magog *(Yāǧūǧ wa-Māǧūǧ)*. | وقالوا ايضا ان الاقاليم سبعة اقليم فى ايدى العرب واقليم فى ايدى الروم واقليم فى ايدى الحَبَشَة واقليم فى ايدى الهند واقليم فى ايدى الترك واقليم فى ايدى الصين واقليم فى ايدى ياجوج وماجوج. |

Il est intéressant de noter que le terme κλίμα ne se trouve que dans la recension α dans la locution τὰ τῆς Εὐρώπης κλίματα «les régions d'Europe» au sein d'une lettre d'Alexandre aux Athéniens.[279] Des sept zones géographiques citées par Ibn al-Faqīh, seuls les Turcs et les Abyssins sont étrangers à la tradition romanesque, marquant ainsi une innovation du géographe arabe. En conclusion, ce processus du mélange des trois traditions arabes relatives à Alexandre le Grand – la tradition du Pseudo-Callisthène, la littérature de sagesse et la tradition du Bi-cornu – représente une difficulté méthodologique et thématique pour l'analyse des traductions du grec à l'arabe.

277 Cheikho (1906) 80.

278 De Goeje (1885) 5.

279 Kroll (1926) II, 1.

# 2 La réception arabe du *Roman d'Alexandre*

En dépit de quelques manuscrits prometteurs, aucune traduction intégrale en langue arabe du *Roman d'Alexandre* n'a été publiée jusqu'à présent. Face à une pluralité de traditions issues d'un vaste éventail de genres littéraires, la reconstruction de la réception du *Roman* est une tâche assez complexe. La transmission orientale du *Roman* du Pseudo-Callisthène se caractérise par la traduction littérale d'un chapitre donné, dans le meilleur des cas, ou bien par une réélaboration de séquences romanesques. Quant à cette dernière, il s'avère extrêmement difficile de remonter à son modèle grec, c'est-à-dire à une recension spécifique. Dans ce cas-là, on pourrait se référer à une «patine musulmane» ou à une sorte de «philtre musulman» conférant à une séquence païenne ou chrétienne une dimension complètement nouvelle. L'intérêt d'une telle réélaboration ne consiste pas dans l'étude de la précision de la traduction mais dans l'analyse de la transformation qu'un ouvrage de l'Antiquité grecque peut subir dans l'Orient, que ce soit de la main d'un auteur musulman ou chrétien.

Au-delà de la technique de la transmission ou de la transformation de certains épisodes, auxquels une analyse sera consacrée dans cette deuxième partie, une autre question se pose qui est celle à savoir à quel genre appartient précisément le *Roman d'Alexandre*? Dans le domaine de la littérature arabe – en dépit de l'absence de traduction des historiens d'Alexandre – l'historien al-Masʿūdī mentionne dans son ouvrage historique *Kitāb at-tanbīh wa-l-išrāf (Livre de l'avertissement et de la surveillance)*[1] une chronique *(taʾrīḫ)* qu'Alexandre en personne aurait ordonné aux «sujets de son royaume *(ahl mamlakatihi)*» de rédiger. Le titre du chapitre concerné est le suivant:

| | |
|---|---|
| Chronique des peuples, des prophètes, des rois. Chronique universelle du monde depuis Adam jusqu'à notre prophète *(nabīnā)* et de ce qui touche à ce sujet. | ذكر تأريخ الامم والانباءِ والملوك وجامع تأريخ العالم من آدم الى نبيّنا صلّى الله عليه وعلى آله وما اتّصل بذلك. |

Ce titre s'inscrit dans la tradition des chroniques universelles en langue arabe, qui, tout comme les chroniques byzantines, présentent une vision historique du monde créé par Dieu. Le chapitre de al-Masʿūdī se situe chronologiquement entre Adam, le premier homme, et Mahomet, le prophète de l'Islam, qui est pour le musulman al-Masʿūdī *nabīnā* «notre prophète». Le contenu de la chronique est représenté par une *iḍāfa* «annexion» construite par trois piliers importants de l'historiographie arabe: les peuples, les prophètes et les rois. Après une introduction générale sur la valeur de l'historiographie, Alexandre est pris

1 De Goeje (1894) 196.

comme figure historique exemplaire par al-Masʿūdī dans le *Kitāb at-tanbīh wa-l-išrāf (Livre de l'avertissement et de la surveillance)*[2]:

Il n'y a pas de peuple, parmi ceux qui suivent la loi et qui ne la suivent pas, parmi ceux qui ont vécu auparavant et qui vont suivre; qu'il n'y ait une chronique qui revienne et demande assistance dans de nombreuses circonstances. Celle-ci [i. e. la chronique] transmet le passé au futur, de ceux qui sont morts à ceux qui survivent aux autres. Voici qu'elle contenait l'information de grands événements récents et d'importantes existences, de ce qui s'était produit dans les temps anciens *(al-azmān al-māḍiyya)* et dans les siècles passés. Si ces informations n'avaient pas été maintenues dans l'ordre et conservées par écrit, l'histoire annalistique *(al-aḫbār)* finirait, les monuments des temps passés *(al-aṯār)* seraient effacés et les lignages *(al-insāb)* seraient ignorés.

ليس امَّة من الامم من الشريعيَين وغيرهم ممن سلف وخلف الّا ولها تأريخ ترجع اليه وتعوّل عليه فى اكثر امورها ينقل ذلك خلف عن سلف وباقٍ عن ماضٍ اذ كان به تعرف الحوادث العظيم والكوائن الجسام وما كان فى الازمان الماضية والدهور الخالية ولولا ضبط ذلك وتقييده لانقطعت الاخبار ودرست الآثار وجهلت الانساب.

C'est pourquoi Alexandre *(al-Iskandar)* prit les sujets de son royaume *(ahl mamlakatihi)* pour consigner par écrit les récits de ses batailles *(ayyāmuhu)*, de préserver son histoire *(taʾrīḫihi)* et celle de son expédition militaire afin de ne pas perdre ce qui a été éloigné de son Empire, ni de ce qui a été digne d'éloges *(ḥamd)* de sa course et afin que l'on n'ignorât pas le grand nombre de ses nombreuses victoires sur les ennemis, les rois assassinés, les pays conquis, les royaumes occupés sous son étendard.

ولذلك اخذ الاسكندر اهل مملكته بتقييد ايّامه وحفظ تأريخه وسيره لكيلا يضيع ما بان من امره وحمد من سعيه ولا يجهل كثرة من ناصب من الاعداءِ وقتل من الملوك ووطئ من البلاد وحوى من المملكة لعلمه.

L'introduction se réfère à la fonction de l'historiographie qui «transmet le passé au futur, de ceux qui sont morts à ceux qui survivent aux autres.» Quant à son contenu, l'historien définit l'histoire *(al-aḫbār)* essentiellement constituée par deux concepts: *al-aṯār*, que l'on pourrait traduire soit par «les monuments des temps passées», soit par «les exploits» et *al-insāb* «les lignages». C'est tout particulièrement la traduction de *al-aṯār* qui peut être interpretée de manière double. En fait, il y a une différence notable entre «les monuments des temps passés» qui font référence à des constructions d'ordre artistique ou utilitaire telles que des édifices, des colonnes militaires ou des digues, et «les exploits» marquant l'idée des paroles ou actions du prophète de l'Islam, Mahomet, transmises à la postérité par la tradition. Quant aux «lignages», il s'agit d'un concept crucial dans la réception orientale du *Roman d'Alexandre* qui a donné lieu à un certain nombre de discussions généalogiques.[3]

A cette introduction générale s'ajoute le cas exemplaire d'Alexandre le Grand ayant ordonné de composer un ouvrage ayant pour sujet, entre autre, un thème extrêmement

2 De Goeje (1894) 196.
3 *Cf.* le chapitre 2.1.1.

présent depuis la formation de la prose en langue arabe, à savoir les récits de ses batailles *(ayyāmihi)*. De cette manière, le musulman al-Masʿūdī rapproche le personnage historique d'Alexandre aux *ayyām al-ʿarab*, qui sont les récits historiques par excellence narrant les combats entre les tribus arabes; récits marqués par un goût prononcé pour les généalogies. Selon al-Masʿūdī, cet ouvrage historiographique a pour but de chanter l'«éloge» *(ḥamd)* des haut-faits du souverain macédonien. On peut se demander si l'ouvrage en question est de l'ordre historique ou romanesque? Quels sont les auteurs de l'ouvrage non spécifiés en question dont parle al-Masʿūdī?

On pourrait songer à une allusion aux *Éphémérides*, la chronique assez sobre de son règne, aux historiens d'Alexandre ou au *Roman d'Alexandre*. Le caractère sobre des *Ephémérides*, rédigées sans aucune prétention d'éloge, semble exclure l'hypothèse selon laquelle al-Masʿūdī les cite ici. Parmi les historiens d'Alexandre, l'aspect d'éloge ne peut pas être négligé. Néanmoins, l'absence de toute traduction conservée d'un historien d'Alexandre en langue arabe exclut *a priori* cette hypothèse. Il est probable que al-Masʿūdī fasse allusion au *Roman* du Pseudo-Callisthène, car au nombre de ses sources devait figurer, pour citer C. Jouanno, «un récit historique de type clitarquéen».[4] De plus, dans un chapitre intitulé «Roman et la tradition historique», elle démontre non seulement les correspondances entre le *Roman* et les historiens d'Alexandre et la tradition plus sobre dont Arrien est le chef de file avec son *Anabase*, mais également les différences sur le plan chronologique et historique.[5] En effet, le *Roman* du Pseudo-Callisthène fait omission d'un certain nombre d'épisodes historiques afin de dépeindre le conquérant macédonien d'une manière essentiellement positive ce que Th. Nöldeke a justement noté:

> Dass der Roman von den geschichtlich feststehenden Mängeln und schlimmen Thaten des Königs nichts sagt, ist aber gewiss absichtlich.[6]

Ce procédé fait qu'il ne s'agit pas d'un ouvrage qui tend à une vérité historique, mais plutôt à une dimension encomiastique, notamment le témoigne l'*incipit* que l'on trouve dans la recension byzantine β ou le texte L du *Roman*[7]:

| | |
|---|---|
| τὰς δὲ Ἀλέξανδρου πράξεις καὶ τὰς ἀρετὰς τοῦ σώματος αὐτοῦ καὶ τῆς ψυχῆς καὶ τὴν ⟨ἐν⟩ τοῖς ἔργοις εὐτυχίαν καὶ τὴν ἀνδρείαν ἤδη λέγομεν (…) | Désormais, nous parlons des hauts faits d'Alexandre, des vertus de son corps et de son âme, et de la chance dans ses actions et de son courage (…) |

Non seulement le début du *Roman d'Alexandre*, mais également sa structure même, à savoir l'évolution biographique de la vie et de la carrière d'Alexandre le Grand, pourraient être rapprochés – dans une étude plus approfondie qui dépasserait le cadre du présent sujet – à la rhétorique de l'éloge, dont L. Pernot a décrit la *dispositio* au moyen des éléments suivants: famille, éducation, bien du corps et bien extérieurs (richesse, pouvoir…), actions

4 Jouanno (2002) 127.
5 Jouanno (2002) 127-190.
6 Nöldeke (1890) 9/10.
7 Pour la recension β Bergson (1926) I, 1; pour le texte L van Thiel (1974) I, 1.

et vertus, mort.[8] Ces notions étroitement liées au genre de l'éloge se retrouvent dans le *Roman d'Alexandre*. Si l'on tient compte de la réception arabe de cette matière biographique, on va pouvoir constater au cours de la deuxième partie que l'aspect de la famille est présent dès le début du *Roman* où il est question de la naissance. Dans l'Orient, le thème de la généalogie s'ajoutera à l'occurrence. Le thème de l'éducation apparaît notamment à travers la traduction arabe du chapitre grec correspondant du *Roman*, ayant pour objet la relation entre Alexandre et Aristote. En ce qui concerne les biens du corps et les biens extérieurs, il s'avère difficile de citer un chapitre précis du Pseudo-Callisthène. En l'occurrence, C. Jouanno a consacré un chapitre intitulé «Alexandre en roi idéal» à cette question.[9] Aux actions (τὰς Ἀλεξάνδρου πράξεις) et vertus d'Alexandre (τὰς ἀρετὰς τοῦ σώματος αὐτοῦ καὶ τῆς ψυχῆς) correspondent, pour ce qui est des actions, plus particulièrement de ses conquêtes, amplement illustrées tout au long du *Roman d'Alexandre* en grec et synthétiquement présentées dans la tradition arabe à travers l'antagonisme avec Darius III et Porus. Déjà dans les différentes recensions grecques du *Roman d'Alexandre*, la mort du protagoniste occupe une partie considérable du troisième livre des recensions α, β (L), γ et de la fin de la recension ε. Il n'est pas étonnant de constater que cette thématique connaîtra un succès durable dans l'Orient, en particulier grâce à l'innovation du genre des sentences des philosophes.[10]

La fin de l'extrait de l'historien est marquée par une vision purement historique rappelant le traitement de la matière du *Roman d'Alexandre* par les historiens arabes puisque al-Masʿūdī cite «le grand nombre de ses nombreuses victoires sur les ennemis, les rois assassinés, les pays conquis, les royaumes occupés sous son étendard». Il faudrait comprendre cette affirmation sous l'angle d'une conquête. Le fait que Darius III et Porus, les deux antagonistes principaux du *Roman d'Alexandre* ne soient pas cités, montre un manque de précision qui est assez caractéristique de l'extrait en question. Quant au genre littéraire de l'ouvrage évoqué par al-Masʿūdī, on retient qu'il paraît être à cheval entre l'historiographie et l'éloge. La prose de l'historien s'inscrit donc dans la caractérisation de H. Ritter:

> The ancient Arabians had little taste for fiction. The object of Arabic poetry as well as their prose is to relate facts and actual, not fictitious, events.[11]

La reception du *Roman d'Alexandre* dans l'Orient par son contenu historique, et moins par ses éléments fictifs qui lui ont valu la désignation de «roman» au sein de la recherche contemporaine.

8 Pernot (1993) 148.
9 Jouanno (2002) 191-197.
10 *Cf.* le chapitre 2.3.9.
11 Ritter (1954) 2.

## 2.1 Le livre I

Les épisodes retenus du premier livre du *Roman d'Alexandre* appartiennent à deux traditions: la tradition du Pseudo-Callisthène et la littérature de sagesse. D'un côté, ils sont marqués d'une forte empreinte historique, comme la naissance d'Alexandre, l'histoire du tribut des œufs d'or, l'assassinat de son père Philippe de la main de Pausanias, le discours délibératif d'Alexandre à ses soldats, la fondation d'Alexandrie, l'échange épistolaire entre Darius et Alexandre et l'épisode des ambassadeurs de Darius sur le point d'être crucifiés par Alexandre. De l'autre côté, le dialogue entre Aristote et ses disciples royaux a fait l'objet d'une réception tout à fait singulière dans une collection de sentences appartenant à la philosophie dite «populaire».

### 2.1.1 La naissance d'Alexandre (I, 1-14)

Le début du *Roman d'Alexandre* est marqué par la naissance du Conquérant macédonien, qui apparaît dans la plus ancienne recension α comme un éloge des Égyptiens. On verra des matériaux en langue arabe dont une partie a été quasiment ignorée de la critique jusqu'à présent, notamment dans le domaine oriental. Il posera par ailleurs la question de l'influence des chroniques byzantines non seulement sur les historiens arabes mais également sur la transmission même du *Roman* du grec à l'arabe.

Les *Beiträge zum Alexanderroman*, fruit de la grande érudition de l'orientaliste allemand Th. Nöldeke, ont été pour des décennies un point de référence dans l'étude du *Nachleben* oriental du *Roman d'Alexandre*.[12] En ce qui concerne le début du *Roman*, l'orientaliste allemand est d'avis que les orientaux ne connaissent pas la légende de la paternité de Nectanébo, le dernier pharaon égyptien qui se serait uni sous l'apparence d'Ammon à Olympias. De toute évidence, l'épisode de la paternité de Nectanébo, dans lequel Alexandre revêt les pans du fils d'un dieu,[13] inconnu de la tradition historique grecque, aurait été volontairement éliminé de la tradition musulmane à cause de son inspiration hérétique. Ce concept d'une filiation divine, au cœur de l'idéologie pharaonique, est souligné par C. Jouanno.[14]

La première apparition de l'épisode, relativement tardive, serait donc dans un ouvrage historique anonyme, rédigé en persan en 1126 ap. J.-C., le *Muǧmal at-tawārīḫ wa-l-qiṣāṣ (Résumé des chroniques et des histoires)*[15]:

> Jedoch hat das Muǧmil aus einem unbekannten Alexanderbuche den Anfang des Romans, den die Muslime sonst nicht kennen, wie Nectanebos, König von Aegypten

12 Nöldeke (1890).

13 Nöldeke (1890) 34: Nectanebos, der schon an sich eine unerfreuliche Figur ist, wurde beseitigt und Alexander zum Sohn eines persischen Königs gemacht (...); Weymann (1902) 76; García Gómez (1929) XLIV/XLV: Lo que es casi en absoluto desconocido a la tradición mahometana, es la bastardía de Alejandro, como hijo de Olimpias y del egipcio Nectanebo, que se narra en el Pseudo-Callísthenes.

14 Jouanno (2002) 62-68.

15 Edition par Bahār (M.T.), *The anonymous Mujmal al-tawārīkh wa-l-qiṣāṣ*, Tehran 1939; *cf.* Mohl (M.J.), «Extraits du 'Modjmel al-Tewarikh», *Journal Asiatique* XI, 163/164.

> und Zauberer die Olympias, Tochter des Philipp, bethört und Vater Alexander's wird u.s.w.[16]

Quelques années plus tard, nonobstant quelques affirmations novatrices en matière de transmission, K. F. Weymann suit l'opinion de Nöldeke en disant qu'il n'y a pas «assez de traces chez les auteurs arabes»:

> Für den vordersten Teil des Romans, die Erzählung vom Treiben des Nektanebos, Alexander's Geburt, und was sich notwendig daran anschliesst, sind, so viel ich sehe, bei arabischen Schriftstellern keine ausreichenden Spuren vorhanden.[17]

Récemment, F. Doufikar-Aerts a fait remarquer que l'épisode, inconnu par ailleurs des historiens, est également contenu dans un manuscrit intitulé *Sīrat al-malik al-Iskandar ḏī l-qarnayn (Vie du roi Alexandre, le Bi-cornu)* dans lequel le réfugié Néctanébo apparaît sous le nom de *Baqṭānīs* dans une version abrégée. Il s'agit d'un roman arabe d'inspiration biographique sur Alexandre le Grand puisque le terme *sīra* peut être rendu par «vie» ou bien par «biographie». Jusqu'à présent, cet ouvrage anonyme, dont nous ne connaissons que le nom du copiste, un certain Yūsuf ibn ʿAṭiya, connu sous le nom de Quzmān, n'a pas encore été publié sous forme d'édition critique. F. Doufikar-Aerts a avancé l'hypothèse que ce roman serait l'intermédiaire, ou du moins proche de ce dernier, entre la traduction syriaque du *Roman d'Alexandre* du VII^e^ siècle ap. J.-C. et la traduction éthiopienne du XIV^e^ siècle ap. J.-C.:

> (...) its merit lies in the fact that it contains a segment of text of crucial importance for the formulation of a theory on the transfer of Syriac Alexander material via Arabic to Ethiopic.[18]

Quant aux sources de la *Sīrat al-malik al-Iskandar ḏī l-qarnayn (Vie du roi Alexandre, le Bi-cornu)*, elles citent la traduction syriaque du *Roman d'Alexandre*, la *Légende d'Alexandre* et d'autres sources qui ne sont pas encore identifiées.[19]

Quoi qu'il en soit, il y a deux témoignages arabes au sujet de la paternité de Nectanébo qui précèdent la chronique perse de 1126 ap. J.-C. Le plus ancien témoignage repéré est issu de la plume d'Agapius, l'évêque de Manbiǧ, ayant vécu au IX^e^/X^e^ siècle ap. J.-C. et l'un des premiers auteurs chrétiens arabophones. Le deuxième témoignage a été transmis par le grand philhellène al-Bīrūnī (973-1048 ap. J-C.).

Dans la chronique universelle de l'écrivain chrétien Agapius, le *Kitāb al-ʿunwān (Le livre du modèle)*,[20] une brève notice jette la lumière sur la connaissance du *Roman d'Alexandre* dans le milieu melkite. Sans citer sa source, il crée une narration hybride, à cheval entre allusion au *Roman* du Pseudo-Callisthène et intérêt généalogique si populaire dans l'ensemble de l'historiographie arabe:

---

16 Nöldeke (1890) 52.
17 Weymann (1901) 76.
18 Doufikar-Aerts (2010b) 59.
19 Doufikar-Aerts (2010b) 59.
20 Vasiliev (1915) 91.

A cette époque-là, *Fasṭū*, le roi d'Égypte, s'enfuit en *Yūfiyā* parce qu'il avait eu la vision à l'égard de la divination *(arā lahu min ǧihati l-qṣm)* que de nombreuses armées allaient survenir subitement contre lui. C'est pourquoi certaines gens disent qu'il était le père d'Alexandre *(abū l-Iskandar)*.

وفي ذلك الزمان هرب فسطوا ملك مصر الى يوفيا لانه ارى له من جهة القصم انه سيجى عليه جيوش كثيرة وكالذى يقال من اناس انه هو ابو الاسكندر.

Cette courte séquence est rythmée par trois arguments: la fuite du roi égyptien nommé *Fasṭū*, la cause de cette fuite s'expliquant par l'arrivée de nombreuses armées et une explication, en guise de conclusion, concernant la paternité d'Alexandre, attribuée à ce même roi. Pour l'éditeur A. Vasiliev le nom propre de *Fasṭū* équivaut à Nectanébo II, le dernier souverain indigène gouvernant l'Égypte.[21] Si l'on suit cette conjecture, la logique dans le *Roman d'Alexandre*, suit, dans la famille de β un sens inverse par rapport à Agapius[22]:

ἀπατῶνται γὰρ οἱ πολλοὶ λέγοντες αὐτὸν εἶναι τοῦ βασιλέως Φιλίππου υἱόν. οὐκ ἀληθὲς δὲ τοῦτο. οὐ γὰρ ἐκείνου ἦν παῖς, ἀλλὰ τοῦ Νεκτεναβῶ λέγουσι τοῦτον εἶναι οἱ σοφώτατοι τῶν Αἰγυπτίων, ὅτε τῆς βασιλικῆς τιμῆς ἐξέπεσεν.

En effet, la plupart des gens se trompent quand ils disent qu'il est le fils du roi Philippe. Ce n'est pas vrai. Car il n'était pas l'enfant de celui-là, mais les plus sages parmi les Egyptiens affirment qu'il est ⟨le fils⟩ de Nectanébo, quand il avait perdu la dignité royale.

Dans le *Roman d'Alexandre*, la séquence s'ouvre par la volonté de corriger une sorte de lieu commun: ἀπατῶνται γὰρ οἱ πολλοὶ λέγοντες αὐτὸν εἶναι τοῦ βασιλέως Φιλίππου υἱόν. οὐκ ἀληθὲς δὲ τοῦτο. Le verbe ἀπατῶνται et la litote οὐκ ἀληθὲς en tête de phrase sont mis en relief afin de préparer la suite de l'argumentation selon laquelle Alexandre est le fils de Nectanébo. Le récit des évènements aboutissant à la fuite du pharaon va suivre cette correction généalogique. Bien au contraire, Agapius décrit d'abord les circonstances de la fuite, de façon extrêmement concise, avant de conclure sur l'aspect de la paternité («C'est pourquoi on a dit qu'il était le père d'Alexandre»).

Il est intéressant de noter la destination de la fuite de Nectanébo *Yūfiyā* est traduite «Éthiopie» par l'éditeur A. Vasiliev, comme si Agapius dépendait de Diodore de Sicile, le seul historien grec mentionnant l'Éthiopie.[23] Cela ne correspond pas aux faits historiques, l'auteur de la *Bibliothèque historique* n'ayant pas été traduit en arabe. De plus, la paternité de Nectanébo relevant de la sphère romanesque apparaît en forte contradiction avec la leçon de l'Éthiopie. Peut-être faudrait-il supposer une autre lecture quant à la destination de la fuite de Nectanébo?

La leçon *Yūfiyā* (يوفيا) du manuscrit C pourrait être une corruption de l'adjectif féminin *yūnāniyya* (يُونَانِيَّة) «grec ⟨ancien⟩» avec la disparition de l'infixe *-na* ou bien un néologisme formé sur le terme *yūn* «les Grecs» et la désinence *-iyā* avec alif ou *-iya* avec *tāʾ marbūṭa*

21 Jouanno (2002) 57.

22 Bergson (1956) I, 1.

23 Diodore de Sicile, *Bibliothèque historique*, Goukovsky (P.)(éd.), Paris 2002, XVII, 51, 1.

servant à former le nom de pays en arabe. Par ailleurs, il y a aussi le terme *Yūniyā* (يُونِيا). Ce qui paraît le plus probable c'est qu'Agapius associe la Grèce à la partie orientale ἡ Ἰωνία «l'Ionie». En fait, comme M. Di Branco le souligne justement, le terme technique pour désigner «les Grecs» est *al-Yūnāniyyūn* pour la plupart des auteurs arabes:

> Yaʿqūbī, come tutti gli storici islamici dopo di lui, chiama i Greci *al-Yūnāniyyūn*, che trascrive il nome greco Ἴωνες ('Ioni'), diffuso in ambito musulmano attraverso un intermediario aramaico; questo vocabolo indica precisamente i Greci prima del dominio di Roma e si giustappone alla voce dei *Rūm*, designante, a seconda dei casi, i Romani o i Bizantini.[24]

C'est dans la recension ε que l'on peut lire également la leçon «Grèce» au lieu de «Macédoine»[25]:

| | |
|---|---|
| Νεκτεναβὼ δὲ διελθὼν τὴν Αἴγυπτον περνᾷ ἐν τῇ Ἑλλάδι. | Ayant traversé l'Égypte, Nectanébo se rend en Grèce. |

L'éditeur A. Vasiliev donne également la lecture du manuscrit B *Būqiyā* (بوقيا). Les deux leçons *Yūfiyā* et *Būqiyā* ne diffèrent que par des points diacritiques sur la première et la troisième lettre, s'expliquant ainsi facilement au moyen de la paléographie arabe.

En ce qui concerne la cause de la fuite du roi égyptien, le texte tel qu'il est édité n'est pas sans difficultés. Or, c'est grâce à la connaissance du texte grec du *Roman* que le texte arabe devient compréhensible. Dans la recension β du *Roman d'Alexandre*, Nectanébo est présenté comme τῇ μαγικῇ τέχνῃ ἔμπειρος «habile dans l'art magique».[26] Par la suite, Nectanébo se sert d'un bassin en métal au moyen duquel il pratique la lécanomancie (θεὶς λεκάνην ἐποίει λεκανομαντείαν). En quoi consiste cette technique magique? Après avoir façonné de cire les hommes et les bateaux de ses mains (ταῖς χερσὶν αὐτοῦ ἔπλαττεν ἐκ κηρίου πλοιάρια καὶ ἀνθρωπάρια κήρινα) représentant les forces adverses, il leur inspira un souffle vital en les arrangeant dans le bassin. A la suite de ce procédé, ses adversaires réels périrent de la même manière que leurs figurines en cire. L'accent qui est mis sur le caractère merveilleux de la naissance d'Alexandre pourrait être rattaché à la pratique rhétorique de l'éloge à l'époque impériale, qu'Hermogène évoque dans les *Exercices préparatoires* (Προγυμνάσματα) qui lui sont attribuées: ἐρεῖς δέ τινα καὶ ἃ περὶ τὴν γένεσιν συνέπεσεν ἄξια θαύματος «tu parleras de certains ⟨événements⟩, qui dignes d'étonnement, survinrent lors de la naissance».[27]

Chez Agapius, il n'est pas question de lécanomancie mais plutôt d'autres termes relevant de l'art divinatoire. Il se sert d'une terminologie plus générale, presque énigmatique, en disant que Nectanébo «avait eu la vision par rapport à la divination (*arā lahu min ǧihati l-qiṣm/quṣm*) que de nombreuses armées allaient survenir subitement contre lui.» Ici, l'intérêt principal se trouve le syntagme *arā lahu min ǧihati l-qṣm*, qu'A. Vasiliev rend par «au rapport des augures». Il pourrait s'agir d'une allusion à la coutume

24 Di Branco (2011) 21.
25 Trumpf (1974) 2,1.
26 Bergson (1956) I, 1.
27 Patillon (2008) 131.

prophétique de Nectanébo puisque le verbe *arā* à la forme IV (أرى) «avoir des rêves, des songes, des visions» fait référence à un champ lexical assez général en matière de prophétie, dépassant ainsi la technique extrêmement spécifique de la lécanomancie du *Roman*. La graphie arabe *al-qṣm* (القصم), leçon du manuscrit B qu'A. Vasiliev accueille plutôt que la leçon *al-qḍm* (القضم) du manuscrit C, pose un autre problème. Cette dernière graphie signifie *qḍm*, vocalisée en *al-qaḍm* «sabre», et ne correspond nullement au au contenu du Pseudo-Callisthène.

Quant au vocabulaire technique de la divination, rassemblé par T. Fahd, il contient des termes pouvant correspondre à celui qui est employé par Agapius. En fait, la graphie arabe *al-qṣm* est un syriacisme ayant a été introduit à un moment donné et qui n'a pas été conservé dans l'arabe littéral. T. Fahd mentionne deux termes arabes, *al-qasm*, qui comme *istiqsām*, désigne «en arabe la bélomancie, prohibée par le *Coran* en tant que symbole de la divination païenne, et *qeṣmā* qui désigne en syriaque la divination dans son ensemble.»[28]

C'est donc le terme syriaque *qeṣmā* qu'Agapius a rendu en arabe par la graphie *al-qṣm*. Par conséquent, peut-être qu'l'évêque de la ville de Manbiǧ, appelée en grec Hiérapolis et localisée au nord de l'actuelle Syrie, qui n'ignorait pas le syriaque, a-t-il voulu désigner par *al-qṣm* «la divination» de façon générale, suivant le sens syriaque de *qeṣmā*, et pas «la bélomancie» suivant le terme arabe désignant un procédé de la cléromancie, c'est-à-dire, selon T. Fahd, un ensemble de «procédés divinatoires basés sur le tirage au sort»?[29]

Il résulte clairement de l'extrait conservé que l'auteur chrétien eût connaissance du début du *Roman d'Alexandre* et en particulier de la scène de la lécanomancie. Cette pratique divinatoire apparaît sous une forme légèrement modifiée, soit sous la forme de la bélomancie, soit sous une désignation plus générale, la divination. Etant donné la leçon adoptée par l'éditeur et le modèle grec du *Roman* ainsi que la traduction syriaque contenant la scène de la lécanomancie, la traduction de *al-qṣm* par «divination» peut être justifiée.

Les «nombreuses armées», qui allaient fondre sur le roi égyptien chez Agapius, sont probablement issues du récit des événements dans la recension β[30] remplaçant une réplique des éclaireurs (κατάσκοποι) dans la recension α:[31] De toute évidence, l'historien chrétien résume de quelque manière l'allusion homérique (ἐπεὶ πολέμοιο νέφος περὶ πάντα καλύπτει «puisqu'un nuage de guerre cacha tout»)[32] qui consiste à représenter une foule de soldats par un nuage quand il fait mention de «nombreuses armées» (*ǧuyūš kaṯīra*). Quant au caractère de la vision du pharaon chez Agapius, il reste encore des doutes sur la vraie signification du texte arabe. Néanmoins, il a emprunté la version égyptienne probablement au *Roman d'Alexandre* ou à une source qui en dérive, comme les chroniques byzantines, parce que la paternité de Nectanébo est une légende inconnue des historiens d'Alexandre.

La deuxième attestation de la légende de Nectanébo se trouve chez le grand philhellène al-Bīrūnī. Comme Agapius, il ne cite qu'implicitement le Pseudo-Callisthène dans l'Inde et précède ainsi *grosso modo* d'un siècle la chronique perse citée. Ce témoignage, qui n'est

28 Fahd (1966) 180.
29 Fahd (1966) 179.
30 Bergson (1956) I, 2.
31 Kroll (1926) I, 2.
32 Homère, *Iliade*, Mazon (P.)(éd.), Paris 1938, tome III, 17, 243.

pas attesté autrement dans la tradition en langue arabe, figure au chapitre consacré à la classification des êtres vivants selon la doctrine hindoue, intitulé *Sur les différentes espèces d'êtres et leurs noms (fī ağnās al-ḫalāʾiq wa-l-asmāʾhim)*[33]:

Les chroniqueurs *(al-muʾarriḫūn)* prétendirent *(zaʿama)* que des actions honteuses envers le peuple furent commises par Cécrops *(Qiqrufis)* et par les rois prenant sa succession, c'est pourquoi il y a des ressemblances à ce qu'il y a dans l'histoire d'Alexandre *(aḫbār al-Iskandar)*: ⟨ils prétendirent⟩ que Nectanébo *(Naqṭīnābūs)*, le roi d'Égypte, après avoir pris la fuite devant Artaxerxès *(Ardašīr)* le Noir et s'étant caché dans la ville de Macédoine *(Māqīduniyā)* observa les étoiles et prononça des prophéties. Il dupa Olympias *(Ulimfīḏa)*, la femme du roi Philippe *(Bīlibus)*, pendant l'absence de ce dernier, dans l'intention de s'unir à elle de façon trompeuse. Il se montra lui-même à elle sous la forme du dieu Ammon *(ṣūrat Amūn)* sous apparence d'un serpent avec deux cornes *(ḥayyat ḏāt qarnayn)* comme celles du bélier *(al-kabš)*. Pendant ce temps-là, elle fut enceinte d'Alexandre *(al-Iskandar)*. A son retour, Philippe *(Bīlibus)* était sur le point d'en refuser la paternité. Puis, il vit en songe qu'il était le descendant du dieu Ammon *(Amūn)*. Il le reconnut comme son fils et dit: «On ne peut s'opposer aux dieux *(al-āliha)*». La mort de Nectanébo (*Naqṭīnābūs)* advint de la main d'Alexandre *(al-Iskandar)* à cause d'⟨une blessure⟩ au cou ⟨en observant⟩ les étoiles et c'est à ce moment-là qu'il apprit qu'il [i. e. Nectanébo] était son père. Il y a de nombreux exemples *(amṯāl)* de ce type dans leurs histoires *(aḫbārihim)* [i.e. des Grecs] (…).

وقد زعم المؤرّخون انّ الفضائح في القوم جرت من ققرفس ومن قام بعده من الملوك وعنوا بذلك مَشابَه ما فى اخبار الاسكندر انّ نقطينابوس ملك مصر لمّا هرب من اردشير الاسود واختفى فى مدينة ماقيدنيا يتنجّم ويتكهّن احتال على اولمفيذا امرأة بيلبس ملكها وهو غائب حتّى كان يغشاها خداعا ويُرى نفسه على صورة امون الاله فى شبح حيّة ذات قرنين كقرنى الكبش الى ان حبلت بالاسكندر وكان بيلبس عند رجوعه ان ينتفى منه وينفيه فرأى فى المنام انّه نسل الاله امون فقبله وقال لا معاندةَ مع الآلهة وكان حتفُ نقطينابوس على يد الاسكندر على وجه الاعْناق فى النجوم ومن ذلك عرف انّه كان اباه وامثال هذا كثير فى اخبارهم.

E. Sachau confirme dans la préface de sa traduction de l'*Inde* que al-Bīrūnī connaissait – du moins par l'intermédiaire d'une traduction – le *Roman d'Alexandre*, tout comme un certain nombre d'autres ouvrages grecs qu'il ne cite pas explicitement.[34] Outre le *Roman*, il y a une autre possibilité en ce qui concerne sa source grecque. Al-Bīrūnī la mentionne lui-même au

33 Sachau (1910) 47.

34 Sachau (1888) XII: The role which Greek literature play's in Alberuni's work in the distant country of the Paktyles and Gandhari is a singular fact in the history of civilisation. Plato before the doors of India, perhaps in India itself! A considerable portion the extant Greek literature had found its way into the library of Alberuni, who uses it in the most conscious and appreciative way, and takes from it choice passages to confront Greek thought with Indian. And more than this: on the part of his readers he seems to presuppose not only that they were acquainted with them, but also gave them the credit of first-rate authorities. Not knowing Greek or Syriac, he read them in Arabic translations, some of which reflect much credit upon their authors (…).

tout début de sa digression contenant la légende de Nectanébo lorsqu'il parle «des chroniqueurs» *(al-mu'arriḫūn)*: ce participe actif peut se traduire au singulier *(al-mu'arriḫ)* par «chroniqueur», «annaliste» ou bien par «historien».[35]

Or, étant donné l'absence de traductions d'ouvrages d'historiens grecs dans le cadre des *Graeco-Arabica*, que ce soit de l'âge classique ou que ce soit un des historiens d'Alexandre de l'époque hellénistique ou impériale, il est fortement probable qu'une chronique byzantine, comme la *Chronographie* de Jean Malalas,[36] ait servi de modèle au récit de al-Bīrūnī. H. Gleixner a souligné que les chroniqueurs byzantins, à leur tour, puisent leurs informations «historiques» sur Alexandre le Grand dans le *Roman d'Alexandre*. En effet, la légende de Nectanébo est bien connue des chroniqueurs byzantins, Jean Malalas, Georges le Syncelle, Georges Cédrène[37] ou Joël,[38] pour en citer quelques uns qui illustrent la popularité de la généalogie égyptienne à Byzance. Seules les chroniques de Jean Malalas (490-578 ap. J.-C.), l'auteur de la *Chronographie*, la plus ancienne chronique byzantine conservée, et celle de Georges le Syncelle, mort après 810 ap. J.-C., sont antérieures à l'extrait de al-Bīrūnī et pourraient ainsi lui avoir servi de modèle. Par ailleurs, H. Gleixner cite le *Barbarus Scaligeri*, la traduction latine d'une chronique byzantine du V^e ou du VI^e siècle ap. J.-C. où le dernier pharaon s'enfuit à *Pilusium*:

> Nach seiner Darstellung kämpfte Ochus in Ägypten, worauf sich der letzte Pharao (der Name ist ausgefallen) sein Haupt schert, nach Makedonien (Piluseum = Pella) flieht und dort wegen seiner Künste in der Astrologie berühmt wird (I, 267,16 ff.). Das weist deutlich auf den Anfang des Alexanderromans hin.[39]

35 Sachau (1910) VIII, 47.

36 Di Branco (2009) 29 souligne le rôle que Malalas aurait joué dans la formation de l'historiographie en langue arabe: Dal punto di vista lingustico, va sottolineato come quella di Malala risulti la prima opera della letteratura greca impostata su un registro largamente vernacolare: la sua lingua è infatti una lingua popolare, ricca di ripetizioni formulari e ridondanze che la avvicinano molto all'uso parlato. Una lingua ai confini fra oralità e scrittura: fu questo, senza dubbio, uno dei principali segreti del suo successo. In effetti, la *Chronographia* conobbe una straordinaria diffusione e venne costantemente inglobata, in forma piú o meno ridotta, all'interno delle cronache di età successiva, al punto che si può ipotizzare che il suo uso estensivo e continuato sia alla base della sua fragile sopravvivenza come testo indipendente. Non solo: l'opera di Malala ebbe una notevole influenza anche al di fuori dell'àmbito grecofono, e in particolare nel mondo siriaco, dove la troviamo utilizzata con assiduità da molti fra i principali cronisti, dallo Pseudo-Dionisio di Tel-Maḥrē, la cui opera fu ultimata nel 775 d.C., a Michele il Siro (XII sec.). Quest'ultimo dato è particolarmente rilevante: come è noto, infatti, le cronache siriache costituiscono una delle principali fonti attraverso cui gli storici arabi avevano accesso alla storia greco-romana. Ciò significa che la visione che di tale storia si trasmette al mondo islamico per il tramite siriaco è una visione fortemente condizionata dall'approccio malaliano, e che dunque va presa seriamente in considerazione la possibilità di un influsso indiretto del modello rappresentato dalla *Chronographia* sulla storiografia islamica in formazione.

37 Gleixner (1961) 40.

38 Gleixner (1961) 44: Auch Joel berichtet von der Flucht des Nektanebos vor Ochos und seiner Verbindung mit Olympias, aus der Alexander hervorgegangen sei. Die Niederwerfung des Dareios, die Eroberung des Perser-, Meder-, Parther- und Babylonierlandes und die Gründung Alexandreias in Ägypten, sowie seinen Tod in Babylon mit 32 Jahren überliefert er mit den Worten des G. Monachos (156). Von diesem weicht er auch an der zweiten Stelle, an der er auf Alexander zu sprechen kommt, kaum ab (157).

39 Gleixner (1961) 33.

Quant au contenu de ce récit, al-Bīrūnī se montre sceptique, d'où son choix lexical d'utiliser le verbe *zaʿama* «prétendre». Pour décrire le genre littéraire du *Roman*, il utilise un terme intermédiaire entre le genre historique et romanesque: les *aḫbār al-Iskandar* pourraient être rendus par l'«histoire d'Alexandre». Or, le singulier de *aḫbār*, *ḫabar* signifiant «nouvelle», «renommée» correspond dans ce sens au grec φημή et au latin *fama*, tandis que le pluriel *aḫbār* peut également désigner les actions et les paroles du prophète Mahomet conservées par la tradition. C'est bien le même titre que le médecin al-Mubaššir ibn Fātik donnera à sa version abrégée du *Roman d'Alexandre* publiée sous ce titre par B. Meissner.[40]

En analysant l'extrait, il est possible de découper le texte arabe en plusieurs sous-parties. En comparant les différentes recensions grecques à la version arabe, il y a des correspondances entre la version de al-Bīrūnī et une version de la recension β. Le début et la fin de la version arabe ne correspondent pas au *Roman d'Alexandre* et forment ainsi le cadre de la scène:

| al-Bīrūnī[41] | *Roman d'Alexandre*[42] |
| --- | --- |
| وقد زعم المؤرّخون انّ الفضائح في القوم جرت من ققرفس ومن قام بعده من الملوك وعنوا بذلك مَشابَه ما فى اخبار الاسكندر | |
| Les chroniqueurs prétendirent *(zaʿama)* que les actions honteuses envers le peuple furent commises par Cécrops *(Qiqrufis)* et par les rois prenant sa succession. C'est pourquoi il y a des ressemblances avec ce qu'il y a dans l'histoire d'Alexandre *(aḫbār al-Iskandar)*: | |
| انّ نقطينابوس ملك مصر لمّا هرب من اردشير الاسود واختفى فى مدينة ماقيدنيا يتنجّم ويتكهّ | I, 3: καὶ ἀποπλεύσας παραγίνεται εἰς Πέλλην τῆς Μακεδονίας καὶ ἐκαθέζετο ἐκεῖ ἐν ἑνὶ τόπῳ ὡς ἰατρὸς σοφιστὴς πολλοῖς ἀστρολογούμενος ὡς φροφήτης Αἰγύπτιος. |
| ils prétendent que Nectanébo *(Naqṭīnābūs)*, le roi d'Égypte, après avoir pris la fuite devant Artaxerxès *(Ardašīr)* le Noir et s'étant caché dans la ville de Macédoine *(fī madīna Māqīduniyā)* observa les étoiles et prononça des prophéties. | I, 3: S'étant éloigné par mer, il survint vers Pella de Macédoine et demeura là en ce lieu en tant que médecin habile s'occupant d'astronomie de plusieurs façons, comme un prophète égyptien. |
| احتال على اولمفيذا امرأة بيلبس ملكها وهو غائب | I, 4: Εἰς δὲ τὴν Μακεδονίαν πᾶσαν ἐμφανὴς γενόμενος ὁ Νεκτεναβὼ |

40 Meissner (1896).

41 Sachau (1910) 47.

42 Bergson (1956) I, 3; I, 4; I, 7; I, 9; I, 14.

| | |
|---|---|
| حتّى كان يغشاها خداعا | ἀκριβῶς πᾶσιν ἐσκέπτετο, ὥστε καὶ τὴν βασίλισσαν Ὀλυμπιάδα ἀκούσασαν περὶ αὐτοῦ νυκτὸς ἐλθεῖν πρὸς αὐτὸν ἀποδημοῦντος Φιλίππου τοῦ ἀνδρὸς αὐτῆς εἰς πόλεμον. |
| Il dupa Olympias *(Ulimfīḏa)*, la femme du roi Philippe *(Bīlibus)*, pendant l'absence de ce dernier, dans l'intention de s'unir à elle de façon trompeuse. | I, 4: Etant connu dans toute la Macédoine, Nectanébo rendit des prophéties à tous, de sorte que même la reine Olympias, après avoir entendu ⟨parler de lui⟩, vint le trouver de nuit pendant l'absence de son mari Philippe qui était parti faire la guerre. |
| ويُرى نفسه على صورة امون الاله فى شبح حيّة ذات قرنين كقرنى الكبش | I, 7: Ὁ δὲ Νεκτεναβὼ ἡτοίμασεν ἑαυτῷ πόκον κριοῦ ἁπαλωτάτου σὺν τοῖς κέρασι τῶν κροτάφων αὐτοῦ, καὶ ταῦτα χρύσῳ παραπλήσια, καὶ σκῆπτρον ἐβέλινον καὶ ἱμάτιον λευκὸν καὶ τρίβωνα καθαρώτατον δρακοντιοῦντα· |
| Il se montra lui-même à elle sous la forme du dieu Ammon *(Amūn)* sous l'apparence d'un serpent à deux cornes comme celles du bélier. | I, 7: Nectanébo prépara pour lui-même une toison délicate de bélier avec les cornes sur les tempes – cela était presque semblable à l'or – un sceptre d'ébène, un vêtement blanc et un petit manteau sans aucune tache qui ressemblait à la peau d'un serpent. |
| الى ان حبلت بالاسكندر. | I, 7: ὁ δὲ Νεκτεναβὼ ἀποθέμενος τὸ σκῆπτρον ἀναβαίνει ἐπὶ τὴν κλίνην αὐτῆς καὶ συγγίνεται αὐτῇ. καὶ φησι πρὸς αὐτήν· «διάμεινον, γύναι· κατὰ γαστρὸς ἔχεις ἄρρενα παῖδα ἔκδικόν σου γενόμενον καὶ πάσης οἰκουμένης κοσμοκράτορα βασιλέα.» |
| Pendant ce temps-là, elle fut enceinte d'Alexandre *(al-Iskandar)*. | I, 7: Nectanébo, ayant déposé son sceptre, monta sur le lit ⟨de la reine⟩ et s'unit à elle. Il lui dit: «Reste ferme, femme. Dans ton ventre, tu as un fils, ton vengeur, maître du monde, roi de toute la terre.» |
| وكان بيلبس عند رجوعه ان ينتفى منه وينفيه فرأى فى المنام انّه نسل الاله امون فقبله وقال لا معاندة مع الآلهة. | I, 9: ἐλθὼν δὲ ὁ Φίλιππος ἀπὸ τοῦ πολέμου εἶδε τὴν γυναῖκα αὐτοῦ τεταραγμένην πάνυ καὶ λέγει αὐτῇ· «γύναι, τὸ γενόμενόν σοι οὐ παρὰ σὴν αἰτίαν συνέβη. ἀλλότριον γὰρ τὸ ἁμάρτημα καθώς μοι ἐδηλώθη κατ' ὄναρ, ἵνα σε ἀνέγκλητος ἔσῃ. εἰς |

πάντα γὰρ δυνάμεθα οἱ βασιλεῖς, πρὸς δὲ τοὺς θεοὺς οὐ δυνάμεθα. οὔτε γάρ τινος τοῦ δήμου ἠράσθης ἀλλ' οὔτε τινὸς τῶν εὐπρεπεστάτων χαρακτήρων.»

A son retour, Philippe était sur le point de réfuter la paternité. Puis, il vit en songe que l'enfant était le descendant du dieu Ammon. Il le reconnut comme son fils et dit: «On ne peut s'opposer aux dieux».

I, 9: Etant retourné de la guerre, Philippe vit sa femme très inquiète et lui dit: «Femme, tu n'es pas responsable de ce qui t'est arrivé. En effet, la faute est d'autrui comme il m'est apparu en rêve, afin que tu sois innocente. En effet, nous les rois, nous pouvons nous imposer à toutes les circonstances, mais nous ne pouvons nous opposer aux dieux. Tu n'as pas aimé quelqu'un du peuple, mais quelqu'un d'un très noble caractère.»

وكان حتفُ نقطينابوس على يد الاسكندر على وجه الاغْناق فى النجوم ومن ذلك عرف انّه كان اباه.

I, 14: καὶ τῇ ἑσπέρᾳ παραλαβὼν Νεκτεναβὼ τὸν Ἀλέξανδρον φέρει αὐτὸν ἔξω τῆς πόλεως εἰς ἔρημον τόπον καὶ ἀναβλέπων εἰς τὸν οὐρανὸν ἐδείκνυε τῷ Ἀλεξάνδρῳ τοὺς οὐρανίους ἀστέρας. ὁ δὲ Ἀλέξανδρος κατέχων αὐτοῦ τὴν χεῖρα φέρει αὐτὸν εἰς βόθυνον καὶ ἀπολύει αὐτὸν κάτω. πεσὼν δὲ Νεκτεναβὼ λαμβάνει φοβερῶς κατὰ τῶν ἰνίων αὐτοῦ καὶ εἶπεν· «οἴμοι, τέκνον Ἀλέξανδρε, τί σοι ἔδοξε τοῦτο ποιῆσαι;»

La mort de Nectanébo *(Naqṭīnābūs)*, à la suite d'⟨une blessure⟩ au cou, advint de la main d'Alexandre *(al-Iskandar)*, pendant qu'il observait les étoiles et c'est à ce moment-là qu'il apprit qu'il [i. e. Nectanébo] était son père.

I, 14: Un soir, Nectanébo, ayant pris Alexandre, le conduisit en dehors de la ville dans un endroit désert. Il observa le ciel et montra les étoiles du ciel à Alexandre. Alexandre prit sa main et le conduisit vers un trou naturel où il le précipita. Etant tombé, Nectanébo fut gravement blessé à la nuque et dit: «Hélas, mon enfant Alexandre, qu'est-ce qui t'a amené à faire cela?»

وامثال هذا كثير فى اخبارهم.

Il y a de nombreux exemples *(amṯāl)* de ce type dans leurs histoires *(aḫbārihim)* [i.e. des Grecs] (…)

La version arabe de al-Bīrūnī n'est pas une traduction littérale à partir d'une recension grecque, elle représente plutôt une version abrégée de l'*incipit* du *Roman d'Alexandre*, que l'on peut schématiser ainsi en indiquant les chapitres correspondants entre guillemets:

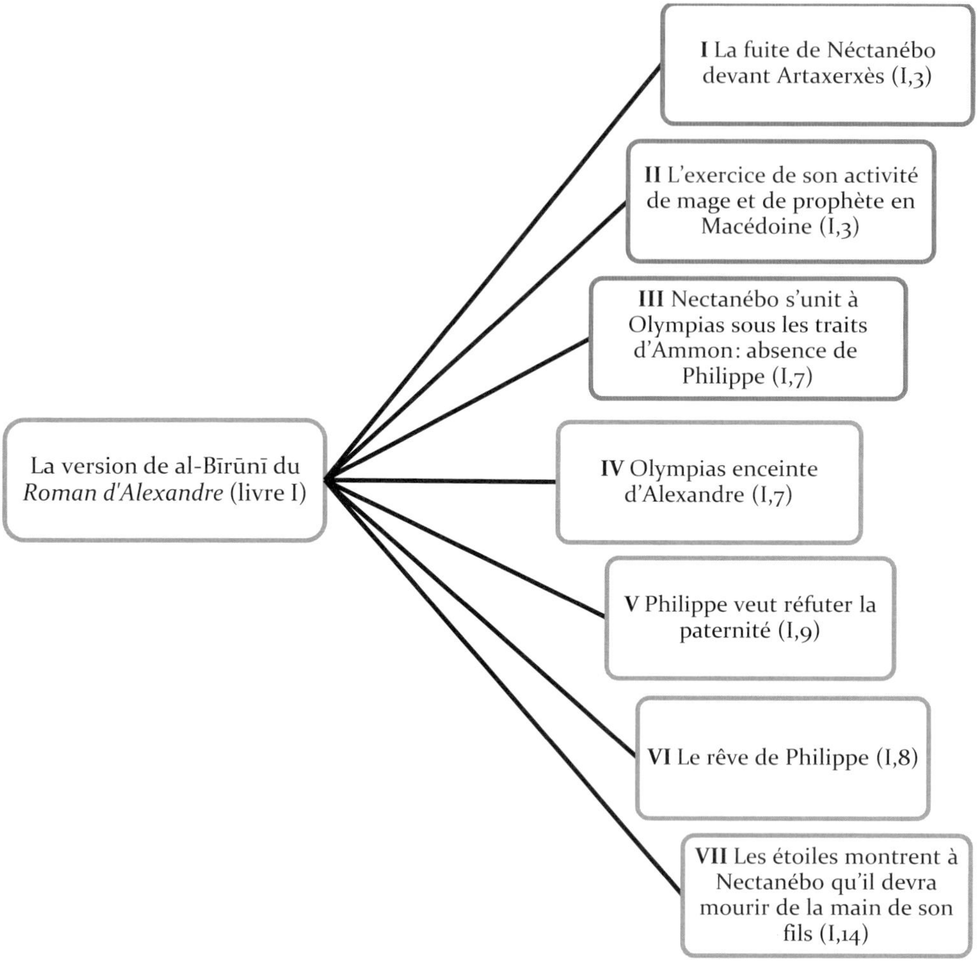


La version abrégée du début du premier livre (**I-VII**), rédigée par al-Bīrūnī, se distingue nettement du cadre de la scène qui n'est pas lié au *Roman d'Alexandre*. C'est pourquoi les cases correspondantes restent vides du côté grec. Avant d'examiner les différentes parties (**I-VII**) et le cadre de plus près, la question de la source de al-Bīrūnī est une question intéressante dans le relais gréco-arabe. Pour éclaircir cette question, il ne faut peut-être pas remonter jusqu'au *Roman*, mais supposer un intermédiaire byzantin. M. Di Branco expose l'hypothèse que l'historiographie byzantine aurait contribué à la formation de l'historiographie islamique «nel caso dell'annalistica e della storia universale» en se basant sur le jugement de F. Rosenthal et de B. Radke.[43] Puis, il cite un certain nombre d'éléments

43 Rosenthal (1968) 77; Radke (1992) 160.

qu'ils ont en commun, comme la narration des faits historiques à partir de la Création, l'idée de la *translatio imperii*, la prédilection pour les mythes et les *mirabilia*, l'accumulation des matériaux dépourvue d'un certain ordre, le fait d'absorber les ouvrages des prédécesseurs et une langue proche de l'oralité.[44]

En ce qui concerne le début du *Roman d'Alexandre*, on peut mettre en évidence des ressemblances entre les chroniques byzantines et un ouvrage annalistique en arabe. En effet, en confrontant l'historien melkite Eutychius au chroniqueur byzantin Jean Malalas et à un des ses successeurs Georges le Syncelle, on aperçoit des ressemblances entre les deux versions grecques et la version arabe:

Malalas, *Chronographie*[45]

Μετὰ δὲ τὸ τὸν εἰρημένον Ἀρταξέρξην, βασιλέα Περσῶν, ἀποθανεῖν ἐβασίλευσεν Ὦχος, υἱὸς αὐτοῦ· ὅστις ἐπολέμησεν Αἰγυπτίοις καὶ παρέλαβε πᾶσαν τὴν γῆν Αἰγύπτου καὶ ἀπώλεσεν αὐτήν, βασιλεύοντος τῶν Αἰγυπτίων τότε τοῦ Νεκταναβώ, τοῦ ποιήσαντος λεκανομαντείαν καὶ γνόντος, ὅτι δεῖ τὸν Ὦχον, βασιλέα Περσῶν, παραλαβεῖν τὴν Αἴγυπτον. ὃς καὶ κουρευσάμενος τὴν ἰδίαν κόμην τῆς κεφαλῆς αὐτοῦ καὶ ἀλλάξας αὐτοῦ τὰ βασιλικὰ ἱμάτια, ἔφυγε διὰ τοῦ Πηλουσίου ὁ αὐτὸς Νεκταναβώ, καὶ εἰς Πέλλην, πόλιν τῆς

Georges le Syncelle, *Extrait de Chronographie*[46]

Οὗτος ὁ Ὦχος εἰς Αἴγυπτον ἐπιστρατεύσας ἔτι ζῶντος τοῦ πατρὸς Ἀρταξέρξου, ὡς καὶ ἄλλοι, μετὰ ταῦτα ἐκράτησεν Αἰγύπτου, φυγόντος Νεκτανεβώ, ὡς τινές, εἰς Αἰθιοπίαν, ὡς δὲ ἕτεροι, εἰς Μακεδονίαν·

Eutychios, *Annales*[47]

وملك بعده ابنه ارطخشاشت
ويسمى اخوس عشرين سنة.
فجمع اخوس ملك الفرس جيشه
وصار الى مصر فقهر ملك مصر
وغلب عليها. فلما قهر ملك مصر
خاف ملك مصر ان يقع في يد
اخوس ملك الفرس فينكل بهِ
فحلق ملك مصر رأسه ولحيته
واسمه فرعون شاناق وغيَّر لباسه
وهرب الى مدينة مقدونية (...)
وكـــان الملك بمدينة مكـدونية
فيلبس ابو الاسكندر.

44 Di Branco (2009) 30/31.
45 Thurn (2000) VII, 17.
46 Adler (2002) 307.
47 Cheikho (1906) 77.

| | | |
|---|---|---|
| Μακεδονίας, διέτριβεν. | | |
| Après la mort d'Artaxerxès, mentionné ⟨ci-dessus⟩, le roi des Perses, régna son fils Ochus. Celui-ci fit la guerre contre les Egyptiens, s'empara de la terre entière d'Égypte et la détruisit. A cette époque, le roi d'Égypte était Nectanébo, qui fit de la lécanomancie et qui avait compris qu'il fallait qu'Ochus, le roi des Perses, s'emparât de l'Égypte. Nectanébo coupa ses propres cheveux de sa tête et changea aussitôt ses vêtements de roi, avant de s'enfuir en personne par le ⟨port de⟩ Pélusion et de séjourner à Pella, une ville de Macédoine. | Cet Ochus fit une expédition, comme d'autres, contre l'Égypte, lorsque son père Artaxerxès était encore en vie. Après cela, il régna sur l'Égypte, tandis que Nectanébo prenait la fuite, selon quelques uns, vers l'Éthiopie, selon d'autres, vers la Macédoine. | Ochus, le roi persan, rassembla son armée et se rendit en Égypte. Il vainquit le roi égyptien et s'empara de l'Égypte. Lorsqu'il vainquit le roi égyptien, ce dernier craignit de tomber dans les mains d'Ochus, le roi persan, et recula devant lui. Ensuite, le roi égyptien se rasa la tête et la barbe. On le nommait le pharaon *Šānāq*. Il changea ses habits et prit la fuite dans la ville de Macédoine *(madīna Maqadūniyya)*. (…) Philippe, le père d'Alexandre *(abū l-Iskandar)*, était roi dans la ville de Macédoine. |
| Ἐν τῷ χρόνῳ οὖν τῷ αὐτῷ ἦν τὰ κατὰ τὴν Ὀλυμπιάδα καὶ τὸν αὐτὸν Νεκταναβῶ θρυλλούμενα, ὡς διὰ χλεύης τινὸς ἐπορνεύθη ὑπ' αὐτοῦ καὶ συνέλαβε τὸν Ἀλέξανδρον, ὃν λέγουσιν ἀπὸ Διὸς Ἄμμωνος συλληφθῆναι. | ἡνίκα καὶ Ὀλυμπιάδι μιχθεὶς διὰ γοητείας υἱὸν ἔσχεν Ἀλέξανδρον Ἄμμωνος εἶναι θεοῦ υἱὸν νομιζόμενον. | |
| A cette même époque, se passait donc ce qui est répété sans cesse au sujet d'Olympias et du même Nectanébo, qu'il la soumit à une relation adultère, à cause d'une certaine tromperie et qu'elle conçut Alexandre, dont on dit qu'il fut engendré de Zeus Ammon. | Lorsqu'il s'unit à Olympias au moyen de la sorcellerie, il avait comme fils Alexandre, parce que l'on pensait qu'il était le fils du dieu Ammon. | |

La version de Georges le Syncelle est abrégée par rapport au récit de Jean Malalas. Les détails de la fuite de Nectanébo, la tête rasée et le changement de vêtements ne sont pas décrits de façon détaillée comme c'était le cas par son prédécesseur. Georges le Syncelle conserve deux versions différentes quant à la destination de la fuite de Nectanébo. Il ne cite pas uniquement la Macédoine, comme Jean Malalas et Eutychius, mais également l'Ethiopie, la destination historique de la fuite de Nectanébo II, que Diodore de Sicile est le seul historien grec à mentionner.[48] Les chroniqueurs byzantins n'ignorent pas, comme al-Bīrūnī, qu'Olympias a été trompée par Nectanébo sans y consacrer une description détaillée à la manière du *Roman d'Alexandre*. Ce détail est ignoré du récit plus sobre d'Eutychius, probablement en raison de sa fonction de représentant de l'Eglise melkite.

Il est tout à fait probable que Jean Malalas ait figuré parmi les sources de al-Bīrūnī, que ce soit de façon directe, à travers une traduction, ou, de manière indirecte, à travers une chronique ultérieure, d'époque byzantine s'inspirant du modèle de Jean Malalas dont l'écriture est marquée par une langue extrêmement populaire, à cheval entre l'oralité et l'écriture. Il se peut que ce style même ait favorisé la transmission du contenu non seulement à Byzance où il a un impact considérable sur les chroniqueurs byzantins mais également dans l'Orient où les chroniqueurs syriaques s'en inspirent.[49]

Chez Eutychios, le pharaon en question n'est pas nommé Nectanébo mais *Šānāq*. Or, c'est déjà dans la *Légende d'Alexandre* que le roi égyptien porte ce nom qu'E. W. A. Budge transcrit par *Sarnāqōs* dans sa traduction anglaise du texte syriaque.[50] Dans la *Légende d'Alexandre*, le Macédonien lui demande 7000 ouvriers pour l'accompagner dans son expédition. C'est seulement ensuite que l'on apprendra la raison de cette demande: ces 7000 ouvriers lui serviront à construire le célèbre rempart contre Gog et Magog. Quant aux sources d'Eutychios, F. Rosenthal soutient que les sources de l'écrivain melkite arabophone sont partiellement musulmanes, et non pas traduites directement du grec:

> The historical work of Sa'īd (Eutychius) b. Biṭrīq (d.328/940) is in part based on Muslim sources but draws its main inspiration from Byzantine historiography.[51]

Le début du *Roman d'Alexandre* fait donc son apparition chez le grand philhellène al-Bīrūnī, si l'on laisse de côté le cadre de l'épisode dont il sera question ci-dessous. Les chroniqueurs byzantins Jean Malalas et Georges le Syncelle connaissent la version égyptienne de la naissance d'Alexandre le Grand. L'historiographie arabe s'inspire des chroniques byzantines, ce que prouve la version d'Eutychios, plus proche des versions byzantines que du *Roman*.

Un autre auteur chrétien arabophone, Bar Hebraeus, connu également sous le nom de Grégoire Abū l-Farağ, et ayant vécu au XIII$^{e}$ siècle ap. J.-C., a aussi conservé la légende de Nectanébo qui s'inscrit dans le sillage des chroniqueurs byzantins Jean Malalas et Georges le Syncelle, et d'Eutychius. Déjà l'orientalisant allemand F. Spiegel avait fait remarquer au dix-neuvième siècle que le même auteur conserve une trace de la naissance d'Alexandre dans sa chronique historique en arabe, tandis que l'épisode n'apparaît pas dans son ouvrage

48 Jouanno (2002) 57.
49 Di Branco (2009) 26-30.
50 Budge (1896) 147.
51 Rosenthal (1968) 80.

en syriaque.[52] E. A. W. Budge cite la version arabe de Bar Hebraeus dans l'introduction à son édition et traduction anglaise du texte syriaque:

> Gregory abu-l-Farag or Bar Hebraeus (died A.H.664), in his *History of Dynasties* says that Artaxerxes the Third, surnamed the „Black", and called Ochos by the Greeks, obtained the mastery over Egypt; that its king, Nectanebus, fled away to Macedonia, where he went about on the guise of an astrologer; that by his flattery he succeeded in seducing Olympias, the wife of Philipp, the king of Macedon; and that she bore to him Alexander the „two-horned".[53]

A la différence de al-Bīrūnī, le jacobite Bar Hebraeus, qui ne connaissait pas le grec, offre moins de ces détails qui peuvent permettre d'avancer des hypothèses sur la recension grecque dont il pourrait dépendre, du moins indirectement. Néanmoins, il conserve dans son *Historia dynastiorum*[54] un témoignage qui vaut être la peine d'être cité:

*Arṭahšašt* le troisième, connu comme «le Noir», et appelé par les Grecs Ochus, régna dix-sept ans. Il s'empara à nouveau de la royauté d'Égypte en mettant en fuite son roi Nectanébo *(Naqṭānibūs)*, qui est réapparu dans le pays des Grecs sous l'aspect d'un astrologue *(bi-ziyy munaǧǧim)* parce qu'il était habile dans la science des corps célestes *(kāna māhiran fī ʿilm al-falak)* et dans les secrets des mouvements célestes *(asrār al-ḥarakāt al-samāwiyya)*. On dit qu'il a traité la femme de Philippe *(Fīlīfūs)*, le roi de la Macédoine *(Maqadūniyā)*, Olympias *(Ulumfīdā)* avec bienveillance et courtoisie *(talaṭṭafa)* lorsqu'il lui détermina ⟨le moment de la naissance d'Alexandre⟩ en le subordonnant aux révolutions des astres *(fī tanǧīmihi lahā)*. Elle mit au monde Alexandre *(bi-l-Iskandar)* le Bi-cornu.

ارطحششت الثالث المعروف بالاسود
واليونانيون يسمونه اوخوس ملك سبعة
وعشرين سنة واستعاد ملك مصر وهزم
نقطانِبوس ملكها وصار يسيح في بلاد
اليونانيين بزي منجم لانه كان ماهرا في
علم الفلك واسرار الحركات السماوية وقيل
انه تلطف لمجامعة الومفيذا امراة فيليفوس
ملك مقدونيا في تنجيمه لها فحملت منه
بالاسكندر ذي القرنين.

Le texte arabe pose un problème quant à la graphie *fī nnǧīm lahā*, qu'il faudrait vocaliser probablement *fī tanǧīmihi lahā* «lorsqu'il lui détermina ⟨le moment de la naissance d'Alexandre⟩ en le subordonnant aux révolutions des astres». Nectanébo y apparaît comme un *munaǧǧim*, terme pouvant signifier «astronome» ou bien «astrologue». C'est la dernière signification qui correspond le mieux dans ce cas-ci. Il est très intéressant de noter que Bar Hebraeus n'ignore pas que Nectanébo prétende être en quelque sorte un «astrologue», ce qui ressort clairement à travers le syntagme utilisé *bi-ziyy munaǧǧim* «sous l'aspect d'un astrologue», *ziyy* signifiant «extérieur», «aspect», «forme». En fait, Nectanébo se déguise en astronome dans le *Roman d'Alexandre*. C'est ainsi que nous lisons dans la recension β μεταμορφώσας ἑαυτὸν ἑτέρῳ σχήματι «s'étant transformé en une autre forme»,[55] τὸ

52 Spiegel (1851) 9; Budge (1932) 35/36.
53 Budge (1896) IXXXV.
54 Bar Hebraeus (1890) 89.
55 Bergson (1956) I, 3.

σχῆμα étant proche du terme arabe *ziyy* puisqu'il peut signifier «forme», «extérieur», «allure» ou «apparence». Peut-être que *ʿilm al-falak wa-asrār al-ḥarakā al-samāwiya* «la science des corps célestes et les secrets des mouvements célestes» est une allusion de la part de l'auteur à la mort de Nectanébo de la main d'Alexandre, conservée depuis la recension α. Comme la recension β a plus probablement servi de modèle, du moins lointain, aux auteurs arabes comme al-Bīrūnī ou ici Bar Hebraeus, citons la version de la recension β où Nectanébo regarda les étoiles du ciel avant de trouver la mort en tombant poussé par Alexandre (καὶ ἀναβλέπων εἰς τὸν οὐρανὸν ἐδείκνυε τῷ Ἀλεξάνδῳ τοὺς οὐρανίους ἀστέρας).[56] En ce qui concerne le verbe *laṭafa* à la forme V «être doux et poli envers quelqu'un», «traiter quelqu'un avec bienveillance et courtoisie», s'agit-il d'un euphémisme pour la séduction d'Olympias ou bien d'un commentaire ironique de la part de l'auteur, presqu'un clin d'œil? Ce verbe peut faire penser à la description de la première rencontre entre la mère d'Alexandre et Nectanébo telle qu'elle se présente dans la recension β[57]:

| | |
|---|---|
| ὁ δὲ Νεκτεναβῶ θεασάμενος αὐτὴν πάνυ εὔοπτον οὖσαν ἐπιθυμίως ἔσχε τοῦ κάλλους αὐτῆς. καὶ προτείνας τὴν χεῖρα αὐτοῦ ἔφη· «χαίροις Μακεδόνων βασίλισσα.» | Comme Nectanébo vit qu'elle était très belle, il fut pris de désir pour sa beauté. Ayant tendu en avant sa main, il dit: «Salut, reine de Macédoine». |

Pour Bar Hebraeus, la naissance d'Alexandre comme fils de Nectanébo représente un autre épisode qui n'est pas lié au survol historique ayant pour sujet Alexandre le Grand dans son *Historia Dynastiorum*.[58]

En fin de compte, al-Bīrūnī conserve une version abrégée de la naissance d'Alexandre le Grand où il fait allusion à plusieurs chapitres plus détaillés dans le *Roman d'Alexandre*. Jusqu'à présent ce précieux témoignage avait échappé aux spécialistes du *Roman* dans le domaine oriental, et plus particulièrement arabe. Il est difficile d'émettre des hypothèses concernant la recension grecque ressemblant le plus au témoignage de al-Bīrūnī. Néanmoins, quelques observations peuvent contribuer à mieux cerner la transmission de l'épisode de Nectanébo. Si l'on part de l'hypothèse selon laquelle la *Chronographie* de Jean Malalas était l'intermédiaire entre le *Roman d'Alexandre* et al-Bīrūnī, la mort de son auteur après 570 ap. J.-C. environ serait le *terminus ante quem* pour la recension grecque ainsi indirectement transmise en arabe. De ce fait chronologique, il n'y a que deux recensions grecques qui pourraient coïncider: la recension α, datée autour de 300 ap. J.-C., et β, composée vers le milieu du Vᵉ siècle ap. J.-C.

Du point de vue de la transmission, la recension α n'est conservée que par un seul manuscrit A, tandis que la recension β était plus connue, voire plus célèbre que la recension α, comme le montre le nombre élevé des manuscrits conservés. Quoique la recension α soit proche de la recension β, c'est cette dernière qui a probablement fourni le modèle à al-

56 Bergson (1956) I, 14.
57 Bergson (1956) I, 4.
58 Bar Hebraeus (1890) 96.

Bīrūnī. K. F. Weymann avait déjà évoqué ce fait au début du siècle dernier, à la suite d'un examen attentif de la traduction syriaque et de la traduction éthiopienne qui en dérive:

> Dagegen kann also mit einem gewissen Rechte der Umstand geltend gemacht werden, dass der Eingang die jüngere Rezension β, der Schluss hingegen die ältere α darstellt. Eine entscheidende Bedeutung darf man m.E. diesem Momente nicht beimessen. Denn es lässt sich wohl denken, dass aus diesem oder jenem Grunde im Griechischen zwei verschiedene Rezensionen zur Herstellung eines neuen Romans benützt worden sind. Dass die verschiedenen Rezensionen durcheinander gehen, lehren uns fast alle erhaltenen Romane.[59]

Après avoir éliminé les parties n'ayant pas de lien avec le Pseudo-Callisthène, K. F. Weymann a divisé le matériau d'origine pseudo-callisthénienne en trois parties: le début du *Roman* jusqu'à l'ascension au trône d'Alexandre, le noyau central – de l'épisode de Darius jusqu'à la lettre d'Aristote à Alexandre – et la partie finale qui débute avec la lettre d'Alexandre à Olympias.[60] Il formule l'hypothèse selon laquelle la première et la troisième partie formaient à l'origine une seule unité.

Après ces considérations d'ordre plutôt général, quelques observations d'ordre thématique et philologique, relatives à la division de la version abrégée (**I-VII**) peuvent clarifier davantage la relation entre la version de al-Bīrūnī et le *Roman d'Alexandre*. Y-a-t-il d'autres arguments en faveur de la recension β comme modèle, du moins lointain, de al-Bīrūnī? Quant à la fuite de Nectanébo devant le roi perse, Artaxerxès III Ochos (**I**), le Pseudo-Callisthène ne cite ce dernier explicitement qu'au troisième livre. Bien au contraire, les récits historiques de al-Bīrūnī, d'Eutychios ou des chroniqueurs byzantins Jean Malalas et Georges le Syncelle citent Ochus dès le début. Contraints par le genre historique, à Byzance comme dans l'Orient, où l'historien fait un choix éclectique de quelques épisodes, ils n'ont pas pu opter pour un récit chronologique et biographique tel que le *Roman* du Pseudo-Callisthène.

Au premier livre du *Roman* en grec, cet ennemi perse apparaît, au pluriel, dans l'inscription au pied de la statue de Nectanébo qu'Alexandre contemple lors de sa visite à Memphis, à la suite de la fondation d'Alexandrie dans la recension β[61]:

| | |
|---|---|
| «Οὗτος ὁ φυγὼν βασιλεὺς ἥξει πάλιν ἐν Αἰγύπτῳ οὐ γηράσκων ἀλλὰ νεάζων καὶ τοὺς ἐχθροὺς ἡμῶν Πέρσας ὑποτάξει ἡμῖν.» | Ce roi qui a pris la fuite viendra à nouveau en Égypte non pas vieux mais jeune et il nous soumettra nos ennemis, les Perses. |

Chez al-Bīrūnī (**II**), Nectanébo exerce son activité «dans la ville de Macédoine» *(fī madīna Māqīduniyā)*, pendant Eutychios, cité ci-dessus, emploie l'expression «vers la ville Macédoine» (*ilā madīna Maqidūniya*) dans les *Annales* ou peu après se retrouve même la

59 Weymann (1901) 19.
60 Weymann (1901) 19.
61 Bergson (1956) I, 34.

graphie *Makidūniya*.[62] Déjà M. Grignaschi a fait remarquer cette locution qui est présente chez un certain nombre d'auteurs arabes, sans citer al-Bīrūnī:

> (...) l'assertion que la ville, où Philippe régnait, s'appelait «Macédoine». Cette erreur revient sous la plume des auteurs les plus différents. Al-Masʿūdī (1), Eutychius (2), Ṭabarī (3) mentionnent explicitement la ville de Macédoine; de leur côté la *Nihāyat al-ʿarab* et Dīnawarī emploient l'expression «*madīnat al-Iskandar*», expression qui, à son tour, implique que Macédoine était le nom d'une ville (...)[63]

Pour expliquer cette désignation arabe, il évoque les recensions grecques β et γ:

> Mais cette dénomination est intéressante à un autre point de vue encore. Elle vient d'une fausse leçon propre aux rédactions de β et γ du *Roman* grec, où, au chap. I, 3, la phrase «ὁ δὲ Νεκτανεβῶς... ἔφυγεν διὰ τοῦ Πηλουσίου καὶ ἀποπλεύσας παραγίνεται εἰς Πέλλην τῆς Μακεδονίας» est devenue «παραγίνεται εἰς πόλιν τῆς Μακεδονίας».[64]

En ce qui concerne le témoignage de al-Bīrūnī et le présupposé intermédiaire de Jean Malalas, mort en 570, la recension γ, qui contient des éléments de la recension ε datant de l'extrême fin du VII^e siècle, ne peut être le modèle grec. C'est ainsi que la recension β pourrait être le modèle lointain de al-Bīrūnī. L. Bergson, l'éditeur de la recension β, note dans l'apparat critique que les manuscrits A et L, c'est-à-dire la recension α et le texte L, conservent la leçon Πέλλην, tandis que β a πόλιν. C'est à la fin du *Roman d'Alexandre* qu'il est encore une fois question de la ville de Macédoine dans un θρῆνος adressé par un Macédonien à Alexandre mourant. Cette fois-ci, le texte L ne concorde pas avec la recension α, mais avec la recension β[65]:

| | |
|---|---|
| καλὸν οὖν ἡμᾶς σὺν σοὶ ἀποθανεῖν τῷ ποιήσαντι Μακεδονίαν πόλιν ἐλευθέραν. | Il serait bien que nous mourions avec toi qui as rendu la Macédoine une ville libre. |

Les circonstances menant à la séduction d'Olympias (**III**) ne sont pas explicitement présentées par al-Bīrūnī lorsqu'il évoque le fait que Nectanébo se serait présenté «sous l'apparence d'Ammon». La version arabe ne conserve qu'une des trois divinités cités dans la recension α, à savoir Ammon, tandis que les deux dieux civilisateurs, Héraclès et Dionysos, ont disparu non seulement chez al-Bīrūnī, mais également auparavant dans la recension β et le texte L. Voici la version de la recension α[66]:

| | |
|---|---|
| ὁ γὰρ θεὸς οὗτος ἐρχόμενος πρὸς σὲ γίνεται πρῶτον δράκων ἐπὶ γῆς ἕρπων συρισμὸν πέμπων, εἶτα ἀλλάσσεται εἰς | Ce dieu qui viendra auprès de toi sera d'abord un serpent qui rampe sur la terre en envoyant un sifflement, puis il se |

62 Cheikho (1906) 77.
63 Grignaschi (1965-66) 30; Doufikar-Aerts (2010) 106.
64 Grignaschi (1965-66) 30.
65 Bergson (1956) III, 32.
66 Kroll (1926) I, 6.

| | |
|---|---|
| κεραὸν Ἄμμωνα, εἶτα εἰς ἄλκιμον Ἡρακλέα, εἶτα εἰς θυρσοκόμον Διόνυσον· | changera en Ammon cornu, puis en Héraclès vaillant, puis en Dionysos portant le thyrse. |

Ces métamorphoses sont donc inconnues de la famille de β mais vont réapparaître dans la recension ε sous forme d'une «triple métamorphose animale de Zeus, Ammon et Héraclès».[67] Al-Bīrūnī précise que les cornes d'Ammon sont celles du «bélier» *(al-kabš)* et correspondent parfaitement à la représentation d'Alexandre le Grand sur des pièces de monnaie telles qu'elles ont été façonnées par les diadoques. O. Palagia cite le témoignage de l'historien Ephippos conservé chez Athénée,[68] selon lequel «towards the end of his life, Alexander occasionally appeared at dinner-parties with Ammon's horns».[69]

Al-Bīrūnī insiste sur le résultat, c'est-à-dire la grossesse d'Olympias (**IV**) au lieu de décrire longuement la conception du futur roi macédonien.

Le rêve de Philippe (**VI**), présent dès la recension α du *Roman d'Alexandre*, est un emprunt à la tradition historique élargie par le romancier.[70] Chez al-Bīrūnī, il n'apparaît qu'à travers le discours direct que Philippe tient à Olympias, tandis que le *Roman* lui consacre un chapitre en entier. C'est Nectanébo qui, grâce à son pouvoir magique, envoie «un faucon de mer» (θαλάσσιον ἱέρακα) à Philippe pour lui «parler en songe» (ἐν ὀνείροις εἰπεῖν). Ensuite, ce dernier s'adresse à «un interprète de songes» (ὀνειροπόλον), qui lui explique son rêve avant d'aboutir à la conclusion suivante[71]:

| | |
|---|---|
| «(...) οὗτος ὁ γεννώμενος παῖς μέχρι τῆς ἀνατολῆς φθάσει πάντας πολεμῶν ὥσπερ λέων καὶ δυρυαλώτους τὰς πόλεις ποιήσει διὰ τὸ ὑποκείμενον δοράτιον. τὸ δὲ ἑωρακέναι σε θεὸν καὶ κριοῦ κέρατα καὶ πολιὰν τὴν χαίτην ἔχοντα· οὗτος ἐστιν ὁ τῆς Λιβύης θεὸς Ἄμμων.» | «(...) cet enfant qui va naître arrivera le premier au lever du soleil en faisant la guerre à tous, comme un lion. Il conquerra les villes par la lance en raison de la javeline placée sous tes yeux. Quant au dieu avec les cornes de bélier et la chevelure blanche que tu as vu, c'est le dieu Ammon de la Lybie.» |

A la fin de son explication du rêve, il donne une description d'Ammon (καὶ κριοῦ κέρατα καὶ πολιὰν τὴν χαίτην ἔχοντα) qui rappelle l'expression de al-Bīrūnī «sous la forme du dieu Ammon *(ṣūrat Amūn)* avec l'apparence d'un serpent à deux cornes *(ḥayya ḏāt qarnayn)* comme celles du bélier *(al-kabš)*». L'évocation d'un serpent dans la version arabe n'a pas de correspondant dans la recension β. Cependant, c'est dans la recension α que l'image du serpent est présente (δράκων ἐπὶ γῆς ἕρπων).

Quant à la mort de Nectanébo (**VII**), il est intéressant de noter que la scène proprement dite se clôt chez al-Bīrūnī comme chez Agapius avec l'affirmation de la paternité, comme si tout le développement ne servait qu'à mettre en évidence l'origine d'Alexandre. La description de la blessure mortelle de Nectanébo est un indice pour dire que la recension β

67 Jouanno (2002) 340; Trumpf (1974) 2,4.
68 Ath. 537e = FGrHist 126.5.
69 Palagia (2012) 377.
70 Jouanno (2002) 197.
71 Bergson (1956) I, 8.

était le modèle. En fait, dans la recension α, il y a la leçon κατὰ τοῦ ἐγκεφάλου, ἐγκέφαλος signifiant «qui est dans la tête», «cervelle» ou «cerveau», tandis que l'on lit dans la recension β πεσὼν δὲ Νεκτεναβὼ λαμβάνει φοβερῶς κατὰ τῶν ἰνίων αὐτοῦ «Etant tombé, Nectanébo est gravement blessé à la nuque». De même, le texte L est très proche de la recension β avec l'emploi du participe καταπεσών comme variation unique. C'est le terme employé dans la recension β et dans le texte L, τὸ ἰνίον «derrière de la tête ou du cou», «nuque» qui correspond exactement au terme arabe employé par al-Bīrūnī, *ʿalā wağh al-aʿnāq* (على وجه الاعناق), *al-aʿnāq* étant le pluriel pour «cou». En conclusion, la thèse de K. F. Weymann, selon laquelle la traduction arabe du Pseudo-Callisthène a été faite à partir de la recension β, vaut également pour la version abrégée conservée par al-Bīrūnī, transmise en arabe très probablement à travers une chronique byzantine.

A la suite de l'analyse de la version abrégée, il reste à examiner le cadre de la scène à travers lequel al-Bīrūnī se distingue du chapitre correspondant dans le *Roman d'Alexandre*. La conclusion de la version arabe évoque la tradition de la littérature de sagesse puisque il ajoute qu'«il y a de nombreux exemples *(amṯāl)* dans les histoires *(aḫbār)* des Grecs». De fait, le terme *maṯal*, dont le pluriel est *amṯāl*, revêt le sens de «sentence» ou de «maxime». Ici, la sentence en question est celle prononcée par Philippe au sujet de la puissance divine après qu'il a voulu réfuter la paternité d'Alexandre (**V**). Elle sert non seulement à illustrer le caractère *(ethos)* du père historique d'Alexandre mais également à fournir une conclusion à la scène. Comme cela a déjà été dit, il est certain qu'al-Bīrūnī ne conserve pas une traduction littérale d'une recension grecque. Cela est d'autant plus remarquable puisque la sentence arabe se rapproche de toute évidence de son modèle grec:

| al-Bīrūnī[72] | *Roman d'Alexandre*[73] |
|---|---|
| لا معاندةً مع الآلهة. | πρὸς πάντας γὰρ ἡμεῖς δυνάμεθα οἱ βασιλεῖς, πρὸς δὲ τοὺς θεοὺς οὐ δυνάμεθα. |
| On ne peut s'opposer aux dieux. | En effet, nous les rois, nous pouvons ⟨nous opposer⟩ à tous, mais nous ne pouvons ⟨nous opposer⟩ aux dieux. |

L. Bergson, l'éditeur de la recension β, adopte la leçon εἰς πάντα du manuscrit K, tandis que H. van Thiel adopte, pour son édition du texte L, la leçon des manuscrits B et V qui ont πρὸς πάντας pour leçon. Si l'on opte pour une construction des deux membres de la phrase sous forme d'un parallélisme, le choix de H. van Thiel, qui prépare en quelque sorte la conclusion de Philippe, paraît plus logique. Par contre, dans la recension α, nous lisons πάντα γὰρ δυνάμενοι οἱ βασιλεῖς πρὸς τοὺς θέους οὐδὲν δυνάμεθα. Pour ce qui est de l'introduction de la scène chez al-Bīrūnī, Agapius fournit d'un point de vue chronologique un témoignage semblable et antérieur dans sa chronique universelle:

72 Sachau (1910) 47.
73 Van Thiel (1974) I, 9.

Agapius[74]

ومكتوب في كتاب اشعار اميرس ان قفروبس ومن كان بعده ممن طابقه على مذهبه ورايه الذين اظهروا تلك الامور الردية والاحاديث القبيحة المثبتة في اليونانيين وهى مكتوبة في اشعار اوميروس.

Il est écrit dans l'épopée d'Homère *(kitāb aš'ār Ūmīrus)* que Cécrops *(Qiqrūbis)* et ses successeurs, qui étaient en accord avec lui sur ses opinions religieuses, firent voir ces choses mauvaises *(tilka l-umūr ar-radiyya)* et les narrations vilaines *(al-aḥādīṯ al-qabīḥa)* au sujet des Grecs *(al-Yūnāniyyīn)*. Ce sont ces dernières qui sont mises par écrit dans les vers d'Homère *(Umīrūs)*.

al-Bīrūnī[75]

وقد زعم المؤرّخون انّ الفضائح في القوم جرت من قفرفس ومن قام بعده من الملوك

Les chroniqueurs prétendent *(za'ama)* que les actions honteuses envers le peuple furent commises par Cécrops *(Qiqrufis)* et par les rois prenant sa succession

Comme al-Bīrūnī, Agapius mentionne le roi mythique d'Athènes, Cécrops et ses successeurs comme étant à l'origine d'un déclin des mœurs. Selon cet auteur chrétien, le récit de ces faits figure dans l'épopée homérique ce qui n'est pas correct puisque la première attestation se trouve chez Hécatée de Milet,[76] ayant vécu entre le VI^e^ et V^e^ siècle av. J.-C. Même pour désigner ce que deviennent «des actions honteuses» chez al-Bīrūnī, Agapius insiste davantage sur la nature de ces actions en joignant deux syntagmes presque synonymes, à savoir *al-umūr ar-radiyya* «les choses mauvaises» et *al-aḥādīṯ al-qabīḥa* «les narrations vilaines». Ce procédé pourrait être qualifié par la figure rhétorique dite *hendiaduoin*. Un synonyme de *al-qabīḥa* «action vilaine», «turpitude» se trouve chez al-Bīrūnī qui emploie le pluriel externe *faḍā'iḥ* de *faḍīḥa* «honte». Quant à l'expression *al-umūr ar-radiyya* «les choses mauvaises», Agapius s'en sert dans le récit suivant où il cite le *Timée* (24e–25d) de Platon dans le *Kitāb al-'unwān (Livre du modèle)*[77]:

A cette époque, un autre cataclysme se produisit aux jours de Deucalion *(Diqaliyūs)*. Après quelque temps, Platon *(Flāṭun)*, qui était le précepteur d'Aristote *(Arisṭāṭalis)*, fit mention du récit de ce cataclysme et de sa narration dans ses livres. C'est à cette époque-là qu'il fut appelé Zeus *(Zaws)* et qu'il fut connu pour être le roi de Crète *(Iqrāṭā)*, le pays côtier. Il atteignit l'âge de 700 ans. Il fit toutes les actions vilaines et toute la puanteur des choses extrêmement mauvaises *(al-umūr ar-radiyya)* chez les Grecs.

وفى ذلك الزمن صار طوفان اخر فى ايام دقليوس ومن بعد زمن ذكر فلاطن قصة هذا الطوفان وحديثه فى كتب فلاطن الذى هو معلم ارسطاطلس. وفى ذلك الزمن سمى زوس وعرف انه ملك اقراطى من بلد السواحل. وكانت حياته سبع ماءة سنة فعمل كل قبيحة وكل نتن من الامور الردية فى اليونانيين.

74 Vasiliev (1910) 686/687.
75 Sachau (1910) 47.
76 Hécatée de Milet, FG 1a, 1, F, 119.
77 Vasiliev (1910) 687.

On peut se demander si tous ces termes utilisés revêtent une connotation fortement négative afin d'exprimer un jugement négatif sur la mythologie grecque, c'est-à-dire païenne, ou sur le genre romanesque en général. En fait, le terme *qabīḥa* «une action vilaine» peut aussi signifier «bêtise». Agapius se réfère à la disparition de l'Atlantide dans le *Timée* de Platon. Tout en ignorant le titre exact du dialogue platonicien, il cite «le récit de ce cataclysme». C'est le terme arabe employé *aṭ-ṭaufān* «cataclysme», «déluge», «inondation», «ouragan» qui rappelle le génitif absolu composé de deux membres du *Timée*[78]:

| | |
|---|---|
| ὑστέρῳ δὲ χρόνῳ σεισμῶν ἐξαισίων καὶ κατακλυσμῶν γενομένων (...) | Plus tard, des séismes funestes et des inondations se sont produits (...) |

Tout comme al-Bīrūnī, Jean Malalas, mentionne Cécrops, le roi mythique d'Athènes, auquel il consacre un développement beaucoup plus détaillé dans la *Chronographie*[79] que voici:

| | |
|---|---|
| τῶν δὲ Ἀθηναίων ἐβασίλευσε Κέκροψ τις, ὅστις ἐξ Αἰγύπτου κατήγετο· ἦν δὲ παμμεγέθης, διὸ καὶ διφυῆ αὐτὸν ἐκάλουν. οὗτος δὲ πρῶτος βασιλεὺς ἐγένετο Ἀθηναίων μετὰ τὸν κατακλυσμὸν τῆς Ἀττικῆς· μετὰ δὲ τὸν κατακλυσμὸν τῆς Ἀττικῆς εἰς Ἀθηναίους ἦλθε τὸ βασίλειον. ἢ μόνον δὲ αὐτὸς ἐβασίλευσε Κέκροψ Ἀθηναίων, ἐκέλευσε νομοθετῆσαι τὰς γυναῖκας τὰς ὑπὸ τὴν βασιλείαν αὐτοῦ οὔσας, ἐν ᾧ εἰσιν παρθένοι γαμεῖσθαι ἑνὶ ἀνδρί· (...) | Un certain Cécrops, qui avait débarqué de l'Égypte, régna à Athènes. Il était extrêmement puissant, c'est pourquoi ils l'appelèrent de double nature. Celui-là fut le premier roi d'Athènes après le cataclysme de l'Attique. Après le cataclysme de l'Attique, il parvint à la royauté à Athènes. Seul, Cécrops régna sur Athènes, il ordonna par des lois au sujet des femmes, qui étaient ses sujettes, que les vierges devaient se marier à un seul homme. (...) |
| Πρὸ γὰρ τῆς βασιλείας αὐτοῦ πᾶσαι αἱ γυναῖκες τῶν Ἀττικῶν καὶ τῶν Ἀθηναίων καὶ τῆς πλησίον χώρας θηριώδει μίξει ἐμίγνυντο, ἑκάστῳ συγγινόμεναι τῷ ἀρεσκομένῳ αὐταῖς, ἐὰν κἀκείνη ἠβούλετο· | Avant son règne, toutes les femmes de l'Attique, d'Athènes et des régions voisines s'unissaient à la façon des bêtes: elles avaient des rapports avec celui qui leur plaisait, au gré de chacune. |

Selon Jean Malalas, avant le règne de Cécrops les femmes athéniennes pouvaient s'unir à la manière des bêtes (θηριώδει μίξει) à l'homme qui leur plaisait. C'est donc l'expression du concept de la mysoginie. L'adultère de Nectanébo et Olympias et les mœurs des femmes athéniennes avant le règne de Cécrops sont situés sur le même plan chez al-Bīrūnī. Peut-être s'agit-il d'une critique de la mythologie grecque et donc aussi du paganisme des Grecs;

78 *Platonis Opera*, Burnet (J.)(éd.), Oxford 1902, IV 25d.
79 Thurn (2000) IV, 5.

il s'agit d'un aspect qui mérite d'être exploré davantage. Cette dénonciation de mœurs attribuées à une époque pré-christianique représente un procédé bien naturel puisque les hommes ont essayé de justifier leurs convictions et croyances à toute époque en se démarquant nettement d'un passé lointain. Une telle critique se manifeste également dans une courte séquence tardive relative à la légende de Nectanébo contenue dans la *Qiṣṣat ḏī l-qarnayn (Histoire du Bi-cornu)*[80] que Z. D. Zuwiyya a éditée et accompagnée d'une traduction anglaise.[81] Il propose, à partir de critères linguistiques, de dater ce texte vers la moitié du XIII^e^ siècle. En effet, la langue employée est le moyen arabe du Maroc ou de la péninsule ibérique désignée par *al-Andalus* à l'époque de la domination musulmane:

وقال بعض الروات يقولون أن ذا القرنين من أهل الزّنية والمواجّنة

Certains auteurs de récits *(ar-rawāt)* rapportent que le Bi-cornu descendait d'un peuple adultérin ⟨où les gens⟩ se tenaient les uns aux autres des propos obscènes *(min ahl az-zaniyya wa-l-mawāǧǧana)*.

Quant à la source de cette affirmation, l'éditeur propose de lire la leçon du manuscrit *ar-rawāt* (الروات) avec un *tāʾ* (ت) comme si c'était *ar-rawāt* (الرواة) «l'auteur de récits» avec un *tāʾ marbūṭa*, généralement la marque du féminin, bien qu'il y ait aussi quelques noms masculins avec cette graphie, comme c'est le cas ici. L'autorité anonyme, «l'auteur de récits», peut être soit «le narrateur», soit celui qui «rapporte les paroles d'un autre» dans un contexte de transmission orale. En ce qui concerne la désignation du peuple auquel le Bi-cornu appartient, il est défini par *ahl az-zaniyya wa-l-mawāǧǧana* «un peuple adultérin ⟨où les gens⟩ se tenaient les uns aux autres des propos obscènes». L'éditeur affirme en note qu'il comprend *az-zinā wa-l-muǧūn* (الزنا والمجون) «l'adultère et le fait de tenir des propos insolents», le deuxième terme du syntagme étant le nom d'action qui correspond au verbe *maǧana* «tenir des propos insolents». Cela s'explique par l'évolution même de la langue arabe. Selon Z. D. Zuwiyya, «Ultimately, the langage of the work edited here is Classical Arabic with facets and constant interference from the Middle Arabic what must have been a Spanish Arabic scribe.»[82] Malgré la brièveté du témoignage, il est possible de voir qu'il est question d'un adultère illustré par des «propos obscènes» perçus comme quels par un musulman. En fait, dans le *Roman d'Alexandre*, l'adultère d'Olympias avec Nectanébo est précédé d'un échange de propos qui pourraient être interprétés par «obscènes». Citons à titre d'exemple le discours que Nectanébo tient à Olympias au sujet des circonstances de la conception de son futur fils, censé venger les fautes que son mari a commises à son égard dans la recension β[83]:

«δεῖ σε θεῷ ἐπιγείῳ συνελθεῖν καὶ ἐκ τούτου συλλαβεῖν καὶ τεκεῖν υἱὸν καὶ ἀναθρέψαι, τοῦτον δὲ ἔκδικόν σου ἔχειν τῶν ὑπὸ Φιλίππου γενομένων

«Il faut que tu t'unisses à un dieu vivant sur la terre, que tu deviennes enceinte de celui-ci, que tu engendres un fils et que tu l'élèves. Ce dernier sera ton vengeur pour

80 Zuwiyya (2001) 8.
81 Zuwiyya (2001) 47/48.
82 Zuwiyya (2001) 56.
83 Bergson (1956) I, 4.

πρός σε ἁμαρτημάτων.»                   les fautes que Philippe a commises à ton
                                        égard.»

Aux versions d'Agapius et de al-Bīrūnī de la légende de Nectanébo, directement inspirées
du *Roman* grec s'ajoute une version que M. Grignaschi a découverte au sein de la
correspondance épistolaire entre Alexandre et le philosophe de Stagire. Il s'agit plus
particulièrement du premier chapitre du présumé roman épistolaire.[84] Ce matériau
biographique est contenu dans l'introduction biographique à la première lettre qui se
démarque ainsi des quinze autres épîtres, inspirées davantage par l'idée d'un miroir de
princes. L'ensemble de ce roman épistolaire a été récemment édité par M. Maróth dont
voici le texte arabe[85]:

Un sous-chapitre de l'histoire d'Alexandre *(ḫabar al-Iskandar)* au sujet de son arrivée à la dignité royale.

فصلٌ من خبر الإسكندرِ في وصول المُلك إليه.

Dans son histoire *(qiṣṣatihi)*, il y eut un homme appelé Philippe appartenant aux gens d'une ville du nom de Macédoine *(Māqāḏuniya)*. Il appartenait à la maison royale, il reçut la royauté en héritage de son père, sans qu'il eût d'enfants.

كان من قصَّتِهِ أنّهُ كان رجل يقال له فيليفوسُ من أهل مدينة يقال لها: ماقاذنيّة, وكان من أهل بيت الملك أفضي ذلك إليه وراثةً عن أبيه, وكان لا يولدُ له.

Cela lui était pénible tout comme aux gens de son royaume qui avaient peur qu'il ne trouvât la mort par accident, que son souvenir ne disparût et qu'il n'eût pas de fils. Ce qui le préoccupait encore, c'était que la royauté n'était pas ⟨une forme du gouvernement⟩ ancienne chez eux.

فاشتدَّ ذلك عليه وعلى أهل مملكتِهِ مخافةً أن يحدث عليه حدثَ عليه الموت فيذهبَ ذِكرُه ولا يكونَ له عَقِبٌ, وكثُرَ لذلك هَمُّهُ لأنّ المُلك لم يكن فيهم قديماً.

Philippe rassembla les astronomes, qui connaissaient l'arithmétique et tous ceux dont il pensait qu'ils possédaient de la science *('ilm)*. Il leur demanda leur opinion relative à son affaire.

فجمع فيليفوسُ أصحاب النجوم ومن له معرفةٌ بالحساب وكلَّ من يظنّ أنّ عنده عِلماً, فسألهم النظر في أمره.

Ils s'accordèrent sur ⟨l'entreprise⟩ qui lui donnerait un enfant, savant et noble, qui parviendrait à ⟨toutes⟩ les régions de la terre, qui parviendrait à un pouvoir royal supérieur à celui de son père.

فأجمعوا علي أنّه يُرزقُ ولدا يكون له عِلمٌ وشرفٌ يبلغُ أقطارَ الأرضِ, ويبلغُ مُلكُهُ ما لم يبلغه ملك أبيهِ.

Il se réjouit de cela et observa avec attention le moment qui était fixé pour lui et attendit de s'approcher de l'une de ses femmes uniquement si elle était douée de noblesse de sentiment et de beauté. Il attendit pour cela quelque temps. Puis, l'heure convenue s'approcha, il passa cette nuit

فسُرَّ بذلك وجعل يترقَّبُ الوقتَ الذي وُقّت له وتوَّقى أن يقرَب من نسائه إلا ذات الحَسَب والجمال فمكث بذلك حيناً. ثمّ إنّ

---

84  Grignaschi (1965-66) 26/27.
85  Maróth (2006) 3.

الوقت الموقّت قُرب, وأرق ذات ليلةٍ
وأشتدّ همّه لما كان يترقّبُهُ من وعد المُنجّمين
والكهانة, وقام لساعته وهو يتصور انقراض
العالم وما الناس عليه مِن وشيكِ الرِحلةِ
فواقع أخصَّ نسائِه فحملت لوقتها ولم تزل
مصونةً حتى ولدت غلاماً سمّاه الإسكندر.
فنشأ نشوءًا حسناً حتّي بلغ سبع سنين.

dans une insomnie partielle, sa préoccupation augmentait en raison de ce qu'il attendait de la promesse des astrologues et des devins. L'heure étant arrivée, il s'imaginait l'extinction du monde et la fin éminente de ses habitants. Il s'unit à la plus noble de ses femmes qui tomba enceinte à ce moment-là. Il ne cessa de la protéger jusqu'au moment où elle donna vie à un garçon qu'il appela Alexandre *(al-Iskandar)*.

Il grandit bien jusqu'à atteindre ⟨l'âge de⟩ sept ans.

Le titre renvoie à une division en chapitres telle que nous la connaissons avec le *Roman d'Alexandre*, où tous les chapitres renferment un épisode donné dont la longueur «se détache des courtes rubriques en tête des autres lettres», pour reprendre la formule de M. Grignaschi. Ici, il s'agit précisément de la «sous-division d'un chapitre», que nous traduisons par un «sous-chapitre». Le noyau du récit peut être lié à la recension ε de l'époque byzantine, notamment lorsqu'il montre Philippe préoccupé d'assurer sa descendance dans l'intérêt de son royaume et consultant les interprètes de rêves. En ce qui concerne le rêve du père d'Alexandre, selon lequel la fin du monde serait arrivée et ses habitants exterminés, il s'agit de la représentation concrète des sentiments du souverain qui craint que son royaume ne disparaisse parce qu'il reste sans héritiers. Ce n'est que dans la recension ε que le rédacteur insiste sur le fait qu'Olympias était stérile (στεῖρα) ce qui causa «une grande inquiétude» à Philippe[86]:

كان من قصّته أنّه كان رجل يقال له فيليفوس من
أهل مدينة يقال لها ماقاذنيّة وكان من أهل بيت
الملك أفضى ذلك إليه وراثةً عن أبيه وكان لا يولد له.
فاشتدّ ذلك عليه (...)

Dans son histoire, il y eut un homme appelé Philippe appartenant aux gens d'une ville du nom de Macédoine *(Māqāḏuniya)*. Il appartenait à la maison royale, il reçut la royauté en héritage de son père, sans qu'il eût d'enfants. Cela lui était pénible (…)

2(2) Ἐν δὲ τῇ πόλει Φίλιππος ἦν βασιλεύς, καὶ αὐτὸς οὖν Φίλιππος γυναῖκα ἔσχεν Ὀλυμπιάδα. στεῖρα δὲ ἦν καὶ οὐ ἔτικτεν ἐξ αὐτοῦ. ἐν πολλῇ δὲ ἀθυμίᾳ ὢν ὁ Φίλιππος διότι ἄτεκνος ἦν (…)

Philippe était roi dans la ville, et Philippe lui-même avait une femme, Olympias. Elle était stérile et n'eut pas d'enfant de lui. Philippe était dans une grande inquiétude parce qu'il n'avait pas d'enfants (…)

فجمع فيليفوس أصحاب النجوم ومن له معرفة
بالحساب وكلّ من يظنّ أنّ عنده علماً فسألهم النظر
في أمره.

1(1) ὁ Νεκτεναβώ, ὁ τελευταῖος φαραώ, ὁ βασιλεὺς Αἰγύπτου, μαντείαις καὶ μαγείαις καὶ τῶν ἀστρονομικῶν ἀκριβῶς ἦν πεπαιδεύμενος, ὥστε διὰ τῆς μαγικῆς

86 Trumpf (1974) 2,2; 1,1.

Philippe rassembla les astrologues *(aṣḥāb an-nuǧūm)*, qui connaissaient l'arithmétique et tous ceux dont il pensait qu'ils possédaient de la science *(ʿilm)*. Il leur demanda leur opinion *(an-naẓar)* relative à son affaire.

μηχανουργίας καὶ ἀστρονομικῆς προγνώσεως γινώσκειν πάντα.
Nectanébo, le dernier pharaon, le roi de l'Égypte, était très instruit en divination, en magie et dans l'art de l'astronomie, de sorte qu'il connaissait toutes les choses à travers l'invention magique et la prévision astronomique.

Le personnage de Nectanébo est absent de cette version de la naissance d'Alexandre. Il n'y a pas de doute concernant la paternité de Philippe. Cependant, les astrologues appelés par ce dernier pourraient faire écho à Nectanébo appelé par Olympias dans les versions grecques du *Roman*. En fait, dans la recension ε Philippe menace son épouse de la répudier si elle ne conçoit pas d'enfant pendant qu'il fait une campagne militaire[87]. Elle entend parler de Nectanébo par une servante et lui demande de «briser les chaînes d'une mère sans enfant» (διαλύειν δεσμὰ ἀτέκνου μήτρας). Dans la recension γ qui associe la recension β et ε, il est aussi question de Philippe qui n'eut pas d'enfants d'Olympias (τοῦ οὖν Φιλίππου βασιλέως ἀτέκνου μετὰ τῆς Ὀλυμπιάδος τυγχάνοντος),[88] sans que les répercussions possibles que cette situation aurait eues sur son état d'esprit ne soient spécifiées par ailleurs. C'est dans la lettre pseudo-aristotélicienne que Philippe fait appel à des astrologues pour connaître le moment favorable à la conception d'un héritier pour son royaume. Dans un extrait de ʿUmāra, *Qiṣṣat ḏī l-qarnayn (Histoire du Bi-cornu)*, traduit par F. Doufikar-Aerts, c'est Olympias qui est censée avoir choisi le bon moment pour la conception de son fils:

> Al-Iskandar, who is called Dhū l-Qarnayn, is the son of al-Qīliqūs (Philip) and a learned woman who has knowledge of astrology. She studies the stars so that she can choose the right moment for the conception of her son who, equipped with all kinds of good qualities, will be destined to travel and control the world, to fight tyrants and to amass riches.[89]

Le titre de la lettre pseudo-aristotélicienne révèle déjà l'intention de l'auteur: «Un chapitre de l'histoire d'Alexandre au sujet de son arrivée à la royauté». L'épisode est vu comme une unité à part en raison de son caractère plus biographique qui, d'un côté, l'éloigne du recueil épistolaire et, de l'autre, le rapproche de la narration romanesque du Pseudo-Callisthène. Bien qu'il s'agisse d'une variation de l'*incipit* du *Roman*, l'accent du titre est mis sur la succession du royaume grec de Philippe à Alexandre. Les circonstances précédant sa naissance servent de fond à la question de la descendance royale qui doit être assurée par Philippe.

Cette première lettre du recueil épistolaire, caractérisée par M. Di Branco comme «un tardo centone di materiali eterogenei riguardanti Alessandro»,[90] appartient plutôt à la

87 Trumpf (1974) 2, 2.
88 Von Lauenstein (1962) I, 4.
89 Doufikar-Aerts (2010b) 37.
90 Di Branco (2011) 39.

littérature romanesque qu'à un miroir de prince proprement dit où le comportement du souverain idéal est dépeint dans un dessein didactique. Sans être une traduction du *Roman d'Alexandre*, l'originalité de cette version, autrement inconnue dans la tradition arabe, réside dans la description des événements en Macédoine qui précèdent la naissance d'Alexandre le Grand. Une généalogie similaire est conservée par al-Mubaššir ibn Fātik au début de sa section biographique[91]:

Alexandre *(al-Iskandar)* était le fils d'un roi appelé Philippe; ce dernier était le fils d'un roi du nom d'Amyntas.

كان الاسكندر ابنَ ملك يقول له فيلفوس،
ابن ملك يقول له أمنطس.

Il cite donc Amyntas[92] comme père de Philippe et comme grand-père d'Alexandre. Selon B. Meissner «die einleitenden Bemerkungen über Alexanders Vorfahren und ihre Regierungsdauer sind jedenfalls irgend einem Historiker z.B. Masʿūdī, der dieselben Zahlen hat, entlehnt.»[93] C'est la généalogie historique qui occupe ainsi chez lui la place de la légende romanesque d'inspiration égyptienne de Nectanébo.

Tournons le regard vers l'Est du califat abbaside; des auteurs d'origine persane comme les historiens ad-Dīnawarī et aṭ-Ṭabarī ne vont pas accueillir cette légende égypto-centriste, mais une légende persane, qui cherche à intégrer Alexandre le Grand, le conquérant de la Perse dans la dynastie perse.[94] En effet, il est le seul personnage d'origine non-persane auquel le poète Firdausī ait consacré un récit, dérivé d'un ancêtre grec lointain, dans l'épopée nationale, le *Šāhnāma (Le livre des Rois)*. La version persane de ad-Dīnawarī, *Al-aḫbār aṭ-ṭiwāl (Les histoires détaillées)*[95] fait descendre Alexandre du roi perse Darius II, qui aurait épousé la fille de Philippe, puis l'aurait répudiée à cause d'une puanteur auprès de son père en Grèce où Alexandre, petit-fils de Philippe, serait né:

Les savants *(al-ʿulamāʾ)* ne sont pas d'accord sur sa généalogie. Les Perses prétendent qu'il n'était pas le fils de Philippe *(Fīlifūs)*, mais le fils de la fille de celui-là et que son père était Darius *(Dārā)*, fils de Bahman. Ils disent que Philippe, le roi des Grecs *(Rūm)*, se serait engagé à payer un tribut établi par un traité de paix, quand Darius *(Dārā)*, fils de Bahman, eut conquis le pays des Grecs *(Rūm)*. Darius *(Dārā)* voulut épouser la fille ⟨de Philippe⟩; il la porta dans sa patrie, après que Philippe la lui eut donnée comme épouse. Lorsqu'il voulut s'unir à elle, il découvrit une puanteur chez elle. Il éprouva de la répulsion pour elle et la renvoya auprès de la gardienne de ses femmes en lui ordonnant

وقد اختلف العلمآء فى نسبه فأما اهل
فارس فيزعمون انه لم يكن ابن الفيلفوس
ولكن كان ابن ابنته وان ابوه دارا بن بهمن،
قالوا وذلك ان دارا بن بهمن لما غزا ارض
الروم صالحه الفيلفوس ملك الروم على
الاتاوة فخطب اليه دارا ابنته وحملها بعد
تزويجها ايّاه إلى وطنه فلما اراد مباشرتها
وجد منها ذفرا فعافها وردّها الى قيّمة نسآئه

91 Badawī (1958) 222.
92 Wilcken (1931) 46: Alexanders Vater Philipp war der Sohn des Makedonen Amyntas (...).
93 Meissner (1896) 625.
94 Doufikar-Aerts (2010b) 206/207.
95 Guirgass (1888) 31/32.

d'employer un stratagème contre cette puanteur. La gardienne la soigna à l'aide d'une herbe appelée sandar et cette odeur disparut un peu. Darius *(Dārā)* la fit venir et découvrit chez elle l'odeur de *as-sandar* et dit: «*āl sandar*», c'est-à-dire «Combien est forte l'odeur de *sandar*», le mot *āl* signifiant en persan «la force». Il s'unit à elle et elle conçut. Son cœur se détourna d'elle à cause de cette puanteur qui lui était propre. Il la renvoya donc auprès de son père Philippe, où elle enfanta Alexandre *(al-Iskandar)*. Elle dériva *(fa-štaqaqat)* le nom ⟨d'Alexandre⟩ de cette plante par laquelle elle avait été traitée et en raison des paroles qu'elle avait entendues de Darius *(Dārā)* la nuit de la conception.

وامرها ان تحتال لذلك الذفر فعالجتها القيّمة بحشيشة تسمّى السَنْدَر فذهب عنها بعض تلك الرائحة ودعا بها دارا فوجد منها رائحة السندر فقال آل سَنْدَر اى ما اشدّ رائحة الاسكندر وال كلمة في لغة فارس يراد بها الشدّة وواقعها فعلقت منه ونبا قلبه عنها لتلك الذُفرة التى كانت بها فردّها الى ابيها الفيلفوس فولدت الاسكندر فاشتَقَّت له اسما من اسم تلك العُشبة التى عُولجت بها على ما سمعَتْ دارا قاله ليلةَ واقعها.

Comme al-Bīrūnī, ad-Dīnawarī se sert du verbe *zaʿama* «prétendre» pour introduire l'opinion des Perses, qui est présentée, moins comme une vérité historique, mais plutôt comme une interprétation historique. En effet, il souligne que la généalogie *(nisba)* d'Alexandre fait ou bien a fait l'objet d'une véritable dispute entre les savants *(wa-qad iḫtalāfa al-ʿulamāʾ)*. La version de ad-Dīnawarī est remarquable par son effort de conférer une explication étymologique au prénom d'Alexandre le Grand. Etant donné son origine persane, il associe la première partie du prénom du conquérant macédonien à sa langue maternelle, tandis que la deuxième composante est associée à la langue dans laquelle il compose son ouvrage historique – l'arabe.

La gardienne des femmes aurait traité la fille de Philippe, en raison de sa puanteur, avec une herbe appelée *sandar* signifiant «bouleau» en arabe. Or, ce terme arabe est associé au terme persan *āl*, qui en persan moderne couvre un vaste champ sémantique. Ce terme peut désigner à la fois «famille», «race»; «ruse», «fraude»; «démarche rapide»; «coup de lance». C'est peut-être la dernière signification, le «coup de lance» qui est la plus proche de l'interprétation étymologique de ad-Dīnawarī.

Après la naissance d'Alexandre, c'est sa mère qui aurait dérivé son prénom de l'exclamation de Philippe lors de la nuit de la conception. En effet, la forme VIII du verbe شق *(šaqqa)* utilisé par ad-Dīnawarī signifie «dériver un mot d'un autre ou d'une racine». Par conséquent, le fait d'utiliser ce verbe technique fait clairement référence à la volonté d'une explication linguistique, voire étymologique du prénom d'Alexandre. Pour ce qui est de l'étymologie grecque, le prénom Alexandre (Ἀλέξανδρος), «celui qui repousse les guerriers», est un nom composé dont le premier élément remonte à un verbe attesté depuis les poèmes homériques, à savoir ἀλέξω «écarter», «repousser».[96] Le deuxième élément relève du génitif (ἀνδρός) d'ἀνήρ, signifiant à la fois «homme» en opposition à la «femme» (γυνή) et «guerrier». Le verbe homérique remonte à un thème ἀλκ- que l'on

96 Chantraine (1999) 57/58.

retrouve par exemple au tout début de la recension α, à savoir dans l'épithète d'Héraclès, ἄλκιμον Ἡρακλέα «vaillant Héraclès».

Un autre historien d'origine persane, aṭ-Ṭabarī cite la même version de la généalogie d'Alexandre qui ne lui paraît pas très crédible. Comme il procède à la présentation de différentes sources, il va aussi inclure des témoignages historico-légendaires. Sans citer l'autorité de cette version, il ne fait que référence à «certains savants». De surcroît, le verbe utilisé pour exprimer leur opinion est encore une fois *zaʿama* «prétendre», «énoncer une opinion vraie ou fausse». Le choix de ce verbe souligne qu'il ne peut se porter garant de la vérité de ce qui est transmis[97]:

Certains savants des histoires des Anciens *(bi-aḫbār al-awwālīn)* croient que cet Alexandre *(al-Iskandar hāḏā),* qui a fait la guerre à Darius *(Dārā)* le Jeune, est le frère de Darius *(Dārā)* le Jeune, qu'il combattit, et que son père Darius *(Dāra)* le Vieux a été marié à la mère d'Alexandre *(al-Iskandar)*, la fille du roi des Grecs *(ar-Rūm)* du nom de *Halāy*.

وزعم بعض اهل العلم بأخبار الاوّلين ان
الاسكندر هذا الذى حارب دارا الاصغر هو
اخو دارا الاصغر الذى حاربه وان ابوه دارا
الاكبر كان تزوّج امّ الاسكندر وأنها ابنة
ملك الروم واسمها هلاى.

Chez aṭ-Ṭabarī, la mère d'Alexandre porte le prénom de *Halāy*, ce qui pourrait nous faire penser à Hélène de Troie.[98] La variante *Halāyā* (هلايا) où il y a l'ajout d'un *alif* (ā) final marquant notamment la transcription de noms propres au féminin, d'origine non arabe est également mentionnée dans l'apparat critique.

Si derrière cette graphie se cache Hélène, on attendrait la graphie *Halānā* dans le manuscrit, avec la consonne *nūn* (n), caractérisée par un point diacritique au-dessus, au lieu de la leçon *Halāyā* avec la semi-consonne *yāʾ* (ī/y), caractérisée par deux points diacritiques au-dessous. Il est très probable que la lettre *nūn* (n) manquait dans le manuscrit, ce qui explique la leçon *Halāyā.*

En ce qui concerne la dernière voyelle longue de *Halāyā*, il s'agit d'un *alif* (ā) qui correspond, étant donné l'absence de la voyelle /e/ en arabe classique, à la voyelle η du grec. De ce point de vue, la transcription *Halāyā* de aṭ-Ṭabarī apparaît ainsi assez proche de la désignation grecque Ἑλένη où à la voyelle longue *alif* (ā) correspond la voyelle η. Le fait que aṭ-Ṭabarī confonde Olympias – dont le nom est correctement cité par d'autres historiens tels que al-Yaʿqūbī[99] – et Hélène de Troie illustre bien le fonctionnement de la réception arabe: dans l'Orient ne persistent souvent de l'Antiquité grecque que les noms de grandes figures historiques ou légendaires sans que certains auteurs soient capables de les replacer dans leur contexte historique, voir mythique.

C'est ainsi qu'Hélène de Troie, «un personnage mythique que les Grecs, selon P. Sauzeau, situaient à la fin des temps héroïques; soit, selon leurs calculs, à une époque qui correspond à la fin de l'époque mycénienne (-1200 av. J.-C.)», est confondue avec Olympias de l'époque hellénistique. Quant à la légende persane, c'est le savant universel al-

97 De Goeje (1879) 696/697.

98 De Goeje (1879) 697.

99 Houtsma (1888) 161.

Bīrūnī qui essaie, en tant que scientifique, de donner une explication rationnelle de la généalogie d'Alexandre dans la *Chronologie*[100]:

Mais les ennemis disent toujours des mensonges par le fait de calomnier les lignages, de réprimander sévèrement l'honneur et de combattre leurs actes et leurs exploits comme les amis et les partisans disent des mensonges pour faire l'éloge de ce qui est vilain, dissimuler les vices, montrer ce qui est beau et composer un poème à la louange des bonnes actions de quelqu'un (…)

ولكنّ الأَعادىَ أَبَدًن مُولَعون بالّطْعن فى
أَلْانساب والثَّلْب فى الأَعراض والوَقْعَةِ فى
الأَفاعيلِ والآثار كما أَنَّ الأَوْلياَءَ والمُتَشَيِّعِين
مولعون بتَحْسِينِ القَبِيح وسَدّ الخَلَلِ وإظْهارِ
الجميلِ والنِّسبةِ الى المَحاسِنِ

En conclusion, on constate que le début du *Roman* du Pseudo-Callisthène a donné naissance à une pluralité de versions orientales. La question de la généalogie est ajoutée et vivement débattue, notamment dans les chroniques universelles. L'importance de ce thème dans l'Orient doit être rattachée au goût prononcé des Arabes pour les questions de la généalogie, à la grande différence des Grecs qui mettent l'accent plutôt sur le côté légendaire de la naissance d'Alexandre le Grand.

### 2.1.2 Alexandre et Aristote (I, 16)

La relation entre le futur roi macédonien, le futur conquérant d'une grande partie du monde connu, Alexandre le Grand, et un des plus influents philosophes de l'Antiquité gréco-romaine, Aristote, est un thème privilégié, non seulement de l'historiographie ou de la philosophie mais également de l'écriture romanesque. Dans le *Roman d'Alexandre*, une scène au premier livre sert à illustrer cette relation en faisant ressortir le caractère exemplaire du Macédonien qui se distingue des autres élèves royaux par son éloquence tout à fait remarquable.

Dans le domaine grec, cet accent mis sur l'éloquence d'Alexandre dans le cadre d'une scène d'enseignement stéréotypée pourrait être rattachée au recueil théorique des *Exercices préparatoires* (Προγυμνάσματα) d'Aphthonius qui cite l'éducation parmi les éléments de l'éloge dans le traité qui lui est attribué: εἶτα ἡ ἀγωγή, πῶς ἤχθη καὶ πῶς ἐπαιδεύθη. «Ensuite, ⟨tu parleras⟩ de l'éducation, comment il a été formé et comment il a été instruit.»[101]

En ce qui concerne la survie orientale du présent chapitre, nous avons découvert de la traduction arabe de cette scène dans la collection de sentences gnomiques de al-Mubaššir ibn Fātik. Dans sa dissertation de 1966, M. Brocker avait déjà fait remarquer que l'épisode en question «hat besonders in der orientalischen Literatur Beliebtheit erlangt, wobei allerdings nicht immer die Pointe bewahrt geblieben ist».[102] De fait, cette découverte souligne l'importance de l'étude des sources qui appartiennent à la littérature de sagesse dans le domaine arabe où l'association du conquérant macédonien au philosophe grec devient un véritable τόπος littéraire.

100 Sachau (1923) 37.
101 Patillon (2008) VII, 5.
102 Brocker (1966) 53.

Avant de consacrer une analyse plus approfondie à la découverte en question, il convient d'évoquer un témoignage arabe singulier précédant chronologiquement la scène. C'est dans la première lettre du recueil épistolaire pseudo-aristotélicien, citée ci-dessus, que la tradition arabe conserve un témoignage sur les antécédents de la relation entre Alexandre et le Stagirite. Il apparaît qu'il s'agit d'une création de l'Antiquité tardive dont le modèle grec, s'il a existé, n'est pas encore identifié.

Comme dans maints textes de l'époque abbaside, la ville d'Athènes y est évoquée comme le foyer par excellence de la culture et de la science de la Grèce classique. C'est en particulier le dernier paragraphe de la première lettre du présupposé «Roman épistolaire» qui contient une description sans parallèle dans la tradition arabe.[103] Selon l'avis de M. Grignaschi, il s'agirait de l'introduction à la première lettre de la lettre d'Aristote à Philippe.[104] L'édition récente de l'ensemble par M. Maróth ne présente pas tellement de changements importants dans l'établissement du texte arabe par rapport à son prédécesseur M. Grignaschi qui n'a édité que quelques extraits. Voici le texte suivant l'édition de l'arabisant hongrois[105]:

Il y eut un rassemblement de gens doctes et savants dans une ville des Grecs, que l'on appelle Athènes *(Aṯīniyya)*. A cette époque-là, Aristote était en tête *(raʾīs)* des savants. Lorsqu'il eut appris la nouvelle qu'Alexandre *(al-Iskandar)* était désormais à l'âge de recevoir une instruction, il écrivit à son père qu'il voudrait lui inspirer un vif amour pour la philosophie *(falsafa)* à travers son enseignement.

وكان مجمعُ العلماءِ والحكمة في مدينة من مدن
الروم يقال لها أثينيَّة، ورئيس الحكماءِ بها
يومئذ أرسطوطاليس. فلمّا عَرف خبر
الإسكندر في حضور وقتِ تعليمه كتب إلى
أبيه يشوّقه لتعليمه الفلسفةَ.

Aristote est qualifié en arabe littéralement comme le «président» *(raʾīs)* des savants, c'est-à-dire le plus éminent des savants à Athènes, celle-ci étant présentée en tant que «lieu de réunion des gens sages et savants» *(al-ʿulamāʾ wa-l-ḥikma)* dans cette introduction à la première lettre. On remarque que les deux termes *falsafa* et *ḥikma* sont employées indistinctement.

Le premier terme est la transposition arabe du terme grec ἡ φιλοσοφία, tandis que le deuxième terme *ḥikma* est le terme arabe indigène basé sur la racine *ḥkm*. Dans le *Roman d'Alexandre*, Aristote figure dans une énumération de tous les enseignants d'Alexandre comme διδάσκαλος φιλοσοφίας «maître de philosophie».[106] C'est probablement l'intérêt pour la philosophie du Stagirite en Orient qui a favorisé la création et la circulation de textes «secondaires» ayant pour protagoniste le Stagirite et son élève, le roi Alexandre. Ce dernier est devenu un personnage célèbre dans l'Orient en particulier car il a souvent été identifié avec le Bi-cornu coranique.

103 Grignaschi (1965-66) 26.
104 Grignaschi (1965-66) 27.
105 Maróth (2006) 3.
106 Kroll (1926) I, 13; Bergson (1956) I, 13; van Thiel (1974) I, 13.

Dans le *Roman d'Alexandre* se trouve, dès la plus ancienne version conservée α, une chrie (ἡ χρεία),[107] inconnue de la tradition historique,[108] qui annonce déjà la relation entre le philosophe de Stagire, le futur conseiller d'Alexandre, et son disciple royal se dernier se démarquant par son esprit vif, contrairement à ses condisciples, également fils de rois. Présente dans les recensions α et β, tout comme dans le texte L, cette scène a fait l'objet d'une traduction en arabe, que l'on retrouve dans la collection de sentences, le *Muḫtar al-ḥikam wa-maḥāsin al-kalim (Choix de proverbes et beauté des sentences)* de al-Mubaššir ibn Fātik.[109] Or, cette scène, marquée par son caractère de dialogue propre à la chrie, ne fait pas partie du chapitre biographique, dont le titre est l'*Histoire d'Alexandre*, mais du chapitre intitulé «Les règles de conduite et l'exhortation d'Alexandre» *(ādāb wa-mawā'iẓuhu)*.

Pourquoi cette chrie du texte grec du *Roman d'Alexandre* fait-elle partie du chapitre des sentences en arabe attribuées à Alexandre le Grand chez al-Mubaššir? La raison est peut-être à chercher dans la forme du dialogue même. En effet, le dialogue est perçu comme un épisode typique des collections de sentences composées non seulement de «sentences pures et simples» (γνῶμαι) mais également de courts dialogues encadrant ainsi la «sentence» proprement dite (χρεία).

De plus, dans le *Roman d'Alexandre*, cette chrie est un chapitre un peu à part, un des rares épisodes traitant de l'éducation d'Alexandre au cours de sa jeunesse, sans qu'il ne soit étroitement lié au chapitre précédent, ni au suivant. Bien au contraire, il sépare l'oracle selon lequel celui qui domptera le cheval Bucéphale régnera sur le monde entier[110] de la réalisation de cette épreuve par Alexandre.[111]

Quant à la transposition de l'épisode grec en arabe, la question qui se pose est de savoir de quelle recension grecque dépend la version de al-Mubaššir ibn Fātik, s'agit-il de la recension α ou plutôt de la recension β?

En revanche, si la filiation entre les recensions grecques et la version arabe n'est pas claire, la solution qui s'impose à ce moment est de présumer que la ou les recensions grecques et la version arabe ont eu un modèle commun. Le tableau suivant établit en quoi consistent précisément les correspondances textuelles entre la traduction arabe de al-Mubaššir et les deux plus anciennes recensions grecques du *Roman d'Alexandre* α et β:

| al-Mubaššir ibn Fātik[112] | *Roman d'Alexandre*[113] | *Roman d'Alexandre*[114] |
|---|---|---|
| وكان أرسطو ذات يوم جالسا | Ἀλέξανδρος δὲ Ἀριστοτέλει τῷ Μιλησίῳ | Ἀλέξανδρος δὲ Ἀριστοτέλει τῷ |

107 Kroll (1926) I, 16; Bergson (1956) I, 16; van Thiel (1974) I, 16.

108 Jouanno (2002) 127: Si l'anecdote qui, en I, 16, illustre les relations du jeune prince et de son maître Aristote ne possède nul équivalent dans la tradition historique (…).

109 Brocker (1961) 53, ne mentionne que la traduction de ce chapitre du *Roman* en espagnol dans les *Bocados de oro*.

110 Kroll (1926) I, 15; Bergson (1956) I, 15; van Thiel (1974) I, 15.

111 Kroll (1926) I, 17; Bergson (1956) I, 17; van Thiel (1974) I, 17.

112 Badawī (1958) 247.

113 Kroll (1926) I, 16.

114 Bergson (1956) I, 16.

| | | |
|---|---|---|
| وأبناء الملوك المتعلمون منه قياماً بين يديه. | σοφιστῇ μόνῳ ἐκέχρητο. καὶ πολλῶν ὄντων παίδων τῷ Ἀριστοτέλει ἐπὶ μαθήμασιν, ὄντων δὲ καὶ βασιλέων υἱῶν, | καθηγητῇ μόνῳ ἐκέχρητο. καὶ ἱκανῶν ὄντων παίδων τῷ Ἀριστοτέλει εἰς μάθησιν παιδείας, ὄντων δὲ καὶ παρ' αὐτῷ βασιλέων υἱῶν, |
| Un jour, Aristote *(Arisṭū)* donnait une audience à ses disciples, les fils des rois, qui restèrent debout devant lui. | Alexandre eut uniquement Aristote de Milet comme maître de philosophie et d'éloquence. Parmi les enfants qui étaient chez Aristote pour apprendre les sciences, il y avait même les fils des rois. | Alexandre eut uniquement Aristote comme précepteur. Parmi les enfants qui suivaient une éducation chez Aristote, il y avait chez lui-même les fils des rois. |
| فقال لفتىً منهم: إن أفضى المُلك إليك, فما أنت صانع بى؟ | εἶπε πρὸς ἕνα ὁ Ἀριστοτέλης· «ἐὰν κληρονομήσῃς ⟨τὸ⟩ τοῦ πατρὸς βασίλειον, τί μοι παρέξεις τῷ καθηγητῇ σου;» | εἶπεν ἐν μιᾷ πρὸς ἕνα αὐτῶν Ἀριστοτέλης· «ἐὰν κληρονομήσῃς τοῦ πατρός σου τὸ βασίλειον, τί μοι χαρίζῃ τῷ καθηγητῇ σου;» |
| Puis, il adressa la parole à un jeune homme parmi eux: «Si la dignité royale venait à t'échoir, que ferais-tu avec moi?» | Aristote dit à un: «Si tu reçois en héritage le royaume de ton père, qu'est-ce que tu fourniras à moi, ton précepteur?» | Un jour, Aristote dit à l'un d'eux: «Si tu reçois en héritage le royaume de ton père, qu'est-ce que tu donnes en récompense à ton précepteur?» |
| قال: أفوّض أمرى إليك. | ὁ δὲ εἶπεν· «Ἔσῃ παρ' ἐμοὶ συνδίαιτος κοσμοκράτωρ, καὶ ἔνδοξόν [ἄνδρα] παρὰ πᾶσίν σε ποιήσω.» | ὁ δὲ εἶπεν· «ἔσο παρ' ἐμοὶ συνδίαιτος μονοκράτωρ, καὶ ἔνδοξόν σε παρα πάντας ποιήσω.» |
| «Je te confierai le commandement», lui dit-il. | Il lui répondit: «Tu régneras avec moi, maître du monde, et je te rendrai [un homme] célèbre aux yeux de tous.» | Il lui répondit: «Tu régneras avec moi, monarque absolu, je te rendrai célèbre pour tous.» |
| فقال لآخر منهم: فأنت؟ | Ἑτέρου δὲ ἐπύθετο· «Εἰ δὲ σύ τέκνον παραλάβῃς τὸ βασίλειον τοῦ πατρός σου, πῶς μοι χρήσῃ;» | ἑτέρου δὲ ἐπύθετο· «εἰ δὲ σύ, τέκνον, παραλάβῃς τὸ βασίλειον τοῦ πατρός σου, πῶς μοι χρήσῃ τῷ καθηγητῇ σου;» |
| Il demanda à un autre parmi eux: «Et toi ?» | Il demanda à un autre: «Si toi, mon enfant, tu reçois en héritage le royaume de ton | Il demanda à un autre: «Si toi, mon enfant, tu reçois en héritage le royaume de ton |

| | | |
|---|---|---|
| | père, comment me traiteras-tu?» | père, comment me traiteras-tu, moi qui ⟨suis⟩ ton précepteur?» |
| فقال: أشركك فى ملكى. | Ὁ δὲ εἶπε· «Διοικητήν σε ποιήσω καὶ τῶν ὑπ' ἐμοῦ κρινομένων σύμβολον.» | ὁ δὲ εἶπεν· «διοικητήν σε ποιήσω καὶ τῶν ὑπ' ἐμοῦ κρινομένων πάντων σύμβολόν σε καταστήσω.» |
| «Tu seras associé à ma dignité royale», lui répondit-il. | Il lui dit: «Je ferai de toi le gouverneur d'une province et le conseiller des affaires que je dois juger.» | Il lui dit: «Je ferai de toi le gouverneur d'une province et je t'instituerai comme conseiller de toutes les affaires que je dois juger.» |
| | Ἄλλου δὲ καὶ ἄλλου ἐπύθετο καὶ τὰς ὑποσχέσεις λαμβάνει· Il s'enquiert auprès de l'un et de l'autre et il reçut leurs promesses. | |
| وقال للاسكندر: ما تصنع بى أنت إن أفضى المُلْكُ إليك؟ | εἶπε δὲ καὶ Ἀλεξάνδρῳ· «Καὶ σὺ τέκνον, εἰ παραλάβῃς τὸ βασίλειον παρὰ τοῦ πατρός σου, πῶς μοι χρήσῃ τῷ καθηγητῇ σου;» | εἶπε δὲ καὶ πρὸς Ἀλέξανδρον· «εἰ δὲ σύ, τέκνον Ἀλέξανδρε, παραλάβῃς τὸ βασίλειον ἐκ τοῦ πατρός σου Φιλίππου, πῶς μοι χρήσῃ τῷ καθηγητῇ σου;» |
| Il demanda à Alexandre *(al-Iskandar)*: «Toi, que ferais-tu *(taṣnuʿu)* de moi, si la dignité royale venait à t'échoir?» | Il demanda aussi à Alexandre: «Et toi, mon enfant, si tu reçois le royaume de ton père, comment me traiteras-tu, ton précepteur?» | Il demanda aussi à Alexandre: «Et toi, mon enfant Alexandre, si tu reçois le royaume de ton père Philippe, comment me traiteras-tu, ton précepteur?» |
| قال أيها المعلم! لا ترتهنّ اليومَ لغدٍ, ولا تسألنى إلا عما أنا فاعل بعد, وأَمْهِلنى؛ فإن أَصِرْ إلى ما ذكرت, أَفعلْ بك الذى أرى ذلك الوقت أنه يصلح وينبغى أن يفعله مثلى بمثلك في تلك الحال. | Ὁ δὲ εἶπε· «Περὶ μελλόντων μου πραγμάτων πυνθάνῃ, τῆς αὔριον ἐνέχυρον μὴ ἔχων· τότε δώσω, ἐὰν μοι δόξῃ, τοῦ καιροῦ καὶ τῆς ὥρας τὴν ὑπόσχεσιν τοῦ παρασχεῖν ἐπιτρεχόντων.» | ὁ δὲ Ἀλέξανδρος εἶπεν· «περὶ μελλόντων πραγμάτων ἄρτι μὴ πυνθάνῃ, τῆς αὔριον ἐνέχυρον μὴ ἔχων· τότε δώσω σοι τοῦ καιροῦ καὶ τῆς ὥρας ἐλευσομένης.» |
| «O précepteur!, répondit-il, ne me demande pas de | Il répondit: «Tu me questionne au sujet des | Alexandre répondit: «Ne me questionne pas au sujet des |

| | | |
|---|---|---|
| garantie aujourd'hui pour ⟨ce qui sera⟩ demain et demande-moi seulement ce que je ferais encore – accorde-moi un délai. Si je parviens ⟨à faire⟩ ce que tu as déclaré, je te ferais ce qui me semblera juste à ce moment-là et ce qui convient à quelqu'un comme moi de faire à quelqu'un comme toi dans cette situation.» | activités futures bien que je n'aie pas de gage (ἐνέχυρον) pour demain. Je te récompenserai, s'il me semble ⟨juste⟩, lorsque l'occasion et le moment seront venus pour tenir ma promesse.» | activités futures à l'instant, alors que je n'aie pas de gage (ἐνέχυρον) pour demain. Je te récompenserai, lorsque l'occasion et le moment seront venus.» |
| فقال له أرسطوطاليس: حقاً إنك المُشْرِف على نيل مُلك عظيم. وبذلك يدل طبعك وفراسةُ فيك, إن شاء الله تعالى. | Καὶ εἶπεν ὁ Ἀριστοτέλης· «χαίροις κοσμοκράτωρ· σὺ γὰρ εἶ βασιλεὺς μέγιστος.» | καὶ λέγει αὐτῷ Αριστοτέλης· «χαίροις Ἀλέξανδρε κοσμοκράτορ· σὺ γὰρ μέγιστος βασιλεὺς ἔσῃ.» |
| Aristote *(Arisṭūṭālīs)* lui dit alors: «Certes, tu es vraiment celui qui va parvenir à la grande dignité royale *(al-mušrif ʿalā nayl mulk ʿaẓīm)*. Ce discours montre ton naturel et ta sagacité, s'il plaît à Dieu.» | Aristote dit: «Salut maître du monde. En effet, c'est toi qui es un très grand roi.» | Aristote lui dit: «Salut, Alexandre, maître du monde. En effet, c'est toi qui seras un très grand roi.» |
| | Ὑπὸ πάντων μὲν οὖν ὁ Ἀλέξανδρος ἐφιλεῖτο ὡς φρενήρης καὶ πολεμιστής (…)<br>Alexandre était donc aimé de tous pour être prudent et vaillant (…) | ὑπὸ πάντων δὲ Ἀλέξανδρος ἐφιλεῖτο ὡς φρενήρης καὶ πολεμιστής (…)<br>Alexandre était aimé de tous pour être prudent et vaillant (…) |

Un certain nombre d'indices sont en faveur de la thèse selon laquelle la version de al-Mubaššir ibn Fātik est plus proche de la recension β que de la recension α.

Premièrement, c'est dans la recension α qu'Aristote est désigné comme «sophiste», une notion inconnue de la recension β et de la version de al-Mubaššir. Deuxièmement, on peut se demander si la notion temporelle ἐν μιᾷ (εἶπεν ἐν μιᾷ πρὸς ἕνα αὐτῶν Ἀριστοτέλης) de la recension β[115] et du texte L,[116] où il faut sous-entendre ἐν μιᾷ ἡμέρᾳ correspond à la traduction arabe *ḏāta yaumin* «un jour» qui figure chez al-Mubaššir ibn

115 Bergson (1956) I, 16.
116 Van Thiel (1974) I, 16.

Fātik dans le cadre général de la scène. Troisièmement, une précision de la part du narrateur concernant la modalité se trouve encore dans la recension α; le Stagirite procède en interrogeant chacun des disciples royaux (Ἄλλου δὲ καὶ ἄλλου ἐπύθετο καὶ τὰς ὑποσχέσεις λαμβάνει).

Ce commentaire de la recension α n'apparaît pas dans la recension β, ni dans la traduction arabe de al-Mubaššir. Il a peut-être été considéré comme superflu et éliminé pour cette raison par le rédacteur anonyme de la recension β qui montre des traces d'une simplification par rapport à la recension α. La réponse d'Alexandre à la question posée par Aristote représente un exemple très parlant de ce proccesus à l'œuvre d'une recension à l'autre. La recension β se contente d'une affirmation concise (τότε δώσω σοι τοῦ καιροῦ καὶ τῆς ὥρας ἐλευσομένης), avec un genitif absolu au singulier accordé uniquement au sujet féminin par rapport à la recension α (τότε δώσω, ἐὰν μοι δόξῃ, τοῦ καιροῦ καὶ τῆς ὥρας τὴν ὑπόσχεσιν τοῦ παρασχεῖν ἐπιτρεχόντων) où il y a également l'ajout de la protase de l'éventuel ainsi que le verbe conjugé au pluriel accordé à la fois à καιρός et ὥρα au sein du génitif absolu.

Quatrièmement, dans la dernière réplique de la chrie, qui correspond à la réponse du Stagirite à Alexandre, la version arabe est encore une fois plus proche de la recension β. En fait, al-Mubaššir («celui qui va parvenir à la grande dignité royale» (*al-mušrif ʿalā nayl mulk ʿaẓīm*) et la recension β (σὺ γὰρ μέγιστος βασιλεὺς ἔσῃ) ont le verbe être au futur, là où le verbe au présent (σὺ γὰρ εἶ βασιλεὺς μέγιστος) dans la recension α. Le sens de locution arabe *mušrif ʿalā* «un homme prêt à faire quelque chose» rappelle celui du verbe μέλλω pour exprimer le futur proche en grec.

Cela étant dit, la version arabe de al-Mubaššir ibn Fātik paraît être plus proche de la recension β que de la recension α. De plus, si l'on prend l'exemple de la réponse d'Alexandre la précision de la traduction arabe peut surprendre: Le verbe arabe *rahana* à la forme VIII qui signifie «se faire donner», «recevoir un gage, un nantissement» correspond exactement au grec τὸ ἐνέχυρον, ου «gage», «nantissement» des recensions α et β. Par conséquent, le choix de l'auteur consistant à inclure le bref dialogue entre Aristote et les fils des rois relève du plan de son ouvrage mettant l'accent sur la rhétorique des sentences gnomiques. Comme dans son modèle grec, la capacité d'Alexandre à savoir répondre, en tant qu'élève, au-dessus du commun – ce que E. García Gómez a appelé «su portentosa y precoce sabiduría»[117] – par une sentence capable de convaincre son maître, fournit ainsi une conclusion à l'épisode entier.

Quoique le texte arabe soit proche de son modèle grec, en particulier de la recension β, la correspondance syntaxique et stylistique n'est pas celle d'une traduction directement faite du grec. On ne peut pas exclure l'hypothèse selon laquelle un intermédiaire syriaque se trouve entre la version grecque, à savoir la recension β, et la version arabe de al-Mubaššir ibn Fātik. Comme la traduction syriaque du Pseudo-Callisthène ignore cet épisode, la transmission de l'épisode du grec en arabe s'explique, peut-être, à travers un intermédiaire syriaque appartenant, tout comme le témoignage de al-Mubaššir, à une collection de sentences gnomiques.

117 García Gómez (1929) XVVI.

Du point de vue du genre littéraire, l'anecdote appartient dans sa version arabe, non pas à la biographie historico-romanesque du conquérant macédonien, mais à une collection de sentences. Du point de vue du fond, il y a une variation dans le passage du grec à la version arabe: on insiste davantage sur la relation entre le maître Aristote et ses disciples *(al-muta'allimūn)*. Le lieu de l'enseignement est implicitement le *mağlis* «salon» si en vogue à l'époque abbaside puisqu'il est présenté par une espèce de périphrase *(wa-kāna Arisṭū dāta yaumin ğalisan)*.

Du côté grec, on insiste dans la recension α sur la fonction du philosophe de Stagire caractérisée en tant que sophiste, une désignation qui disparaîtra dans les recensions ultérieures de l'époque byzantine. C'est la recension α qui appartient, d'un point de vue chronologique et de l'histoire littéraire, au mouvement de la *Seconde Sophistique* de l'époque impériale.

L'épisode illustrant l'enseignement d'Alexandre est construit sur le jeu dialectique. La chrie se base sur la question du Stagirite alors qu'il interroge à tour de rôle chacun de ses disciples afin de connaître comment ils allaient le récompenser au moment où ils succéderont à leur père dans le gouvernement du royaume. Dans leurs réponses, il y a une gradation qui confère à la fois une certaine tension à l'épisode et un rythme, voire une vivacité. L'accomplissement de l'épisode est, comme cela a été évoqué ci-dessus, la réponse d'Alexandre qui sait non seulement répondre par une promesse, mais qui évoque en même temps l'idée d'un futur incertain, et donc une idée presque pessimiste, que C. Jouanno a fait remarquer:

> Certes, l'auteur du *Roman* montre Alexandre méditant à tout propos sur l'instabilité des choses humaines. C'est parce qu'il est pénétré du sentiment de l'incertitude du sort, qu'enfant déjà, il reproche à Aristote de l'interroger sur son avenir (...).[118]

De plus, il est intéressant de mettre ces deux versions en parallèle avec le *Nouveau Testament*, plus précisément l'*Évangile de Luc*, 18, 18 qui leur précède dans la chronologie[119]:

| | |
|---|---|
| Καὶ ἐπηρώτησέν τις αὐτὸν ἄρχων λέγων· διδάσκαλε ἀγαθέ, τί ποιήσας ζωὴν αἰώνιον κληρονομήσω; | Et quelqu'un lui a posé une question en commençant par ⟨lui⟩ demander: «Cher maître, qu'est-ce que je dois faire pour obtenir la vie éternelle?» |

Cette question posée à Jésus montre en quelle mesure la philosophie populaire a contribué à la formation de passages narratifs dans le *Nouveau Testament* se nourrissant de manière évidente de la philosophie hellénistique d'empreinte populaire.

En ce qui concerne la dimension de la transmission de textes, la version arabe de cette chrie conservée par al-Mubaššir ibn Fātik est un témoignage précieux qui montre une série de correspondances notamment avec la recension β du *Roman d'Alexandre*, en se distinguant nettement des versions que d'autres auteurs orientaux, comme Šahrastānī ou le

118 Jouanno (2002) 218.

119 *Novum Testamentum Graece*, Aland (K.)/Nestle (E.)(éds.), Stuttgart 2006.

poète persan Niẓāmī, cités par M. Brocker[120] préservent. La *Qiṣṣat ḏī l-qarnayn (Histoire du Bi-cornu)*[121] a conservé un reflet tardif de la capacité intellectuelle, présentée de manière assez schématique du Stagirite et de son élève royal. De plus, ce dernier y est présenté comme l'élève dépassant son maître sur le plan intellectuel grâce à un savoir immense dans «toutes les sciences» *(ǧamīʿ al-ʿulūm)* :

| | |
|---|---|
| Aristote *(Arisṭāṭālīs)* ne cessa d'examiner lui et ses affaires et lui posait des questions au sujet de toutes les sciences *(ǧamīʿ al-ʿulūm)*. Il [i.e. Alexandre] avait ⟨toujours⟩ une meilleure réponse à toutes les questions qu'⟨Aristote⟩ lui posait. | فما زال أرسطاطاليس يَفتِّش عليه وأخباره ويسئله عن جميع العلوم فما سأله عن شيءٍ إلاّ وأجابه عليه بأكثر ما سأله عنه. |

Au même titre que dans la chrie traduite du *Roman d'Alexandre*, le jeu dialectique entre le maître et son disciple est au centre de l'intérêt, quoique la *Qiṣṣat ḏī l-qarnayn (Histoire du Bi-cornu)* fasse mention de plusieurs questions, là où al-Mubaššir ibn Fātik et le *Roman* n'évoquent qu'une seule question posée par Aristote. Cela s'explique probablement par une remarque que l'éditeur fait en note de sa traduction anglaise.[122] Il affirme qu'il pourrait s'agir d'une allusion au dialogue entre Alexandre et les dix sages en Inde. Ce dialogue est situé au troisième livre du *Roman*[123]. L'éditeur du texte L, H. van Thiel l'a reconstitué à partir d'un papyrus de Berlin[124] qui le transmet de façon indépendante. Les lacunes du papyrus ont été comblées grâce à la version qu'en donne Plutarque dans sa *Vie d'Alexandre.*[125] Selon Plutarque, les Gymnosophistes «paraissent être habiles et répondent de façon concise» (δεινοὺς δοκοῦντας εἶναι περὶ τὰς ἀποκρίσεις καὶ βραχυλόγους).[126] Le fait qu'Alexandre réponde à plusieurs questions pourrait être un indice pour la validité de l'hypothèse de Z. D. Zuwiyya, quoique la version arabe élargisse le champ de l'investigation relative à «toutes les sciences». La relation entre le Stagirite et son élève est sujette à une véritable transformation islamique dans la *Qiṣṣat ḏī l-qarnayn (Histoire du Bi-cornu)*[127] où le concept du «savoir» *(ʿilm)*[128] occupe une place prépondérante. Ce «savoir» doit être recherché au moyen de la raison *(bi-l-ʿaql)*, signifiant la «sagesse» au sens figuré:

| | |
|---|---|
| Aristote *(Arisṭāṭālīs)* lui demanda: «Avec quoi recherche-t-on le savoir?» «Au moyen de la raison *(bil-ʿaql)*», lui répondit le Bi-cornu. | فقال له أرسطاطاليس "مما يطلب العلم ؟" قال له ذو القرنين "بالعقل" |

120 Brocker (1961) 53/54.
121 Zuwiyya (2001) 9.
122 Zuwiyya (2001) 69.
123 Van Thiel (1974) III, 5.
124 Il s'agit du *Pap. Berol.* 13044.
125 Magnino (1987) 64.
126 Van Thiel (1974) 242.
127 Zuwiyya (2001) 10.
128 EI², III, 1133 (ED.).

L'éloquence d'Alexandre est expliquée de façon implicite dans ce roman populaire en arabe, par la description de son précepteur. La *Qiṣṣat ḏī l-qarnayn (Histoire du Bi-cornu)*[129] insiste non seulement sur le «savoir immense» *(ʿilm ʿaẓīm)* qu'Aristote est censé avoir reçu de Dieu, mais également sur sa capacité rhétorique, décrite par «son discours» ou «son langage» *(kalāmihi)*, et sur «sa sagesse» *(hikmatihi)*:

| | |
|---|---|
| Il y avait à cette époque un homme que Dieu, qui est élevé, avait doté d'un savoir immense *(ʿilm ʿaẓīm)*. Il fut appelé Aristote *(Arisṭāṭālīs)*. (…) Les savants des Grecs *(ʿulamāʾ ar-Rūm)* étaient étonnés de lui, de son discours *(kalāmihi)* et de sa sagesse *(ḥikmatihi)*. | وكان في زمانهم رجلا قد أعطاه الله تعالى علما عظيما وكان يقول له أرسطاطاليس (...) وكانت علماء الروم تتعجّب منه ومن كلامه وحكمته. |

L'auteur de la *Qiṣṣat ḏī l-qarnayn (Histoire du Bi-cornu)* se contente d'une allusion assez vague, «les savants des Grecs» *(ʿulamāʾ ar-Rūm)*, lorsqu'il évoque ceux qui lui servent de témoins pour la brève description d'Aristote.

La traduction arabe de l'anecdote par al-Mubaššir ibn Fātik se distingue du chapitre correspondant des recensions α et β. Les deux versions grecques contiennent une brève description des qualités d'Alexandre; il est décrit comme φρενήρης καὶ πολεμιστής «prudent et vaillant» à la fin du dialogue. Bien au contraire, cette caractérisation d'Alexandre n'a pas fait l'objet d'une traduction chez al-Mubaššir dans la section consacrée aux sentences d'Alexandre. En revanche, dans la section biographique de al-Mubaššir ibn Fātik,[130] il y a une courte description du développement d'Alexandre à la suite de l'éducation reçue par le Stagirite:

| | |
|---|---|
| Il avait confié son fils Alexandre *(al-Iskandar)* à Aristote *(Arisṭāṭālīs)* avec la tâche de lui enseigner sa science et ⟨de faire⟩ son éducation morale. Il l'enseigna et l'éduqua. Il devint un jeune homme ambitieux *(himma)*, plein de vivacité d'esprit *(ḏakāʾ)*, de raison *(ʿaql)* et de grandeur d'âme *(nafs šarīfa)*. | وكان قد أسلم ابنه الإسكندر إلى أرسطاطاليس ووصاه بتعليمه وتأديبه، فعلّمه وثقّفه، وكان غلاماً له هِمّةٌ وذكاءٌ وعقلٌ ونفس شريفة. |

Une telle représentation extrêmement idéalisée se retrouve également chez deux prédécesseurs de al-Mubaššir ibn Fātik, les historiens arabes ad-Dīnawarī et al-Yaʿqūbī:

| ad-Dīnawarī[131] | al-Yaʿqūbī[132] |
|---|---|
| فنشأ الاسكندر غلاما لبيبا | ثمّ ملك ابنه الاسكندر وهو الذى يقول له ذو القرنين واسم امّها المفيدا |

129 Zuwiyya (2001) 8.
130 Badawī (1958) 223.
131 Guirgass (1888) 32.
132 Houtsma (1883) 161.

اديبا ذهنا.

وكان معلّمه ارسطاطاليس الحكيم فجلّ قدر الاسكندر وعظم ملكه واشتدّ سلطانه واعانته الحكمة والعقل والمعرفة.

Alexandre *(al-Iskandar)* grandit en jeune homme sensé, bien éduqué et intelligent.

Puis régna son fils Alexandre *(al-Iskandar)*, nommé le Bicornu. Le nom de sa mère était Olympias *(Ulumfīdā)* et son précepteur
*(muʿallimuhu)* fut le sage Aristote *(Arisṭāṭālīs al-ḥakīm)*. Sa puissance fut grande, sa royauté importante, son empire consolidé grâce à sa sagesse *(al-ḥikma)*, son intelligence *(al-ʿaql)* et son savoir.

Ces deux historiens offrent un traitement très différent de la matière. Le premier, d'origine persane, se contente d'une description très brève qui rappelle celle de la chrie du chapitre I, 16 (φρενήρης καὶ πολεμιστής). On remarque qu'aucun des trois auteurs arabes ne reprend l'idée de πολεμιστής, tandis qu'ils mettent davantage l'accent sur une interprétation du caractère d'Alexandre orienté vers l'idée de l'adjectif grec φρενήρης «prudent». Quant à al-Yaʿqūbī, il se démarque de son prédécesseur ad-Dīnawarī par un récit beaucoup plus détaillé et «privo di quei elementi negativi e radicalmente allotrii rispetto al Romanzo provenienti dalle leggende sasanide».[133] C'est ainsi qu'il transcrit presque correctement le nom d'Olympias et même l'épithète coranique.

La découverte d'une traduction du *Roman d'Alexandre* – ou du moins d'une version arabe ayant le même modèle que la chrie du *Roman* – dans la collection des sentences chez al-Mubaššir ibn Fātik n'est que le point de départ pour étudier de façon plus approfondie cet auteur si important dans le domaine des *Graeco-Arabica*.

De plus, ce dernier pourrait être le point de départ pour un autre exemple du relais gréco-arabe de la présence d'Alexandre et Aristote dans la littérature de sagesse. Cette fois-ci, la traduction arabe remonte jusqu'à un auteur de l'époque impériale extrêmement apprécié des Byzantins, à savoir Plutarque. Soit qu'il y existe une filiation directe ou indirecte entre Plutarque et al-Mubaššir, soit que les deux remontent au même modèle contenu dans une collection de sentences de l'époque byzantine. Dans le chapitre consacré aux sentences prononcées par Alexandre chez al-Mubaššir ibn-Fātik[134] l'admiration du Macédonien pour Aristote se manifeste à travers le parallélisme suivant:

On lui demanda: «Qui est plus important pour toi, ton précepteur ou ton père?» Il répondit: «Mon père est la raison de ma vie terrestre, tandis que mon précepteur est la raison de ma vie éternelle.»

وقيل له: ما بالك تعظِّم مؤدبك أشدَّ من تعظيمك لأبيك؟ قال: لأن أبى سبب حياتى الفانية, ومؤدبى سبب حياتى الباقية.

Le seul personnage de cette chrie est Alexandre alors qu'il répond à la question posée par un individu restant anonyme, suivant la convention du genre. De la même manière, au lieu de citer Philippe et Aristote, qui sont des noms grecs bien fréquents dans les sources arabes,

133 Di Branco (2011) 76.
134 Badawī (1958) 246.

on se limite à y faire allusion au moyen d'une terminologie décrivant leur fonction. Il n'est question que de «précepteur» *(mu'adibb)* et de «père» *(abū)*, mis en parallèle. Peut-être que cette abstraction des noms qui est faite pourrait s'expliquer par la culture générale du public visé, Aristote et Philippe étant bien connus pour être l'enseignant et le père d'Alexandre le Grand. Par ailleurs, comme le genre des sentences tend à la brièveté, tout élément superflu à la compréhension de la sentence peut être éliminé soit par l'auteur lui-même soit par le copiste au cours de la transmission. Suivant cette sentence, l'éducation reçue acquiert une importance singulière dans la formation d'Alexandre et le rôle de l'éducateur dépasse largement celui du père. L'accent mis sur la vie éternelle, qui prime sur la vie terrestre, est une idée chère à certains courants idéologiques au sein de l'Islam jusqu'à présent. Le Stagirite apparaît ainsi mis en parallèle à la vision d'une vie au-delà de la mort. Cela pourait être interprété grâce à une clé herméneutique musulmane ou bien dans une optique de gloire éternelle que le conquérant macédonien avait conquise grâce à l'enseignement du Stagirite.

Une telle chrie est inconnue du *Roman d'Alexandre*. Cependant elle se trouve sous une forme légèrement modifiée chez Plutarque.[135] De fait, l'écrivain de l'époque impériale la conserve dans sa biographie romanesque sous la forme d'un discours indirect:

| | |
|---|---|
| Ἀριστοτέλην δὲ θαυμάζων ἐν ἀρχῇ καὶ ἀγαπῶν οὐκ ἧττον, ὡς αὐτὸς ἔλεγε, τοῦ πατρός, ὡς δι' ἐκεῖνον μὲν ζῶν, διὰ τοῦτον τὸ καλῶς ζῶν (…) | Au début, il admirait Aristote et ne l'aimait pas moins – comme il le disait lui-même – que son propre père, parce que ce dernier lui aurait ⟨donné⟩ la vie, tandis que celui-ci lui aurait ⟨appris⟩ à bien vivre (…) |

Il n'est pas étonnant de trouver une différence entre al-Mubaššir ibn Fātik qui met l'accent sur la vie éternelle et Plutarque qui parle plutôt d'une sorte d'art de «bien vivre» (τὸ καλῶς ζῶν) en se servant du participe substantivé au neutre du verbe contracte ζήω-ῶ. Le rôle de Philippe a subi une moindre transformation. Il n'est plus la «raison» *(sabab)* de la «vie terrestre» comme chez al-Mubaššir. C'est grâce à ce dernier qu'Alexandre est bien vivant (ζῶν). L'admiration qu'Alexandre a éprouvée pour Aristote (Ἀριστοτέλην δὲ θαυμάζων), coordonnée à une espèce d'amour filial (ἀγαπῶν οὐκ ἧττον, ὡς αὐτὸς ἔλεγε, τοῦ πατρός), est explicitement mentionnée chez Plutarque qui cherche à conférer à son récit une impression de vraisemblance en introduisant une subordonnée introduite par ὡς et en insistant avec le pronom αὐτὸς. Ce qui est devenu un discours direct dans la version arabe, est présenté par Plutarque comme un propos énoncé par Alexandre en personne (ὡς αὐτὸς ἔλεγε, τοῦ πατρός).

Cette concordance entre Plutarque, ayant vécu au premier siècle de notre ère, et al-Mubaššir ibn Fātik, ayant vécu approximativement dix siècles plus tard, montre non seulement comment certaines sentences ont dû circuler durant un long laps de temps, mais également le succès qu'elles ont dû rencontrer au Moyen Âge occidental et oriental. En effet, Plutarque fut l'un des auteurs de l'époque impériale les plus appréciés à Byzance où ses ouvrages étaient enseignés à l'école. De plus, les collections de sentences d'inspiration

135 Brocker (1966) 18; Magnino (1987) 8.

philosophique à l'échelle populaire, ou pour reprendre la formule de G. Strohmaier, «die Weisheit des kleinen Mannes»,[136] se sont répandues dans l'Orient à partir de modèles byzantins. En fait, une collection de sentences, le *Gnomologium Vaticanum*[137] datant du XIVe siècle ap. J.-C., conserve cette chrie:

| | |
|---|---|
| ὁ αὐτὸς ἐρωθεὶς τίνα μᾶλλον ἀγαπᾷ Φίλιππον ἢ Ἀριστοτέλην, εἶπεν· «ὁμοίως ἀμφοτέρους· ὁ μὲν γάρ μοι τὸ ζῆν ἐχαρίσατο, ὁ δὲ τὸ καλῶς ζῆν» | Le même, à qui l'on demanda qu'il aimait le plus, Philippe ou Aristote, répondit: «Tous deux pareillement: en effet, l'un m'a accordé la faveur de vivre, l'autre celle de bien vivre.» |

De toute évidence, l'interprétation musulmane de l'au-delà, que l'on retrouve chez al-Mubaššir, est absente dans cette collection byzantine. D'autant plus que la chrie citée du *Gnomologium Vaticanum* véhicule la même opposition que celle que l'on retrouve chez Plutarque où Philippe est vu comme à l'origine de la vie d'Alexandre alors qu'Aristote est vu comme celui qui a perfectionné la vie de celui-là.

En conclusion, il est clair que le *Roman d'Alexandre* et al-Mubaššir ibn Fātik ont, du moins, puisé dans la même collection de sentences ou dans deux collections qui se ressemblent. Il n'est pas possible d'avancer une hypothèse plus fondée dans cette question. Cela s'explique aussi par l'état de recherche en matière de ces collections de sentences. L'étendue du matériau à classer dépasse le cadre étroit de cette recherche. Néanmoins, il nous reste à citer l'exemple de Plutarque pour illustrer le passage d'une sentence grecque de l'Occident à l'Orient à travers Byzance.

### 2.1.3 Le tribut (I, 23)

Les antécédents de l'affrontement entre Alexandre le Grand et Darius commencent par un épisode bref organisé autour de l'épisode du tribut. Dans la traduction syriaque du *Roman d'Alexandre*, Alexandre se démarque de la coutume de son père Philippe en refusant de payer le tribut habituel aux satrapes de Darius sous forme d'œufs d'or. Il ordonne aux satrapes de transmettre à leur maître Darius le message suivant:

> «Quand Philippe n'avait pas d'enfants, ses poules pondaient des œufs d'or, mais depuis la naissance de son fils Alexandre, elles sont devenues stériles et ne pondent plus d'œufs. Maintenant, je vais y aller et je vais reprendre le tribut que tu as reçu de mon père jusqu'à présent.»[138]

Il s'agit d'une déclaration de guerre romanesque qui annonce la campagne militaire qu'Alexandre va mener contre l'empire de Darius, là où la recension β parle de «ᾠὰ χρύσεα ἑκατὸν ἀπὸ λιτρῶν εἴκοσι χρυσίου» («Cent œufs d'or d'un poids de vingt livres d'or.»),[139] ce qui équivaut à la somme énorme de 655 kg d'or. Or, dans la recension α, il est question du tribut sans que sa nature soit spécifiée. C'est probablement à partir de

136 Strohmaier (2003b) 3-16.

137 Sternbach (1963) 87.

138 Budge (1896) 31; il s'agit d'une traduction française de la traduction anglaise de l'éditition citée.

139 Bergson (1956) I, 23.

la traduction littérale du pluriel neutre ὠὰ χρύσεα, «des œufs d'or» de la recension β, que la version syriaque a inventé l'histoire de la poule aux œufs d'or. Cela montre par ailleurs que la traduction syriaque, bien qu'elle soit proche de la recension α, est également contaminée par la recension β datant du V^e siècle ap. J.-C. L'innovation syriaque de la poule aux œufs d'or a enrichi la tradition arabe à partir du IX^e siècle, comme le montre l'historien ad-Dīnawarī dans ses *Al-aḫbār aṭ-ṭiwāl (Les histoires détaillées)*[140]:

| | |
|---|---|
| Alexandre *(al-Iskandar)* lui [i.e.Darius] répondit par écrit que la poule, qui avait pondu ces œufs, était morte. | فكتب اليه الاسكندر ان الدجاج التى كانت تبيض ذلك البيض ماتت. |

Cette courte lettre d'Alexandre à Darius représente en quelque sorte la conclusion du récit suivant, qui, tout en réfutant la généalogie persane d'Alexandre, attache le refus de payer le tribut à la généalogie grecque[141]:

| | |
|---|---|
| En ce qui concerne les savants des Grecs *(ʿulamāʾ ar-Rūm)*, ils réfutent alors cela et prétendent qu'il [i.e. Alexandre] est le propre fils de Philippe et qu'à la mort de Philippe la dignité royale parvint à Alexandre *(al-Iskandar)*, qui refusa à Darius *(Dārā)*, fils de Darius *(Dārā)*, ce tribut fixé *(aḍ-ḍarība)* que son père avait coutume à lui payer. Puis, Darius *(Dārā)*, fils de Darius *(Dārā)*, lui écrivit ⟨une lettre⟩ en lui ordonnant d'apporter ce tribut *(al-itāwa)* et en lui apprenant qu'il n'y eut pas de paix entre son père et lui. | واما علماء الروم فيأبون هذا ويزعمون انه ابن الفيلفوس لصلبه وانه لما مات فيلفوس وافضى الملك الى الاسكندر امتنع على دارا ابن دارا بتلك الضريبة التى كان يؤدّيها ابوه اليه فكتب اليه دارا بن دارا يأمره بحمل تلك الاتاوة ويُعلمه ما كان بين ابيه وبينه من الموادعة عليها. |

Le tribut apparaît sous deux désignations chez ad-Dīnawarī: *aḍ-ḍarība* «le tribut fixé» signifiant dans l'arabe moderne «l'impôt» et *al-itāwa* «tribut» ou «don». A l'époque pré-islamique et proto-islamique ce terme signifiait «présent», «cadeau» avant de revêtir un sens plus négatif indiquant «pourboire».[142]

Chez l'historien aṭ-Ṭabarī, le tribut des œufs d'or apparaît même à deux reprises au cours du chapitre consacré à Darius III. L'histoire d'Alexandre est ainsi présentée selon une perspective persane. Cette double apparition illustre bien la technique de la composition du *Taʾrīḫ ar-rusul wa-l-mulūk (L'histoire des prophètes et des rois)*: il s'agit d'un assemblage de plusieurs sources présentées de façon acritique, l'une à côté de l'autre. Sans qu'il ne suive le *Roman d'Alexandre* de très près, il y a, du moins, une réminiscence du Pseudo-Callisthène:

140 Guirgass (1888) 32.
141 Guirgass (1888) 32.
142 EI², IV, 276 (Cl. Cahen).

aṭ-Ṭabarī[143]

قال وهلك دارا الاكبر وصار المُلك الى ابنه دارا الاصغر وكانت
ملوك الروم تؤدّى الخراج الى دارا الاكبر فى كلّ سنة فهلك ابو
هلاى ملك الروم جدّ الاسكندر لامّه فلمّا صار المُلك لابن ابنته
بعث دارا الاصغر اليه العادة إنك ابطأت علينا بالخراج الذى كنتَ
تؤدّيه ويؤدّيه مَن كان قبلك فآبعثْ الينا بخراج بلادك وإلّا نابذناك
المحرابةَ فرجع اليه جوابه انّى قد ذبحتُ الدجاجة واكلتُ لحمها ولم
يبق لها بقيّة وقد بقيت الاطراف.

Il dit que Darius *(Dārā)* le Vieux périt et la royauté parvint à son fils, Darius *(Dārā)* le Jeune. Les rois des *Rūm* avaient l'habitude de payer le tribut *(al-ḫarāğ)* chaque année à Darius *(Dārā)* le Grand. Le père d'*Halāy*, le roi des Grecs *(ar-Rūm)* et grand-père d'Alexandre *(al-Iskandar)* du côté maternel, mourra misérablement. Lorsque la royauté parvint au fils de sa fille, Darius *(Dārā)* le Jeune lui éveilla le souvenir de la coutume: «Certes toi, tu es en retard pour nous ⟨payer⟩ le tribut *(bi-l-ḫarāğ)* qui a été habituellement payé par tes prédécesseurs. Envoie-nous le tribut *(bi-ḫarāğ)* de ton pays, sinon nous commencerons à te faire la guerre.» Il lui renvoya sa réponse: «Moi, j'ai égorgé la poule et j'ai mangé sa chair. Il n'en reste rien d'elle à part les extrémités (…).»

aṭ-Ṭabarī[144]

وذكر بعضهم ان الاتاوة التى كان ابو
الاسكندر يؤدّيها الى ملوك الفرس كان
بَيْضا من ذهب فلمّا ملك الاسكندر
بعث اليه دارا يطلب ذلك الخراج فبعث
اليه انّى قد ذبحتُ تلك الدجاجة التى
كانت تَبيض ذلك البيض واكلتُ لحمها
فأذن بالحرب.

Quelques uns racontent que le tribut *(al-itāwa)* que le père d'Alexandre *(abū l-Iskandar)* avait coutume de payer aux rois de Perse consistait en œufs d'or. Lorsqu'Alexandre *(al-Iskandar)* devint roi, Darius *(Dārā)* lui envoya ⟨des ambassadeurs⟩ pour lui demander ce tribut *(al-ḫarāğ)*. Il [sc. Alexandre] lui envoya ⟨une lettre⟩: «Moi, j'ai égorgé cette poule qui avait pondu ces œufs et j'ai mangé sa chair. Annonce la guerre.»

L'historien aṭ-Ṭabarī se sert du terme *ḫarāğ* qui signifie «tribut» ou «tribut foncier». Ce terme si fréquent dans les textes à caractère historique décrivant l'origine de l'affrontement entre Alexandre et Darius, dérive, à travers un intermédiaire syriaque, du grec χορηγία «approvisionnement» ou «ressources». Sans être perçu comme un terme étranger, il a été attaché par les arabes à une racine indigène et revêt la signification d'une taxe foncière («land tax»).[145] L'idée du tribut «habituel» existe depuis la plus ancienne recension α dans la réplique des satrapes de Darius à Alexandre «Τοὺς συνήθεις φόρους ἀπαιτοῦντες τόν πατέρα σου» («Nous demandons le tribut habituel à ton père»).[146] Le verbe grec ἀπαιτέω-ῶ signifie «demander une chose à laquelle on a droit».

En ce qui concerne la figure de Philippe, il y a une différence fondamentale entre les recensions grecques et la tradition orientale. Dans les recensions grecques du *Roman d'Alexandre*, il est encore en vie lorsqu'Alexandre renvoie les envoyés de Darius, tandis que dans la tradition orientale, la question du tribut s'insère au moment où Alexandre a déjà

---

143 De Goeje (1879) 697.

144 De Goeje (1879) 700.

145 EI², IV, 1030-1053 (A. K. S. Lambton).

146 Kroll (1926) I, 23.

pris la succession de son père. Le tribut en œufs d'or représente un des premiers actes d'Alexandre devenu désormais roi de Macédoine. Dans le domaine grec, C. Jouanno souligne que cette scène apparaît également dans la *Vie d'Alexandre* de Plutarque,[147] dont la biographie d'Alexandre concorde, par ailleurs, très souvent avec le *Roman*. L'importance cruciale de l'épisode du tribut dans l'Orient ressort assez clairement chez al-Masʿūdī dans les *Murūǧ aḏ-ḏahab wa-maʿādin al-ǧawhar (Les prairies d'or et les mines de pierres précieuses)*[148] qui contient une sorte d'introduction historique remontant jusqu'à l'époque de Nabuchodonosor pour situer le tribut que les Grecs payaient aux Perses avant qu'Alexandre ne mît fin à cette pratique:

On dit que les Grecs – lorsque *al-Buḫt Nāṣir* marcha de sa demeure en Orient *(al-mašriq)* en Syrie *(aš-Šām)*, en Égypte et au Maghreb *(al-maġrib)*, il passa au fil de son épée ⟨toutes ces régions⟩ –, ils avaient la coutume d'obéir *(aṭ-ṭāʿa)* et ils apportèrent le tribut *(al-ḫarāǧ)* à la Perse. Leur tribut *(ḫarāǧ)* consista en œufs d'or, fixés en quantité et en poids, et un tribut fixé *(ḍarība)*. Lorsqu'Alexandre *(al-Iskandar)* – fils de Philippe, dont le règne s'est écoulé et dont Ptolémée a fait mention comme premier roi des Grecs – commanda, par son paraître et par sa grande portée d'esprit, Darius *(Dāriyūs)*, le roi des Perses, qui était *Dārā*, fils de *Dārā*, lui envoya ⟨une lettre⟩ dans laquelle il lui demanda le payement établi par la coutume. Alexandre *(al-Iskandar)* lui envoya ⟨une lettre⟩: «Moi, j'ai égorgé cette poule qui avait pondu les œufs d'or et je l'ai mangée.»

وقد قيل إنّ اليونانيّين لمّاً أن سار البُخت ناصر من ديار المشرق نحو الشام ومصر والمغرب وبذل السيف, كانوا يؤدّون الطاعة ويحملون الخراج إلى فارس, وكان خراجهم بيضًا من ذهب عددًا معلومًا ووزنًا مفهومًا وضريبةً محصورة, فلمّا أن كان من أمر الإسكندر بن فِلِبُس وهو الملك الماضي الذي هو أوّل ملوك اليونانيّين على ما ذكر بَطْليموس, ما كان مِن ظهوره وبُعد هِمّته , وبعث إليه دارِيُوس مِلِك فارس, وهو دارا بن دارا, يُطالبه بما جرى من الرسم, فبعث إليه الإسكندر: "إنّي قد ذبحتُ تلك الدجاجة التّي كانت تبيض بيضَ الذهب" وأكلتُها.

Ce qui est frappant, c'est que l'épisode se clôt, comme chez son prédécesseur ad-Dīnawarī par la conclusion épistolaire d'Alexandre: «Moi, j'ai égorgé cette poule qui avait pondu des œufs d'or et je l'ai mangée.» Cette sentence devient presque une sentence canonique, voire une affirmation classique dans la tradition historique en langue arabe et se trouve aussi chez l'historien Abū Manṣūr aṯ-Ṯaʿālibī dans *Ġurar aḫbār mulūk al-fars wa-siyarihim (L'origine des nouvelles des rois persans et leurs vies)*[149] qui la caractérise comme un proverbe *(miṯl)*:

Alexandre *(al-Iskandar)* dit au messager: «La poule qui avait pondu les œufs d'or est morte.» Cette sentence de lui est ⟨devenue⟩ un proverbe *(miṯl)*.

فقال الاسكندر للرسول قال له انّ الدجاجة الّتى كانت تبيض بيض الذهب قد ماتت

147 Jouanno (2002) 127.

148 Barbier de Meynard/Pavet de Courteille/Pellat (1966) § 669.

149 Zotenberg (1900) 403.

فذهبت مقالته هذه مثلًا.

Quant au tribut d'œufs d'or, al-Mubaššir ibn Fātik tend à s'éloigner davantage de son modèle grec. Du point de vue de la forme, ce dernier apparaît deux fois dans la section biographique. Cela illustre bien le fait que la biographie d'Alexandre est une compilation pour laquelle al-Mubaššir ne s'est pas seulement appuyé sur le *Roman d'Alexandre*, comme une sorte de fondement, mais également sur des sources de provenance islamique. Il est d'abord question de la coutume paternelle de Philippe puis du comportement de son fils Alexandre envers Darius:

al-Mubaššir ibn Fātik[150]

وكان فيلبس يؤدى إلى دارا ابن دارا, ملك الفرس ,من البيض المعمول من الذهب فى كل سنةٍ عددًا معلومًا ووزنًا مقدّرًا, إتاوةً يحملها إليه ويستكفُّ بها أذاه.

Philippe avait l'habitude d'envoyer chaque année à Darius *(Dārā)*, fils de Darius *(Dārā)*, le roi des Perses, des œufs faits d'or dont le nombre et le poids étaient fixés, en tant que tribut, qu'ils lui apportaient; il cherchait à repousser le mal.

al-Mubaššir ibn Fātik[151]

فلما مَلَكَ وقوى واستقامت له الأمور وبعث إليه دارا بن دارا يطالبه بأداء ما جرى الرَّسْمُ بأدائه من الأتاوة, فكتب إليه الاسكندر: "إنى قد ذبحت تلك الدجاجةَ التى كانت تبيض ذلك البيض!"

Lorsqu'il fut roi, il était fort (en ayant consolidé son pouvoir), et que les affaires s'étaient arrangées pour lui, Darius *(Dārā)*, fils de Darius *(Dārā)*, lui envoya ⟨des messagers⟩ qui lui demandaient le payment habituel du tribut. Alexandre *(al-Iskandar)* lui écrit: «J'ai égorgé la poule qui avait pondu ces œufs.»

En conclusion, on peut dire que la poule aux œufs d'or ne représente pas une invention orientale qui s'inspire du *Roman*, et tout particulièrement de la famille de β. Dans le domaine grec, une fable d'Ésope, intitulé *La poule aux œufs d'or* (Ὄρνις χρυσοτόκος)[152] montre que la version orientale a notamment une réminiscence ésopique. De plus, c'est un exemple très parlant qui montre comment la traduction syriaque du *Roman d'Alexandre* a pu contribuer à l'innovation arabe chez les historiens ad-Dīnawarī, aṭ-Ṭabarī, al-Masʿūdī ainsi que chez al-Mubaššir ibn Fātik. Pour ce dernier, on peut se demander si cet épisode peut être un indice pour l'existence d'une traduction du syriaque. Le tribut d'œufs d'or acquiert une nouvelle dimension dans l'Orient, où il s'inscrit très souvent dans l'accession au pouvoir et s'associe au passage de la royauté de Philippe à Alexandre. Ce qui est à l'origine du succès de cet épisode est certainement la réponse d'Alexandre consistant à dire que la poule est morte. Il s'agit d'une conclusion rhétorique de l'épisode, ce qui rappelle les collections de sentences; la réponse d'Alexandre le Grand revêt un rôle similaire que celle vue au chapitre précédent.

150 Badawī (1958) 223.

151 Badawī (1958) 226.

152 Chambry (2012) 287; *cf.* Nöldeke (1890) 10; *cf.* note 41 de Doufikar-Aerts (2010) 208: The motif originates in Aesop's fables.

*2.1.4 La lettre d'Alexandre à Darius (I, 38)*

La lettre d'Alexandre à Darius forme une entité de rhétorique épistolaire. Le cercle historique concentré autour de l'antagonisme entre Alexandre et Darius, transformé de manière romanesque chez le Pseudo-Callisthène, s'ouvre avec la lettre de Darius à laquelle répond la lettre d'Alexandre à Darius (I, 38). Chez al-Mubaššir ibn Fātik, la lettre de Darius présente la fusion qui a été opérée sur deux lettres du *Roman* (I, 36/I, 40), preuve d'une invention orientale, illustration de l'évolution constante du *Roman d'Alexandre*, dont les contours ne cessent de se modifier, lors du passage d'une recension grecque à l'autre. Le succès durable de la correspondance épistolaire entre Alexandre et Darius est attesté par la *Leyenda*, qui contient à la fois la lettre de Darius à Alexandre[153] ainsi que la réponse du Conquérant,[154] modifiées néanmoins à un tel point que l'on ne peut plus déceler le modèle grec précis.

En ce qui concerne la lettre d'Alexandre à Darius chez al-Mubaššir, on constate une ressemblance avec les recensions α et β du *Roman* qui la transmettent de façon plus ou moins similaire avec de légères différences. En comparant ces deux recensions à la version arabe de al-Mubaššir ibn Fātik, la recension β correspond davantage si l'on tient compte de la manière à travers laquelle Alexandre se qualifie lui-même: Alexandre se qualifie de *ibn Fīlibus* «fils de Philippe», tandis que dans la recension β, il se qualifie de υἱὸς βασιλέως Φιλίππου καὶ μητρὸς Ὀλυμπιάδος «fils du roi Philippe et de la mère Olympias». Lors du passage du grec à l'arabe, il y a une simplification puisque cette apposition typiquement grecque n'y figure plus:

| al-Mubaššir ibn Fātik[155] | *Roman d'Alexandre*[156] |
| --- | --- |
| وكتب إليه: "من ذى القرنين الملك ابن فيلبس إلى الذى يزعم أنه ملك الملوك وأن جنود السماء تهابه وأنه إله وضوءُ الدنيا دارا. | «Βασιλεὺς Ἀλέξανδρος υἱὸς βασιλέως Φιλίππου καὶ μητρὸς Ὀλυμπιάδος βασιλεῖ βασιλέων καὶ συνθρόνῳ θεῶν καὶ συνανατέλλοντι τῷ ἡλίῳ Δαρείῳ μεγάλῳ θεῷ Περσῶν βασιλεῖ χαίρειν. |
| Il lui écrit: «Du roi, le Bi-cornu *(Ḏū l-qarnayn)*, fils de Philippe à celui qui croit être le roi des rois *(malik al-mulūk)*, que les armées du ciel le redoutent et qui ⟨croit⟩ être un dieu et la lumière du monde, Darius *(Dārā)*. | «Le roi Alexandre, fils du roi Philippe et de la mère Olympias au roi des rois et à celui qui règne avec les dieux et qui se lève avec le soleil, à Darius, le grand roi des Perses, salut. |
| أما بعد! فكيف يحسن بمن كان يضيء لأهل الدنيا كإضاءة الشمس أن يهاب إنساناً حقيرًا ضعيفًا عبد مثل ذى القرنين! | αἰσχρόν ἐστι τὸν τηλικοῦτον βασιλέα Περσῶν Δαρεῖον τὸν τηλικαύτῃ δυνάμει ἐπαιρόμενον καὶ συνανατέλλοντα τῷ ἡλίῳ ὑπὸ ταπεινὴν δουλείαν πεσεῖν ἀνθρώπῳ ποτέ τινι |

153 García Gómez (1929) 8/9.
154 García Gómez (1929) 10.
155 Badawī (1958) 228/229.
156 Bergson (1956) I, 38.

Comment peut-il convenir à celui qui illuminait les peuples du monde comme illumination du soleil qu'il craigne un faible homme misérable, un serviteur, comme le Bi-cornu!

Ἀλεξάνδρῳ.
Il est honteux que le roi des Perses Darius, si puissant, qui se lève avec une force aussi grande et qui se lève avec le soleil, soit alors tombé en servitude misérable d'un certain homme, Alexandre.

فلا تظنَّ أنك ياهذا إله, ولكنك إنسانٌ مترف, أُمْلِىَ لك فطغيت. أوَ لا ترى أن الله يؤتى الملك والغلبة من يشاء؟! وأنت إنسان ضعيف طاغ تسمى باسم الإله الذى لا يموت؛ ولكن حق له أن يغضب على من تسمى باسمه وتسلط على جنده. وكيف يكون إلهاً من يموت ويبلى ويذهب ويُسْلَب سلطانه ويترك دنياه لغيره! ولكنك الذى من ضعفك لا تطيق مناوأة ذى القوة والبأس والنجدة.

αἱ γὰρ τῶν θεῶν ὀνομασίαι εἰς ἀνθρώπους χωροῦσαι μεγάλην δύναμιν αὐτοῖς παρέχουσιν ἢ φρόνησιν; πῶς γὰρ τῶν ἀθανάτων θεῶν ὀνόματα εἰς φθαρτὰ σώματα κατοικοῦσιν; ἰδοὺ δὴ καὶ ἐν τούτῳ κατεγνώσθης παρ' ἡμῶν ὡς μηδὲν δυνάμενος παρ' ἡμῖν, ἀλλ' ὡς τὰς τῶν θεῶν ὀνομασίας συγχρώμενος καὶ τὰς ἐκείνων δυνάμεις ἐπὶ τῆς γῆς ἑαυτῷ περιτιθῶν.

Ne crois pas que tu es un dieu *(ilāh)*, mais tu es un homme orgueilleux *(insān mutraf)*; j'ai été trop longtemps contraint de tolérer tes fautes, puis, tu es devenu un tyran. Ou bien, ne vois-tu pas que Dieu donne la royauté et la victoire, à qui il veut?! Tu es un homme faible *(wa-inta insānun ḍaʿifun)*, un tyran *(ṭāġ)*, tu t'appelles du nom de la divinité qui ne meurt pas. Mais le droit est à celui qui se met en colère contre celui qui se fait appeler de son nom et qui exerce le pouvoir absolu sur son armée. Comment peut être un dieu celui qui meurt, qui afflige, qui disparaît, dont la royauté lui est arrachée et qui laisse son monde à un autre! Mais toi, au contraire, tu es celui qui, à cause de ta faiblesse, ne peut se soulever contre quelqu'un pourvu de force, d'audace et de courage.

En effet, les appellations des dieux, qui s'avancent vers les hommes, leur confèrent une grande force ou une ⟨grande⟩ sagesse? En effet, comment peuvent habiter les noms des dieux immortels dans des corps mortels? Voici donc aussi en cela tu t'es rende compte à notre sujet que tu ne peux rien faire auprès de nous, mais que tu empruntes les appellations des dieux et que tu remplis leur forces sur la terre de toi-même.

وأنا سائرٌ إليك لقتالك ولاقيك بمثل ما يلقى به الملك الذى كتب عليه الموت لأنى إنسان: الموت فى عنقى, وأجلى آتٍ إلىّ. أرجو النصر من إلهى الذى خلقنى. عليه توكلت, وإياه أعبد, وبه أستعين أن يظهرنى عليك.

ἐγὼ γὰρ ἔρχομαι πρός σε πολεμήσων ὡς θνητὸν ὑπάρχοντα. ἡ δὲ ῥοπὴ τῆς νίκης ἐκ τῆς ἄνω προνοίας ἐστίν.

Moi, je viens chez toi pour te tuer et je te

En effet, moi, je viens chez toi pour faire la

rencontre comme on rencontre un roi à qui la mort a été destinée; puisque moi ⟨aussi⟩, je suis un homme: la mort est sur ma tête, le terme de ma vie doit venir vers moi. Je m'attends à l'aide de la part de la divinité *(an-naṣr min al-ilāh)* qui m'a crée, à qui je me confie entièrement, dont je suis le serviteur, à qui je demande secours ⟨pour⟩ qu'il m'aide contre toi.

guerre parce que tu es un mortel. L'impulsion de la victoire vient de la providence d'en haut.

فقد أعلمتنى فى كتابك من كثرة ما أوتيت من الذهب والفضة والكنوز ما بنا حاجةٌ إليه, ولا يخلفنى عن طلبه, حيث كان, شيءٌ؛

τί δὲ καὶ ἔγραψας ἡμῖν τοιοῦτον καὶ τοσοῦτον χρυσὸν καὶ ἄργυρον κεκτῆσθαι; ἵνα μαθόντες ἡμεῖς γενναιοτέρως πολεμήσωμεν, ὅπως ταῦτα ληψώμεθα; καὶ ἐγὼ μὲν ἐπάν σε νικήσω, περίφημος ἔσομαι καὶ μέγας βασιλεὺς παρὰ τοῖς Ἕλλησι καὶ βαρβάροις, ὅτι τὸν τηλικοῦτον βασιλέα δυνάστην Δαρεῖον ἀνεῖλον. σὺ δ' ἐμὲ ἐὰν ἡττήσῃς, οὐδὲν γενναῖον ἔπραξας. λῃστὴν γὰρ ἥττησας, καθὼς σὺ ἔγραψας ἡμῖν. ἐγὼ δὲ βασιλέα βασιλέων μέγα θεὸν Δαρεῖον ἥττησα.

Tu m'as appris dans la lettre combien de l'or, de l'argent et de trésors tu as reçu, dont nous avons besoin et tu ne m'empêches pas, en tout cas, de demander quelque chose.

Pourquoi tu nous as écrit que tu possèdes de l'or et de l'argent d'une telle qualité et quantité? Pour que nous sachons faire la guerre de façon de façon plus noble, pour nous emparer de cela? Et moi, quand je te vaincrai, je serai un grand roi célèbre auprès les Grecs et les barbares, parce que j'ai fait périer un roi si grand, le souverain Darius. Mais toi, si tu m'avais vaincu, tu n'aurais rien fait de noble. En effet, tu aurais vaincu un brigand, comme tu nous l'as écrit; tandis que moi, j'aurais vaincu le roi des rois, le grand dieu Darius.

وبعثت إلىَّ بدِرَّة وكُرة وتابوت ذهب. فأما الدِّرَّة فإنى سوط عذاب بعثنى الله عليكم لأذيقكم بأسه وأ كون لكم ملكاً ومؤدباً وإمامًا. وأما الكرة فإنى أرجو أن يجمع الله لى مُلك الأرض باجتماع الكرة فى يدى. وأما التبوت فإنه طائر عجيب ورسوخٌ فى نصر الله إياى عليكم, لأن التبوت خزانة من خزائنك مملوءة

ἀλλὰ καὶ σκῦτον καὶ σφαῖραν καὶ κιβώτιον χρυσίου ἐξέπεμψάς μοι. (...) τὸν μὲν γὰρ σκῦτον ἔλαβον, ἵνα ταῖς ἐμαῖς λόγχαις καὶ ὅπλοις δέρων τοὺς βαρβάρους ταῖς ἐμαῖς χερσὶν εἰς δουλείαν καθυποτάξω, τὴν δὲ σφαῖραν· ἐσήμανάς μοι ὡς τοῦ κόσμου ἐπικρατήσω· σφαιροειδὴς γὰρ καὶ στρογγύλος ὁ κόσμος τυγχάνει. τὸ δὲ

ذهباً. وهذه علامة تحول خزانة من خزائنك إليّ.
وأما السمسم فعدده كثير , ولكن هو ليّن عند المسّ
والمحسّة , مأ كول, ليس له نكاية ولا كراهة.

Tu m'as envoyé un fouet, un ballon et un coffre d'or. Quant au fouet, je suis alors le fouet du châtiment que Dieu vous a envoyé pour vous faire goûter sa puissance et pour être votre roi, votre précepteur et votre chef. Quant au ballon, j'espère alors que Dieu rassemble pour moi la royauté de la terre, à travers le ballon dans ma main. Quant au coffre, il est alors un augure merveilleux et une confirmation de l'aide de Dieu contre vous; parce que le coffre est un trésor de tes trésors, rempli d'or. Ce signe fait passer un de tes trésors à moi. Quant au sésame, sa quantité est alors grande, mais il adoucit en touchant et en tâtant, sans avoir rien de blessant et de répugnant lorsque l'on ⟨le⟩ mange.

وقد بعثت إليكم بقفيز من خردل, فذُق طعمه واعلم
أنك علوتَ فى نفسك وسطوت فى سلطانك
وظننتَ أنك أرعبتنا بما ذكرت من عُدّتك. وأرجو أن
يضعك الله بقدر ما رفعتَ من نفسك حتى يتسامع
بك أهل الأرض, وأن يظهرنى عليك. وثقتى به,
وتوكلى عليه. وسلام!

Je vous envoie une auge de moutarde *(bi-qafīz min ḫardal)*, goûte cette nourriture et saches que tu t'es enorgueilli toi-même et tu t'es jeté avec impétuosité sur ton pouvoir. Tu as pensé que tu nous as effrayés par la mention de ton équipement militaire et de ta munition. J'espère que Dieu se moque de toi comme tu t'es levé au-dessus de toi-même pour que ⟨tous⟩ les peuples de la terre t'obéissent, et qu'il me fasse sortir contre toi ⟨pour te combattre⟩. J'ai confiance en lui, je me confie à lui. Et sur ce, salut!»

κιβώτιον τοῦ χρυσίου μέγα σημεῖον ἔπεμψάς μοι· ὑποταγὴν γὰρ ἑαυτοῦ ἐμήνυσάς μοι. νικηθεὶς γὰρ ὑπ' ἐμοῦ φόρους μοι τελέσεις.»

Mais tu m'avais envoyé un fouet, un ballon et un coffre d'or. (...) En effet, d'un côté, j'ai pris le fouet pour que je réduisse les barbares de mes propres mains en esclavage en châtiant au moyen de mes lances et des armes – de l'autre côté, le ballon; tu m'as annoncé que je me rendrai maître de l'univers. En effet, l'univers se trouve être sphérique et rond. Tu m'as envoyé le coffre d'or comme un grand signe; en effet, tu m'as indiqué ta propre soumission. En effet, étant vaincu par moi, tu me payeras le tribut.»

D'un point de vue formel, contrairement au *Roman d'Alexandre* la version de al-Mubaššir ibn Fātik se démarque par un ajout à la fin, auquel rien ne paraît correspondre en grec. Le début de la lettre est très semblable dans les deux versions. L'expression de l'opposition, presque ironique, entre Darius et le Conquérant, présenté par Alexandre sur un niveau bien supérieur que lui-même, introduit le récit épistolaire. En fait, Alexandre se désigne chez al-Mubaššir *ʿabd* comme «serviteur», «serviteur de Dieu», tandis que dans la version grecque cette idée est comprise dans le syntagme ὑπὸ ταπεινὴν δουλείαν πεσεῖν «tomber en servitude misérable». La version de al-Mubaššir comprend également l'innovation orientale de la moutarde qu'Alexandre est censé envoyer à Darius. On trouve mention de cette moutarde uniquement dans les *Annales* d'Eutychius[157]:

Alexandre *(al-Iskandar)* répondit à Darius *(Dāriyūs)* par une lettre dont voici la copie:
«De la part de celui qui est roi par la grâce de Dieu, du serviteur de Dieu, Alexandre *(al-Iskandar)*, roi des Grecs *(al-Yūnāniyyīn)* au hautain Darius *(Dāriyūs)*: J'ai compris ta lettre, dans laquelle tu me représentes commettre une injustice contre ton commandement en me menaçant (…).»
Il lui envoya des grains de moutarde dans une bourse.

فأجاب الاسكندر داريوس بكتاب هذه نسخته:

"من المتملّك من الله عبد الله الاسكندر وملك اليونانيين الى داريوس المستعلي: فهمت كتابك وما وصفتني بهِ من التعدّي لامرك وما تواعدتني بهِ.

فبعث اليه بصرَّة خردل.

A la suite de la lettre d'Alexandre à Darius, Eutychius présente une autre innovation que distingue sa version du *Roman* du Pseudo-Callisthène. Il s'agit d'un bref «discours délibératif» (λόγος συμβουλευτκός) et plus précisément d'un «discours d'exhortation» (λόγος παρακλητικός) destiné, non comme celui cité ci-dessus du chapitre I, 25, aux enfants d'un certain nombre de peuples grecs, mais plus précisément à ses généraux et à ses notables.[158] Ce discours d'exhortation présent dans les *Annales* d'Eutychius[159] est suivi de la réponse de ces derniers, profondément marquée par la patine musulmane:

Puis, Alexandre *(al-Iskandar)* rassembla ses généraux *(baṭāriqatahi)* et ses notables *(riğālahi)* en leur disant:
«Ô gens, les choses surviennent par trois vertus: la bonne pensée, la force et le moyen de les concrétiser. Celui qui voudrait et qui disposerait de ces vertus, qu'il me rejoigne. Celui qui n'en disposerait pas, qu'il reste à l'écart. (…)»

ثم ان الاسكندر جمع بطارقته ووجوه رجاله فقال لهم:

يا قوم ان الاشياء تتمّ بخصال ثلث منها الفكر الجيّد والقوَّة عليهِ ثم العمل بهما بالنيَّة الصادقة. فمن كان على ذلك منكم فهو على سبيل الظفر بما يريد ومن كانت هذه فيهِ فليلحق بي ومن كان بخلافه فليتخلَّف عني. (...)

157 Cheikho (1906) 78.
158 *Cf.* le chapitre 2.1.5.
159 Cheikho (1906) 78/79.

| | |
|---|---|
| Il approuva leur discours *(fa-istaḥasana qaulahim).* | فاستحسن قولهم. |

Au-delà de la théorie rhétorique, selon laquelle le bref discours pourrait être compris comme un discours d'exhortation, un autre genre se déploie également, celui du miroir des princes. Alexandre s'adresse à ses généraux et ses notables à travers un registre presque solennel en citant trois «vertus» *(ḫiṣāl)* – qui le pluriel de *ḫiṣla* «qualité», «mérite», «vertu» – «la bonne pensée», «la force et le moyen de les concrétiser». Or, Alexandre ne se caractérise pas uniquement en tant que souverain par ces trois vertus mais il les exige également de ceux auxquels il adresse la parole. C'est la figure de pensée de l'antithèse («Celui qui voudrait et qui disposerait de ces vertus, qu'il me rejoigne. Celui qui n'en disposerait pas, qu'il reste à l'écart.») qui constitue la fin de ce bref discours.

En ce qui concerne la désignation des généraux d'Alexandre, c'est le pluriel *baṭāriqa*, qui est utilisé, *biṭriq* au singulier, désignant plus précisément les «généraux d'une armée chrétienne». Par ailleurs, ce terme arabe dérive étymologiquement du latin *patricius*.

L'extrait d'Eutychius se termine par l'acquiescement d'Alexandre. Le fait qu'Alexandre approuve leur réponse renvoie à un vocabulaire rhétorique: le verbe à la forme X *istaḥasana* signifie «approuver», mais également «louer», «donner des éloges»; le nom d'action de forme simple *(maṣdar) qaul* signifie «mot», «parole». Dans ce cas-ci, on pourrait le traduire par «discours» ce qui le rapprocherait du grec ὁ λόγος, «la parole» ou bien «le discours».

En conclusion, on constate que la lettre d'Alexandre à Darius forme un élément qui confère au récit historique une certaine vivacité. Par ailleurs, l'exemple de la rhétorique épistolaire montre l'impact de cette discipline antique et sa transformation musulmane dans l'Orient.

### 2.1.5 Pausanias (I, 23/24)

Dans la tradition arabe, l'assassinat de Philippe de la main de Pausanias, présent dès la recension α, n'est conservé que chez al-Mubaššir ibn Fātik, où ce récit correspond au début du règne d'Alexandre comme roi de Macédoine. La biographie romanesque de al-Mubaššir s'ouvre avec la généalogie historique citée ci-dessus, avant de décrire de façon très détaillée les circonstances de la mort de Philippe. Ces circonstances, qui forment le cadre, voire le fond du couronnement d'Alexandre, illustrent l'ascension au pouvoir de ce dernier, présenté comme successeur de son père.

D'un point de vue historique,[160] l'épisode de Pausanias est une invention romanesque du Pseudo-Callisthène qui peint la réalité historique «à travers un prisme déformant», pour reprendre partiellement la formule de C. Jouanno,[161] qui s'est non seulement particulièrement intéressée à l'évolution du *Roman d'Alexandre* d'une recension à l'autre, mais également à la rencontre entre la création romanesque et la tradition historique.[162] De fait, le *Roman* du Pseudo-Callisthène offre de nombreux exemples du processus, selon

160 Wilcken (1931) 53.
161 Jouanno (2002) 144.
162 Jouanno (2002) 127-190.

lequel la tradition historique se transforme avant de devenir un véritable chapitre romanesque finissant par être traduit même en arabe:

> Un exemple de ce genre d'échos lointains nous est fourni par l'épisode de l'assassinat de Philippe (I,24) où, dans un développement tout droit sorti de l'imagination de l'auteur, subsistent quelques bribes de réalité historique, le motif de l'assassinat, bien sûr, mais aussi le nom donné au meurtrier du roi, que le Pseudo-Callisthène appelle correctement Pausanias, tout en lui prêtant une identité nouvelle: ce Pausanias, censé être un Thessalonicien riche et puissant, n'a en effet rien à voir avec l'officier macédonien de l'histoire, et les motifs qui le poussent à éliminer le roi de Macédoine sont eux aussi tout différents des mobiles de Pausanias historique: au geste perpétré par ce dernier pour se venger d'une sombre affaire de viol homosexuel s'est substituée une «romanesque» histoire d'amour: Pausanias élimine Philippe parce qu'il est tombé amoureux d'Olympias et désire de se débarrasser d'un époux qui l'encombre. Le lieu de l'assassinat est toutefois resté le même que dans la tradition historique, puisque Philippe dans le *Roman* est tué en plein théâtre, comme le fut le personnage réel.[163]

Dans le domaine grec, on peut constater que ce chapitre (I, 24) apparaît dans le *corpus* du *Roman d'Alexandre* depuis la recension α. On le retrouve aussi dans la famille de β, c'est-à-dire également dans le texte L et la recension γ, tandis qu'il est inconnu de la recension ε. Or, cette dernière, marquée par un esprit fortement inventif, peut être exclue comme modèle grec de la version arabe de al-Mubaššir ibn Fātik. Cet auteur s'inspire du présent chapitre du *Roman d'Alexandre* pour expliquer avant tout la cause de la mort de Philippe et le passage de pouvoir de père en fils. Alors qu'Alexandre a été envoyé par son père pour réprimer les peuples au Nord de la Grèce qui se seraient révoltés, Pausanias convoite Olympias, la mère d'Alexandre. Une comparaison entre la version arabe de al-Mubaššir et la recension β montre qu'il ne s'agit pas d'une traduction littérale, la version grecque fournissant plus de détails:

| al-Mubaššir ibn Fātik[164] | *Roman d'Alexandre*[165] |
|---|---|
| وكان مُلْك فيلبس سبع سنين؛<br>Philippe régna sept années. | |
| وكان سبب قتله أن رجلا من عظماء<br>أصحابه يقال له فاوس كان قد هوى<br>امرأته, أم الاسكندر، فراسلها<br>واستمالها فامتنعت عليه. فعمل على | Ἦν δέ τις ἐκεῖ Παυσανίας ὀνόματι, ἀνὴρ μέγας<br>καὶ πλούσιος σφόδρα καὶ ἐξάρχων Θεσσαλονικέων.<br>οὗτος οὖν εἰς ἐπιθυμίαν ἐλθὼν Ὀλυμπιάδος τῆς<br>μητρὸς Ἀλεξάνδρου ἔπεμψε πρὸς αὐτήν τινας<br>τοὺς δυναμένους πεῖσαι αὐτὴν καταλεῖψαι τὸν<br>Φίλιππον τὸν ἄνδρα αὐτῆς καὶ γαμηθῆναι αὐτῷ |

163 Jouanno (2002) 144.
164 Badawī (1958) 222.
165 Bergson (1956) I, 24.

أن يقتل فيلبوس زوجها ويأخذ الملك ويأخذها.

La raison de son assassinat était qu'un homme important *(rağulan min ʿuẓamāʾ)*, appelé Pausanias *(Fāus)*, était tombé amoureux de son épouse, la mère d'Alexandre *(umm al-Iskandar)*. Puis, en correspondant avec elle, il chercha à la rendre favorable *(istamālaha)* ⟨à son égard⟩. Mais elle se refusa à lui. Puis, il s'efforça de tuer son mari Philippe *(Fīlibūs)* et de s'emparer à la fois du pouvoir royal et d'elle.

πέμψας αὐτῇ χρήματα πολλά. τῆς δὲ Ὀλυμπιάδος μὴ κατανευσάσης ἐλθὼν Παυσανίας, ἔνθα ἦν Φίλιππος, γνοὺς τὸν Ἀλέξανδρον ἐπὶ πόλεμον πορευθέντα εἰσῆλθεν ἀγῶνος τελουμένου θυμελικοῦ. καὶ τοῦ Φιλίππου ἐν τῷ Ὀλυμπίῳ θεάτρῳ ἀγωνοθετοῦντος ἐπεισέρχεται ξιφήρης ὁ Παυσανίας ἐν τῷ θεάτρῳ μετὰ καὶ ἑτέρων γενναίων ἀνδρῶν ἀνελεῖν βουλόμενος τὸν Φίλιππον, ἵνα τὴν Ὀλυμπιάδα ἁρπάσῃ.

Il y avait là même un certain homme du nom de Pausanias, un homme puissant et riche, chef des Théssaloniciens. Comme celui-là fut pris de désir pour Olympias, la mère d'Alexandre, il lui envoya des hommes puissants afin de la convaincre d'abandonner son mari Philippe et de se marier avec lui. Il lui envoya de nombreux présents de prix. Comme Olympias ne consentait pas, Pausanias se rendit là, où se trouvait Philippe, sachant qu'Alexandre était parti à la guerre; il entra à la fin de la pièce de théâtre. Philippe était arbitre dans le théâtre Olympien, lorsque Pausanias, armé d'une épée, entra par surcroît au théâtre avec d'autres hommes, nobles par la naissance, voulant faire périr Philippe afin de ravir Olympias.

La version de al-Mubaššir ibn Fātik est une version abrégée de son modèle grec qui devrait être proche de la famille de β. La version arabe apparaît dépouillée des thèmes liés au contexte grec. Il n'est plus question du théâtre Olympien où se trouve Philippe au moment de l'assassinat, ni de l'ἀγῶν théâtral (τοῦ Φιλίππου ἀγωνοθετοῦντος). Bien au contraire, al-Mubaššir met l'accent sur le passage de la royauté de Philippe à Alexandre dans son introduction à l'épisode. La durée du règne de Philippe est sans équivalent dans le *Roman* et s'explique par l'objectif du traitement historico-biographique, c'est-à-dire par la nature même du texte. La biographie d'Alexandre doit fournir des informations complémentaires aux sentences gnomiques et aux chries attribuées à Alexandre.

Le début de al-Mubaššir est constitué par une formule figée «La raison de le tuer était (…)» *(wa-kāna sababu qatlihi)* que l'on retrouve aussi chez Eutychius, *Annales*[166] au début de sa version de l'histoire d'Alexandre où il est question de l'assassinat de Darius III. Chez l'historien arabo-chrétien, cette formule figée rentre dans le cadre étroit de la vision historique basée essentiellement sur l'antagonisme entre Darius III et Alexandre: «La raison pour laquelle Alexandre tua Darius, le roi des Perses était (…)» *(wa-kāna sababu qatli l-Iskandar Dāriyūs malikan l-furs)*.

166 Cheikho (1906) 77.

Quant aux noms propres, le nom de l'assassin de Philippe, Παυσανίας, est abrégé, avec la chute du suffixe du nom, en *Fāūs* chez al-Mubaššir ibn Fātik. Comme la langue arabe ignore l'équivalent phonétique du π grec, on aurait pu avoir, conformément à l'usage contemporain, *Bāūs*. En même temps, le nom Φίλιππος est rendu par Fīlibūs avec un *b* en position intervocalique, tandis que la consonne aspirée φ, sans équivalent en arabe, n'est pas rendue par la sourde correspondante *p*. Sans citer le nom d'Olympias, al-Mubaššir la désigne par rapport à son mari Philippe et par *umm al-Iskandar* «mère d'Alexandre», une expression que la recension α ne connaît pas, tandis que la recension β la conserve (τῆς μητρὸς Ἀλεξάνδρου). En ce qui concerne la désignation du statut social de Pausanias, il semble reproduire un «homme puissant» (ἀνὴρ μέγας) au moyen de l'arabisme *rağulan min ʿuẓamāʾ* «un homme puissant».

Le choix lexical de al-Mubaššir ibn Fātik donne l'impression que sa version est légèrement modifiée par rapport à la famille de β. En parlant de Pausanias qui essaie de séduire Olympias, il évoque une correspondance inconnue du *Roman* en grec. Selon la version arabe, Pausanias «chercha à la rendre favorable» (*istamālaha*), le verbe *māla* à la forme X ayant perdu toute connotation rhétorique de l'infinitif aoriste marquant le but πεῖσαι suivant l'aspect ponctuel dans la version grecque. La différence entre l'arabe et le grec est encore plus patente pour ce qui est de la réaction d'Olympias à l'action de Pausanias: le verbe arabe *manaʿa* à la forme VIII, construit avec la préposition *ʿalā*, peut signifier soit «refuser quelque chose à quelqu'un», soit «avoir de la répugnance contre quelqu'un». Dans ce sens-là, le verbe arabe paraît plus fort que le verbe grec κατανεύω «faire un signe d'assentiment», qui apparaît nié sous forme d'un génitif absolu (τῆς δὲ Ὀλυμπιάδος μὴ κατανευσάσης).

A la suite de la scène au théâtre, al-Mubaššir revient en arrière en ce qui concerne la chronologie du *Roman d'Alexandre*: à la première partie du chapitre sur Pausanias (I, 24) fait suite le bref récit de la révolte de la ville des Thraces. Il mentionne deux villes qui se seraient révoltées contre l'autorité macédonienne: le royaume de *Sarīṭūn* et la ville des Thraces. C'est dans cette dernière que Philippe aurait envoyé Alexandre afin de la pacifier. Dans le *Roman d'Alexandre*, la ville des Thraces, en révolte contre l'autorité macédonienne, se trouve au chapitre (I, 23):

| al-Mubaššir ibn Fātik[167] | *Roman d'Alexandre*[168] |
| --- | --- |
| فاتفق أن فيلاطس الملك مات, فبعث فيلبس عسكراً مع أصحابه لمحاربة سريطون بن فيلاطوس لأنه كان قد عصاه؛ | Ἦν δὲ ἡ πόλις Μοθώνη ἀντάρασα τῷ Φιλίππῳ. πέμπει οὖν Φίλιππος τὸν Ἀλέξανδρον μετὰ πολλῆς στρατίας τοῦ πολεμῆσαι. ὁ δὲ Ἀλέξανδρος παραγενόμενος ἐπὶ τὴν Μοθώνην λόγοις συνετοῖς ἔπεισε τούτους ὑπηκόους γενέσθαι. (...) |
| En même temps, il se trouva que le roi *Fīlāṭūs* mourût. Philippe *(Fīlibus)* envoya | La ville de Mothone s'était dressée contre Philippe. Philippe y envoya donc Alexandre |

167 Badawī (1958) 222/223.

168 Bergson (1956) I, 23.

donc une armée avec un de ses compagnons [i.e. sous le commandement d'un de ses généraux] pour faire la guerre à *Sarīṭūn*, fils de *Fīlāṭus*, parce qu'il avait formé une coalition contre lui.

وبعث عسكراً آخر مع ابنه الاسكندر الى مدينة تراقوس لمحربة أهلها لعصيانهم له أيضًا.

Il envoya une autre armée sous le commandement de son fils Alexandre *(al-Iskandar)* dans la ville des Thraces *(Tarāqūs)* pour faire la guerre à ses habitants parce qu'ils s'étaient aussi révoltés contre lui.

pour faire la guerre avec une armée nombreuse. Après s'être rendu à Mothone, Alexandre au moyen de paroles prudentes persuada ses habitants de lui obéir (...)

Πάλιν οὖν ἑτέρας πόλεως ἀτακτούσης τῶν Θρᾳκῴων τῷ Φιλίππῳ πέμπει τὸν Ἀλέξανδρον μετὰ πλήθους στρατιωτῶν πολεμῆσαι αὐτήν.

A nouveau, comme une autre ville des Thraces fut dressée contre Philippe, il envoya Alexandre avec une foule de soldats pour lui faire la guerre.

Dans cet épisode, les noms propres en arabe posent problème: ils ne sont pas les mêmes que dans le texte grec. La mort d'un roi nommé فيلاطوس *(Fīlāṭūs)* avec la variante فيلاطون *(Fīlāṭūn)* n'a pas de terme correspondant en grec.

Quant à la désignation de «la ville des Thraces» en arabe, les désinences des cas en grec ont souvent été abrégées dans l'écriture en majuscules. Par conséquent, le génitif pluriel grec n'a pas été reconnu par le scribe et transcrit en arabe par un cas direct: dans le syntagme *ilā madīna Tarāqūs*, *Tarāqūs* est au nominatif et non pas au génitif *Tarāqūsīn* comme dans le *Roman*. Dans la recension α, il n'est pas question de la ville des Thraces, mais uniquement d'une ville (καὶ δὴ ἑτέρας πόλεως ἀτακτησάσης πέμπει αὐτὸν ἐκεῖ πολεμῆσαι).[169] La recension β correspond littéralement au texte L, à une différence près: la ville de Μοθώνη devient Μαθώνη dans le texte L. Bien que al-Mubaššir ibn Fātik ne traduise pas la recension β, il y a un certain nombre d'expressions où le grec et l'arabe se ressemblent: La construction participiale au génitif absolu en grec (Πάλιν οὖν ἑτέρας πόλεως ἀτακτούσης τῶν Θρᾳκῴν τῷ Φιλίππῳ) se retrouve en arabe sous forme d'une variation stylistique composée de deux syntagmes: la locution prépositionnelle *ilā madīna Tarāqūs* «vers la ville des Thraces» et la causale *li-ʿiṣyānihim lahū* «parce qu'ils s'étaient révoltés contre lui». La subordonnée causale arabe fait écho au participe actif féminin ἀτακτούσης (...) τῷ Φιλίππῳ. A l'expression grecque au génitif ἑτέρας πόλεως «une autre ville» correspond en arabe *ʿaskaran aḫara* «une autre armée»; le syntagme πέμπει τὸν Ἀλέξανδρον μετὰ πλήθους στρατιωτῶν est transposé en arabe par *baʿaṯa ʿaskaran aḫara maʿa ibnihi al-Iskandar* «il envoya une autre armée avec son fils Alexandre», c'est-à-dire «il envoya son fils Alexandre avec une autre armée».

L'innovation de al-Mubaššir ibn Fātik consiste dans une nouvelle disposition de la matière romanesque. Il arrange les expéditions militaires contre les villes en révolte (I, 23) en sorte qu'elles divisent, en quelque manière, le récit du meurtre de Philippe de la main de Pausanias (I, 24) en deux étapes. Cet artifice lui permet à la fois de créer une certaine tension dans le récit et de fournir une explication concernant l'absence d'Alexandre qui,

169 Kroll (1926) I, 23.

dans la deuxième partie, occupe presque le rôle d'un *deus ex machina* pour venger son père. Cette séquence, centrée sur les hostilités en Grèce, représente un ajout dans la version arabe. Suivant la logique du récit chez al-Mubaššir ibn Fātik, cet ajout est nécessaire puisqu'il prépare le thème de l'unification de la Grèce par Alexandre, unification dont il sera question ci-dessous. Après cet ajout, le récit de al-Mubaššir revient en arrière sur la présentation de l'assassinat de Philippe par Pausanias qui frappe le roi d'un coup de poignard avant de prendre Olympias comme prisonnière. Dans la version arabe et dans la recension β, Alexandre résout cette situation au moment où il donne à son père la possibilité de tuer Pausanias:

| al-Mubaššir ibn Fātik[170] | *Roman d'Alexandre*[171] |
|---|---|
| فلما رأى فاوس تفرق عسكر فيلبوس عنه طمع فيه وأزمع على قتله فجمع من وافقه على غرضه من الرجال. | |
| Lorsque *Fāūs* vit que l'armée de Philippe *(Fīlibus)* était dispersée, il le chercha partout et se livra tout entier à son intention de le tuer. Puis, il rassembla des hommes d'accord pour s'associer à son projet. | |
| ووثب على فيلبس وضربه ضربات كثيرة بالسيف, ومنعه الناس عنه. فسقط فيلبس وقيذاً. وهاج اهل البلد وجيشه وافتتن البلد. | καὶ ἐπιβὰς αὐτῷ ἔπληξεν αὐτὸν ξίφει κατὰ τῆς πλευρᾶς. (…) |
| Il se jeta sur Philippe en le frappant de nombreux coups de sabre, avant qu'il fût protégé de lui par son entourage. Philippe tomba par terre et il était proche de la mort.Tous les habitants du pays ainsi que l'armée furent excités par l'indignation, et le pays fut incité à la sédition. | Etant marché vers lui, il le frappa de ⟨son⟩ épée dans le flanc. (…) |
| ووصل الاسكندر في ذلك الوقت فسمع الجلبة, فسأل عن حال الناس فأخبروه بحال أبيه. | συνέβη οὖν νικηφόρον ἐπανελθεῖν τὸν Ἀλέξανδρον αὐτῇ τῇ ἡμέρᾳ ἐκ τοῦ πολέμου καὶ ὁρᾷ μεγίστην ταραχὴν ἐν τῇ πόλει καὶ ἠρώτησε τί τὸ γεγονός. καὶ λέγουσιν αὐτῷ, ὅτι Παυσανίας εἰς τὸ παλάτιόν ἐστι θέλων ἁρπάσαι Ὀλυμπιάδα τὴν μητέρα σου. |

170 Badawī (1958) 223.

171 Bergson (1956) I, 24.

Lorsqu'Alexandre *(al-Iskandar)* arriva à ce moment-là et entendit le bruit confus, il interrogea les gens sur ce qui se passait et on le mit aussitôt au courant de l'état de son père.

Il arriva donc qu'Alexandre retournât vainqueur de la guerre ce jour même, il vit un grand trouble dans la ville et demanda ce qui s'était passé. On lui dit que «Pausanias était au palais et il voulait enlever sa mère Olympias.»

فدخل مسرعاً فوجد أباه مُشْرفاً على التلف, ووجد أمَّه أسيرة في يد فاوس. فهمّ أن يضربه بالسيف, فخشى على أمه لتشبُّثه بها. فقالت له أمه: اقتله ولا تتوقف عليه بسببى. فضربه الإسكندر بسيفه حتى قاربه التلف.

καὶ εὐθέως εἰσέρχεται μεθ' ὧν ἐτύγχανεν ὑπερασπιστῶν αὐτοῦ καὶ συλλαμβάνει τὸν Παυσανίαν κατέχοντα τὴν Ὀλυμπιάδα μετὰ βίας μεγάλης κραυγαζούσης τῆς Ὀλυμπιάδος. καὶ ἠβουλήθη Ἀλέξανδρος μετὰ λόγχης δοῦναι αὐτῷ καὶ δέδοικε, μήπως καὶ τὴν μητέρα αὐτοῦ πατάξῃ. κατεῖχε γὰρ αὐτὴν βίᾳ πολλῇ. ὁ δὲ Ἀλέξανδρος ἀποσπάσας τὸν Παυσανίαν ἀπὸ τῆς μητρὸς αὐτοῦ ἔπληξεν αὐτὸν τῇ λόγχῃ ᾗ κατεῖχεν.

Il entra vite et trouva son père sur le point de mourir et sa mère prisonnière dans la main de *Fāūs*. Il songea à le frapper de son sabre, mais il craignit pour sa mère puisque *Fāūs* se raccrochait à elle. Sa mère lui dit alors: «Tue-le sans t'arrêter à cause de moi.» Puis, Alexandre *(al-Iskandar)* le frappa de son épée jusqu'à ce qu'il fût proche de la mort.

Et, soudain il entra avec ceux de ses gardes de corps qui l'accompagnaient et arrêta Pausanias qui tenait très fortement Olympias, parce qu'Olympias criait. Et Alexandre voulut lui donner ⟨un coup⟩ de lance, mais il eut peur de frapper aussi sa propre mère. En effet, il la tenait de beaucoup de force. Alexandre, après avoir arraché sa mère à Pausanias, le frappa de la lance par laquelle il le retenait.

ثم تركه صريعاً ومضى إلى أبيه وفيه رَمَق فقال له: قُمْ أيها الملك فخذ السيف واقتل عدوك وخد ثأرك بيدك. فقام فيلبس فقتل فاوس؛ ثم مات, فدفنه الإسكندر ومَلَك بعده.

μαθὼν δὲ τὸν Φίλιππον ἔτι ἔμπνουν ὄντα προσελθὼν λέγει αὐτῷ· «πάτερ, τί βούλει περὶ Παυσανίου;» ὁ δὲ λέγει· «ἀνένεγκέ μοι αὐτὸν ὧδε.» καὶ ἀγαγὼν αὐτὸν λαβὼν Ἀλέξανδρος μάχαιραν ἐντέθεικεν εἰς τὴν χεῖρα Φιλίππου καὶ προσήνεγκεν αὐτῷ τὸν Παυσανίαν. καὶ κρατήσας αὐτὸν Φίλιππος ἔσφαξεν αὐτὸν (…) Φίλιππος ἀπέπνευσεν. θάπτεται δὲ βασιλικῶς ὅλης τῆς Μακεδονίας συνελθούσης.

Ensuite, il le laissa gisant ⟨par terre⟩, alors qu'il avait ⟨encore⟩ son dernier souffle *(wa-fīhi ramaqun)*, et s'avança vers son père en lui disant: «Lève-toi, ô roi, prends ton épée et tue ton ennemi en te vengeant de ta propre main.» En se levant Philippe tua *Fāūs*; ensuite, il mourut. Alexandre l'enterra et régna

S'étant rendu compte que Philippe était encore en vie et étant allé vers ⟨lui⟩, il lui dit: «Quelle est ton intention avec Pausanias?» Il lui dit: «Amène le moi par ici.» Après l'avoir amené, Alexandre prit un sabre qu'il mit dans la main de Philippe et lui amena Pausanias. S'étant rendu maître de lui, Philippe l'égorgea (…) Philippe expira. Il fut enseveli royalement, alors que toute après lui. la Macédoine était réunie.

Malgré certaines correspondances thématiques, les deux versions présentées ci-dessus montrent également des divergences. Par exemple, le fait que Pausanias «rassembla des hommes d'accord pour s'associer à son projet» dans la version arabe ne rappelle que vaguement la scène au théâtre, où Pausanias entra accompagné «d'autres hommes». L'ordre de la phrase grecque μαθὼν δὲ τὸν Φίλιππον ἔτι ἔμπνουν ὄντα προσελθὼν λέγει αὐτῷ («S'étant rendu compte que Philippe était encore en vie et étant allé vers ⟨lui⟩, il lui dit») a été modifiée dans la version arabe. Le syntagme *tumma tarakahu ṣarīʿan* «il le laissa gisant ⟨par terre⟩» est un ajout dans la traduction arabe, tandis que la construction participiale typiquement grecque introduite par verbe de perception μανθάνω (μαθὼν δὲ τὸν Φίλιππον ἔτι ἔμπνουν ὄντα «S'étant rendu compte que Philippe était encore en vie» a été simplifiée en arabe par le syntagme *wa-fīhi ramaqun* «alors qu'il n'avait pas ⟨encore⟩ rendu son dernier souffle»). Ce syntagme de al-Mubaššir ibn Fātik, que l'on vient de citer, a été interchangé avec le participe aoriste προσελθὼν ce qui montre que la traduction n'a pas été conduite de façon linéaire. Etant donné l'usage courant du participe en grec, il n'est pas surprenant que la version arabe ait un verbe conjugé (*wa-maḍā ilā abīhi* «et s'avança vers son père») à la place du participe.

La version arabe insiste sur le plan délibéré que Pausanias partage avec son entourage, pendant que le *Roman* insiste davantage sur leur noble naissance. Quant à la transmission du texte arabe, B. Meissner cite le bref dialogue entre Olympias et Alexandre comme un exemple où la version arabe de al-Mubaššir ibn Fātik coïncide uniquement avec le *Roman* du Pseudo-Callisthène en grec et non pas avec la traduction syriaque. Voici un autre exemple de la complexité de la transmission du *Roman d'Alexandre*: quoique la version arabe en question paraisse être plus proche de la famille de β que de la recension α, l'exhortation d'Alexandre à Philippe ne dérive pas de la recension β, mais rappelle plutôt, du moins partiellement, la recension α (βλέπε τὸν ἐχθρὸν Παυσανίαν):

| al-Mubaššir ibn Fātik[172] | *Roman d'Alexandre*[173] |
| --- | --- |
| قُمْ أيها الملك فخذ السيف واقتل عدوك وخذ ثأرك بيدك. | «Ἥκω πάτερ ἀμειβόμενος τοὺς ἐχθρούς σου. ζῆθι βασιλεῦ, ἀθάνατόν σοι ἐστὶ τὸ ὄνομα· βλέπε τὸν ἐχθρὸν Παυσανίαν δεδεμένον καὶ παρεστῶτά σοι καὶ τρομάζοντα.» |
| «Lève-toi, ô roi, prends ton épée et tue ton ennemi en te vengeant de ta propre main.» | «Je suis là, père, et je rends la pareille à tes ennemis. Vis, roi, tu as un nom immortel: Regarde ton ennemi Pausanias, qui est enchaîné, après avoir t'attaqué, et qui tremble.» |

Dans la version grecque, nous constatons une forte présence de la rhétorique. Le chapitre de la recension β se clôt avec Philippe, qui, agonisant tient un discours à son entourage où il évoque l'oracle d'Ammon selon lequel Alexandre sera son vengeur. Ce discours, qui

172 Badawī (1958) 223.
173 Kroll (1926) I, 24.

ressemble à un véritable θρῆνος, ne se retrouve pas chez al-Mubaššir ibn Fātik. Par ailleurs, le dialogue entre Olympias et Alexandre (I, 24) se trouve à la fois dans le *Roman d'Alexandre* et dans la traduction arabe, tandis qu'il est manquant dans la traduction syriaque plus proche de la recension α. L'hypothèse selon laquelle cette version arabe suit un modèle grec de la famille de β peut être confirmée grâce à la description de l'unification de la Grèce dans la version abrégée du *Roman*.

Les événements historiques dans la Grèce du IV$^{e}$ siècle av. J.-C. sont présentés d'une façon assez schématique chez al-Mubaššir ibn Fātik qui définit les Grecs *(al-Yūnāniyyūn)* comme divisés en plusieurs parties *(ṭawā'if kaṯīra)*, sans préciser de quelles tribus en particulier il s'agit. Voici son résumé de l'unification de la Grèce par Alexandre[174]:

وكان اليونانيون، فى الحين الذى ملك الاسكندر، طوائف كثيرة لا يجمعهم ملك واحد. فجعل الاسكندر يغزو ملوك قومه حتى جمعهم وملك عليهم، وهو أول من جمع اليونانيين على ملك واحد.

Les Grecs *(al-Yūnāniyyūn)* étaient – à l'époque où Alexandre *(al-Iskandar)* fut roi – divisés en de nombreuses nations, sans qu'ils fussent unis par un seul roi. Alexandre *(al-Iskandar)* se mit à les rassembler en faisant une campagne dans les pays des rois ⟨grecs⟩ dans le but de les réunir et de régner sur eux: il fut le premier à unir les Grecs sous une seule royauté.

Dans la recension α, rien ne paraît correspondre à l'affirmation si générale que l'on trouve dans la version arabe et qui se réfère à l'organisation politique de la Grèce. Dans la recension β, il est question de trois peuples grecs en révolte au Nord de la Grèce contre lesquelles Alexandre aurait fait campagne[175]:

Ἰλλυρικῶν δὲ καὶ Παιόνων καὶ Τριβαλλῶν τῆς ἀρχῆς ἀποστάντων ἐπ' αὐτοὺς ἐστρατεύσατο. πολεμοῦντος δὲ αὐτοῦ τοῖς ἔθνεσι τούτοις ἐνεωτέρισεν ἡ Ἑλλάς.

Comme les Illyriens, les Paeoniens et les Triballes s'étaient détachés de son royaume, il fit campagne contre eux. Pendant qu'il fit la guerre à ces peuples, la Grèce tenta une révolution.

Ce court passage pourrait avoir servi de modèle à al-Mubaššir ibn Fātik. Ce n'est qu'à la suite de la destruction de Thèbes, qu'Alexandre devient le commandant de la Grèce[176]:

φοβηθέντες οὖν οἱ Ἕλληνες ἡγεμόνα χειροτονοῦσιν Ἀλέξανδρον καὶ τὴν ἀρχὴν αὐτῷ παρέδωκαν τῆς Ἑλλάδος.

Comme les Grecs furent pris de peur, ils nommèrent par un vote à main levée Alexandre chef et lui confièrent le commandement sur la Grèce.

De toute évidence, les passages du *Roman* n'ont pas été littéralement traduits en arabe. Il faudrait supposer un intermédiaire perdu car la traduction est encore perceptible dans la

174 Badawī (1958) 226.
175 Bergson (1956) I, 26.
176 Bergson (1956) I, 27.

version abrégée, comme cela a été montré précédemment. Les divergences entre les versions grecque et arabe ne résultent pas d'un choix délibéré du traducteur mais de la transmission textuelle qui, notamment pour le *Roman d'Alexandre*, pose de nombreuses difficultés. Etant donné leur absence dans la plus ancienne recension conservée, les correspondances, du moins thématiques, entre la recension β et al-Mubaššir ibn Fātik soulignent encore une fois l'importance de cette recension pour la réception arabe. Déjà K. F. Weymann, en suivant l'avis de B. Meissner,[177] remarque que la correspondance entre la version de al-Mubaššir «mit LBC» n'est qu'au hasard car «die Regelung der griechischen Verhältnisse und die Einigung der griechischen Stämme durch Alexander (…) ist aus einem anderen arabischen Bericht genommen».[178]

Tout comme pour la généalogie d'Alexandre, le thème de l'unification de la Grèce connaît aussi une version persane – quoiqu'elle soit extrêmement brève – que l'autorité historique aṭ-Ṭabarī préserve dans le *Taʾrīḫ ar-rusul wa-l-mulūk (Histoire des prophètes et des rois)*[179]: l'accent y est mis sur l'opposition entre les Grecs et les Perses, une dichotomie déjà bien présente tout au long de la littérature grecque depuis les *Histoires* d'Hérodote d'Halicarnasse:

| | |
|---|---|
| Il réunit le pouvoir royal des Grecs *(ar-Rūm)*, qui étaient divisés avant Alexandre *(al-Iskandar)*. Il divisa le pouvoir royal de la Perse, qui était réuni avant Alexandre *(al-Iskandar)*. | واجتمع مُلك الروم وكان قبل الاسكندر متفرقًا وتفرّق ملك الفارس وكان قبل الاسكندر مجتمعًا. |

Cette approche, qui n'est pas liée de façon directe au *Roman* du Pseudo-Callisthène, s'explique par sa vision historique inspirée par une perspective persane. L'antagonisme gréco-persan est véhiculé à travers l'art de la rhétorique et notamment grâce à une construction en parallélisme. On perçoit un certain cliquetis rhétorique, qui rappelle la prose de Gorgias à l'époque classique marquée par un jeu basé sur les parallélismes ainsi que sur les antithèses, marquant le jeu d'opposition entre le *status quo* du passé, c'est-à-dire la période précédant la conquête d'Alexandre, où les Perses avaient leur indépendance, tandis que les Grecs étaient divisés en plusieurs états, et leur status politique à la suite de la conquête de la Perse par Alexandre le Grand. La source de aṭ-Ṭabarī pour ce témoignage ne peut pas être identifiée. S'agit-il d'une chronique byzantine? En revanche, il ne paraît pas probable que ce témoignage soit directement issu du *Roman d'Alexandre*.

En conclusion à l'épisode de Pausanias, on peut dire qu'Alexandre le Grand est présenté, selon C. Jouanno en «roi idéal» suivant un dessein encomiastique puisqu'il venge son père.[180] Dans le domaine des *Graeco-Arabica*, l'extrait de al-Mubaššir ibn Fātik est le seul témoignage arabe pour ce chapitre du *Roman d'Alexandre* où Philippe meurt de la main de Pausanias. Pourquoi a-t-il été conservé?

177 Meissner (1896) 624, note 1.
178 Weymann (1901) 31.
179 De Goeje (1879) 697.
180 Jouanno (2002) 191-196.

Dans l'historiographie musulmane, le thème de la succession des empires, la *translatio imperii*, le passage du pouvoir d'un souverain à l'autre revêt une importance tout à fait singulière. Or, le récit des circonstances du meurtre de Philippe offre, à côté d'une peinture romanesque, presque pathétique, l'explication et la justification de l'ascension au pouvoir de son fils Alexandre lorsqu'il lui permet de tuer Pausanias, le propre assassin de son assassin, comme une sorte de vengeance avant sa mort. En effet, ce récit précède le couronnement d'Alexandre chez al-Mubaššir ibn Fātik. Probablement, son modèle grec est à chercher dans une recension de la famille de β. Cette hypothèse peut être confirmée par la tradition hébraïque. Au sein de cette dernière se trouve une version contenue dans le manuscrit de Parme commençant comme la version de al-Mubaššir avec la mort de Philippe et le début du règne d'Alexandre en faisant omission de sa naissance.[181] S. Dönitz constate que ce manuscrit en question a été traduit du grec:

> MS Parma 2457 was translated from the Greek; the *Vorlage* of the anonymous was the recension β of the PC. The manuscript presents a shortened version of the Alexander romance.[182]

Ces dernières remarques font comprendre l'importance de la tradition hébraïque. Le cadre présent est néanmoins trop étroit pour pouvoir intégrer davantage les données de la tradition hébraïque, souvent parallèle à la tradition arabe.

### 2.1.6 Le discours d'Alexandre aux Grecs (I, 25)

A la suite de la mort de Philippe, le *Roman d'Alexandre* offre le premier témoignage de l'art de la parole. Dans la *Rhétorique*, 1358b Aristote énonce la tripartition de la rhétorique en trois types de discours, le discours délibératif, judiciaire et épidictique ((...) τρία γένη τῶν λόγων τῶν ῥητορικῶν, συμβουλευτικόν, δικανικόν, ἐπιδεικτικόν).[183] Selon le Stagirite, la première catégorie, le discours délibératif (λόγος συμβουλευτκός) est composé de deux espèces, l'exhortation et la dissuasion (συμβουλῆς δὲ τὸ μὲν προτροπή, τὸ δὲ ἀποτροπή· «Une partie de la délibération est l'exhortation, l'autre la dissuasion»). C'est sous forme d'un discours délibératif qu'Alexandre s'adresse à ses soldats pour obtenir d'eux qu'ils le suivent dans ses futures campagnes militaires. La désignation technique de l'adresse aux troupes avant la bataille est celle de λόγος παρακλητικός («discours d'exhortation»). Ce discours d'exhortation tenu par Alexandre, qui se trouve déjà dans l'*Anabase* d'Arrien, est issu, selon C. Jouanno, de la tradition historique.[184] Dans le domaine grec du *Roman d'Alexandre*, cet exemple d'un bref discours délibératif est présent dès la plus ancienne recension α. Par la suite, il apparaît sous une forme élargie à la fois dans la recension β et dans le texte L. Une comparaison entre les recensions α et β démontre bien le fonctionnement de la tradition textuelle d'une recension grecque à l'autre:

---

181 Dönitz (2011) 34.

182 Dönitz (2011) 27/28.

183 *Aristotelis ars rhetorica*, Ross (W.D.)(éd.), Oxford 1959.

184 Jouanno (2002) 128: (...) l'Alexandre historique adressa aux Grecs réunis en assemblée générale, lors du voyage qu'il fit dans le Péloponnèse juste après son avènement: il les invite à se joindre à lui dans une expédition contre les Perses.

| | |
|---|---|
| *Roman d'Alexandre*[185] | *Roman d'Alexandre*[186] |
| «Ὦ παῖδες Πελλαίων καὶ Ἀμφικτυόνων καὶ Θετταλῶν καὶ Λακεδαιμονίων καὶ τῶν ἄλλων Ἑλλαδικῶν ἐθνῶν, προσέρχεσθέ μοι Ἀλεξάνδρῳ ἑαυτοὺς ἐμπιστεύσαντες· ἐπιστρατεύσωμεν τοῖς βαρβάροις.» | «ὦ παῖδες Πελλαίων καὶ Μακεδόνων καὶ Ἑλλήνων καὶ Ἀμφικτυόνων καὶ Λακεδαιμόνων καὶ Κορινθίων [καὶ Θηβαίων καὶ Ἀθηναίων] καὶ τῶν λοιπῶν τῆς Ἑλλάδος ἐθνῶν, συνέλθετέ μοι τῷ συστρατιώτῃ ὑμῶν καὶ ἐμπιστεύσατέ μοι ἑαυτούς, ὅπως καταστρατευσώμεθα τοῖς βαρβάροις καὶ ἑαυτοὺς ἐλευθερώσωμεν τῆς τῶν Περσῶν δουλείας, ἵνα μὴ Ἕλληνες ὄντες βαρβάροις δουλεύωμεν.» |
| «Enfants de Pella, des Amphictyons, des Thessaliens, des Lacédémoniens et des autres peuples grecs, approchez-vous de moi, d'Alexandre, et ayez confiance en vous-mêmes. Faisons une expédition contre les barbares!» | «Enfants de Pella, des Macédoniens, des Grecs, des Amphictyons, des Lacédémoniens, des Corinthiens [des Thébains, des Athéniens] et de tous les autres peuples de la Grèce, unissez-vous à moi, qui suis votre compagnon d'armes, et ayez confiance en vous-mêmes, pour que nous fassions la guerre aux barbares et nous libérions de l'esclavage des Perses, afin que nous – parce que nous sommes des Grecs – ne soyons pas esclaves des barbares.» |

Dans la recension α, le subjonctif aoriste ἐπιστρατεύσωμεν, marquant l'exhortation, souligne le désir d'Alexandre d'entreprendre la campagne militaire contre les barbares de façon immédiate. En revanche, la recension β voit une multiplication des peuples grecs, accordés sous la forme d'un génitif adnominal au vocatif pluriel ὦ παῖδες. La dichotomie entre les Grecs et les Perses, désignés par le terme «barbares», occupe une place majeure dans la recension β où le concept de la libération de l'esclavage des Perses est au cœur même du discours délibératif d'Alexandre. La conclusion du discours contient une synthèse de son contenu: d'un point de vue stylistique, le groupe participial Ἕλληνες ὄντες est enclavé entre la négation μὴ et le *dativus commodi* βαρβάροις, suivi du verbe de la proposition finale au subjonctif présent δουλεύωμεν, ce qui renforce cette dernière proposition en fin de phrase.

Loin d'être une traduction littérale du grec à l'arabe, la version abrégée du *Roman d'Alexandre* de al-Mubaššir ibn Fātik offre une version musulmane du discours d'exhortation. Cela étant dit, le présent chapitre présente l'évolution de la rhétorique délibérative du Pseudo-Callisthène à celle de al-Mubaššir. Sur le plan culturel, la dichotomie typiquement grecque, marquée par l'antagonisme entre Grecs et barbares, est remplacée par une adaptation islamique où Alexandre devient le porteur du monothéisme. Déjà B. Meissner avait noté la différence thématique entre le *Roman d'Alexandre* grec et la version abrégée arabe chez al-Mubaššir ibn Fātik:

185 Kroll (1926) I, 25.
186 Bergson (1956) I, 25.

> Auch sonst werden Alexander allerlei fromme Worte und Gesinnungen in den Mund gelegt, von denen die anderen Versionen nichts wissen. Gleich bei seinem Regierungsantritt hält er eine Rede, die überfliesst von Gottesfurcht, Bescheidenheit und Nächstenliebe, und auch in dem Erlasse an sein Heer schlägt er Töne an, welche in grellem Widerspruche zu dem bei Ps.C. I, 25 stehen.[187]

Chez al-Mubaššir, le passage du pouvoir du père au fils doit être lu comme une tradition persane relative à l'investiture royale. C'est ainsi que la succession royale en Macédoine, la transmission du pouvoir, la *translatio imperii*, apparaît dans la collection des sentences du même auteur dans la section biographique consacrée à Aristote, *Muḫtar al-ḥikam wa-maḥāsin al-kalim (Choix de proverbes et beauté des sentences)*[188]:

| | |
|---|---|
| Lorsque Philippe mourut, son fils Alexandre *(al-Iskandar)* régna après lui. Il partit de la Macédoine *(Māqaḏūniya)* pour faire la guerre aux peuples; il traversa les pays d'Asie. | ولما أن مات فيلبس ومَلَكَ الإسكندرُ ابنُه بعده, وشَخَص عن ماقذونيا لمحاربة الأمم, جاز بلاد آسيا. |

En ce qui concerne l'utilisation de la rhétorique dans le *Roman d'Alexandre* et dans la traduction arabe de al-Mubaššir ibn Fātik, c'est précisément la question de la fonction du discours délibératif qui acquiert une dimension nouvelle au passage du grec à l'arabe. Bien qu'il n'y ait pas de correspondance exacte entre ce chapitre du *Roman d'Alexandre* et le passage correspondant chez al-Mubaššir, il convient d'évoquer, d'un point de vue formel, une tripartition du récit chez ce dernier. Premièrement, il y a le discours délibératif d'Alexandre le Grand. Deuxièmement, la version arabe présente la réponse immédiate du peuple macédonien à ce discours. Troisièmement, al-Mubaššir ibn Fātik apporte une innovation par rapport au *Roman* du Pseudo-Callisthène en transcrivant une lettre envoyée par Alexandre à ses gouverneurs – une lettre servant d'exemple à la rhétorique épistolaire.

Dans la version arabe, Alexandre le Grand est présenté par l'épithète coranique, «Bi-cornu» *(Ḏū l-qarnayn)* en tant qu'orateur, non plus devant ses soldats issus d'une pluralité de peuples grecs comme c'était le cas dans le *Roman*, mais devant les habitants de son royaume, dont l'origine géographique n'est pas spécifiée par ailleurs. Bien au contraire, suivant la tendance à la généralisation due à une méconnaissance de l'histoire grecque, l'orateur s'adresse à un public, désigné tout simplement par *an-nās* «les gens» chez al-Mubaššir ibn Fātik[189]:

| | |
|---|---|
| Alexandre *(al-Iskandar)*, le Bi-cornu, se leva et dit aux gens: | فقام الاسكندر ذو القرنين فى الناس فقال: |
| «Ô gens, votre roi est mort, je n'ai pas d'autorité royale, ni de pouvoir sur vous, je ne suis qu'un homme parmi vous. Je trouve bon ce que vous trouvez bon, j'entame ce que vous entamez, je ne m'opposerai en rien à vos ordres. Ecoutez mes | "أيها الناس! إن ملككم قد مات , وليس لى عليكم ولاية ولا أمْرة. إنما أنا رجل منكم, أرضى ما رضيتم, وأدخل فيما دخلتم؛ لا أخالفكم فى |

187 Meissner (1896) 624.
188 Badawī (1958) 182.
189 Badawī (1958) 224.

paroles et mon conseil, faites moi devenir votre conseiller sincère et loyal, plein de sollicitude pour vous, qui s'applique avec effort à vos affaires.

شىء من أموركم. فاستمعوا قولى ومشورتى, وأنزلونى بمنزلة الناصح لكم, الشفيق عليكم, والمكلف بأموركم.

Ce que vous avez connu de lorsque mon père était ⟨encore⟩ en vie: Je vous ordonne d'avoir confiance en Dieu, d'observer l'obéissance et l'appartenance à la communauté. Que règne sur vous celui, ⟨qui⟩ obéit le plus à son seigneur, ⟨qui⟩ est le plus bienveillant envers le peuple, ⟨qui⟩ se préoccupe le plus de vos affaires, ⟨qui⟩ a plus de pitié pour les pauvres d'entre vous, celui qui répartit votre butin entre vous, qui se dévoue pour votre paix, qui ne s'occupe pas de ⟨ses⟩ passions en vous négligeant. Vous n'avez rien à craindre de mal de lui, vous ⟨pouvez⟩ espérer le bien de lui, ⟨qui⟩ s'occupe à tuer vos ennemis…» C'est un long discours.

فقد عرفتم ذلك منّى فى حياة والدى؛ وإنى آمركم بتقوى الله والتمسك بالطاعة ولزوم الجماعة. فملكوا عليكم أطوعكم لربه, وأرفقكم بالعامة, وأعناكم بأموركم, وأرحمكم لمساكينكم, ومن يقسم بينكم فَيْأَكم ويبذل نفسه فى صلاحكم, ولا تشغله الشهوات عنكم, وتأمنون شرَّه , وترجون خيره, ويباشر قتال عدوكم..."

وهى خطبة طويلة.

Ce discours d'exhortation est divisé en deux parties. La première partie consiste en une liste des qualités d'un roi idéal, tandis que la deuxième, qui commence par une brève évocation de son prédécesseur, est centrée sur l'aspect religieux qu'il véhicule en tant que roi, c'est-à-dire l'Islam. Lors de cette transformation orientale du discours d'exhortation, le protagoniste Alexandre le Grand fait appel aux Macédoniens pour qu'ils le proclament roi. Il incarne ainsi le rôle de roi modèle, tel qu'il pourrait être issu directement du genre du miroir de princes.[190] On lui attribue ainsi le rôle d'un bon souverain qui peut donner des conseils à ses sujets. Il se nomme lui-même «un conseiller sincère et loyal» *(nāṣiḥ)*. Dans cette optique de roi idéalisé, il n'aspire pas à imposer par la force un pouvoir qu'il ait hérité de son père. Alexandre y devient porteur du monothéisme, il se présente lui-même comme un garant de la stabilité politique. Il pourrait être considéré comme un roi idéal qui propose aux Macédoniens d'être non seulement leur guide politique mais également spirituel. Chez al-Mubaššir ibn Fātik, ce discours délibératif est suivi de la réponse immédiate du peuple macédonien[191]:

Lorsqu'ils eurent entendu son discours, ils furent saisis d'étonnement à sa vue, par son jugement et à sa connaissance ⟨de la situation⟩ à laquelle les rois avant lui n'avaient pas veillée ⟨ainsi⟩.

فلما سمعوا قوله وتعجبوا منه ومن رأيه ونظره فيما لم ينظر فيه الملوكُ قبله.

Ils lui dirent: «Nous avons entendu ton discours et nous avons accepté ton conseil et ton avis pour notre peuple et nous t'avons confié nos affaires. Vis

فقالوا له: "قد سمعنا قولك, وقبلنا مشورتك

190 Pour le genre du miroir des princes dans l'Islam, *cf.* Richter (1932).

191 Badawī (1958) 224.

pour toujours comme notre roi. Nous ne voyons personne d'autre parmi les gens de ce bas-monde qui serait plus digne de la dignité royale que toi.»

ونصحك لعامتنا, وقلّدناك أمورنا. فعِش الدهرَ ملكًا علينا مسلَّطًا, ولا نرى أحداً من أهل الدنيا أحقَّ بالمُلك منك"

En dernier lieu, chez al-Mubaššir ibn Fātik,[192] la lettre suivante d'Alexandre est profondément marquée par la même coloration musulmane que le discours délibératif cité:

Il écrivit aux préfets de son royaume et aux gouverneurs des pays: «Du Bi-cornu, le Macédonien *(al-māqadūnī)*, à un tel, fils d'un tel. Dieu est mon seigneur et votre seigneur, il est mon créateur et votre créateur, il est le créateur de tout ce que nous voyons de la terre, du ciel, des étoiles, des montagnes et des mers. Il a jeté sa connaissance dans mon cœur, puis il y a logé la crainte de lui *(ḫašyatihi)*, il m'a enseigné *(alhama)* sa sagesse *(ḥikmatihi)* et il ma conduit vers son culte *(ʿibādatihi)*. Il mérite cela, à mon avis, parce qu'il a commencé à me créer et il m'a rendu un tel homme qu'il a choisi entre les nobles et entre ceux qui sont purs de cœur. Qu'il soit loué – pour ⟨m'⟩ avoir comblé de son bienfait et de ses bonnes actions; je le prie de l'achever. Vous savez que mes ancêtres et vos ancêtres avaient le devoir d'adorer les idoles *(min ʿibāda al-auṯān)* outre Dieu, grand et puissant, ⟨les idoles⟩ qui ne sont pas utiles ni nuisibles, qui n'entendent pas ni ne voient clair. Il convient à celui qui est sage et patient d'avoir honte d'adorer une idole ou une image qu'il avait choisie pour lui-même. Par conséquent, arrêtez ⟨cela⟩, revenez et retournez à la connaissance de votre seigneur et adorez le seul. Car il est plus convenable et plus digne de cela que ces pierres *(al-ḥiǧāra)* (…) C'est un long discours.»

ثم كتب إلى عمال مماكته وصاحب كل ناحية «من ذى القرنين الماقذونى إلى فلان وفلان. الله ربى وربكم وخالقى وخالقكم وخالق ما نرى من الأرض والسماء والنجوم والجبال والبحار. قَذَف فى قلبى معرفته فأسكنه خشيته وألهمنى حكمته ودلّنى على عبادته, واستحقّ ذلك عندى بما ابتدأ به خلقى وصيّر إياى من البشر الذى يتخير منهم النجباء ويصطفى منهم الأصفياء. فله الحمد على ما تقدم من إحسانه وحسن صنعه؛ وإليه أرغب فى إتمامه. وقد علمتم ما كان عليه آبائى وآبائكم من عبادة الأوثان, دون الله عز وجل, وأنها لا تنفع ولا تضر, ولا تسمع ولا تبصر؛ وأنه ينبغى لمن عَقَل وعَرف أن يستحيي لنفسه من عبادة وَثَنٍ أو صورةٍ يتخذها. فانتهوا وأفيقوا وارجعوا إلى معرفة ربكم واعبدوه ووحدوه, فإنه أولى وأحق بذلك من هذه الحجارة . . .» وهى خطبة طويلة.

Cette épître, dans laquelle Alexandre le Grand, après avoir été couronné roi, s'adresse aux préfets et aux gouverneurs de ses pays, ne remonte pas au *Roman* du Pseudo-Callisthène. En revanche nous pouvons nous demander quel a été son modèle. Etant donné sa coloration fortement musulmane, il faudrait sans doute le chercher dans l'Orient sans que l'on puisse avancer une hypothèse plus précise à présent. Au début de cette lettre, Dieu est présenté

192 Badawī (1958) 225.

comme le créateur du monde physique et des cieux qui l'entourent; une idée qui rappelle le début de *Genèse*, I, 1 et qui est aussi bien présente dans la *sūrat al-baqara (Sourate de la vache)* (2:117), pour citer un exemple.

Ensuite la tonalité commence à changer et l'accent est mis sur un éloge de Dieu («il y a logé la crainte de lui *(ḫašyatihi)*, il m'a enseigné *(alhama)* sa sagesse *(ḥikmatihi)* et il ma conduit vers son culte *(ʿibādatihi)*»). Cette affirmation coïncide avec la conversion d'Alexandre à l'Islam chez ad-Dīnawarī, dans *Al-aḫbār aṭ-ṭiwāl (Les histoires détaillées)*.[193] Cet éloge de l'Islam est accompagné d'une critique de l'adoration des idoles, comme celle des pierres *(al-ḥiǧāra)* de la part des tribus de la Péninsule arabique à l'époque préislamique. Chez al-Mubaššir ibn Fātik,[194] cette épître délibérative est immédiatement suivie chez du résumé suivant:

Il écrit à ses soldats pour les informer de son itinéraire et de son intention. Il les poussa à tuer leur ennemi commun, il les invita au culte du dieu unique *(at-tauḥīd)* et à la justice *(al-ʿadl)* et à combattre celui qui s'y opposerait.

وكتب إلى جنده يعرّفهم بسيرته ومقصده, ويستنهضهم إلى قتال عدوّه وعدوّهم, وإلى الدعاء إلى التوحيد والعدل؛ فمن خالفهم فى ذلك حاربوه.

Ce court passage témoigne de la rhétorique épistolaire, quoique au style indirect. La transformation d'Alexandre en une sorte de porteur de la foi musulmane se déploie de toute évidence à travers un lexique spécifique. Il est question de «son ennemi et leur ennemi», c'est-à-dire de «leur ennemi commun». L'Islam est présenté par le binôme du «culte du dieu unique» *(at-tauḥīd)*, à savoir «le monothéisme», ainsi que par la «justice» *(al-ʿadl)*. Chez al-Mubaššir, le discours d'exhortation d'Alexandre précédant son couronnement – tout comme le correspondant épistolaire – doit être compris, selon K. F. Weymann comme le résultat d'une influence persane sur les parties rhétoriques:

> Den Grundstock der Reden und Briefe halte ich für muslimischen Ursprung. (...) Wichtiger als die religiöse Stellung des Verfassers ist der Umstand, dass die Partie ihr Vorbild in den Vorgängen bei der Thronbesteigung persischer Könige hat, wie sie Ṭabarī und Firdausī berichten. Nach feststehender Schablone versammeln sich die „Grossen" des Reiches, krönen den Prinzen; dabei werden Reden gehalten und Briefe geschrieben.[195]

Cette influence pourrait remonter à des ouvrages historiques en moyen persan, comme le soutient, pour citer un exemple, M. Di Branco.[196] De ce fait, la version de al-Mubaššir présente un exemple très éloquent du mélange des traditions. C'est la rhétorique grecque, telle qu'elle est encore présente dans le *Roman d'Alexandre* qui se transforme grâce à la tradition persane et permet d'aboutir à un résultat marqué par la superposition d'une pluralité de traditions.

193 Guirgass (1888) 32/33.
194 Badawī (1958) 225.
195 Weymann (1901) 78.
196 Di Branco (2011) 41.

Par conséquent, en l'Orient, chez al-Mubaššir ibn Fātik, l'accent se déplace de l'antagonisme entre Grecs et Perses vers un antagonisme entre musulmans et non-musulmans. Par ailleurs, ce dernier accorde une importance singulière au passage de la royauté de Philippe à Alexandre. Dans le *Roman d'Alexandre*, selon la recension β,[197] ce passage n'apparaît qu'au chapitre suivant où Antipatros,[198] personnage autrement inconnu de la tradition arabe, aurait persuadé les Macédoniens d'accorder leur bienveillance à Alexandre:

| | |
|---|---|
| Καὶ ἁπλῶς εἰπεῖν παραλαμβάνει Ἀλέξανδρος τὴν βασιλείαν Φιλίππου τοῦ πατρὸς αὐτοῦ περὶ ὀκτοκαίδεκα γενόμενος ἐτῶν. τὸν δὲ θόρυβον τὸν γενόμενον μετὰ τὸν τοῦ Φιλίππου θάνατον Ἀντίπατρος κατέπαυσεν, συνετὸς ἀνὴρ καὶ φρόνιμος καὶ στρατηγικός. προήγαγε γὰρ τὸν Ἀλέξανδρον ἐν θώρακι εἰς τὸ θέατρον καὶ πολλὰ διεξῆλθε τοὺς Μακεδόνας εἰς εὔνοιαν προσκαλούμενος. | En bref, Alexandre reçoit par héritage la royauté de son père Philippe à l'âge de dix-huit ans. Le général Antipatros, un homme intelligent et sensé, mit fin à la confusion qui s'était produite après la mort de Philippe. Il fit avancer Alexandre, portant une cuirasse, au théâtre et il passa beaucoup de temps à inviter les Macédoniens à la bienveillance. |

En conclusion, cette lettre délibérative grecque et l'innovation orientale qui en dérive, montrent qu'un épisode du *Roman d'Alexandre* peut être transformé à un point tel que l'attribution, ou du moins la tentative d'attribution à un modèle grec devient une tâche extrêmement compliquée. En revanche, c'est précisément dans une telle innovation que l'intérêt littéraire et culturel dépassant ainsi le cadre étroit du *Roman* et des *Graeco-Arabica* réside.

### 2.1.7 La fondation d'Alexandrie (I, 31-33)

Das Größte aber, was Alexander für die Einbeziehung Ägyptens in die griechische Welt getan hat, ist die Gründung von Alexandrien. Um die Wende von 332/31 brach er, begleitet von nur einem kleinen Truppenteil, den leichten Hypaspisten, den Bogenschützen und Agrianern und der „königlichen Schwadron" seiner Hetärenreiter von Memphis auf und fuhr den westlichsten Nilarm stromab nach Kanopos, bog dann nach Westen ab und legte auf dem Landstreifen zwischen dem mareotischen Binnensee

---

197 Bergson (1956) I, 26.

198 Wilcken (1931) 54: Mitten in der ungeheuren Erregung, die die Ermordung Philipps in der zu dem prunkvollen Hochzeitsfest zusammengeströmten Menge hervorrief, hat sich der Thronwechsel glatt vollzogen. Zur Beruhigung der Volksversammlung soll der treue Antipater beigetragen haben, indem er zu ihr von den großen Eigenschaften Alexanders sprach. Für das Heer, das Alexander bei Chaeronea zum Siege geführt hatte, gab es kein Schwanken. So hat denn die makedonische Heerversammlung, der nach altem Recht die Entscheidung zustand, sofort den Alexander, der damals 20 Jahre alt war, als König akklamiert, und damit war er als legitimer König Makedoniens anerkannt.

> und der Insel Pharos den Grund zu der Stadt, die bis auf den heutigen Tag seinen Namen trägt.[199]

Cette citation d'U. Wilcken illustre le rôle historique d'Alexandre le Grand en tant que κτίστης «fondateur» de la ville «par excellence» portant son nom «bis auf den heutigen Tag». Bien au-delà de l'Antiquité gréco-romaine, lorsque l'Égypte a été conquise par les troupes des califes omeyyades en 641 ap. J.-C., «though its glory had diminished, it was still a great and splendid city».[200] La fondation d'Alexandrie par Alexandre le Grand telle qu'elle est représentée dans le *Roman d'Alexandre* présente un amalgame – une caractéristique de nombreux épisodes du Pseudo-Callisthène – de la tradition historique et de légendes purement romanesques. La ville d'Alexandrie est la plus importante fondation d'Alexandre le Grand. Déjà le dénouement du *Roman* du Pseudo-Callisthène présente le catalogue des villes fondées par le Conquérant,[201] qui se rapproche de cette manière des civilisateurs mythiques, Héraclès et Dionysos. Le patriarche melkite Eutychius, le seul auteur ayant préservé une version détaillée de l'empoisonnement d'Alexandre, raconte dans ses *Annales*[202] qu'Alexandre aurait fondé des villes au nombre de treize:

| | |
|---|---|
| Il fonda treize villes, dont quelques unes à l'Ouest *(fil-maġrib)* et quelques unes à l'Est *(fil-mašriq)*. | وبنى ثلث عشرة مدينة بعضها في المغرب وبعضها في المشرق. |

Ainsi, Eutychius s'accorde avec la recension α quant au nombre de villes fondées par Alexandre (ἔκτισε δὲ πόλεις ιγ' «il fonda treize villes»).[203] Au contraire, les recensions β (L) et γ, tout comme Bar Hebreaus,[204] ne citent que douze villes. W. Kroll, l'éditeur de la recension α, indique dans son apparat que la version arménienne, qui est une rétroversion du grec par R. Raabe, la version latine de Julius Valère[205] et celle de Léon de Naples, connue sous le titre d'*Historia de preliis*[206] et la traduction syriaque, pour mentionner ces quelques exemples, ne citent que douze villes en ajoutant qu'«en vérité, elles furent beaucoup plus nombreuses» (*re vera multo plures fuerunt*).[207] Dans l'Orient, cette liste de villes a été considérablement allongée, de sorte que l'on retrouve des citations de villes de

199 Wilcken (1931) 108.

200 EI², IV, 132-137 (S. Labib).

201 Kroll (1926) III, 35; Bergson (1956) III, 35; van Thiel (1974) III, 35; Parthe (1969) III, 35.

202 Cheikho (1906) 81.

203 Kroll (1926) III, 35.

204 Bar Hebraeus (1890) 97.

205 *Iulius Valerius. Res Gestae Alexandri Magni Macedonis*, Rosselini (M.)(éd.), Leipzig 1993; Callu (J.-P.), Julius Valère. *Roman d'Alexandre*, Turnhout 2010.

206 *Historia de Alexandri Magni (Historia de preliis), Rezension J1*, Hilka (A.)/Steffens (K.)(éds.), Meisenheim am Glan 1979; *Historia de Alexandri Magni (Historia de preliis), Rezension J2* (Orosius-Rezension), Hilka (A.)(éd.), Meisenheim am Glan 1976-1977; *Die Historia de preliis Alexandri Magni, Rezension J3*, Steffens (K.)(éd.), Meisenheim am Glan 1975.

207 Kroll (1926) 146.

l'empire musulman qu'un auteur comme l'historien aṭ-Ṭabarī attribue au Conquérant dans le *Ta'rīḫ ar-rusul wa-l-mulūk (Histoire des prophètes et des rois)*[208] sans citer sa source:

On dit qu'il ordonna la construction de villes, douze villes furent construites en les appellant toutes de son nom Alexandrie. Une ville parmi elles à *Iṣbahān*, que l'on appelle *Ǧayy*, fut construite à l'image d'un serpent. Trois villes ⟨furent construites⟩ au Khorasan, parmi elles la ville de *Harāt*, la ville de *Marw* et la ville de *Samarqand*. En Babylonie, ⟨il fit construire⟩ une ville pour Roxane *(Rūšānak)*, la fille de Darius *(Dārā)*, et en Grèce, dans le pays de *Hīlāqūs* une ville pour les Perses et bien d'autres villes.

وقيل انه امر ببناء مدن فبُنيت اثنتا عشرة مدينة
وسمّاها كلّها اسكندريّة منها مدينةٌ باصبهان يقال
لها جَىّ بنيت على مثال الحيّة وثلث مدائن
بخراسان منهن مدينة هراة ومدينة مَرْو ومدينة
سَمَرقند وبأرض بابل مدينةً لروشانك بنت دارا
وبأرض اليونانيّة فى بلاد هيلاقوس مدينة للفرس
ومدنا أُخر غَيرها.

Il cite trois villes construites au Khorasan, dans une province à l'Est de la Perse: Herat, Merv et Samarcande. La ville qu'il fit construire pour *Rūšānak* pourrait correspondre à ce que le *Roman* désigne par Ἀλεξάνδρειαν τὴν ἐπὶ Βαβυλῶνος.[209] La dernière ville citée par aṭ-Ṭabarī, *Hīlāqūs*, pose un problème puisque cette graphie n'est pas une graphie étymologique appartenant à une racine arabe, ce que démontre la succession de trois voyelles longues.

Quoiqu'il en soit, la version la plus complète de la fondation d'Alexandrie se trouve dans la recension α. C. Jouanno cite la fondation d'Alexandrie comme un exemple de rencontre entre le *Roman d'Alexandre* et les historiens d'Alexandre, Plutarque, Quinte-Curce et Arrien.[210] A l'époque byzantine, la fondation d'Alexandrie est décrite dans le *Roman d'Alexandre* dans la famille de β, à laquelle le texte L appartient aussi, sous une forme abrégée. Dans la recension ε, l'épisode de la fondation est très fragmentaire et peut être exclu pour avoir fait l'objet d'une réception en Orient où Alexandrie est très fréquemment citée, notamment en relation avec son fondateur éponyme, Alexandre.[211] C'est ainsi que le patriarche melkite Eutychius, *Annales*[212] ne consacre qu'une brève allusion à la fondation en soulignant davantage le transfert du pouvoir royal, passage qui a été effectué seulement après la mort d'Alexandre:

Il fit construire la ville et l'appela de son nom: Alexandrie. Il transmit la royauté de la ville de Macédoine à la ville d'Alexandrie.

وبنى مدينةً وسمَّاها باسمِهِ وهي الاسكندرية. ونقل
المُلْك من مدينة مكدونية الى مدينة الاسكندرية.

208 De Goeje (1879) 702.
209 Kroll (1926) III, 35.
210 Jouanno (2002) 130, note 47.
211 Trumpf (1974) 24.
212 Cheikho (1906) 81.

La citation d'Eutychius montre comment l'épisode de la fondation d'Alexandrie apparaît si abrégé et finit par être une sorte de τόπος littéraire ou historique voire une simple notice chez les chroniqueurs tels que le patriarche melkite. En revanche, la version de al-Mubaššir ibn Fātik est bien différente, car la version que nous possédons est la version abrégée d'un ouvrage original plus détaillé. Par conséquent, la brièveté du témoignage suivant ne vient pas forcément d'un choix délibéré de son auteur, mais peut bien être d'un résultat secondaire. La fondation d'Alexandrie apparaît chez al-Mubaššir, dans *Muḫtar al-ḥikam wa-maḥāsin al-kalim (Choix de proverbes et beauté des sentences)*[213] après la conquête de l'Afrique et de l'Occident; tout comme chez le Pseudo-Callisthène, elle précède la bataille contre Darius:

| | |
|---|---|
| Il alla en Égypte, où il fit construire Alexandrie au bord de la mer Verte *(al-baḥr al-aḫḍar)*, dans la septième année de son règne, en l'appelant de son nom. | ثم سار إلى مصر، وبنى الاسكندرية فى السنة السابعة من ملكه، على البحر الأخضر، وسماها باسمه. |

Déjà B. Meissner avait fait remarquer que cette brève allusion ne pouvait être issue du *Roman d'Alexandre*, mais qu'elle devait dériver d'une source qu'il ne pouvait pas specifier par ailleurs:

> Der Bau Alexandrias ist hier sehr kurz abgemacht und ist vielleicht auch einer anderen Quelle entnommen; wenigstens stammt die Angabe, dass er die Stadt im siebenten Jahre am grünen Meere erbaute, nicht aus Pseudocallisthenes.[214]

Le seul intérêt de al-Mubaššir ibn Fātik réside dans la localisation d'Alexandrie au bord de «la mer Verte» *(al-baḥr al-aḫḍar)*, dans la septième année du règne d'Alexandre. Cette mer, du point de vue de son étymologie arabe, *al-baḥr al-muḥīṭ* «la mer encerclant» correspond pour quelques uns à l'Ὠκεανός des Grecs et serait la limite du monde habité à l'Ouest, au Nord et à l'Est car la limite au Sud correspondrait à l'équateur. Au Moyen Âge, la mer Verte est associée à l'Atlantique, selon A. Piemontese, qui cite le cosmographe arabo-syrien ad-Dimašqī (1256-1327).[215]

Le traité de grammaire *Partitiones* attribué au grammairien Ælius Hérodianus ayant vécu au II^e^ siècle ap. J.-C., contient, pour citer un exemple parmi bien d'autres, une explication du terme ὠκεανός, qui serait ὁ τὴν γῆν κυκλῶν πόταμος «le fleuve qui encercle la terre».[216] Le savant universel al-Bīrūnī, dans la *Chronologie*,[217] décrit l'itinéraire d'Alexandre de façon plus précise que al-Mubaššir ibn Fātik. L'auteur ne se contente pas de

213 Badawī (1958) 226.

214 Meissner (1896) 626.

215 Piemontese (1999) 255: L'Océan Atlantique était «l'Océan occidental, appelé la mer Verte», d'après le cosmographe arabo-syrien al-Dimashqî (1256-1327), un contemporain d'Amir Khusrau. La mer méridionale, continuation de la mer Verte, doublant le Cap d' «'Adwat, continent africain», s'étendait jusqu'aux Océans Indien et Pacifique. L'Océan Atlantique comme «mer Occidentale s'appelle vers le Nord, mer des Ténèbres ou Mer Noire Septentrionale, parce que les vapeurs qui s'élèvent ne sont jamais dissoutes par le Soleil».

216 *Herodiani partitiones*, Boissonade (J.F.)(éd.), London 1819, 98.

217 Sachau (1923) 36.

la localisation d'Alexandrie au bord de la mer Verte mais il présente cette mer comme synonyme de l'Atlantique, c'est-à-dire en tant qu'extrême limite atteinte par Alexandre avant de retourner en Égypte où il fonderait la ville portant son nom:

Lorsque le grec Alexandre *(al-Iskandar)*, fils de Philippe, réunit la royauté des Grecs *(ar-Rūm)* après qu'ils eurent été divisés en peuples. Il se dirigea vers les rois de l'ouest *(al-maġrib)* en les contraignant ⟨à lui obéir⟩. Il continua sa course jusqu' à arriver à la mer Verte *(al-baḥr al-aḫḍar)*. Puis, il retourna en Égypte où fonda l'Alexandrie en la nommant de son nom.

ولمّا كان الإسْكندرُ بن فيلفوسَ اليونانِيُّ جَمَعَ
مُلْكَ الروم بعد أَنْ كان طوائِفَ وقَصَدَ ملوكَ
المغربِ وقَهَرَهم وأَمْعَنَ حتّى أنْتَهَى الى البَحْر
الاخضرِ ثم عاد الى مِصْرَ فبَنَى الاسْكندريّةَ
وسمّاها باسمه.

Le témoignage le plus intéressant dans le domaine des *Graeco-Arabica* est sans doute celui de la prophétie accompagnant la fondation d'Alexandrie contenu dans le *Muḫtaṣar kitāb al-buldān (L'abrégé du livre des pays)* chez Ibn al-Faqīh.[218] Selon Th. Nöldeke, la traduction de Ibn al-Faqīh serait le résultat d'une traduction à partir de la traduction syriaque. Il aboutit à cette conclusion après avoir comparé la prophétie chez le géographe arabe et la traduction syriaque du *Roman* du Pseudo-Callisthène.[219] Tout en admettant que les recensions grecques et celle de Julius Valère présentent des versions plus proches de la version originale, il conclut de la manière suivante:

> Man sieht, fast wörtliche Gleichheit, die um so mehr auffällt, je stärker auch Syr. von den griechischen Texten und Val. (I, 33) abweicht, die allerdings ursprünglicher sind. Dass die Priester an die Stelle des Serapis treten, kann noch von einer Verwechslung mit dem nur im Syr. 1,33 vorhandenen Ausspruch der Wahrsager herrühren. Der Verf. oder seine Quelle schöpft also entweder durch Vermittlung eines christlichen Arabers aus dem syrischen oder durch Vermittlung des Pehlewī-Kenners aus dem Pehlewī-Text.[220]

K. F. Weymann, en étudiant la version arabe perdue du *Roman d'Alexandre*, suit l'avis de Th. Nöldeke en disant «Es liegt nahe, das bei Ibn Faqīh 70 gegebene, mit Syr. gegen die Griechen fast wörtlich übereinstimmende Orakel über die Zukunft Alexandria's als ein Stück aus dem arabischen Pseudocallisthenes anzusehen.»[221] En comparant la version arabe avec les recensions α et β du *Roman d'Alexandre*, on s'aperçoit qu'il doit y avoir une étape intermédiaire entre les versions grecques et la version arabe. Si la thèse de Th. Nöldeke est juste, il conviendrait d'établir une comparaison entre la recension α et Ibn al-Faqīh, car la traduction syriaque appartient à la famille de δ*, proche de la famille de la recension α. Néanmoins, d'un point de vue stylistique, la prose simplifiée de l'oracle de Sarapis de la recension β est plus proche de la prophétie dans la version arabe que de dans la recension α.

218 De Goeje (1885) 70.
219 Nöldeke (1890) 48.
220 Nöldeke (1890) 49.
221 Weymann (1901) 76.

Cela explique le choix d'établir une comparaison entre Ibn al-Faqīh, *Muḫtaṣar kitāb al-buldān (L'abrégé du livre des pays)* et la recension β du *Roman*:

<table>
<tr><td>Ibn al-Faqīh[222]</td><td>Roman d'Alexandre[223]</td></tr>
<tr><td></td><td>ἐζήτει δὲ καὶ τὸ Σαραπεῖον κατὰ τὸν δοθέντα αὐτῷ χρησμὸν παρὰ τοῦ Ἄμμωνος (…)<br>Il cherchait aussi le temple de Sérapis selon la réponse de l'oracle qui lui avait été donnée par Ammon (…)</td></tr>
<tr><td>ولـمّـا همّ الاسكندر ببنائها دخل هيكلا لليونانيّين عظيما فذبح فيه ذبائح كثيرة وسأل احبارها ان تبيّن له امر المدينة هل يتمّ بناؤها وكيف يكون.<br><br>Lorsqu'Alexandre (al-Iskandar) était sur le point de la faire construire, il entra dans un grand temple des Grecs (haykal lil-Yūnāniyyīn). Il immola de nombreuses victimes et demanda aux prêtres du temple de lui exposer clairement le destin de la ville: Est-ce que l'on finirait sa construction et comment serait-elle?</td><td>καὶ ἐποίησεν ἀπέναντι τοῦ ἡρῴου βωμὸν μέγαν, ὃς νῦν καλεῖται βωμὸς Ἀλεξάνδρου, πολυτελής, ἐν ᾧ θυσίαν ἐθέσπισεν. καὶ προσευξάμενος εἶπεν· «ὅτι μὲν οὖν τυγχάνει⟨ς⟩ θεὸς προνοούμενος ταύτης τῆς χθονὸς καὶ τὸν ἀτέρμονα κόσμον ἐπιδέρκῃ, φανερὸν τοῦτο. αὐτὸς οὖν πρόσδεξαί μου τὴν θυσίαν καὶ βοηθός μου γενοῦ εἰς τοὺς πολέμους.» (…)<br>Il fit en face du temple un grand autel, qui désormais est appelé l'autel d'Alexandre, très riche, où il ordonna un sacrifice. Et après avoir prié, il dit: «Que tu prennes donc soin d'avance, en tant que dieu, de cette terre et que tu regarde l'univers sans fin, cela est évident. Reçois donc mon sacrifice et sois mon adjuvant en vue des guerres.» (…)</td></tr>
<tr><td>فراى فى المنام كأن جدار ذلك الهيكل يقول له انك تبنى مدينة يذهب صوتها فى اقطار الارض ويسكنها من الناس ما لا يحصى عددهم ويختلط الرياح الطيّبة بهوائها ويثبت حكمة اهلها ويُصرف عنها سورة السموم والحرّ ويُطْوَى عنها قسوة البرد والزمهرير ويظعن عنها الشرور حتى لا يصيبها خبل من الشيطان وان حلب اليها الملوك والامم بجنودهم وحاصروها لم يدخل</td><td>ἐν ᾧ καὶ τοὺς ὀβελίσκους ἐθεάσατο τοὺς μέχρι νῦν κειμένους ἐν τῷ Σαραπείῳ ἔξω τοῦ περιβόλου τοῦ νῦν κειμένου, ἐν οἷς ἦν κεχαραγμένα γράμματα ἱερογλυφικὰ περιέχοντα οὕτως· «τὸ μὲν †γῆρας† αὐτῆς πόλιος ⟨ . . . ⟩ καλλίναος, ὑπερφέρουσα πλήθει ὄχλων πολλῶν, ἀέρων εὐκρασίαις ὑπερβάλλουσα. ἐγὼ δὲ προστάτης ταύτης γενήσομαι, ὅπως μὴ τὰ χαλεπὰ τελέως ἐπιμείνῃ, ἢ λιμὸς ἢ σεισμός, ἀλλ' ὡς ὄνειρος διαδραμοῦνται τὴν πόλιν, πολλοὶ δὲ βασιλεῖς ἥξουσιν εἰς αὐτὴν οὐ</td></tr>
</table>

222 De Goeje (1885) 70.

223 Bergson (1956) I, 33.

عليها ضرر فبناها وسمّاها الاسكندريّة.

Puis, il vit en songe le mur de ce temple *(haykal)* comme s'il lui disait: «Toi, tu bâtiras une ville dont la renommée se répandra dans toutes les régions de la terre *(aqṭār al-arḍ)*. Ses habitants seront innombrables, les vents agréables *(ar-riyāḥ aṭ-ṭayyiba)* se mélangeront *(yaḫtaliṭu)* à son climat *(bi-hawā')*, la sagesse *(ḥikma)* de ses habitants sera constante, la marque du *samūm* et de la chaleur sera détournée d'elle, la dureté du froid *(qaswat al-bard)* et le froid intense *(az-zamharīr)* seront éloignés, les maux *(aš-šurūr)* seront écartés afin qu'un délire diabolique *(min šayṭān)* ne survienne pas. Si les rois y viendront de toutes parts avec leurs armées et l'assiégeront, aucun mal n'arrivera chez elle.» Il l'a fit donc construire et la nomma Alexandrie.

πολεμήσοντες ἀλλὰ προσκυνῆσαι φερόμενοι.

En ce moment, il contempla les obélisques qui jusqu'à présent gisent dans le temple de Sarapis en dehors de l'enceinte qui gît actuellement, dans lesquels il y avait des lettres hiéroglyphiques qui contenaient le ⟨sens⟩ suivant: La dignité de cette ville (τὸ μὲν γέρας αὐτῆς τῆς πόλεως): Elle fera jaillir de belles eaux, en se distinguant par la multitude de la foule, en l'emportant par la bonne température du climat. Moi, je deviendrai le protecteur de cette ⟨ville⟩, pour que les maux ne persistent pas, ni famine, ni tremblements de terre, mais ils courront à travers la ville comme un songe. De nombreux rois y arriveront non pour faire la guerre, mais en se déplaçant pour saluer en se prosternant.

Quant à la composition de Ibn al-Faqīh, il offre une version abrégée du *Roman* car il cite deux parties originairement distinctes: la construction de l'autel[224] de la recension α, à qui correspond le «temple» *(haykal)* de la version arabe, et la prophétie de Sarapis[225] de la recension α, sous la forme d'une inscription en hiéroglyphes. Il ignore la séquence autour de l'aigle qui aurait emporté avec lui les victimes (αἰφνίδιον δὲ μέγιστος ἀετὸς καταπτὰς ἥρπασε τὰ σπλάγχνα τοῦ θύματος καὶ διὰ τοῦ ἀέρος ἐφέρετο καὶ ἀφῆκεν αὐτὰ ἐν ἑτέρῳ βωμῷ «Soudain, un très grand aigle, ayant déployé une voile, ravit les entrailles de la victime sacrifiée et l'emporta avec soi à travers l'air et les laissa sur un autre autel»).[226] Deux séquences distinctes du *Roman d'Alexandre* se retrouvent ainsi sous forme d'un nouvel assemblage chez le géographe arabe. Il est intéressant de noter comment le cadre typiquement religieux de l'antiquité gréco-romaine, situé ἐν τῷ Σαραπείῳ «dans le temple de Sarapis», qui consiste à immoler une victime pour s'assurer de la bienveillance divine se voit tellement transformé pour aboutir dans un éloge de la ville d'Alexandrie. Du point de vue du fond théorétique, l'éloge de la cité[227] se compose de deux catégories, dont L. Pernot trace l'évolution du côté de la théorie rhétorique:

224 Kroll (1926) I, 33.
225 Kroll (1926) I, 33.
226 Bergson (1956) I, 33; la recension α contient une version légèrement différente, *cf.* Kroll (1926) I, 33.
227 Pernot (1993) 178-216.

> La solution de Quintilien consiste à distinguer deux catégories de topoi: d'un côté, ceux qui sont empruntés analogiquement à l'éloge de personne, c'est-à-dire le fondateur, qui tient lieu de père, et les vertus, qui sont les mêmes que pour l'individu; de l'autre, les topoi spécifiques *(illa propria)*, que l'on tire de la topographie. Même doctrine, deux siècles plus tard, chez Ménandros I, qui définit l'éloge de la cité comme une structure mixte alliant les topoi humains (*genos, praxeis, epitêdeuseis*) et ceux du territoire (*thesis*).[228]

En effet, l'éloge de la version abrégée de Ibn al-Faqīh conserve, tout en suivant son modèle grec, la même division entre les vertus de ses habitants et la qualité de la topographie de la ville d'Alexandrie. Le géographe montre une forte prédilection pour ce que Ménandros I appelle la θέσις «position d'une ville» [229]:

| | |
|---|---|
| τὴν γὰρ θέσιν πρῶτον ἔφην κατὰ τὸν οὐρανὸν καὶ κατὰ τὰς ὥρας δεῖν θεωρεῖν. θεωρεῖται δὲ ἢ κατὰ ψύξιν ἢ κατὰ θάλψιν ἢ κατ' ἀχλὺν ἢ κατὰ καθαρότητα ἢ κατὰ εὐαρμοστίαν πασῶν τῶν ὡρῶν. | En effet, j'ai dit qu'il ⟨faudrait⟩ examiner d'abord la position de la ville par rapport au ciel et aux saisons. Elle ⟨devrait⟩ être examinée par rapport au rafraîchissement, par rapport au réchauffement, à l'obscurité ⟨du ciel⟩, à la limpidité ⟨du ciel⟩ et l'harmonie des saisons. |

L'«harmonie des saisons» est constituée par la juste proportion entre les différents phénomènes physiques, tels que ψύξις «rafraîchissement», θάλψις «réchauffement», ἀχλύς «l'obscurité ⟨du ciel⟩» et καθαρότης «limpidité ⟨du ciel⟩». En particulier, les deux premières composantes figurent aussi chez Ibn al-Faqīh qui insiste sur le fait que «la marque du *samūm* et de la chaleur sera détournée d'elle, la dureté du froid *(qaswat al-bard)* et le froid intense *(az-zamharīr)* seront éloignés».

Quant à la raison de sa fondation, Ménandros I dans le chapitre intitulé πῶς δεῖ ἀπὸ γένους πόλιν ἐγκωμιάζειν «comment faire l'éloge d'une ville à partir de l'origine», l'attribue à εὐδοξίας ἕνεκα καὶ κλέους («en raison de la célébrité et de la gloire») qu'«Alexandre voulut fonder la plus grande de ⟨toutes⟩ les villes sous le soleil» (ὁ Ἀλέξανδρος μεγίστην τῶν ὑφ' ἡλίῳ πόλεων ἐβουλήθη κατοικίσαι).[230] A la dimension de l'éloge s'ajoute celle d'un caractère prophétique, caractéristique que F. Pfister cite en relation à la figure d'Alexandre dans les *Oracles sybillins*[231]:

| | |
|---|---|
| καὶ πόλις ἡ μεγάλη Μακηδονίοιο ἄνακτος,<br>ποτνι' Ἀλεξάνδρεια, κλυτὴ θρέπτειρα πολήων,<br>κάλλει τε στίλβουσα, μόνη μητρόπολις ἔσται. | Et la grande ville du roi macédonien,<br>La souveraine Alexandrie, célèbre nourricière des villes,<br>Resplandissant de beauté, seule elle sera une métropole. |

228 Pernot (1993) 188.

229 Russel/Wilson (1981) 347.

230 Russel/Wilson (1981) 358.

231 Pfister (1976a) 314 fait mention de l'oracle en question (XI, 233-235).

C'est donc la ville d'Alexandrie qui occupe le premier plan dans la version arabe contrairement au *Roman* où Alexandre le Grand est le protagoniste de la scène. L'absence de la divinité Sarapis chez un auteur arabo-islamique qui est ainsi remplacée par la simple allusion à «un temple» *(haykal)* s'explique par la transmission du grec à l'arabe où les divinités du panthéon grec ont souvent été transformées.

Le début de la prophétie, telle que L. Bergson, l'éditeur de la recension β, la présente offre un certain nombre de difficultés textuelles. Le terme τὸ γῆρας «la vieillesse» des manuscrits BFKV ne confère pas un sens satisfaisant, étant donné le contexte de l'inscription, tandis que la leçon τὸ γέρας «la marque d'honneur», «présent offert comme marque d'honneur», «dignité» telle que le texte L et la recension γ la préservent est préférable.

En ce qui concerne le style de la recension β, le chiasme ὑπερφέρουσα πλήθει ὄχλων πολλῶν, ἀέρων εὐκρασίαις ὑπερβάλλουσα montre qu'elle n'est pas tout à fait dépourvue d'une certaine aspiration stylistique. Les participes féminins formant le cadre du syntagme, sont des synonymes en présentant à la fois une anaphore avec le préverbe ὑπερ- et un *homoiteleuton* avec la désinence -ουσα. De plus, les trois génitifs au pluriel ὄχλων πολλῶν ἀέρων confèrent un rythme ternaire à l'ensemble culminant dans l'*homoioteleuton*. Or, un écho de ce chiasme apparaît chez le géographe arabe, puisque le syntagme «en se distinguant par la multitude des foules» (ὑπερφέρουσα πλήθει ὄχλων πολλῶν) correspond à «ses habitants seront innombrables» *(wa-yaskanuhā min an-nās mā lā yaḥṣā ʿadaduhim)*. C'est le deuxième élément du chiasme, ἀέρων εὐκρασίαις ὑπερβάλλουσα «en l'emportant par la bonne température du climat» auquel la version arabe «les vents agréables se mélangeront à son climat» *(ar-riyāḥ aṭ-ṭayyiba yaḫtaliṭu bi-hawāʾ)* fait écho. L'idée du climat favorable d'Alexandrie se retrouve à la fois dans la version grecque et dans la version arabe. Le terme grec ἡ εὐκρασία désigne une «température bien équilibrée» tandis que l'idée de mélange est exprimée à travers le verbe *ḫalaṭa* à la forme VIII «être mêlé», «mélangé» chez Ibn al-Faqīh. Quant au climat d'Alexandrie, Diodore de Sicile mentionne que les vents étésiens expliqueraient le climat favorable d'Alexandrie (τούτων πνεόντων μὲν διὰ τοῦ μεγίστου πελάγους, καταψυχόντων δὲ τὸν κατὰ τὴν πόλιν ἀέρα πολλὴν τοῖς κατοικοῦσιν εὐκρασίαν καὶ ὑγίεαν κατεσκεύασεν («comme ceux-là soufflaient, d'un côté, en traversant la mer immense, de l'autre côté, ⟨ceux-là⟩ rafraîchissaient l'air dans la ville, d'un bout à l'autre, elle procura à ses habitants d'une température très bien équilibrée et de bonnes conditions de santé»).[232] Eusèbe de Césarée, un des Pères de l'Eglise, mentionne le climat favorable en Égypte lors d'un résumé de la théologie des Égyptiens dans la *Préparation évangélique*[233]:

| | |
|---|---|
| Φασὶ τοίνυν Αἰγύπτιοι κατὰ τὴν ἐξ ἀρχῆς τῶν ὅλων γένεσιν πρώτους ἀνθρώπους γενέσθαι κατὰ τὴν | Quant aux Égyptiens, on dit qu'⟨ils⟩ sont les premiers hommes qui depuis le début de toute la création ont vécu en Égypte grâce au mélange favorable de la terre et à travers |

232 Diodore de Sicile, *Bibliothèque historique*, Goukovsky (P.)(éd.), Paris 2002, XVII, 52, 2.

233 Eusèbe de Césarée, *Préparation évangélique*, Des Places (E.)(éd.), Paris 1976, II, 1.

Αἴγυπτον διά τε τὴν εὐκρασίαν τῆς χώρας καὶ διὰ τὴν φύσιν τοῦ Νείλου. | le régime du Nil.

L'exposition topographique favorable d'Alexandrie, à savoir la question du climat, ouvre le chapitre que l'historien al-Masʿūdī consacrait à Alexandrie[234]:

Il cherchait une terre salubre par rapport à l'air, la terre et l'eau jusqu'à ce qu'il parvînt à l'endroit ⟨où se trouve⟩ Alexandrie.

سار يختار أرضًا صحيحة الهواء والتربة والماء, حتّى انتهى إلى موضع الإسكندرية

Il s'agit d'une allusion au célèbre traité pseudo-hippocratique, *Airs, eaux, lieux*[235] qui a été traduit en arabe et qui était bien connu dans l'Orient. La fin de la prophétie du prêtre chez Ibn al-Faqīh rappelle, en quelque sorte, la prophétie de Sésonchosis au troisième livre du *Roman d'Alexandre*, III, 24 où il évoque la fondation d'Alexandrie. Ce parallèle a déjà été mis en évidence par F. Pfister:

> Auf dem Rückweg von der Königin Kandake kam Alexander zu einer Höhle, in der die Götter wohnen. Als Alexander eingetreten war, begrüßte ihn einer der dort weilenden, Sesonchosis, der Weltenherrscher, und er führte ihn zu dem Gott, den Alexander einst in Rhakotis gesehen hatte, zu Sarapis, und der König fragte ihn wiederum, wie lange er leben werde; aber auch jetzt lehnte der König ab.[236]

La version de la recension α ressemble moins à la version arabe que la recension β où λ:

| *Roman d'Alexandre*[237] | *Roman d'Alexandre*[238] |
| --- | --- |
| «τὴν μέντοιγε κτίζεις πόλιν περιφανῆ πᾶσιν ἀνθρώποις, πολλοὶ βασιλεῖς ἐπιβήσονται τοῦ ἐδαφίσαι αὐτήν.» | «τὴν μέντοιγε πόλιν ἣν ἔκτισας, περίφημος γενήσεται πᾶσιν ἀνθρώποις. καὶ πολλοὶ βασιλεῖς ἐλεύσονται τοῦ πολιορκῆσαι αὐτήν, ἀλλ' οὐ δυνήσονται.» |
| «Tu fondes une ville connue de tous les hommes, de nombreux rois ⟨l'⟩attaqueront pour la détruire de fond en comble.» | La ville, que tu as fondée, deviendra très renommée pour tous les hommes. Et de nombreux rois viendront pour l'assiéger, sans y parvenir. |

Etant donné la complexité de la transmission du *Roman d'Alexandre* est une question complexe, il n'est pas surprenant de trouver une correspondance plus étroite entre Ibn al-Faqīh («Si les rois y viendront de toutes parts avec leurs armées et l'assiégeront, aucun mal ne se présentera tout à coup chez elle») avec la recension λ, citée ci-dessus, qui représente une sous-recension de la recension β. Elle diffère de cette dernière notamment pour avoir

234 Barbier de Meynard/Pavet de Courteille/Pellat (1966) § 827.
235 Hippocrate, *Airs, Eaux, Lieux*, Jouanna (J.)(éd.), Paris 1996.
236 Pfister (1976) 311.
237 Bergson (1956) III, 24.
238 Van Thiel (1959) III, 51.

quelques ajouts, tels que l'épisode de Gog et Magog. Quant au verbe «assiéger», la recension β présente l'infinitif aoriste ἐδαφίσαι «détruire de fond en comble», tandis que la recension λ a l'infinitif aoriste πολιορκῆσαι «assiéger». Si la thèse de Th. Nöldeke est correcte lorsqu'il suppose que, chez Ibn al-Faqīh, la prophétie est dérivée de la traduction syriaque du *Roman*, la recension α devrait être plus proche de la version arabe. Or, cela ne semble pas être le cas, ce que montre la comparaison suivante:

Ibn al-Faqīh[239]

انك تبني مدينة يذهب صوتها في
من الناس ما اقطار الارض ويسكنها
لا يحصى عددهم ويختلط الرياح الطيّبة
بهوائها ويثبت حكمة اهلها ويُصرف
عنها سورة السموم والحرّ ويُطْوَى عنها
قسوة البرد والزمهرير ويظعن عنها
الشرور حتى لا يصيبها خبل من
الشيطان وان حلب اليها الملوك
والامم بجنودهم وحاصروها لم يدخل
عليها ضرر.

«Toi, tu bâtiras une ville dont la renommée se répandra dans toutes les régions de la terre *(aqṭār al-arḍ)*. Ses habitants seront innombrables, les vents agréables *(ar-riyāḥ aṭ-ṭayyiba)* se mélangeront *(yaḫtaliṭu)* à son climat *(bi-hawāʾ)*, la sagesse *(ḥikma)* de ses habitants sera constante, la marque du *samūm* et de la chaleur sera détournée d'elle, la dureté du froid *(qaswat al-bard)* et le froid intense *(az-zamharīr)* seront éloignés, les maux *(aš-šurūr)* seront écartés afin qu'un délire diabolique *(min šayṭān)* ne survienne pas. Si les rois y viendront de toutes parts avec

*Roman d'Alexandre*[240]

«†ἥξεις δὲ πόλιν ποθητὴν κόσμου κόσμον ἔνθεον.
καιρῶν δὲ πλείστων καὶ χρόνων προβαινόντων
καὐτὴ προβήσετ' ἐν ἀγαθοῖς, κοσμουμένη ναοῖσι
πολλοῖς καὶ τεμένεσι ποικίλοις
κάλλει τε μεγέθει τῶν ὄχλων εὐπληθείᾳ.
καὶ πᾶς ἐς αὐτὴν εἰσελεύσεται μένειν
τῆς πρὶν τεκούσης ἐκλελησμένος γύης.
ἐγὼ δὲ ταύτης προστάτης γενήσομαι
(…)
ὅπως τὰ χαλεπὰ τῶν πονηρῶν δαιμόνων
μηδὲν δυνεθῇ διαταράξαι τὴν πόλιν.
(…)»

«Tu fonderas une ville désirable, une parure de
l'univers, animée d'un transport divin.
Cependant que se dérouleront de nombreuses
circonstances et d'époques,
elle-même aussi s'avancera dans de bonnes
circonstances, étant ornée de nombreux
temples et de divers lieux sacrés,
de beauté, de grandeur et de l'abondance des peuples.
Et chacun y entra pour rester,
En oubliant la terre qui l'avait engendré.
Moi, je deviendrai le protecteur de celle-ci.
(…)
Pour que les maux des démons méchants ne puissent en
rien bouleverser la ville. (…)»

239 De Goeje (1885) 70.
240 Kroll (1926) I, 33.

leurs armées et l'assiégeront,
aucun mal n'arrivera chez elle.»

Le texte de la recension α présente de nombreuses difficultés que W. Kroll expose dans l'apparat critique. Face à un texte grec inintelligible à de nombreux endroits, où il n'offre rien qui puisse éclairer la version arabe de Ibn al-Faqīh, nous préférons ne présenter que la partie de l'inscription, dans laquelle Sarapis s'adresse à Alexandre, et qui correspond, du moins d'un point de vue thématique, à la version arabe. La recension α présente de nombreux détails qui ne peuvent contribuer à l'analyse du texte arabe et qui ont été écartés de la comparaison.

La version de la fondation présente chez al-Masʿūdī dans les *Murūǧ aḏ-ḏahab wa-maʿādin al-ǧawhar (Les prairies d'or et les mines de pierres précieuses)*[241] n'est pas une traduction littérale à partir d'une recension grecque du *Roman* mais plutôt une réélaboration de certains motifs littéraires. F. Doufikar-Aerts a consacré une analyse à la version de l'historien arabe en soulignant les motifs littéraires qu'elle partage avec le *Roman d'Alexandre* et en présentant ses exemples comme un «important insight into the ways a Muslim-Arabic literary creation could be inspired by ancient Greek literature».[242] En ce qui concerne la source grecque de al-Masʿūdī, elle exclut la traduction syriaque, proche de la recension α:

> The Syriac *Alexander Romance* lacks precisely the details with regard to the foundation of Alexandria, such as the track of meal obliterated by birds and the sacrifice disturbed by an eagle.[243]

Bien au contraire, elle se prononce en faveur d'une recension byzantine, «the Γ-type recension, or a version close to it».[244] Comme la recension γ présente l'assemblage des recensions β et ε, elle constate que des éléments de la famille de β, à savoir les oiseaux[245] et l'aigle[246] y sont présents tout comme deux détails de la recension ε,[247]«Alexander committing himself to the one true God, declaring all other gods worthless»[248] et la construction d'une tour. F. Doufikar-Aerts rapproche cette dernière du célèbre phare d'Alexandrie, «the great-lighthouse begun in the time of Ptolemy Soter», une des sept merveilles de l'antiquité.[249] Cette citation de la recension γ[250] correspondrait à la version de al-Masʿūdī.[251] L'historien arabe consacre une description détaillée au phare, tandis que le terme πύργος n'est cité que deux fois dans le chapitre en question dans la recension γ, une fois au pluriel (II, 28, 6) et une fois au singulier (II, 28, 15: ἄνεισιν Ἀλέξανδρος ἐν τῷ

241 Barbier de Meynard/Pavet de Courteille/Pellat (1966) § 827-843.
242 Doufikar-Aerts (1994) 325.
243 Doufikar-Aerts (1994) 331-332.
244 Doufikar-Aerts (1994) 332.
245 Von Lauenstein (1962) I, 32.
246 Von Lauenstein (1962) I, 33.
247 Trumpf (1974) 24.
248 Engelmann (1963) II, 28.
249 EI², IV, 132-137 (S. Labib).
250 Engelmann (1963) II, 28.
251 Barbier de Meynard/Pavet de Courteille/Pellat (1966) § 837.

πύργῳ «Alexandre monte en haut du phare»). Ce terme désigne le phare d'Alexandrie, comme par exemple dans l'*Anabase* d'Arrien[252]:

| | |
|---|---|
| (...) ἐν Ἀλεξανδρείᾳ τῇ Αἰγυπτίᾳ, ἔν τε τῇ πόλει αὐτῇ καὶ ἐν τῇ νήσῳ τῇ Φάρῳ, ἵνα ὁ πύργος ἐστὶν ὁ ἐν τῇ νήσῳ (...) | (...) à Alexandrie en Égypte, dans la ville même et sur l'île de Pharos, où se trouve le phare sur l'île (...) |

Dans la recension γ, Alexandre comme représentant du monothéisme chrétien, «s'étant dressé, il méprisa tous les dieux de la terre et il invoqua le seul vrai dieu» (στὰς πάντας ἐξουθένησεν τοὺς θεοὺς τῆς γῆς καὶ μόνον θεὸν ἀληθινὸν ἀνεκήρύξεν)[253] du haut du phare. Selon F. Pfister, l'adjectif ἀληθινός comme épithète pour Dieu se retrouve souvent dans la *Septante*.[254] L'hyperbate πάντας ἐξουθένησεν τοὺς θεοὺς sert à mettre en relief πάντας, c'est-à-dire la critique du panthéon gréco-romain. Par opposition à celui-là, le Dieu chrétien – défini en opposition à πάντας par «le seul» (μόνον) – est caractérisé par trois adjectifs verbaux à l'accusatif singulier, adjectifs classiques pour Dieu, qui lui confèrent une dimension sacrale renforcée par l'emploi de l'anaphore au moyen de l'α privatif (ἀκατανόητον, ἀθεώρετον, ἀνεξιχνίαστον «incompréhensible», «invisible», «inscrutable». Le verbe contracte ἐξουθενέω-ῶ,[255] et ses variantes ἐξουθενόω-ῶ, ἐξουδενόω-ῶ sont employés dans la *Septante* ou dans le *Nouveau Testament* tandis que la forme ἐξουδενίζω «ne faire aucun cas de», « considérer pour rien », «mépriser» est attesté très rarement chez des auteurs païens lorsqu'ils se réfèrent à une divinité païenne. Il est évident que la recension γ présente un Alexandre désormais christianisé. Finalement, il n'est pas possible de déterminer si la recension γ en a été la source. Il faudrait partir du principe que, faute d'une traduction littérale et de la présence de matériaux transmis par voie orale, une recension «close to it», comme F. Doufikar-Aerts l'admet elle-même, en a été la source.[256]

C'est ainsi qu'il nous semble, comme nous l'avons pu le constater en comparant la version de Ibn al-Faqīh au *Roman d'Alexandre*, que la recension β a été connue dans l'Orient. F. Doufikar-Aerts, en comparant la version singulière de l'historien al-Masʿūdī de la fondation d'Alexandrie avec celle que Abū ʿAbd al-Malik conserve dans *Qiṣṣat ḏī l-qarnayn (Histoire du Bi-cornu)*, constate de fortes ressemblances entre les deux versions.

De plus, le texte comprend un détail issu de la recension β du *Roman d'Alexandre*, à savoir la mention de la farine au moyen de laquelle le périmètre de la ville aurait été tracé. D'un point de vue chronologique, ce détail apparaît pour la première fois dans la recension β (Κελεύει οὖν ὁ Ἀλέξανδρος χωρογραφηθῆναι τὸ περίμετρον τῆς πόλεως πρὸς τὸ θεάσασθαι αὐτόν. οἱ οὖν ἀρχιτεχνῖται ἄλευρον πύρινον λαβόντες ἐχωρογράφησαν τὴν πόλιν. «Alexandre ordonna donc que le périmètre de la ville fut tracé en décrivant le territoire pour pouvoir le voir. Les responsables des travaux, après

252 Arriano, *Anabasi di Alessandro*, Milano 2007, VII, 23.

253 Engelmann (1963) II, 28.

254 Pfister (F.), «Eine Gründungsgeschichte Alexandrias», dans *Kleine Schriften zum Alexanderroman*, Meisenheim am Glan 1976, 85.

255 *Cf.* également les exemples de la *Septante* cités par Pfister (1976) 85.

256 Doufikar-Aerts (1994) 332.

avoir pris de la farine de blé, firent déssiner la surface de la ville»).[257] Par conséquent, F. Doufikar-Aerts aboutit à la conclusion suivante, qui est en faveur de la recension β comme modèle des deux versions citées:

> Finally, it must be noted that the history of the foundation in the Alexander Romance, by which Masʿūdī's and Abū ʿAbd al-Malik's stories appear to be linked, can be found in the β-recension of the Pseudo-Callisthenes. Neither the Syriac nor Ethiopic versions of the Alexander Romance offer any clues for this tradition.[258]

En conclusion à ce chapitre, on peut remarquer que les versions de al-Masʿūdī et de Ibn al-Faqīh ont été connues dans l'Orient. La preuve en est la compilation tardive de al-Qazwīnī, qui dans son *Kitāb ʿağāʾib al-maḫluqāt (Livre des merveilles des créations)*[259] présente un chapitre consacré à Alexandrie où il reprend à la fois les témoignages de Ibn al-Faqīh et de al-Masʿūdī pour créer un assemblage des deux versions.

Dans le domaine grec, la recension β est celle dont les particularités ont été transmises dans l'Orient plutôt que la recension α contenant une version plus riche en détails. L'historien al-Masʿūdī conserve par ailleurs une version singulière de l'exploration de la mer sur laquelle nous allons revenir au sujet de la plongée sous-marine.[260]

### 2.1.8 La lettre de Darius à Alexandre (I, 36/I, 40)

L'art de la parole se déploie dans le *Roman d'Alexandre* non seulement dans les discours mais également dans l'écriture épistolaire. Le *Roman* du Pseudo-Callisthène dépeint les personnages d'Alexandre et de Darius à travers une opposition très schématique: Alexandre, représentant des Grecs, se montre supérieur au barbare hautain Darius, notamment grâce à son éloquence qui se manifeste à travers l'art épistolaire.

L'affrontement militaire entre Darius III et Alexandre est précédé d'un échange épistolaire, voire d'un ἀγών rhétorique qui commence par une lettre de Darius. Cet échange entre Alexandre et Darius s'inscrit, tout comme celui avec le roi indien Porus, dans le cadre de la civilisation grecque à l'époque impériale où fleurissaient les écoles de rhétorique. Cette influence de la rhétorique sur le *Roman* du Pseudo-Callisthène a déjà été remarquée par Th. Nöldeke:

> Selbst in dem Briefwechsel mit Darius und Porus spielen rhetorische oder sophistische Momente eine ziemliche Rolle.[261]

La caractérisation stylisé voire schématique d'Alexandre et de Darius relève à la fois d'une nécessité stylistique liée au genre de la lettre qui, pour le théoricien Démétrius, *Du Style*, 233 appartiendrait à ce que l'on appelle «le style simple», ὁ ἰσχνὸς χαρακτήρ (Ἐπεὶ δὲ καὶ ὁ ἐπιστολικὸς χαρακτὴρ δεῖται ἰσχνότητος «(Puisque) même le style épistolaire

---

257 Bergson (1956) I, 32.

258 Doufikar-Aerts (2010b) 57.

259 Wüstenfeld (1849) II, 96/97.

260 *Cf.* le chapitre 2.2.3.

261 Nöldeke (1890) 9.

demande la simplicité»). Le but de la lettre serait selon Démétrius, dans son traité *Du Style*, d'illustrer le caractère de celui qui la rédige[262]:

| | |
|---|---|
| Πλεῖστον δὲ ἐχέτω τὸ ἠθικὸν ἡ ἐπιστολή, ὥσπερ καὶ ὁ διάλογος· σχεδὸν γὰρ εἰκόνα ἕκαστος τῆς ἑαυτοῦ ψυχῆς γράφει τὴν ἐπιστολήν. | La lettre devrait illustrer au plus haut point le caractère, comme aussi le dialogue: en effet, chacun écrit la lettre presque comme une image de sa propre âme. |

Le fait que la lettre serait une image du caractère de celui qui la rédige la rapproche d'un exercice, contenu dans les recueils d'*Exercices préparatoires* (Προγυμνάσματα), que l'on appelle «éthopée» (ἠθοποιία). Le contenu de cet exercice est précisé, par exemple, dans un recueil de ce type attribué à Hermogène de Tarse: «l'éthopée est l'imitation du caractère de la personne qui est placée sous les yeux» (ἠθοποιία ἐστι μίμησις ἤθους ὑποκειμένου προσώπου).[263]

Les lettres envoyées dans le *Roman* ne visent pas à refléter le caractère «historique» des personnages tels que Darius III, Alexandre ou Porus. Bien au contraire, le caractère schématique et stylisé d'une lettre comme celle du présent chapitre pourrait s'inscrire dans la pratique scolaire des προγυμνάσματα, cette dernière ayant trouvé son prolongement littéraire dans la littérature grecque de l'époque impériale à laquelle il faut attacher la recension α du *Roman* du Pseudo-Callisthène.

La lettre de Darius à Alexandre figure dès la recension α dans le corpus du *Roman*.[264] En Orient, elle apparaît dans un certain nombre d'ouvrages de l'historiographie, à savoir dans les chroniques universelles, mais également dans les romans «populaires». En ce qui concerne la version arabe qui se rapproche le plus du *Roman d'Alexandre* en grec, c'est le témoignage de al-Mubaššir ibn Fātik qui est d'un intérêt crucial bien qu'il ne s'agisse pas d'une traduction littérale du grec à l'arabe. Quant à la composition de la lettre de Darius à Alexandre, B. Meissner fait remarquer que ces deux lettres seraient à l'origine de la lettre chez al-Mubaššir.[265] C'est ainsi que les éléments des deux lettres grecques, correspondants à la version arabe, figurent dans le tableau ci-dessous. En fait, la version arabe de cette lettre ne correspond pas à une version grecque précise. Dans la plupart des cas, c'est la recension β qui nous paraît être la plus proche de al-Mubaššir ibn Fātik. Cependant, la citation du *nahr Isṭrağas*, qui serait le «fleuve Strangas» dans la version arabe n'a pas de correspondant dans la recension β, tandis que la recension α évoque la traversée de la mer (θάλασσαν διαπερᾶσαι).[266]

En ce qui concerne l'*incipit* de la lettre, il s'agit d'un exemple de la simplification de la recension β par rapport à la recension α qui a l'ajout συνθρονός τε θεῷ Μίθρᾳ «qui règne avec le dieu Mithra».[267] Bien évidemment, l'évocation de cette divinité, dont le culte fleurissait dans l'empire romain à l'époque de la rédaction de la recension α, aurait été en

262 Chiron (1992) 227.
263 Patillon (2008) 200.
264 Kroll (1926) I, 36; Bergson (1956) I, 36; van Thiel (1974) I, 36; von Lauenstein (1962) I, 36.
265 Il s'agit des deux lettres I, 36 et I, 40.
266 Kroll (1926) I, 40.
267 Kroll (1926) I, 36.

contradiction avec le monothéisme musulman présent dans la version arabe de al-Mubaššir ibn Fātik, et le monothéisme chrétien présent dans la recension β de l'époque byzantine. Comme la version arabe ne suit ni un chapitre précis ni une recension grecque précise, la comparaison suivante entre al-Mubaššir et les recensions α et β du *Roman d'Alexandre* essaie de donner plus une idée de la complexité textuelle que de proposer une solution claire et nette du relais gréco-arabe:

| al-Mubaššir ibn Fātik[268] | *Roman d'Alexandre*[269] | *Roman d'Alexandre*[270] |
|---|---|---|
| فكتب إليه: «من دارا ملك ملوك الدنيا الذى يضيئ مع الشمس إلى ذى القرنين اللص! | I, 36: «Βασιλεὺς βασιλέων καὶ θέων συγγενὴς σύνθρονός τε θεῷ Μίθρᾳ καὶ συνανατέλλων ἡλίῳ (…)» | I, 36: «Βασιλεὺς βασιλέων καὶ θέων συγγενὴς καὶ συνανατέλλων τῷ ἡλίῳ (…)» I, 40: «Βασιλεὺς βασιλέων μέγας θεὸς Δαρεῖος καὶ ἐθνῶν κύριος Ἀλεξάνδρῳ τῷ τὰς πόλεις λεηλατοῦντι.» |
| Il lui écrivit: «De Darius *(Dārā)*, roi des rois du monde qui brille avec le soleil au Bi-cornu, le brigand.» | I, 36: «Le roi des rois, engendré avec les dieux, qui règne avec le dieu Mithra et qui se lève avec le soleil (…)» | I, 36: «Le roi des rois, engendré avec les dieux, se levant avec le soleil (…)» I, 40: «Le roi des rois, le grand dieu Darius, le souverain des peuples à Alexandre, qui pille les villes.» |
| أما بعد! فقد عرفت أن ملك السماء جعل لى مُلك الأرض وأعطانى الرفعة والشرف والعز والكثرة والقوة. | | |
| Tu as appris que le roi du ciel m'a donné le pouvoir royal sur la terre et qu'il m'a accordé les honneurs, le rang élevé, la puissance, l'abondance et la force. | | |
| وقد بلغنى أنك جمعت لصوصاً | I, 40: «καὶ ἐτόλμησας θάλασσαν διαπερᾶσαι καὶ | |

268 Badawī (1958) 227.
269 Kroll (1926) I, 36; I, 40.
270 Bergson (1956) I, 36; I, 40.

وأجزتَ بهم نهر اسطرجس لتفسد فى أرضنا, واعتقدت التاج وملَّكْتَ نفسك. وهذا لعمرى من سَفَه الروم معروف.

οὐ μακάριον ἡγήσω λανθάνοντά σε βασιλεύειν Μακεδονίας χωρὶς τῆς ἐμῆς ταγῆς, ἀλλ᾽ ἀδέσποτον χώραν εὑρὼν σεαυτὸν βασιλέα ἀπέδειξας, συλλέξας ἑαυτῷ ἄνδρας ὁμοίους σου ἀνελπίστους (…)»

J'ai appris que tu as rassemblé des brigands avec lesquels tu as traversé le fleuve Strangas *(nahr Isṭrağas)* pour ravager notre terre. Tu as acquis la couronne et tu t'es proclamé roi. Ceci – j'en jure par ma vie – est une étourderie connue des Grecs *(ar-Rūm)*.

I, 40: «Et tu as osé traverser la mer et tu as pensé régner en demeurant caché, malheureux, pour régner en cachette sur la Macédoine, loin de mon autorité, mais j'ai découvert que tu t'es proclamé roi toi-même sur un pays indépendant et que tu as rassemblé pour toi-même des hommes avec les mêmes sentiments, désespérés comme toi (…)»

فارجع, إذا نظرت إلى كتابى هذا, غير مؤاخذٍ بسفهك فإنك غلام حقير ليس مثلى جارك, وأبق على نفسك وبلادك؛ وإلا فلست أول مشئوم على بلاده.

I, 36: «(…) κελεύω σοι ἐπαναστρέφειν σε πρὸς τοὺς γονεῖς σου (…)»
I, 40: «(…) πρῶτον μὲν γὰρ ὤφελεις τὴν ἄνοιάν σου διορθώσασθαι καὶ πρὸς ἐμὲ τὸν κύριόν σου Δαρεῖον ἐλθεῖν καὶ μὴ ἐπισωρεύειν ληστρικὰς δυνάμεις.»

Lorsque tu auras vu ma lettre que voici, retourne-t-en sans être puni pour ton étourderie: tu n'es qu'un adolescent misérable qui n'est pas à ma hauteur. Reste chez toi et dans ton pays, sinon tu ne seras pas le premier ⟨à être⟩ de mauvais augure pour son pays.

I, 36: «(…) je t'ordonne de retourner chez tes parents (…)»
I, 40: «(…) en effet, tu aurais dû d'abord corriger ta sottise et venir chez moi, ton seigneur Darius et ne pas rassembler des forces de brigands.»

وقد بعثت إليك تابوتاً مملوءاً ذهباً

I, 36: «διὸ ἔπεμψά σοι

لتعلم كيف كثرته عندنا وقوتنا على
ما نريد، وكُرَة لتعلم أنك عندى
عدلها وعدل سمسم لتعلم أن
عندى عدده رجالا، ودِرَّة لأنك
صبىّ!»

Je t'envoie un coffre rempli d'or, pour t'apprendre combien nous en avons et que nous pouvons en faire ce que nous voulons, et un ballon, pour t'apprendre que tu vaux autant que lui pour moi, et une quantité de sésame, pour t'apprendre que je dispose

σκῦτον καὶ σφαῖραν καὶ κιβώτιον χρυσίου, (...) τὸν μὲν σκῦτον, μηνύων σοι ὅτι ἔτι παιδεύεσθαι ὀφείλεις, τὴν δὲ σφαῖραν, ἵνα μετὰ τῶν συνηλικιωτῶν σου παίζῃς καὶ μὴ ἀγέρωχον ἡλικίαν τοσούτων νέων ἐκπείθῃς, ὥσπερ ἀρχιληστὴς μετὰ σεαυτοῦ φέρων, τὰς πόλεις ταράσσων. οὔτε γὰρ αὐτὴ ἡ σύμπασα οἰκουμένη ἀνδρῶν ὑφ' ἓν συνελθοῦσα δυνήσεται καθελεῖν τὴν Περσῶν βασιλείαν. τοσαῦτα γάρ μοί ἐστι πλήθη στρατοπέδων ὅσα οὔτε ψάμμον ἐξαριθμῆσαί τις δύναται, χρυσὸς δὲ καὶ ἄργυρος πολύς, ὥστε πᾶσαν τὴν γῆν πληρῶσαι. ἔπεμψά σοι δὲ καὶ κιβώτιον χρυσίου μεστόν, ἵνα εἰ μὴ ἔχεις τροφὰς δοῦναι τοῖς συλλῃσταῖς σου, δώσεις αὐτοῖς τὴν χρείαν, ὅπως ἕκαστος αὐτῶν δυνηθῇ εἰς τὴν ἰδίαν πατρίδα ἐπανακάμψαι.»

I, 36: «C'est pourquoi que je t'envoie un fouet, une balle et un petit coffre d'or (...): le fouet, parce que tu dois encore être éduqué, la balle, pour que tu joues avec ceux qui sont de ton âge et pour que et pour que tu ne sois pas convaincu d'avoir l'âge arrogant de tant de jeunes

d'autant de soldats, et enfin un fouet parce que tu es un garçon *(ṣabīy)*.»

gens, en les portant avec toi en tant que chef de brigands, en jetant les villes dans le désordre. Pas même la terre habitée toute entière d'hommes, réunie en une ⟨seule force⟩, pourra s'emparer du royaume des Perses. J'ai une si grande armée que personne ne pourra compter le sable, ni le grand nombre de l'or et de l'argent qui remplit toute la terre. Je t'envoie également un petit coffre rempli d'or, pour que, si tu ne peux pas donner de la nourriture à tes brigands, tu leur donnes ce dont ils ont besoin pour que chacun puisse rentrer dans sa propre patrie. (…)»

La version arabe ressemble plutôt à une réélaboration de la lettre. Le noyau – le ton dépréciatif sur lequel Darius s'adresse à Alexandre ou encore quelques uns des objets envoyés – est conservé dans la version arabe. Cependant, les explications que la recension β fournit pour chacun des objets n'ont pas été reprises dans la version arabe.

Chez al-Mubaššir ibn Fātik, Darius III envoie un coffre rempli d'or, des grains de sésame et un fouet à Alexandre sans faire nullement mention de la balle avec laquelle Darius invite Alexandre à jouer avec les autres enfants du même âge dont il est question dans le *Roman d'Alexandre* tandis que al-Mubaššir clôt la lettre «et enfin un fouet parce que tu es «un garçon» *(ṣabīy)*», *ṣabīy* désignant à la fois «garçon» et «jeune homme». La recension β désigne l'enfant Alexandre à travers le verbe παίζω (ἵνα μετὰ τῶν συνηλικιωτῶν σου παίζῃς «pour que tu joues avec ceux qui ont le même âge»). Quant au coffre rempli d'or, on remarque que la recension β le cite à deux reprises. En premier lieu, il est uniquement question du «petit coffre d'or» (κιβώτιον χρυσίου), tandis que, plus loin, il est spécifié par l'adjectif attribut μεστός «rempli de», construit avec le génitif (κιβώτιον χρυσίου μεστόν) qui correspond au syntagme arabe «un coffre rempli d'or» *(tābūtan mamlū'an ḏahaban)*.

Darius interpelle Alexandre *liṣṣ* «brigand», un terme que G. Strohmaier classe parmi les termes arabes dérivés des termes grecs appartenant à une échelle sociale («Das Fortleben griechischer sozialer Typenbegriffe im Arabischen»):

> *liṣṣ*, *laṣṣ* oder *luṣṣ* 'Dieb, Räuber' geht, wie die seltenere vom Stamm der Ṭayyi' beibehaltene Nebenform *liṣt* beweist, auf ληστής zurück. In dieser Nebenform ist der letzte Konsonant noch nicht assimiliert. *liṣṣ* wurde so vollständig als arabisches

> Wort empfunden, daß von ihm das Partizip *mutalaṣṣiṣ* 'Marodeur, Plünderer' gebildet wurde.[271]

Dans l'*incipit* de sa lettre dans la *Qiṣṣat ḏī l-qarnayn (Histoire du Bi-cornu)*, Darius s'adresse à Alexandre «au Bi-cornu, le brigand, et à ses camarades, les brigands» (*ilā ḏī l-qarnayni al-liṣṣi wa-aṣḥābihi al-luṣūṣi*).[272] Dans la *Leyenda*, cette lettre de Darius à Alexandre est aussi une création hybride basée à la fois sur les deux lettres en question, comme chez al-Mubaššir ibn Fātik. Néanmoins, selon E. García Gómez, elle serait plus proche de celle du chapitre I, 40 («en cuanto al contexto está más cerca de la [i.e. epístula] del capítulo 40»).[273] Darius se qualifie lui-même au début de son épître dans la recension β par συνανατέλλων τῷ ἡλίῳ, une expression qui est déjà présente dans la recension α[274] et dont l'historien ad-Dīnawarī[275] conserve une trace dans un récit mettant en lumière l'attitude tyrannique de Darius III:

| | |
|---|---|
| La royauté *(al-mulk)* fut transmise à son fils Darius *(Dārā)* fils de Darius *(Dārā)*. C'est celui qui est connu par ⟨le nom de⟩ Darius *(Dāriyūš)*, un antagoniste *(muqāriʿ)* d'Alexandre *(al-Iskandar)*. | فاسند الملك الى ابنه دارا بن دارا وهو الذى يعرف بداريوش مُقارع الاسكندر. |
| Quand la royauté parvint à Darius *(Dārā)* fils de Darius *(Dārā)*, il devint hautain *(taǧabbara)*, s'enfla d'orgueil *(istakabara)* et devint tyran *(ṭaġā)*. L'*incipit* de ses lettres à ses gouverneurs était le suivant: | فلما افضى الى دارا بن دارا تجبّر واستكبر وطغَى, وكانت نسخة كُتُبه الى عمّاله. |
| «De Darius *(Dārā)*, fils de Darius *(Dārā)*, qui illumine les sujets de son royaume comme le soleil à un tel». | من دارا بن دارا المضئ لاهل مملكته كالشمس الى فلان. |
| Son pouvoir était grand, ses soldats étaient nombreux et, à son époque, il n'y eut pas un seul roi sur la terre qui lui n'aurait pas obéi et payé le tribut *(bi-l-itāwa)*. | وكان عظيم السلطان كثير الجنود لم يبق فى عصره ملك من الملوك الارض الا بخع له بالطاعة واتقاء بالاتاوة. |

Darius est désigné par le participe de la forme III *muqāriʿ* qui a été rendu par «antagoniste» puisqu'il peut avoir la signification de «vainqueur» et de «vaincu». Face à la véracité historique, on pourrait même traduire par «le vaincu d'Alexandre». Pour souligner le caractère de Darius, ad-Dīnawarī se contente de transcrire l'*incipit* des lettres que Darius III avait coutume d'envoyer à ses gouverneurs, c'est-à-dire à ses satrapes, qui ne sont pas nommés explicitement, mais apparaissent dans une catégorie plus générale à travers le pronom arabe *fulān* «un certain» qui correspond au pronom indéfini τις en grec. L'*incipit* arabe en question qui transcrit le grec συνανατέλλων τῷ ἡλίῳ connaît une deuxième

271 Strohmaier (1996) 148.
272 Zuwiyya (2001) 55.
273 García Gómez (1929) CXX.
274 Kroll (1926) I, 36.
275 Guirgass (1888) 31.

occurrence chez ad-Dīnawarī, plus semblable à la version grecque dans une épître de Darius à Alexandre. La locution grecque συνανατέλλων τῷ ἡλίῳ est transposée par une comparaison introduite par كَ (*ka* «comme») ce qui n'est pas une traduction exacte, mais une simplification de l'expression grecque «se levant avec le soleil». L'expression grecque est davantage l'image du soleil se levant à l'Est, là où se trouve précisément l'empire perse de Darius III. C'est dans la transposition arabe de ad-Dīnawarī que se perd l'image poétique grecque au profit d'une simplification dont le correspondant en grec serait ὡς ou bien ὥσπερ.

Par ailleurs, Darius apparaît au début de son règne comme un tyran hautain («Quand la royauté parvint à Darius *(Dārā)* fils de Darius *(Dārā)*, il devint hautain *(taǧabbara)*, s'enfla d'orgueil *(istakabara)* et devint tyran *(ṭaġā)*»), ce qui est dans le même esprit que l'intention de l'*éthopée* dans la lettre du *Roman*. L'historien aṭ-Ṭabarī présente dans le *Taʾrīḫ ar-rusul wa-l-mulūk (Histoire des prophètes et des rois)*[276] la lettre de Darius à Alexandre comme une suite logique du refus d'Alexandre de continuer à payer le tribut habituel:

| | |
|---|---|
| Philippe mourut et son fils Alexandre *(al-Iskandar)* régna après lui. Il n'apporta pas à Darius *(Dārā)* le tribut *(ḫarāǧ)* que son père avait eu l'habitude de lui payer. Pour cette raison Darius *(Dārā)* se mit en colère contre lui. (…) | وأن فيلفوس هلك فملك بعده ابنه الاسكندر فلم يحمل الى دارا ما كان يحمله اليه ابوه من الخراج فأسخط ذلك عليه دارا (...). |
| Il lui envoya un bâton crochu au bout avec lequel on enlève la boule *(ṣūlǧān)*, un ballon et une quantité de sésame *(qafīz min simsim)*. Il lui apprit par ce qu'il lui écrit qu'il était un garçon et qu'il lui convenait de jouer au mail *(bil-ṣūlǧān)* et au ballon, avec ces deux ⟨jouets⟩ qu'il lui avait envoyés, et qu'il ne se pare pas avec la royauté et qu'il ne se vête pas d'elle. S'il ne se restreint pas à ce qu'il lui avait ordonné entre autres en demandant la royauté et en se révoltant contre lui, il lui enverrait quelqu'un qui le lui amènerait ⟨lié⟩ avec une corde. ⟨Il lui écrit également⟩ que le nombre de ses troupes était comme le nombre des graines de sésame *(ḥabb as-simsim)* qu'il lui avait envoyés. | وبعث اليه بصولجانٍ وكرة وقفيز من سمسم واعلمه فيما كتب اليه انه صبىّ وانه انما ينبغى له ان يلعب بالصولجان والكرة اللذَيْن بعث بهما اليه ولا يتقلّد المُلك ولا يتلبّس به وانه ان لم يقتصر على ما امره به من ذلك وتعاطى المُلك واستعصى عليه بعث اليه مَن يأتيه به فى وثاق وان عِدّة جنوده كعدّة حَبّ سمسم الذى بعث به اليه. |

La version de aṭ-Ṭabarī comprend une innovation orientale puisque Darius envoie à Alexandre un «bâton crochu au bout avec lequel on enlève la boule *(ṣūlǧān)*». Ce bâton sert pour le jeu du mail, présentant une précision par rapport à σφαῖρα «le ballon» du *Roman d'Alexandre*. Cette version n'est pas d'une traduction littérale du grec à l'arabe, ni celle du patriarche melkite Eutychius dans les *Annales*[277] que voici:

276 De Goeje (1879) 694/695.
277 Cheikho (1906) 77/78.

وكان سبب قتل الاسكندر وكان داريوس ملك الفرس. ان الاسكندر لمَّا مات ابوهُ فيلبس ملك بعده الاسكندر في مدينة مكدونية وهو ابن ست عشر سنة. فبلغ داريوش ملك الفرس ان الاسكندر قد ملك بعد ابيهِ على الروم فطمع فيهِ وكتب عليهِ كتابًا: هذه نسختهُ.

بلغني تملكت على الروم من غير امري ولو كانت سلكت مسلك ابيك في المشورة وعملت بما نأمرك بهِ كان احسن لك وابقى لنعمتك ولكن غرَّة الصبي حملتك على ذلك بالجهل منك. وممَّن معك. فانزع عن ما انت عليهِ واحمل الينا الفدية عنك وعن بلادك واعترف عن ذنبك وعجِّل بذلك ولا تؤخره والَّا خرجتُ اليك برجال فارس ووطئت بهم بلادك وقتلت رجالك واخرجتك من نعمتك وقد بعث اليك بما ان استطعت ان تعدَّهُ استطعت ان تعدَّ رجالي واصحابي والسلام.

وبعث اليهِ مع الرسول بقفير سمسم مقشور.

La raison pour laquelle Alexandre *(al-Iskandar)* tua Darius *(Dāriyūs)*, le roi perse, était la suivante: Alexandre *(al-Iskandar)*, à la mort de son père Philippe, lui succéda à l'âge de 17 ans comme roi dans la ville de Macédoine *(fī madīnati Makadūniya)*. Darius *(Dāriyūs)*, le roi persan, apprit qu'Alexandre *(al-Iskandar)* régnait sur les Grecs *(ar-Rūm)* en tant que successeur de son père, il chercha avec persistance ⟨à posséder le royaume d'Alexandre⟩ et lui écrivit une lettre dont voici la copie:

«J'ai appris que tu es devenu roi des Grecs *(ar-Rūm)* sans ma permission. Si tu avais adopté le comportement de ton père suivant son conseil *(al-mašwara)* et si tu avais fait ce que nous t'ordonnions, cela aurait été mieux pour toi et pour ton bien-être. C'est l'inattention due à ton jeune âge qui t'a fait agir ainsi – par ton ignorance *(bi-l-ǧahl)* et celle de ton entourage. Renonce à ton royaume, apporte-nous la rançon *(al-fidya)* pour toi et pour ton pays. Avoue ta faute et paie la rançon sans tarder, sinon je sortirai contre toi avec des hommes perses en foulant ton pays de la marche de leurs pieds. Je tuerai tes hommes et je mettrai un terme à ton bien-être. Je t'envoie quelque chose: si tu peux le compter, tu peux compter mes hommes et mes compagnons. Et sur ce, salut.»

Il lui fit envoyer par des messagers une grande auge de sésame dépouillé d'écorce *(bi-qafīr simsim maqšūr)*.

La correspondance épistolaire se trouve au tout début de l'extrait du patriarche relatif à Alexandre. Le résultat, c'est-à-dire l'assassinat de Darius de la main d'Alexandre annonce le récit des faits en servant ainsi de prolepse. Ce procédé pourrait être la preuve d'une compilation singulière de la main du patriarche qui, à partir de sources non identifiées, crée sa propre histoire d'Alexandre dans un esprit historique. Le fait d'annoncer dès le début le résultat de l'affrontement entre Alexandre et Darius se démarque de la présentation de ce duel dans le *Roman d'Alexandre*. L'introduction d'Eutychius est complétée par des données générales comme l'âge d'Alexandre au moment où il aurait pris la succession de son père Philippe, à savoir à l'âge de 17 ans, régnant *fī madīna Makadūniya* «dans la ville de Macédoine».

La lettre même est orientée sur la question de la «rançon» *(fidya)*, question qui rappelle celle du tribut.[278] Alexandre est caractérisé par son «ignorance», expliquée comme conséquence logique de son «jeune âge», là où al-Mubaššir, le *Roman d'Alexandre* ou encore aṭ-Ṭabarī se servent de la métaphore du ballon. On remarque que des objets envoyés, pourvus d'une force symbolique, ne persistent que les graines de sésame, plus précisément «une grande auge de sésame dépouillé d'écorce» *(bi-qafīz simsim maqšūr)*, illustrant le nombre de soldats perses. L'éditeur du texte des *Annales*, L. Cheikho accueille une correction d'E. Pococke, datant du XVII^e^ siècle, lorsque ce dernier a publié l'ouvrage d'Eutychius pour la première fois accompagné d'une traduction latine.[279] E. Pococke propose de corriger la leçon *qafīz* «une mesure des choses sèches» par *qafīr* «auge». La seule différence graphique est le point diacritique sur le *zā'* (z), tandis que le *rā'* (r) est sans ce point diacritique. Cette correction aboutit ainsi à *bi-qafīz min ḫardal* «une grande auge de sésame dépouillé d'écorce».

Le patriarche melkite poursuit son récit de l'échange épistolaire par une réélaboration très libre du *Roman* du Pseudo-Callisthène. Le récit de la lecture à haute voix de la lettre de Darius par Alexandre marque l'introduction à un récit sans parallèles en grec, comme nous allons le voir ci-dessous. Dans les *Annales*[280] Alexandre s'adresse ainsi à ses généraux:

L'envoyé de Darius *(Dariyūs)* s'avança vers Alexandre *(al-Iskandar)* et lui fit parvenir la lettre et le sésame. Alexandre rassembla ses généraux et leur lit la lettre de Darius *(Dariyūs)*, avant de leur adresser les paroles suivantes:

«Si vous vous aidez entre vous, vous allez vous emparer de lui. S'il y a de la dissension parmi vous, il cherchera avec persistance à vous ⟨vaincre⟩.»

Et chacun d'eux lui répondit en lui donnant son avis. Alexandre *(al-Iskandar)* leur répondit et leur dit:

«Dans mon cœur, je pressens déjà la victoire sur Darius *(Dariyūs)*, qui m'est indiquée précisément par la comparaison de ses compagnons au sésame, qui est un aliment gras que l'on mange facilement. Son royaume va devenir le nôtre.»

Ses généraux lui répliquèrent: «Que Dieu agisse ainsi!».

فقدم رسول داريوس على الاسكندر
واوصل اليهِ الكتاب والسمسم فجمع
الاسكندر رؤساء اصحابه وقرأ عليهم
كتاب داريوس وقال لهم:
ان توازرتم وظفرتم بهِ وان تشتَّت
امركم طمح فيكم.
فأجابهُ كل واحد منهم بما خضره من
الرأي فأجابهم الاسكندر وقال لهم
قد سبق الى قلبي النصر على داريوس
ودلَّني على ذلك حيث شبَّه اصحابه
بالسمسم وهو طعام دسم وليس على
اكله تعب وان ملكه يصير الينا.
فقالوا لهُ اصحابه: كذلك يفعل الله.

278 *Cf.* le chapitre 2.1.3.

279 *Contextio gemmarum Eutychii patriarchae Alexanderini Annales*, Pococke (E.)(éd.), Oxford 1658-1659.

280 Cheikho (1906) 78.

Alexandre se comporte comme un souverain idéalisé puisqu'il demande l'avis à ses généraux, avant de conclure avec l'interprétation populaire de la métaphore «un aliment gras que l'on mange facilement», immédiatement suivie de la phrase conclusive «Son royaume va devenir le nôtre.» En comparant cet extrait avec le *Roman d'Alexandre*, on s'aperçoit qu'il s'agisse d'une invention orientale sans aucun lien avec une version grecque, quelle qu'elle soit. Cependant, l'intérêt de ce chapitre de la recension β[281] réside dans une question rhétorique, à travers laquelle Alexandre s'adresse à ses soldats, critiqués pour leur lâcheté. En fait, la force persuasive de la lettre de Darius, bien qu'elle ne soit qu'une *éthopée*, est reflétée à travers la question rhétorique suivante:

| | |
|---|---|
| καὶ νοήσας Ἀλέξανδρος τὴν δειλίαν αὐτῶν εἶπε πρὸς αὐτούς· «ἄνδρες Μακεδόνες καὶ συστρατιῶται, τί ἐταράχθητε ἐπὶ τοῖς γεγραμμένοις ὑπὸ Δαρείου ὡς ἀληθινὴν ἐχόντων τὴν δύναμιν τῶν κομπηγόρων αὐτοῦ γραμμάτων; (…)» | Et après avoir compris leur lâcheté, Alexandre leur dit: «Macédoniens et compagnons d'armes, pourquoi êtes vous troublés par les paroles écrites par Darius, comme si ses paroles grandiloquentes avaient un impact réel? (…)» |

La rhétorique épistolaire est censée avoir eu un impact réel (ὡς ἀληθινὴν τὴν δύναμιν), quoiqu'Alexandre la démasque notamment par l'emploi de l'adjectif κομπήγορος, que l'on traduit par «grandiloquent» et qui devrait être un *hapax*, fruit d'une invention du romancier.

En conclusion, la lettre de Darius à Alexandre a connu un tel succès dans l'Orient qu'elle a fait l'objet d'un grand nombre d'innovations qui empêchent de déterminer avec précision de quelle recension grecque ce développement a pris son origine.

### 2.1.9 Les ambassadeurs de Darius et Alexandre (I, 37)

Le *Roman d'Alexandre* présente l'affrontement entre Alexandre et Darius non seulement à travers la rhétorique épistolaire mais également à travers le discours proprement dit, en particulier dans un dialogue entre Alexandre et les ambassadeurs persans. A la suite de la lettre de Darius à Alexandre, ce dernier ordonne de punir les ambassadeurs à la place de celui qui a été l'auteur de la lettre dont il a été question au chapitre précédent.

Le récit où le Conquérant feint de vouloir crucifier les ambassadeurs ainsi que le dialogue entre Alexandre et les envoyés de Darius sont conservés chez al-Mubaššir ibn Fātik. B. Meissner cite cet épisode pour fortifier sa thèse selon laquelle cet auteur dépendrait de la traduction syriaque du *Roman*.[282] Quant à la recherche du modèle grec de al-Mubaššir, la parenté entre la version arabe et les deux recensions grecques α et β est si frappante qu'il n'est pas une tâche facile de déterminer à laquelle des deux recensions grecques se rattache la version arabe:

---

281 Bergson (1956) I, 37.

282 Meissner (1896) 621.

| al-Mubaššir ibn Fātik[283] | *Roman d'Alexandre*[284] | *Roman d'Alexandre*[285] |
|---|---|---|
| ووجّه بالكتب مع رسله. فلما وقف عليه الاسكندر أمر بهم فكُتفوا وجُرّدوا؛ ودعا بالسيف كأنه يريد قتلهم. | (…) ἐκέλευσεν ἐξαγκωνισθῆναι τοὺς γραμματοφόρους καὶ ἀπαχθέντας σταυρωθῆναι. | (…) ἐκέλευσεν ἐξαγκωνίζεσθαι τοὺς γραμματοφόρους Δαρείου καὶ ἀπενεχθέντας ἀνασταυρωθῆναι. |
| Il fit envoyer ses messagers avec la lettre. Lorsqu'il en prit connaissance, Alexandre *(al-Iskandar)* ordonna de garrotter les envoyés en leur liant les mains derrière le dos et de les dépouiller de leurs vêtements. Il ⟨les⟩ fit amener comme s'il voulait les tuer de son épée. | (…) il ordonna de lier les mains les porteurs de lettres sur le dos, et de les emmener et crucifier. | (…) il ordonna de lier les mains des porteurs de lettres de Darius sur le dos, de les rapporter et de les crucifier. |
| فقالوا له: "يا سيدنا! من رأيتَ من الملوك قتل الرُّسُل؟! هذا ما يفعله أحد من قبلك." | τῶν δὲ φοβηθέντων καὶ λεγόντων· «τί ἡμεῖς σοι χαλεπὸν ἐποιήσαμεν Ἀλέξανδρε, ὅτι κελεύεις ἡμᾶς κακῶς ἀναιρεθῆναι;» | τῶν δὲ λεγόντων· «τί ἡμεῖς σοι κακὸν ἐπράξαμεν, βασιλεῦ Ἀλέξανδρε; ἄγγελοί ἐσμεν. τί κελεύεις ἡμᾶς κακῶς ἀναιρεθῆναι;» |
| Ils lui dirent: «Ô notre seigneur, as-tu déjà vu un roi tuer des envoyés? Personne n'a ⟨jamais⟩ fait ceci avant.» | Ils furent pris de peur et dirent: «Quelle difficulté t'avons nous causée, Alexandre, que tu ordonnes que nous soyons à tort emmenés de force?» | Ils dirent: «Quel mal nous t'avons-nous fait, roi Alexandre? Nous sommes des envoyés. Pourquoi ordonnes-tu que nous soyons à tort emmenés?» |
| فقال لهم ذو القرنين: "إن صاحبكم يزعم أني لصٌّ ولست ملكاً. وأنا أفعل بكم فعل اللصوص فلا تلوموني ولوموا صاحبكم الذى عرّضكم لى وأنا لص" | εἶπεν ὁ Ἀλέξανδρος· «Μέμφεσθε τὸν ἑαυτῶν βασιλέα ἢ ἐμέ· Δαρεῖος γὰρ ἔπεμψε ταύτας τὰς ἐπιστολὰς οὐχ ὡς βασιλεῖ ἀλλ' ὡς ἀρχιληστῇ. ἀναιρήσω ὑμᾶς ὡς ἐλθόντας πρὸς | εἶπε δὲ αὐτοῖς Ἀλέξανδρος· «μέμψασθε τὸν βασιλέα ὑμῶν Δαρεῖον καὶ μὴ ἐμέ. ἔπεμψε γὰρ ὑμᾶς Δαρεῖος μετὰ γραμμάτων τοιούτων οὐχ ὡς πρὸς βασιλέα, ἀλλ' ὡς |

283 Badawī (1958) 227/228.
284 Kroll (1926) I, 37.
285 Bergson (1956) I, 37.

| | | |
|---|---|---|
| | αὐθάδη ἄνθρωπον καὶ οὐ βασιλέα.» | ἀρχιληστήν. ἀναιρῶ τοίνυν ὑμᾶς ὡς ἐλθόντας πρὸς αὐθάδη ἄνθρωπον καὶ οὐ βασιλέα.» |
| Le Bi-cornu leur dit: «Votre maître prétend que je suis un brigand, et non un roi, et que je vous traite comme le font les brigands. Alors ne me blâmez pas, mais blâmez votre maître qui vous a mis sous mes yeux, moi qui suis un brigand.» | Alexandre répondit: «Blâmez votre roi et ⟨non⟩ moi: En effet, Darius ⟨m'⟩ a envoyé ces lettres non comme à un roi, mais comme au chef de brigands. Je vous ferai périr estimant que vous êtes venus chez un homme arrogant et non pas chez un roi.» | Alexandre leur répondit: «Commencez à blâmer votre roi Darius et non moi. En effet, Darius vous a envoyé avec de telles lettres non pas comme à un roi, mais à un chef de brigands. Je vous fais donc périr estimant que vous êtes venus chez un homme arrogant et non pas chez un roi.» |
| فقالوا له "يا سيدنا! إن صاحبنا لم يعرفك, ونحن قد رأيناك وعرفنا ما أنت عليه من نفسك وفضلك وكرمك. فأرْدُدْ إلينا أنفسنا وامنُنْ علينا, فإنا نخبر دارا بما رأينا ونكون شهوداً لك." | Οἱ δὲ εἶπον· «Δαρεῖος μὲν μὴ εἰδὼς ἔγραψεν, ἡμεῖς δὲ ὁρῶμεν τὴν τηλικαύτην παράταξιν καὶ νοοῦμεν μέγιστον καὶ φρενήρη βασιλέα. ὥστε ὡς υἱὸς βασιλέως Φιλίππου ἀποχάρισαι ἡμῖν τὸ ζῆν.» | οἱ δὲ εἶπον· «εἰ καὶ Δαρεῖος μηδὲν ἰδὼν ἔγραψέ σοι τοιαῦτα, ἀλλ' ἡμεῖς ὁρῶμεν τοιαύτην παράταξιν καὶ νοοῦμεν μέγιστον καὶ φρηνήρη βασιλέα εἶναι υἱὸν βασιλέως Φιλίππου. δεόμεθά σου, δέσποτα βασιλεῦ μέγιστε, ἀποχάρισαι ἡμῖν τὸ ζῆν.» |
| Ils lui dirent: «Ô notre seigneur, notre maître ne te connaît guère, nous t'avons vu et nous t'avons connu comme lui étant supérieur en raison de ton rang élevé, de ton mérite et ta noblesse de caractère. Rends-nous notre vie et fais-nous une faveur. Nous informons Darius *(Dārā)* de ce que nous avons vu en étant tes témoins.» | Ils dirent: «Darius a écrit ⟨cela⟩ par ignorance, tandis que nous voyons une si grande armée rangée en bataille et nous comprenons que tu es un roi très grand et sage. C'est pourquoi, en tant que fils du roi Philippe, accorde nous la faveur de vivre.» | Ils dirent: «Même si Darius, n'ayant rien vu, t'avais écrit de telles choses, en revanche nous voyons une telle bataille rangée et nous comprenons que le fils de Philippe est un très grand et un sage roi. Nous te demandons, maître, très grand roi, accorde-nous la faveur de vivre.» |
| فقال لهم: "أما إذ خضعتم وسألتم فإني مجيبكم ومشفّعكم لتعلموا رحمتي عطفي, فإني قريبٌ عند | Εἶπε δὲ ὁ Ἀλέξανδρος· «Οὐχ ὅτι ἐδειλάνθητε τὴν κόλασιν καὶ ἱκετεύετε, τοῦτο ὑμᾶς ἀπολύω· οὐδὲ γὰρ προθέσεώς εἰμι τοῦ | ὁ δὲ Ἀλέξανδρος εἶπε πρὸς αὐτούς· «νῦν ἐδειλιάσατε τὴν κόλασιν ὑμῶν καὶ ἱκετεύετε τοῦ μὴ ἀποθανεῖν. διὰ τοῦτο |

| | | |
|---|---|---|
| الخضوع, بعيدٌ عند التعزيز." | ὑμᾶς κολάσαι, ἀλλ' ἐνδείξασθαι Ἕλληνος βασιλέως τὴν καὶ διαφορὰν καὶ βαρβάρου τυράννου. ὥστε μηδὲν προσδοκᾶτε ὑπ' ἐμοῦ παθεῖν κακόν· βασιλεὺς γὰρ ἀγγέλους οὐ κτείνει.» | ὑμᾶς ἀπολύω. οὐ γὰρ προαιρέσεώς εἰμι ἀναιρῆσαι ὑμᾶς ἀλλ' ἐνδείξεσθαι τὴν διαφορὰν Ἕλληνος βασιλέως καὶ βαρβάρου τυράννου. ὥστε μηδὲν κακὸν προσδοκᾶτε ὑπ' ἐμοῦ παθεῖν. βασιλεὺς γὰρ ἄγγελον οὐ κτείνει.» |
| Il leur dit: «Puisque vous vous soumettez et vous demandez, je vous donne une réponse favorable et j'agrée à votre demande pour que vous appreniez ma clémence *(raḥma)* et ma compassion *(ʿaṭf)*. Je suis proche de l'humilité *(qarīb ʿinda l-ḫuḍūʿ)* et loin de l'orgueil *(baʿīd ʿinda t-taʿzīz)*.» | Alexandre dit: «Ce n'est pas parce que vous craignez la punition et que vous venez de supplier, que je vous libère de cela; En effet, je n'ai pas l'intention de vous punir, mais de montrer la différence entre un roi grec et un tyran barbare. Par conséquent, ne vous attendez à souffrir d'aucun mal de ma part: en effet, un roi ne tue pas des envoyés.» | Alexandre leur dit: «A présent, vous craignez la punition et vous venez de supplier pour ne pas mourir. C'est pourquoi je vous libère. En effet, je n'ai pas l'intention de vous faire périr, mais de vous montrer la différence entre un roi grec et un tyran barbare. Par conséquent, ne vous attendez à souffrir d'aucun mal de ma part. En effet, un roi ne tue pas un envoyé.» |
| فحلّ وثاقهم, ودعا لهم بطعامٍ, فأكلوا. | Οὕτως εἰπὼν ὁ Ἀλέξανδρος ἐκέλευσε τοῖς αὐτοῦ παράταξιν δείπνου γενέσθαι καὶ συνανακλιθεὶς αὐτοῖς εὐφραίνεται. | καὶ οὕτως εἰπὼν Ἀλέξανδρος αὐτοῖς ἐκέλευσεν αὐτοὺς δείπνου γενομένου συνανακλιθῆναι αὐτῷ. |
| Il délia leurs cordes et les invita à manger, puis ils mangèrent. | Après avoir parlé ainsi, Alexandre leur ordonna d'être «sa bataille rangée du dîner» et il est charmé d'être à table avec eux. | Et après avoir parlé ainsi, Alexandre leur ordonna de se mettre à la même table que lui, au moment du dîner. |

Dans le traitement des envoyés de Darius III, Alexandre démontre sa supériorité, qui est celle d'un roi grec sur un roi barbare. C'est ainsi qu'il est évoqué, dans les recensions α et β, pourquoi il préfère les libérer au lieu de les crucifier: selon la recension β pour «montrer la différence entre un roi grec et un tyran barbare» (ἐνδείξεσθαι τὴν διαφορὰν Ἕλληνος βασιλέως καὶ βαρβάρου τυράννου). Dans la recension β, l'infinitif présent au moyen insiste sur le caractère général de cette affirmation, pendant que l'infinitif aoriste au moyen ἐνδείξασθαι de la recension α pointe sur l'aspect ponctuel de la situation en question.

La version arabe de al-Mubaššir ibn Fātik comprend, plus que la recension α, une réflexion sur le comportement d'un souverain, notamment à travers la question rhétorique («As-tu déjà vu un roi tuer des messagers?») qui à son tour marque une sorte d'élargissement rhétrorique de la phrase déclarative de la recension β ἄγγελοί ἐσμεν. «Nous sommes des envoyés».

De plus, Alexandre donne une définition de lui-même qui le caractérise par les attributs musulmans, *raḥma* «miséricorde», «clémence» et *ʿaṭf* «compassion», «sympathie». A la fin de son discours tenu devant les ambassadeurs, il renchérit grâce à l'antithèse: «Je suis proche de l'humilité *(qarīb ʿinda l-ḫuḍūʿ)* et loin de l'orgueil *(baʿīd ʿinda t-taʿzīz)*». L'opposition se manifeste à la fois entre les adjectifs *qarīb* «près», «proche» et *baʿīd* «loin», «éloigné» et entre les locutions prépositionnelles introduites par *ʿinda* «près de», «chez» où l'antithèse se joue à travers *al-ḫuḍūʿ* «l'humilité» et *at-taʿzīz* «l'orgueil». Le caractère d'un miroir de princes de cet épisode explique certainement sa survie pour réapparaître dans la *Leyenda* éditée par E. García Gómez[286] qui souligne cette rencontre entre cette version arabe relativement tardive et le *Roman*:

> El episodio con los mensajeros de Darío refleja con fidelidad casi literal el texto del PC, I, 37; pero al final del episodio se advierte una adaptación islámica: en PC; Alejandro liberta a los legados para mostrarlos la diferencia que existe entre un rey griego y un tirano bárbaro; en HD, para hacerles ver la superioridad del islam sobre la religión rumí[287]

La comparaison avec le *Roman d'Alexandre* montre donc que la *Leyenda* a introduit à la fin l'aspect de la religion musulmane, l'Islam, fortement idéalisée. Dans le discours qu'Alexandre adresse aux envoyés dans la *Leyenda*[288] l'éloge de l'Islam sert de conclusion logique de la manière suivante:

| | |
|---|---|
| C'est pourquoi je voulais vous montrer que la religion de l'Islam *(dīn al-islām)* est supérieure à la religion grecque *(dīn ar-rūmiyya)*. Par Dieu, les rois ne tuent pas les messagers lorsqu'ils viennent chez eux. | ولكنى اردت ان اريكم دين الاسلام على دين الرومية والله ما يقتل[289] الملوك الرسول اذا اتوا عليهم. |

En conclusion, on constate que la séquence historique autour de l'antagonisme entre Alexandre et Darius III trouve son prolongement dans l'épisode où le roi macédonien menace de crucifier les ambassadeurs perses. En fait, cette menace, conservée chez al-Mubaššir ibn Fātik et remontant à une version grecque proche des recensions α et β, pourrait être interprétée comme un mauvais augure pour le souverain oriental assassiné par des nobles au deuxième livre du *Roman d'Alexandre*.[290]

286 García Gómez (1929) 9/10.

287 García Gómez (1929) CXX-CXXI.

288 García Gómez (1929) 10.

289 La version de García Gómez بفتل, qui préserve les caractéristiques du manuscrit, à savoir l'orthographie maghrébine, a été corrigée en يقتل «il tue».

290 *Cf.* le chapitre 2.2.1.

## 2.2 Le livre II

La tradition arabe a retenu du deuxième livre du *Roman d'Alexandre* à la fois des épisodes appartenant à la tradition du Pseudo-Callisthène, tels que la description de la mort de Darius III et la crucifixion des ses assassins, et trois épisodes célèbres du texte L de l'époque byzantine appartenant à la tradition du Bi-cornu ou à l'imaginaire populaire du Moyen Âge. Pour ce qui est de cette permière, la source de vie et Gog et Magog forment un seul chapitre car on ne peut les dissocier l'un de l'autre dans l'Orient où ils forment une tradition forgée depuis leur apparition dans la *Sourate de la caverne*. En revanche, la plongée sous-marine et le vol aérien représent deux épisodes très populaires au Moyen Âge européen.

### 2.2.1 La mort de Darius (II, 20)

L'antagonisme entre Darius III et Alexandre le Grand, qui se développe au cours du *Roman* notamment à travers l'échange épistolaire, trouve son terme avec la mort du souverain perse. Dans l'Orient, ce chapitre a fait l'objet d'une réception si récurrente que F. Doufikar-Aerts le décrit comme «a standard part of the texts which represent the Pseudo-Callisthenes tradition».[291]

Le succès romanesque de cette scène pourrait obscurcir le fait que l'Alexandre historique n'a jamais rencontré son antagoniste Darius avant la mort de ce dernier. L'exemple de Diodore de Sicile dans la *Bibliothèque historique*[292] montre néanmoins que les contours entre *Roman d'Alexandre* et l'historiographie ne sont pas nets et qu'au contraire les légendes romanesques sont également vivantes chez les historiens.[293] Cette scène, qui marque le passage de la royauté persane de Darius III à Alexandre le Grand – une sorte de *translatio imperii* romanesque – est d'une importance si cruciale qu'elle ne peut manquer ni dans les recensions grecques du *Roman* ni dans la plus grande partie des chroniques universelles arabes. C'est ainsi que les historiens d'origine persane, tels que ad-Dīnawarī dans *Al-aḫbār aṭ-ṭiwāl (Les histoires détaillées)* et aṭ-Ṭabarī, *Taʾrīḫ ar-rusul wa-l-mulūk (Histoire des prophètes et des rois)* conservent, de façon plus ou moins détaillée, la scène de la mort de Darius III:

ad-Dīnawarī[294]

واقبل الاسكندر حتى وقف على دارا صريعا فنزل فجعل رأسه
فى حجره وبه رمق.

Alexandre s'approcha jusqu'à s'arrêter chez Darius *(Dārā)* gisant. Il descendit *(nazala)*, puis il posa sa tête sur sa poitrine, lorsqu'il avait ⟨encore⟩ un

aṭ-Ṭabarī[295]

فلحقه الاسكندر صريعن فنزل اليه وهو
بآخِر رَمَق فمسح التراب عن وجهه ووضع
رأسه فى حِجْره.

Alexandre *(al-Iskandar)* le rejoignit gisant, descendit *(nazala)* chez lui, lui qui avait le dernier souffle de vie

291 Doufikar-Aerts (2010b) 208.

292 Diodore de Sicile, *Bibliothèque historique*, Goukovsky (P.)(éd.), Paris 2002, XVII, 73, 4.

293 *Cf.* les remarques chez Jouanno (2002) 134.

294 Guirgass (1888) 34/35.

295 De Goeje (1879) 697/698.

dernier souffle de vie en lui *(wa-bihi ramaqun).*

فجزع عليه وقال يا اخى ان سلمتَ من مصرعك خلّيتُ بينك وبين ملكك فاعهَدْ الىّ بما احببتَ أَفِ لك به فقال دارا اعتبِرْنى كيف كنت امس وكيف انا اليوم الستُ الذى كان يهابنى الملوك ويُذعنوا لى بالطاعة ويتّقونى بالاتاوة وها انا اليوم صريع فريد بعد الجنود الكثيرة والسلطان العظيم فقال الاسكندر يا اخى ان المقادير لا تهاب ملكا لثروته ولا تحقر فقيرا لفاقته وانما الدنيا ظلّ يزول وشيكا وينصرم سريعا قال دارا قد علمتُ ان كلّ شىء بقضآء الله وقدره وان كل شىء سواه فانٍ وانا مُوصيك لمن خلّفت من اهلى وولدى وسائلُك ان تتزوّج رُوشَنك ابنتى فقد كانت قرّة عينى وثمرة قلبى قال الاسكندر انا فاعلٌ ذلك فاخبرنى من فعل هذا بك لانتقم منه فلم يُجِر فى ذلك جوابا دارا واعتُقل لسانه بعد ذلك ثم قضى.

C'était douloureux pour lui et il dit: «Mon frère, si tu échappais sain et sauf de ⟨ce⟩ champ de bataille, je te laisserais ton royaume. Prescris-moi ce que tu désires et je l'exécuterai pour toi.» Darius *(Dārā)* dit: «Regarde-moi comme un exemple comment j'étais hier et comment je suis aujourd'hui. N'étais-je pas celui que les rois avaient craint, à qui ils avaient obéi et à qui ils m'avaient payé le tribut *(b-itāwa)* par crainte? Me voilà à présent gisant, seul, éloigné de ⟨mes⟩ troupes nombreuses et de ⟨mon⟩ grand empire.» Alexandre lui dit: «Mon frère, le destin ne craint pas un roi pour son opulence et ne méprise pas un pauvre pour son dénuement. Le monde continue à être promptement en décadence et à finir rapidement». Darius *(Dārā)* dit: «J'ai appris que toute chose est déterminée par Dieu, par sa volonté et que toute chose autre que lui périt. Moi, je t'ordonne pour que tu prennes soin de ma famille et de mes enfants que je laisse derrière moi. Je te demande de te marier avec Roxane *(Rūšanak)*, qui était ma fille et l'enfant de mon cœur.» Alexandre dit: «Je ferai cela. Apprends-moi qui t'a fait cela pour lui infliger un châtiment pour te venger.»

dans le corps *(wa-huwa bi-āḫiri ramaqin)*. Il nettoya son visage de la poussière et posa sa tête sur sa poitrine.

قال له انما قتلك حاجباك ولقد كنتُ ارغب بك يا شريف الاشراف حُرّ الاحرار ومَلِكَ الملوك عن هذا المصرع فأوصنى بما احببتَ فاوصاه دارا ان يتزوّج ابنته روشنك ويتّخذها لنفسه ويستبقى احرار فارس ولا يولّى عليهم غيرهم فقبل وصيّته وعمل بأمره.

Il lui dit: «Tes chambellans t'ont tué. J'avais voulu t'éloigner de ce champ e bataille, ô le plus noble et généreux roi des rois, recommande-moi ce que tu désires.» Et Darius *(Dārā)* lui recommanda en mourant de se marier avec sa fille Roxane *(Rūšanak)*, de l'avoir avec lui, de laisser vivre les nobles perses et de ne pas les faire gouverner par personne d'autre qu'eux-mêmes. Il [i.e. Alexandre] accepta sa recommandation et exécuta son ordre.

Darius ne pouvait plus répondre à cela, il lui était
désormais impossible de parler. Ensuite, il expira.

Le vocatif «mon frère» à travers lequel Alexandre s'adresse à Darius dans l'extrait de ad-Dīnawarī se comprend grâce à l'arrière plan de la généalogie persane d'Alexandre le Grand que l'on rencontre surtout chez les historiens d'origine persane. Par ailleurs, on perçoit l'influence de la littérature de sagesse, plus précisément des sentences des philosophes. L'état physique de Darius fait appel à un *memento mori* lorsqu'il établit une comparaison entre son état d'hier et celui d'aujourd'hui. Du roi puissant de jadis ne reste plus rien à présent qu'un roi devant affronter la mort. C. Jouanno cite ce motif à la fin de la conclusion de son étude exhaustive sur le développement des différentes recensions du *Roman* en suggérant d'y consacrer une étude spécialisée:

> L'ombre la plus sérieuse apportée à l'image envoûtante d'Alexandre est assurément, dans le domaine grec, l'apparition récurrente du motif du *memento mori*, qui se fait de plus en plus insistant dans les versions les plus récentes, et deviendra central dans les réécritures tardo-byzantines du *Roman* – mais c'est là le sujet d'une autre étude.[296]

Darius se qualifie lui-même d'exemple pour Alexandre qui est censé prendre non seulement sa succession en tant que roi de Perse, mais à qui il demande aussi de prendre sa fille Roxane, qui apparaît avec la variante persane *Rūšanak*, comme épouse. Dans le *Roman d'Alexandre*, Roxane occupe la place d'un personnage de second rang sans que le rédacteur ne montre une prédilection dans la peinture d'un caractère, ou du moins d'un caractère stéréotypé féminin. Bien au contraire, les historiens ad-Dīnawarī et aṭ-Ṭabarī, cités ci-dessus, représentent de façon exemplaire le traitement que la tradition arabe accorde à Roxane. Au lieu de livrer une réflexion sur le rôle de la femme dans l'Islam ou de reprendre des détails grecs, elle reste un personnage sans contours précis dans les versions arabes.

En revanche, en ce qui concerne le rôle de la femme dans la réception arabe du *Roman d'Alexandre*, un rôle majeur est accordé à la mère d'Alexandre Olympias. Pourquoi? C'est certainement par son rôle spécifique dans la littérature de sagesse où elle apparaît constamment en relation avec la «Lettre de consolation» qui lui est adressée par Alexandre. Par ailleurs, tout comme les philosophes, elle aussi adresse des sentences à son fils désormais mort. Une version similaire à celles des historiens cités ci-dessus offre le patriarche melkite Eutychius dans les *Annales*[297]:

Puis, Alexandre arriva auprès de Darius *(Dāriyūš)*
et le trouva dans cet état. Il descendit de son
cheval pour poser la tête de Darius *(Dāriyūš)* sur
son giron, il nettoya son visage et banda ses
blessures, il l'embrassa et lui dit en pleurant:
«Gloire à Dieu que tu n'as pas tué de la main d'un
de mes compagnons. Ce qui s'est passé, nous ⟨le⟩

وانتهى اسكندر الى داريوش وهو على تلك
الحال. فنزل عن فرسه حتى وضع رأس
داريوش فى حجره ومسح عن وجوه وعصب
جراحه وقبّله وبكى وقال: الحمد الله الذى لم

296 Jouanno (2002) 464.

297 Cheikho (1906) 79.

reconnaissons dans la sagesse prévoyante de Dieu.»

يجري قتلك على يد احدٍ من اصابي وقد كان ما نرى في سابق علم الله.

Le discours qu'Alexandre adresse à Darius représente une innovation de la part d'Eutychius. Malgré cela, le récit, qui précède le discours, se rattache clairement au *Roman d'Alexandre*. Dans le domaine des *Graeco-Arabica*, la version de al-Mubaššir ibn Fātik se démarque une fois de plus des autres témoignages, une fois de plus, par son récit détaillé, proche du *Roman*. Dans la recension β, cette scène est caractérisée d'une manière que l'on pourrait qualifier presque de «métalittéraire» θρῆνον ἄξιον λύπης «un thrène digne de tristesse»:

al-Mubaššir ibn Fātik[298]

فأدركه ذو القرنين قبل أن يقضى. فنزل عليه ووضع رأسه فى حجره ونفض التراب عن وجهه ووضع ويده على صدره, ثم قال وعيناه تدمعان.

Le Bi-cornu le trouva avant sa mort. Il s'approcha de lui et posa la tête ⟨de Darius⟩ sur son giron. Il secoua la poussière de son visage et posa sa main sur le giron ⟨de Darius⟩. Puis, il lui adressa des paroles avec les yeux en larmes:

"يا دارا! قم من مصرعك. وكان ملكاً على أرضك. وإلهى, ياملك الفارس, لا ملّكنّك ولأردّنّ عليك ما أخذت منك ولأعينتك على عدوّك. وإنى لأتذمّم منك لأنى قد طعامت من طعامك أيّام حياتك كأنّى رسول. فقم غير مواخذ منك بما سلف عنك, ولا تجزع عند حلول البلاء, فإنّ أهل النعمة والمُلك أصبرُ على البلاء من غيرهم. وأَعْلمنى من فعل بك هذا

*Roman d'Alexandre*[299]

καὶ εἰσελθὼν πρὸς αὐτὸν Ἀλέξανδρος καὶ εὑρὼν αὐτὸν ἡμίπνουν, ἐκκεχυμένον ξίφει τούτου τὸ αἷμα, ἀνοιμώξας αὐτῷ θρῆνον ἄξιον λύπης δάκρυα ἐξέχεεν ἐπ' αὐτῷ καὶ τῇ χλαμύδι αὐτοῦ ἐσκέπασε τὸ σῶμα Δαρείου. τὰς χεῖρας δὲ ἐπιθεὶς ἐπὶ τὸ Δαρείου στῆθος ἐλέους γέμοντας λόγους ἐπ' αὐτῷ ἔλεγεν·

Alexandre alla chez lui et le trouva à demi-mort, vidé de son sang par le coup d'épée. Il éclata en gémissements pour lui, dans un thrène digne de ⟨sa⟩ tristesse, répandit des larmes sur lui et couvrit le corps de Darius de sa chlamyde. Ayant posé ses mains sur la poitrine de Darius, il l'adressa des paroles pleines de pitié:

«ἀνάστα, βασιλεῦ Δαρεῖε, καὶ τῆς σῆς γῆς βασίλευε καὶ τῶν σεαυτοῦ δεσπότης γενοῦ. δέξαι σοῦ τὸ διάδημα τοῦ Περσικοῦ πλήθους ἀνάσσων, ἔχε σοῦ τὸ μέγεθος τῆς τυραννίδος. ὄμνυμί σοι τὴν ἄνω πρόνοιαν, ὡς ἀληθῶς καὶ οὐ πεπλασμένως φράζω σοι. τίνες δέ εἰσιν οἱ πλήξαντές σε; μήνυσόν μοι αὐτούς, ἵνα σε νῦν ἀναπαύσω.»

298 Badawī (1958) 231/232.
299 Bergson (1956) II, 20.

لأنتقم لك منه!"

«Ô Darius *(Dārā)*, lève-toi de ton champ de bataille. Règne sur ton pays. Par dieu, roi des Perses, certes je veux te rendre roi, je veux te rendre ce que l'on t'a enlevé et je vais te soutenir contre ton ennemi. Et moi, je suis ton débiteur parce que j'ai mangé de ta nourriture pendant les jours de ta vie comme messager. Lève-toi sans être puni pour ce qui a eu lieu auparavant. Ne sois pas affligé au moment où tu es atteint d'un malheur, parce que les gens riches et les rois supportent les malheurs avec plus de patience que les autres. Apprends-moi qui a agi sur toi par une telle vengeance!»

«Lève-roi, roi Darius, règne sur ton pays et sois ton propre maître. Prends ton diadème et règne sur la foule des Perses, saisis la grandeur de ta royauté. Je te jure par la providence d'en haut que je te parle vrai et que je ne fais pas semblant. Qui sont ceux qui t'ont frappé? Montre-moi les, afin que je ⟨les⟩ arrête pour toi.»

فقال دارا وعيناه تدمعان وقد وضع يدى ذى القرنين على وجوه وهو يقبّلهما: "يا ذا القرنين! لا تتكبّر ولا تتجبّر, ولا ترفعنَّ تفسك فوق قدرك, ولا تركننّ إلى الدنيا, فقد رأيت ما أصابنى ولك عبرة وأنت مكتفٍ بها. واحذر مصرعى وتوقَّ ما صيرتنى إليه المقادير؛ واحفظنى فى أمى فصيرها بمنزلة أمك, وامرأتى فصيرها بمنزلة أختك. وقد زوجتك ابنتى روشنك."

Καὶ ταῦτα εἰπόντος τοῦ Ἀλεξάνδου στενάξας Δαρεῖος καὶ τὰς χεῖρας ἐκτείνας ἐπεσπάσατο Ἀλέξανδρον καὶ περιπλακεὶς αὐτῷ εἶπεν· «Ἀλέξανδρε βασιλεῦ, μήποτε ἐπαρθῇς τῇ τυραννικῇ δόξῃ. ὁπόταν ἔργον ἰσόθεον κατορθώσῃς καὶ χερσὶ ταῖς σαῖς οὐρανὸν θέλῃς φθάσαι, σκόπει τὸ μέλλον. ἡ τύχη γὰρ οὐκ οἶδε βασιλέα οὔτε μὴν πλῆθος ἔχοντα, ἀκρίτῳ δὲ γνώμῃ πανταχόθεν ῥέμβεται. ὁρᾷς τίς ἤμην καὶ τίς γέγονα. ἀποθνῄσκοντός μου, Ἀλέξανδρε, ταῖς σαῖς χερσὶ θάψον με. κηδευσάτωσάν με Μακεδόνες καὶ Πέρσαι. μία γενέσθω συγγένεια Δαρείῳ καὶ Ἀλεξάνδρῳ. τὴν δ' ἐμὲ τεκοῦσαν [ὡς σὲ τεκοῦσαν] παρατίθημί σοι ⟨ὁ τλήμων⟩ καὶ τὴν γυναῖκά μου ὡς †σὺν ἐμοὶ† οἴκτειρον, τὴν δὲ θυγατέρα μου Ῥωξάνην δίδωμί σοι εἰς γυναῖκα, ἵνα ἐπὶ ἀφθίτοις καιροῖς ἐπὶ μνήμης λίπητε τέκνα, οἷς καυχώμενοι, ὡς ἡμεῖς ἐπὶ τέκνοις, σὺ μὲν Φιλίππῳ, Ῥωξάνη δὲ Δαρείῳ μνήμην τελεῖτε συγγηροῦντες χρόνοις.»

Darius dit, des larmes aux yeux, pendant qu'il prit les mains du Bi-cornu qu'il posa

Après qu'Alexandre eût dit cela, Darius se mit à gémir, tendit les mains, tira Alexandre sur son visage en les baisant: «Ô Bi-cornu, ne deviens pas fier et dédaigneux, ne sois pas hautain, ne prends pas des airs de supériorité à l'égard de toi-même au-dessus de ton pouvoir, n'aie pas de confiance dans le monde. Tu as vu ce qui m'est arrivé en étant un exemple *(ʿibra)* pour toi qui te ⟨devrait⟩ suffire. Cherche à éviter mon destin dans l'arène et garde-toi de ce qui m'est arrivé (…) En ce qui concerne ma mère, respecte-la comme ta propre mère; en ce qui concerne ma femme, respecte-elle comme ta propre sœur. J'ai décidé de te donner comme épouse ma fille Roxane *(Rūšanak)*.»

vers lui et le serra dans ses bras, et lui dit: «Roi Alexandre, ne t'attache jamais à la gloire du pouvoir absolu. Quand tu réussis un acte divin et que tu veux atteindre ⟨le⟩ ciel de tes mains, observe le futur. En effet, le destin ne connaît ni roi, ni riche à millions, sans volonté fixe il tourne en tous sens. Tu vois qui j'étais et qui je suis devenu. A ma mort, Alexandre, enterre-moi de tes mains. Que les Macédoniens et les Perses me rendent les devoirs funèbres. Que Darius et Alexandre appartiennent à une seule famille. Je te confie ma mère [comme ⟨si elle était⟩ ta mère], ⟨moi qui est malheureux⟩ et mon épouse comme †avec moi† digne de pitié. Je te donne ma fille Roxane pour femme pour que vous laissiez à l'éternité le souvenir de votre descendence, par laquelle vous vous vantés, comme vous sur ⟨vos⟩ enfants, toi pour Philippe, tandis que Roxane pour Darius, réalisez une mémoire en vieillissant avec le temps.»

ثم وضع يده في فيه، ومات.

Puis, il posa sa main sur sa bouche et mourut.

καὶ ταῦτα εἰπὼν Δαρεῖος ἐξέπνευσε τὸ πνεῦμα χερσὶν Ἀλεξάνδρου.

Après avoir prononcé ces mots, Darius rendit son ⟨dernier⟩ souffle dans les bras d'Alexandre.

Le *memento mori* de la recension β (ὁρᾷς τίς ἤμην καὶ τίς γέγονα.) rappelle le début du discours de Darius à Alexandre que l'on trouve chez ad-Dīnawarī («Regarde-moi comme un exemple comment j'étais hier et comment je suis aujourd'hui»), cité ci-dessus. Quant à la version de al-Mubaššir ibn Fātik, il reproduit le style des propositions participiales en grec à l'aide de la conjonction *fa* en arabe. Tout comme son modèle grec, la syntaxe arabe employée relève d'une certaine simplicité. La version arabe ignore le concept de συγγένεια «parenté», «famille» (μία γενέσθω συγγένεια Δαρείῳ καὶ Ἀλεξάνδρῳ. «Que Darius et Alexandre appartiennent à une ⟨même⟩ famille»). On remarque la variante [ὡς σὲ τεκοῦσαν] uniquement attestée dans les manuscrits KVL(γ) qui pourrait être liée en quelque sorte à la généalogie persane selon laquelle Alexandre deviendrait le frère de Darius III. Ces manuscrits datent des XIV/XV$^{\text{ièmes}}$ siècles.

La recension β pourrait être le modèle de cette version arabe car elle contient le discours d'Alexandre ainsi que la réponse de Darius qui se trouvent abrégés par rapport à la recension α où ces mêmes discours sont beaucoup plus longs.

Au-delà de la traduction du *Roman d'Alexandre* chez al-Mubaššir ibn Fātik, on rencontre une approche bien différente chez le savant universaliste al-Bīrūnī, qui, en partant de la scène du θρῆνος, introduit directement une explication généalogique persane. C'est ainsi qu'il dépeint cette scène imprégnée de fraternité entre Darius mourant et son successeur désigné, Alexandre. De plus, al-Bīrūnī inclut ce θρῆνος dans son argumentation ayant pour but de présenter une sorte d'exégèse de l'épithète coranique Bicornu. Par conséquent, il y a un mélange de deux thèmes: l'exégèse de l'épithète coranique et la généalogie persane d'Alexandre le Grand. Dans la *Chronologie*,[300] il avance une explication rationnelle à la présence de cette scène de θρῆνος en essayant de déterminer l'origine de la tradition:

D'autres ⟨savants⟩ expliquent ce surnom-là par le fait qu'il a été enfanté entre deux différentes éthnies à savoir les Grecs *(ar-Rūm)* et les Perses. C'est pourquoi ils se laissèrent aller à l'opinion que les Perses ont proféré un mensonge à la manière de ce que l'ennemi à l'habitude de faire, que Darius *(Dārā)* le Grand a été marié avec sa mère, la fille de Philippe; il la réprimanda à cause de son odeur et la renvoya auprès de son père quand elle fut enceinte. ⟨Ils pensèrent également⟩ que l'on a seulement fait remonter son origine à Philippe parce que ce dernier l'avait éduqué. Ils se servent des propos qu'Alexandre *(al-Iskandar)* a tenus à Darius *(Dārā)* lorsque ce dernier était sur le point de mourir comme preuve de ce qu'ils ont mentionnés. Il le regarda avant de poser la tête ⟨de Darius⟩ sur sa poitrine: «Ô mon frère, dis-moi, qui t'as fait cela pour que je puisse te venger?» Il l'appela seulement ainsi afin de montrer sa bienveillance à son égard et de faire voir l'égalité entre ⟨Darius⟩ et lui-même. Voilà qu'il aurait été déraisonnable de l'appeler ⟨du nom⟩ de roi ou de son ⟨propre⟩ nom; il aurait commis une injustice qui ne convenait pas aux rois.

وأَوَّالَهُ آخَرُوأَنّ ذلك للآنْتِتاجه من بَيْن قَرْنَيْنٍ مُخْتَلِفَيْن عنَوْا بذلك الرومَ والفرسَ وذهبوا فى ذلك الى ما خَرَصَه الفرسُ فِعْلَ العَدُوِّ بعَدُوِّه أَنَّ دارا الأَكْبَرَ كان تَـزَوَّجَ بأُمِّه وهى آبنةُ فيلفس وأَنْكَرَ منها رائحَةً فرَدَّها على أَبِيها وقد حَمَلَتْ منه وأَنَّه انَّما نُسِبَ الى فيلفسَ لتَرْبِيَته ايّاه وآسْتَدَلُّوا على ما ذكروا بقَوْلِ الاسكندرِ لدارا حين أَدْرَكَه وبه رَمَق فوَضَعَ رَأْسَه فى حُجْره يا أَخِى أَخْبِرْنى مَمَّنْ فعَلَ بِكَ هذا لأَنْتَقِمَ لك منه وانَّما خاطَبَه بذلك رأْفةً له واظْهارًا للتَّسْوِيَةِ بينه وبين نفسه اذْ قد آسْتَحل أَنْ يُخاطِبَه بالمَلِك او يُسَمِّيه فيُبالِغَ فى الجَفآءِ الذى لا يَلِيقُ بالملوك.

Il désigne la généalogie persane par le terme «mensonge» ce qui montre qu'il est bien conscient de la fausseté de cette légende. En conclusion, la rencontre purement romanesque entre Darius mourant et son successeur Alexandre n'a pas seulement inspiré les chroniques universelles en langue arabe mais même l'analyse de l'épithète coranique par un scientifique musulman.

### 2.2.2 La crucifixion des assassins de Darius (II, 21)

La mort de Darius, qui a inspiré à la tradition arabe la peinture d'un véritable θρῆνος, proche de son modèle grec, a pour conséquence romanesque la punition des assassins de Darius par Alexandre; preuve du comportement en roi idéal du Conquérant macédonien.

300 Sachau (1923) 37.

Une comparaison entre le texte L du *Roman d'Alexandre* et les versions arabes de al-Mubaššir ibn Fātik et de aṭ-Ṭabarī montre en particulier à quel degré les noms propres peuvent être modifiés lors du passage du grec à l'arabe:

| aṭ-Ṭabarī[301] | al-Mubaššir ibn Fātik[302] | *Roman d'Alexandre*[303] |
|---|---|---|
| ثم اتاه الرجلان اللذان وثبا على دارا يطلبان الجزاء فأمر بضرب رقابهما وصلْبهما وان ينادَى عليهما هذا جزاءُ من اجترأ على ملكه وغشّ اهل بلده. | وأمر بالقبض على بَسُس وأريبرزن قاتِلَيْ دارا. فأخذا وأوثقا وانطلق بهما إلى قبر دارا فصلبهما. | Βῆσσος δὲ καὶ Ἀριοβαρζάνης προσῆλθον Ἀλεξάνδρῳ προσδοκῶντες ὡς μεγάλα δῶρα λήψονται παρ' αὐτοῦ, καὶ λέγουσιν· «δέσποτα, ἡμεῖς ἐσμεν οἱ τὸν Δαρεῖον ἀνελόντες.» εὐθὺς δὲ Ἀλέξανδρος ἐκέλευσεν τούτους συλλεφθέντας ἐπὶ τὸν τάφον ἀνασταυρωθῆναι Δαρείου. |
| Puis vinrent chez lui les deux hommes qui avaient fondu sur Darius *(Dārā)* ⟨lui⟩ demandant à être récompensés. Il ordonna de les décapiter et de les crucifier, et de proclamer: «Ceci est la récompense de celui qui exécute ⟨un ordre⟩ contre son roi en trompant les gens de son pays.» | Il ordonna d'empoigner *Basus* et *Arībarzan*, les assassins de Darius *(Dārā)*. Il les fit prendre, lier fortement avec des cordes et emmener au tombeau de Darius *(Dārā)* où il les fit crucifier. | Bessos et Ariobarzane s'avancèrent vers Alexandre en s'attendant à recevoir de sa part de grands présents, et lui dirent: «Nous sommes ceux, maître, qui ont tué Darius.» Aussitôt, Alexandre ordonna qu'ils soient emmenés et crucifiés sur le tombeau de Darius. |

Encore une fois, c'est la version de al-Mubaššir ibn Fātik qui surprend par l'exactitude avec laquelle elle tend à conserver les noms propres. Très souvent, les noms grecs sont mal conservés dans les traductions arabes, surtout quand il s'agit de noms de personnes de second plan, d'une moindre importance pour la suite du récit. Bessos et Ariobarzane (Βῆσσος δὲ καὶ Ἀριοβαρζάνης) y deviennent *Basus* et *Arībarzan*. En revanche, chez l'historien aṭ-Ṭabarī, la forme de duel *(ar-rağulān)* ne renvoie, de façon très générale, qu'à deux hommes demandant à être récompensés *(yaṭlabāni l-ğazā')*. Ce dernier syntagme arabe correspond aux «grands cadeaux» (μεγάλα δῶρα) de la version grecque. Par contre, leur récompense consiste dans la version grecque du *Roman d'Alexandre* tout comme pour les deux versions de aṭ-Ṭabarī et de al-Mubaššir à être crucifiés. A l'infinitif passif grec

301 De Goeje (1879) 699/700.
302 Badawī (1958) 232.
303 Van Thiel (1974) II, 21.

ἀνασταυρωθῆναι «crucifier» correspond le verbe *ṣalaba* «crucifier», «mettre en croix», «faire subir le supplice de la croix». Al-Mubaššir ibn Fātik mentionne le tombeau de Darius, suivant la version du texte L, comme lieu de supplice, un détail inconnu pour l'historien aṭ-Ṭabarī qui insiste sur le caractère moralisateur d'Alexandre («Ceci est la récompense de celui qui exécute ⟨un ordre⟩ contre son roi en trompant les gens de son pays»). Dans le texte L du Pseudo-Callisthène,[304] les assassins de Darius se mettent à crier en reprochant à Alexandre de les avoir trompés en leur faisant de fausses promesses. Alexandre leur explique cette ruse à la fois par la facilité pour s'emparer d'eux (εὑρεῖν ὑμᾶς οὕτως ῥαδίως) et par la volonté de se protéger de ceux qui pourraient le tuer comme ils ont tué leur maître Darius. La réplique suivante figure en conclusion de ce bref discours tenu aux assassins:

«(…) ὤμοσα γὰρ περιφανεῖς καὶ ἐπισήμους ὑμᾶς ποιῆσαι πᾶσιν, τουτέστιν ἀνασταυρωθῆναι, ἵνα πάντες ὑμᾶς θεωρήσωσιν.»
καὶ οὕτως εἰπόντος ἐπευφήμησαν αὐτὸν πάντες, καὶ οἱ μὲν κάκιστοι φονεῖς ἀνασταυροῦνται ἐπὶ τῷ τάφῳ Δαρείου.

«(…) En effet, j'ai juré de vous rendre «en vue» et remarquables à tous, c'est-à-dire ⟨de vous⟩ crucifier afin que tous puissent vous voir.»

Ayant parlé ainsi, tous approuvèrent ⟨ses paroles⟩; et les assassins abominables ont été crucifiés sur le tombeau de Darius.

Ce jeu de mots, dans la version grecque, constitue en quelque sorte l'écho d'un sermon tenu par Alexandre[305]:

«(…) ὄμνυμι γὰρ τὴν ἄνω πρόνοιαν καὶ τῆς μητρός μου Ὀλυμπιάδος τὴν σωτηρίαν, ὅτι ἐπισήμους αὐτοὺς καὶ περιφανεῖς πᾶσιν ἀνθρώποις ποιήσω.»

«(…) Je jure par la divine providence et par le salut de ma mère Olympias que je les rendrai remarquables et visibles à tous les hommes.»

Il n'y pas de traduction exacte en arabe du dialogue entre Alexandre et les assassins de Darius. Néanmoins, le jeu de mots opéré sur les adjectifs ἐπίσημους («qui se distingue», «remarquable») et περιφανής («qui est en vue») aboutit à la solution de l'énigme: τουτέστιν ἀνασταυρωθῆναι («c'est-à-dire ⟨de vous⟩ crucifier»). De plus, Alexandre renchérit grâce à la subordonnée finale ἵνα πάντες ὑμᾶς θεωρήσωσιν («afin que tous puissent vous voir») où le grec insiste sur le contexte futur de l'exposition publique des deux assassins. La recension grecque citée est celle du texte L, qui appartient à la famille de la recension β. L'épisode est connu depuis la plus ancienne recension α[306] avant de faire également partie de la recension β.[307]

304 Van Thiel (1974) II, 21.
305 Van Thiel (1974) II, 21.
306 Kroll (1926) II, 21.
307 Bergson (1956) II, 21.

Quelle version grecque est la plus proche des deux versions arabes citées? Dans la chronologie, c'est la version de aṭ-Ṭabarī qui est antérieure à celle de al-Mubaššir ibn Fātik, sans que ce dernier ne dépende en quelque manière de l'historien. Cette présentation s'inscrit dans le but de mettre en relief la simple correspondance du même motif littéraire. Cependant les chapitres précédents ont montré que le recueil de al-Mubaššir peut même contenir des traductions arabes faites à partir d'un modèle grec et que son modèle grec est probablement un représentant de la famille de β.

Le texte L se démarque de la recension α et β par un style plus simple qui le rapproche peut-être davantage des témoignages arabes de aṭ-Ṭabarī et al-Mubaššir. Il est clair que la version de l'historien aṭ-Ṭabarī n'est pas une traduction arabe littérale d'un original grec, quoi qu'elle offre des réminiscences. En ce qui concerne le cas de al-Mubaššir ibn Fātik, il faudrait regarder de près de quelle manière il a rendu la scène en question afin de pouvoir émettre une hypothèse sur la recension grecque dont il dépend.

La recension α est, du point de vue stylistique, trop éloignée de la version arabe de al-Mubaššir ce qui nous conduit à l'écarter de l'analyse ici. En revanche, la recension β est plus proche de al-Mubaššir ibn Fātik que la recension α. Elle est cependant marquée par un certain nombre d'ajouts et de constructions plus élaborées. Pour donner un exemple d'ajout, citons la manière par laquelle Bessos et Ariobarzane sont définis dans la recension β (οἱ δὲ κάκιστοι οἱ ἀνελόντες Δαρεῖον «les très mauvais ⟨hommes⟩ qui s'étaient emparés de Darius»).[308] Un exemple de construction plus élaborée est le participe apposé τυγχάνοντα dans le discours direct des assassins de Darius («δέσποτα, Ἀλέξανδρε, ἡμεῖς ἐσμεν οἱ Δαρεῖον ἀναιρήσαντες ἐχθρόν μου ἐχθρόν σου τυγχάνοντα»). Quel que soit le modèle grec de al-Mubaššir, le choix du texte L, qui contient également des épisodes inconnus de l'auteur du *Muḫtar al-ḥikam wa-maḥāsin al-kalim (Choix de proverbes et beauté des sentences)*, telle que la plongée en bathyscaphe ou la source de vie, ne représente qu'un choix en raisons des critères stylistiques évoqués, sans que l'on puisse apporter une preuve déterminante.

Dans le passage du grec à l'arabe, il convient de citer encore une fois al-Mubaššir ibn Fātik qui se révèle, tout comme pour la traduction arabe du dialogue entre Aristote et ses disciples[309] d'une importance cruciale dans le domaine des *Graeco-Arabica*. Sans être une traduction exacte du grec, comme c'était le cas pour le dialogue cité, la section des sentences attribuées à Alexandre contient chez al-Mubaššir[310] le jeu de mots que voici:

Un brigand fut amené en sa présence. Il ordonna de le crucifier. Il dit: «Ô roi! J'ai fait ce que j'ai fait en ayant de la répugnance *(kārih)*.»
Il lui répondit: «Ainsi tu es crucifié en ayant de la répugnance *(kārih)*.»

وأُحْضِر إليه لصٌّ فأمر بصلبه فقال: أيها
الملك! إني فعلتُ ما فعلتُ وأنا كاره.
فقال: وكذا تُصْلَب وأنت كاره.

Chez al-Mubaššir ibn Fātik, le developpement de cet épisode est le produit d'une évolution beaucoup plus tardive et ne peut être rattaché de façon directe au *Roman d'Alexandre*. Il

308 Bergson (1956) II, 21.
309 *Cf.* le chapitre 2.1.2.
310 Badawī (1958) 244.

n'est plus question de deux assassins mais d'un seul brigand qui attend le même destin, c'est-à-dire être crucifié selon l'ordre d'Alexandre *(fa-amara bi-ṣalabihi)*. Le jeu de mots porte sur la volonté du brigand. C'est à travers le participe actif *kārih* formé sur le verbe *kariha* signifiant «abhorrer une chose», «avoir de la répugnance pour quelque chose» que porte le jeu de mots. Ainsi, la version plus sophistiquée, du point de vue de l'imaginaire, c'est-à-dire le texte L du Pseudo-Callisthène, connaît un écho lointain dans le recueil de al-Mubaššir ibn Fātik où l'accent est mis sur la clarté de la sentence, procurant un divertissement au niveau de la philosophie populaire. Par ailleurs, G. Richter, en citant le polygraphe du VII-VIII$^{e}$ siècle al-Ǧāḥiẓ, souligne que ce chapitre du *Roman d'Alexandre* a été connu dans la tradition arabe relative au genre du miroir de prince:

> Dieser Passus stammt in den Grundzügen zu Pseudokallisthenes in seinen ältesten Fragmenten (II, 21) und kann nur auf den Roman zurückgehen. Allerdings sehe ich noch eine sachliche Unstimmigkeit. Es heißt hier, daß die Mörder, persische Große, Alexander den Kopf des Darius überbringen. Davon weiß der Roman nichts und er könnte so auch nicht gut berichten; denn wenn Alexander noch den sterbenden Darius trifft und sein Vermächtnis entgegennimmt, so ist eine Todesbotschaft in Form einer Überreichung des abgeschlagenen Hauptes widersinnig.[311]

Tout en admettant la réception arabe à partir du *Roman* du Pseudo-Callisthène, G. Richter mentionne la nouveauté orientale selon laquelle les assassins de Darius auraient apporté sa tête à Alexandre. L'historien aṭ-Ṭabarī conserve dans le *Ta'rīḫ ar-rusul wa-l-mulūk (Histoire des prophètes et des rois)*[312] également la version de la tête de Darius que ses assassins auraient apportés à Alexandre:

Puis, deux hommes qui étaient avec Darius *(Dārā)* se sont jetés sur lui, l'ont tué et ont apporté sa tête à Alexandre *(al-Iskandar)*. Il ordonna de les tuer. Il dit: «Cela est une récompense pour celui qui a agi contre son roi.»

ثم ان رجلان من اصحاب دارا وثبوا به
فقتلواه وتقرّبوا برأسه الى الاسكندر فأمر
بقتلهم وقال هذا جزاءُ من اجترأ على مَلِكه.

En conclusion, la réception de l'épisode de la crucifixion en langue arabe relève non seulement de la réception de motifs littéraires grecs en arabe, révélant les traces d'une traduction arabe à partir d'un modèle grec, mais également, du point de vue de la classification des genres littéraires, d'un intérêt à la fois pour la littérature des miroirs de prince et la littérature de sagesse, présent sous la forme d'une anecdote et d'un bon mot.

### 2.2.3 La plongée sous-marine (II, 38)

La plongée sous-marine d'Alexandre le Grand est un épisode singulier du texte L de la recension β du *Roman d'Alexandre*. Elle fait son apparition dans la lettre dans laquelle Alexandre, à la suite de la bataille d'Issus, narre à sa mère Olympias et à son précepteur Aristote toute une succession d'aventures légendaires, comme par exemple l'exploration des Ténèbres où se trouverait la source de vie. Le motif littéraire de l'exploration marine,

---

311 Richter (1932) 95/96.

312 De Goeje (1879) 694.

qui n'est pas préservé dans une autre recension grecque, n'a pas connu de véritable traduction en langue arabe dans l'Orient.

Toutefois, il y a une adaptation de ce motif dans l'ouvrage historique de al-Masʿūdī. En fait, il s'agit d'une réélaboration très libre dans le cadre de la fondation d'Alexandrie dans les *Murūǧ aḏ-ḏahab wa-maʿādin al-ǧawhar (Les prairies d'or et les mines de pierres précieuses)*. C'est l'aspect technique de la descente sous-marine qui y domine. Dans le *Roman* du Pseudo-Callisthène ces deux épisodes ne figurent pas au même livre. La fondation d'Alexandre se trouve au premier livre,[313] pendant que la plongée est située au deuxième livre. Cet arrangement des deux épisodes, bien distincts dans le texte L et leur assemblage nouveau chez l'historien arabe soulignent qu'il ne s'agit que d'une réminiscence lointaine du Pseudo-Callisthène.

Chez l'historien arabe l'aspect technique de la fondation d'Alexandrie domine. En revanche, dans la version grecque, la plongée marine est précédée de la trouvaille de perles dans un crabe (καρκίνον), dont la grandeur était égale à celle d'une cuirasse (ἦν δὲ τὸ μέγεθος αὐτοῦ ἶσον θώρακος.) Chez al-Masʿūdī, Alexandre invente un stratagème afin de mettre fin à la venue des monstres marins qui empêchent les travaux de construction de la ville. Dans la version arabe, le thème de l'exploration des pays mythiques est absent. Voici la comparaison entre la préparation de la plongée marine chez al-Masʿūdī et celle du texte L du Pseudo-Callisthène:

al-Masʿūdī[314]

فأَقبل يفكّر ما الذى يصنع وأيّ حيلة تنفع في دفع الأَذيَّة عن المدينة؛ فسنحت له الحيلة في ليلة عند خلوّه بنفسه وإِيراده الأَمورَ وإِصدارِها؛ فلمّا أن أصبح, دعا بالصنَّاع فاتَّخذوا له تابوتًا من الخَشَبْ طولُه عشر أذرع في عرض خمس وجعل فيه جامات من الزجاج قد أحاط بها خشب التابوت باستدارتها, وقد أمسك ذلك بالقار والزفت وغيرهما من الأطلية الدافعة للماء حذرًا من دخوله إلى التابوت.

*Roman d'Alexandre*[315]

ὅθεν ὑπενόησα κλωβὸν σιδηρὸν μέγαν γενέσθαι καὶ ἔνδοθεν τοῦ κλωβοῦ ἐπενεχθῆναι αὐτῷ πίθον ὑέλινον παμμεγέθη ἔχοντα πάχος μίαν πῆχυν καὶ ἥμισυ, καὶ ἐκέλευσα γενέσθαι ἐν τῷ πυθμένι τοῦ πίθου τρυμαλιάν, ὡς χωρεῖν τοῦ ἀνθρώπου τὴν χεῖρα, βουλόμενος κατελθεῖν καὶ ἀναμαθεῖν τί ἐστιν ἐν τῷ πυθμένι τῆς τοιαύτης θαλάσσης, ἔχειν δὲ κεκλεισμένην ἔνδοθεν τῆς τρυμαλιᾶς τὴν ὀπὴν τὴν οὖσαν ἐν τῷ πυθμένι τοῦ πίθου, κατελθόντα δέ με εὐθέως ἀνοίξαι ἐξάγει⟨ν⟩ τε διὰ ⟨τῆς⟩ τρυμαλιᾶς τὴν χεῖρα καὶ λαβεῖν ἐκ τῆς παρακειμένης αὐτῆς ψάμμου τὸ εὑρεθὲν ἐν τῷ πυθμένι τῆς τοιαυτῆς θαλάσσης καὶ πάλιν εἰσενεγκεῖν τὴν χεῖρα καὶ παραχρῆμα ἐμφράξαι τὴν τρυμαλιάν. ὃ καὶ πεποίηκα. ἐκέλευσα οὖν γενέσθαι ἅλυσον ὀργυιῶν τη' καὶ προσέταξα μή τις ἀνελκύσῃ με πρὶν ἢ ἡ ἅλυσος ταραχθῇ· «ἐγὼ γὰρ κατελθὼν ἐν τῷ πυθμένι εὐθὺς ταράξω τὸν

313 *Cf.* le chapitre 2.1.6.

314 Barbier de Meynard/Pavet de Courteille/Pellat (1966) § 830.

315 Van Thiel (1974) II, 38.

Il s'occupa à réfléchir sur ce qu'il ferait et quel stratagème pourrait servir à écarter le mal de la ville. A son esprit s'offrit le stratagème dans la nuit lorsqu'il était tout seul chez lui, pour faire ce qu'il voulait et les réaliser. Quand ce fut le matin, il appela les ouvriers. Ils prirent pour lui en choisissant entre plusieurs une caisse en bois, d'une longueur de dix coudées *(aḏru')* et d'une largeur de cinq ⟨coudées⟩. On y plaça des verres ronds tout autour de la caisse en bois. On renferma cela avec de poix liquide, de la résine et d'autres enduits hydrofuges afin d'empêcher l'eau à entrer dans la caisse.

πίθον καὶ ὑμεῖς ἀναγάγετέ με.»
C'est pour cela que j'ai inventé une grande cage d'oiseau en fer et à l'intérieur de la cage pour elle un tonneau transparent comme du verre assez grand pour gagner la haute mer, d'une épaisseur d'une coudée (πῆχυν) et demi. Et j'ai ordonné qu'un trou soit fait au fond du tonneau, de telle sorte que la main d'un homme y ait de la place, parce que je voulais descendre et chercher à savoir ce qu'il y a au fond de cette mer; ⟨je voulais⟩ avoir à l'intérieur du trou une fenêtre fermée qui était dans le fond du tonneau, me descendant aussitôt pour ouvrir et faire sortir la main à travers le trou et pour prendre, de son étendue sableuse, ce que l'on trouve en cherchant au fond de la mer et, en sens inverse, retirer la main et, à l'instant même, boucher le trou. Ce que j'ai fait. J'ai donc ordonné qu'une chaîne de trois cents huit brasses soit attachée et j'ai prescrit que personne ne me tire en haut jusqu'à ce que la chaîne soit agitée: «En effet, après être descendu dans le tonneau, j'agiterai moi-même le tonneau et vous m'allez faire monter.»

Dans le *Roman d'Alexandre*, c'est le protagoniste qui narre à la première personne l'épisode de la plongée de son point de vue, à la première personne, comme une aventure parmi bien d'autres. C'est la présentation d'Alexandre en tant qu'inventeur qui prévaut dans les deux versions. Dans la version arabe, il est explicitement question d'un stratagème afin d'éloigner les monstres de la ville, le terme *ḥīla* signifiant «artifice», «ruse», «stratagème». Al-Mas'ūdī et le *Roman d'Alexandre* donnent une mesure du bathyscaphe en coudées, *aḏru'* étant le pluriel de *ḏirā'* «coudée», le correspondant grec est ὁ πῆχυς «coudée». Chez al-Mas'ūdī, il est question de plusieurs fenêtres, là où le *Roman* n'en mentionne qu'une seule. Le but de la construction consiste, dans les deux cas, à empêcher l'eau de pénétrer à l'intérieur. Dans cette optique, R. Stoneman pose avec justesse la question de savoir si l'origine de cet épisode, si obscure qu'elle soit, n'est pas à rechercher dans un contexte scientifique:

> One wonders, too, whether the story was inspired by the experiments of Alexandrian scientists with air pressure. Already in the reign of Ptolemy II (285-247 BC), Ctesibius was experimenting with pneumatic machines and, a little later, Philo of Byzantium (fl. 200 BC) with siphons. Later, Hero of Alexandria (fl. AD 62), who invented a hydraulic organ, a windmill and a steam engine, describes in his introduction to the *Pneumatics* how a covered bell, when submerged and opened under water, will not fill with water; he also experimented with siphons and

> syringes. But it should be noted that the diving bell is not strictly a bell, but a closed chamber with just a small aperture for Alexander's hand to emerge from.[316]

L'historien arabe et le *Roman* poursuivent le récit de la plongée marine par une description de la plongée elle-même:

al-Masʿūdī[317]

ودخل الإسكندر التابوت هو ورجلان من كُتَّابه ممَّن له علم بإتقان التصوير, وأمر أن تسدّ عليه الأَبواب وتُطلى بما ذكرنا من الأَطلية, وأمر فأُتي بمركبين عظيمين, فأُخرجا إلى لـجّة البحر وعُلّق على التابوت من أسفله مُثقلات الرصاص والحديد والحجارة لتهوي بالتابوت سفلًا.

Alexandre *(al-Iskandar)* entra dans le coffre, lui et deux de ses secrétaires l'accompagnaient qui étaient d'habiles connaisseurs du dessin, et il ordonna de fermer les ouvertures derrière lui et de les couvrir par les enduits que nous avons mentionnés, il ordonna que deux grands navires prennent le large. Puis, on les fit sortir en pleine mer et on attacha en bas du coffre des charges lourdes de plomb et de fer, ainsi que des pierres pour entraîner le coffre au fond de l'eau (…)

*Roman d'Alexandre*[318]

Μετὰ οὖν τὸ κατασκευάσαι πάντα εἰσῆλθον ἐν τῷ ὑαλίνῳ πίθῳ βουλόμενος ἐπιχειρεῖν ἀδύνατα. εἰσελθὼν οὖν διὰ μολυβδίνου σκεύους εὐθὺς ἐκλείσθη ἡ εἴσοδος. κατελθὼν δὲ πήχας ρκʹ, ἰχθὺς διελθὼν διὰ τῆς κέρκου κρούσας τὸν κλωβὸν, ἀνήγαγόν με διὰ ⟨τὸ⟩ τὴν ἅλυσον ταραχθῆναι. ἐγὼ δὲ πάλιν ⟨καταλθὼν⟩ τὸ αὐτὸ πέπονθα. τρίτον οὖν κατελθὼν ὡσεὶ πήχας τηʹ ἔβλεπον ἰχθύας περικυκλοῦντάς με πάμπολλα γένη. καὶ ἰδοὺ ἐλθὼν παμμεγεθέστατος ἰχθὺς ἔλαβέν με σὺν τῷ κλωβῷ ἐν τῷ στόματι αὐτοῦ καὶ ἀνήγαγέ με ἐπὶ τὴν γῆν μακρόθεν μίλιον ἕν. ἦσαν γὰρ ἐν τοῖς πλοίοις οἱ καταγαγόντες με ἄνδρες τξʹ καὶ πάντας εἵλκυσαν σὺν τοῖς τέσσαρσι πλοιαρίοις. φθάσας δὲ [τὴν κλωβὸν ἐπὶ τὴν ξηρὰν] καὶ τοῖς ὀδοῦσιν αὐτοῦ τὴν κλωβὸν συντρίψας ἔρριψεν ἐπὶ τὴν ξηράν.

Après avoir tout préparé, j'entrai dans le tonneau transparent comme le verre en voulant essayer l'impossible. Donc dès que je fus entré, on ferma tout d'un coup l'entrée au moyen d'un objet de plomb. Etant descendu de cent vingt coudées, un poisson alla à travers et heurta le coffre de sa queue, il me conduisit en haut parce que la chaîne fut ⟨ainsi⟩ agitée. Moi, après être à nouveau descendu, j'ai vécu la même chose. Après avoir été donc descendu environ à 308 coudées une troisième fois, je vis des poissons de toute espèce qui m'entouraient. Et voici, un poisson gigantesque étant descendu, s'empara de moi avec le coffre dans sa bouche et me rapporta sur la terre, à une distance de mille pas. En effet, il y avait dans les bateaux trois-cent soixante hommes qui m'avaient fait descendre et il traîna tous avec les quatre petits

---

316 Stoneman (2008) 112.

317 Barbier de Meynard/Pavet de Courteille/Pellat (1966) § 831.

318 Van Thiel (1974) II, 38.

> bateaux. Après être arrivé et avoir brisé avec ses dents le coffre, il ⟨le⟩ jeta sur la terre ferme.

Contrairement au *Roman d'Alexandre* où Alexandre ne découvre qu'un poisson gigantesque, chez al-Masʿūdī, la plongée sous-marine sert de prétexte à introduire les monstres marins qui vont perturber la construction de la ville, à la suite de l'extrait cité ci-dessus. En conclusion, on constate qu'un épisode très célèbre au Moyen Âge occidental est presque inconnu dans l'Orient. Seul l'historien arabe en conserve une réélaboration assez libre de ce chapitre si singulier.

### 2.2.4 La source de l'immortalité (II, 39-41) & Gog et Magog

Ce chapitre est consacré aux deux grands complexes thématiques qui forment la tradition du Bi-cornu dans l'Orient: la source de l'immortalité et la construction du rempart contre les peuples apocalyptiques de Gog et Magog. Ces deux complexes ont fini par former une sorte d'entité plus ou moins artificielle à travers la *sūrat al-kahf (Sourate de la caverne)* du *Coran*. Cela explique le choix de les présenter ensemble ici.

Si l'on essaie de retrouver cette entité coranique dans une recension grecque précise du *Roman d'Alexandre*, on se heurte à l'hétérogénéité des recensions grecques. La recension α peut être exclue catégoriquement en tant que modèle car elle ignore la plupart du matériau merveilleux. C'est à partir de la recension β que l'on pourrait parler d'une infiltration du matériau merveilleux dans la tradition romanesque relative à Alexandre. Sur le plan de la réception de la *Légende d'Alexandre* notamment dans l'Orient, Th. Nöldeke remarque qu'elle dépasse l'importance de la traduction syriaque du Pseudo-Callisthène:

> Die von Budge herausgegebene syrische Legende ist durch ihre Nachwirkung in mancher Hinsicht noch bedeutsamer als der Roman, mit dem sie im Orient vielfach zusammengeflossen ist.[319]

Dans la tradition orientale en langue arabe, il n'y a pas de traduction littérale de l'épisode de la source de l'immortalité remontant de façon directe – à travers une traduction littérale – au *Roman d'Alexandre*. Inconnue de la plus ancienne recension α, la source de l'immortalité apparaît pour la première fois dans la famille de β. En fait, ce récit est un exemple «par excellence» de la transmission non-linéaire d'un motif littéraire. Face à l'absence de preuves philologiques, il reste deux possibilités de transmission: soit le texte écrit assurant la transmission est perdu, soit il s'agit d'un procédé de transmission orale. Comme il a déjà été évoqué ci-dessus, il ne s'agit pas d'une traduction du grec à l'arabe mais plutôt de la preuve que certains motifs littéraires auraient librement circulé entre Byzance et le Proche-Orient.[320]

I. Friedländer a voulu démontrer que l'épisode de la source de vie correspondait au mythe grec de Glaucus[321] relaté par Pausanias.[322] Ce mythe évoque un pêcheur transformé en démon de mer après avoir mangé une certaine herbe (εἶναι δὲ αὐτὸν ἁλιέα, καὶ ἐπεὶ

319 Nöldeke (1890) 2.

320 *Cf.* le chapitre 1.4.1.

321 Friedländer (1913).

322 Pausanias, *Description de la Grèce*, Pouilloux (J.)(trad.)/Casewitz (M.)(éd.), Paris 1992, IX, 22, 7.

τῆς πόας ἔφαγε, δαίμονα ἐν θαλάσσῃ γενέσθαι). Contrairement au *Roman d'Alexandre*, qui mentionne une source de vie, dans la légende de Glaucus transmise par Pausanias, il est question d'une herbe et non pas d'une source, une objection qui a déjà été faite par F. Pfister.[323] Quant à la *Sourate de la caverne*, Moïse, accompagné d'un jeune homme, y est le protagoniste de l'épisode de la source de vie (18:60-63) et non plus Alexandre, accompagné de son cuisinier comme dans le *Roman* grec. Il y a donc une confusion entre Moïse et Alexandre, une confusion qui est une preuve pour la transmission orale, étant donné que le même épisode n'a certainement pas été inventé deux fois. Ce procédé est résumé par I. Friedländer:

> Wie sonst, so war Muhammed auch hier auf mündliche Berichte angewiesen und, wie in unzähligen anderen Fällen, so hat er auch hier schlecht gehört und schlecht wiedergegeben. Er verwechselt Alexander mit Moses und bringt manches hinein, was nicht dazu gehört.[324]

Voici l'épisode tel qu'il apparaît dans le *Coran*:

18:60 Quand Moïse *(Mūsā)* dit à son jeune serviteur *(fatāhu)*: «Je n'arrêterai pas avant d'avoir atteint la rencontre des deux mers *(maǧmaʿ l-baḥrayn)*, même si je m'avance et pénètre plus loin pendant des années.» 18:61 Puis, lorsque tous deux eurent atteint le confluent, ils oublièrent leur poisson (*ḥūt*). Puis, il prit son chemin dans la mer ⟨tout⟩ en frétillant.

وَإِذْ قَالَ مُوسَىٰ لِفَتَىٰهُ لَآ أَبْرَحُ حَتَّىٰٓ أَبْلُغَ مَجْمَعَ ٱلْبَحْرَيْنِ أَوْ أَمْضِىَ حُقُبًا.

فَلَمَّا بَلَغَا مَجْمَعَ بَيْنِهِمَا نَسِيَا حُوتَهُمَا فَٱتَّخَذَ سَبِيلَهُۥ فِى ٱلْبَحْرِ سَرَبًا.

Cette séquence coranique ayant pour sujet la source de vie devient plus compréhensible, si l'on regarde de plus près les différentes recensions du Pseudo-Callisthène. L'épisode de la source de vie est absent dans la recension α et ne fait son apparition que dans la recension β du *Roman d'Alexandre*, plus précisément dans le texte L que voici[325]:

ὁ δὲ τάριχον λαβὼν ἐπορεύθη ἐπὶ τὸ διαυγὲς ὕδωρ τῆς ⟨πη⟩γῆς πλῦναι τὸ ἔδεσμα. καὶ εὐθέως βραχὲν ἐν τῷ ὕδατι ἐψυχώθη καὶ ἔφυγε τὰς χεῖρας τοῦ μαγείρου.

Après avoir pris le poisson séché, il s'avança vers l'eau limpide de la source dans l'intention de laver le mets. A peine fut-il mouillé dans l'eau, il respira et glissa des mains du cuisinier.

On peut se demander quel est le lien entre la recension β, ici sous forme du texte L, et la séquence coranique. S'agit-t-il véritablement d'une transmission orale à partir d'une recension grecque donnée? A côté de cette hypothèse, le rôle de la recension γ doit être examiné de plus près. Pour la tradition du Bi-cornu, c'est la recension γ, qui selon F. Doufikar-Aerts,[326] aurait contribué à la formation de ce complexe littéraire dans l'Orient.

323 Pfister (1976c) 145.
324 Friedländer (1913) 63.
325 Van Thiel (1974) II, 39.
326 Doufikar-Aerts (2010b) 188.

En effet, en comparant le récit coranique à la version de la recension $\gamma$ on constate que le récit de cette recension de l'époque byzantine[327] est aussi bref que le récit coranique:

| | |
|---|---|
| II, 37: καὶ οὕτως εἰσήλθοσαν ὁδὸν σκοτεινὸν ἐπὶ σχοίνοις πεντεκαίδεκα· καὶ εἴδοσάν τινα τόπον, καὶ ἦν ἐν αὐτῷ πηγὴ διαυγής, ἧς τὸ ὕδωρ ἤστραπτεν ὡς ἀστραπή. πρόσπεινος δὲ γενόμενος Ἀλέξανδρος ἠθέλησε δέξασθαι ἄρτον καὶ καλέσας τὸν μάγειρον εἶπεν αὐτῷ· «εὐτρέπισον ἡμῖν προσφάγιον.» ὁ δὲ τάριχον λαβὼν ἦλθεν ἐπὶ τὸ διαυγὲς ὕδωρ τῆς πηγῆς τοῦ πλῦναι τοῦτο, καὶ εὐθέως βραχὲν ἐν τῷ ὕδατι ἐψυχώθη καὶ ἔφυγεν ἐκ τῶν χειρῶν τοῦ μαγείρου. ἦσαν δὲ πάντες οἱ τόποι ἐκεῖνοι ἔνυγροι· ὁ δὲ μάγειρος οὐδενὶ ἐδήλωσε τὸ γενόμενον. (…) | Et ils entrèrent ainsi un chemin ténébreux pendant quinze arpents: et ils virent un certain endroit, dans le même était une source transparente dont l'eau illuminait comme un éclair. Parce qu'il était affamé, Alexandre voulait prendre du pain et, après avoir appelé le cuisinier, il lui dit: «Prépare-nous une pitance.» Lui, après avoir pris un poisson salé, s'avança vers l'eau transparente de la source pour laver cela, et soudain, lorsqu'il fut mouillé dans l'eau, il respira et glissa des mains du cuisinier. Tout l'endroit-là était mouillé. Le cuisinier ne fit connaître à personne ce qui s'était passé.(…) |
| II, 40: πάλιν οὖν ὁδεύσαντες σχοίνους τριάκοντα λοιπὸν εἴδομεν τὸ στερέωμα ἄνευ ἡλίου καὶ σελήνης καὶ ἄστρων. | A nouveau, après avoir fait route trente arpents donc, nous vîmes le firmament sans soleil, lune et astres. |

L'étude de la recension $\gamma$ se révèle non seulement intéressante en raison de sa relation à la tradition du Bi-cornu en langue arabe mais également du point de vue de l'évolution de la langue grecque puisqu'elle en illustre bien l'évolution diachronique. En effet, elle met en évidence des caractéristiques du grec byzantin. Ce sont les formes verbales ainsi que les termes ayant une empreinte chrétienne qui soulignent sa particularité. En particulier, citons les formes tardives de l'aoriste, où la troisième personne du pluriel des aoristes thématiques a été remplacée par la désinence sigmatique afin d'éviter l'ambigüité avec la première personne, laquelle est homonyme à la troisième personne du pluriel en grec classique. C'est ainsi que l'on retrouve les formes εἰσήλθοσαν pour εἰσῆλθον et εἴδοαν pour εἶδον. Sur le plan lexical, on relève des termes du *Nouveau Testament*, tels que l'adjectif πρόσπεινος «affamé» ou le terme προσφάγιον désignant «ce que l'on mange en outre du pain», «pitance». Le poisson, qui est désigné par *ḥūt* dans le récit coranique, rappelle le terme grec τάριχον «viande ou poisson salés ou fumés».

Dans l'imaginaire romanesque de la recension β, Alexandre désire explorer les τόπους ὅπου ἥλιος οὐ λάμπει, «(…) régions où le soleil ne brille pas»[328] c'est-à-dire le bout du monde connu où la source de vie est supposée être située. Le rédacteur de cette recension byzantine introduit à cet endroit l'île des Bienheureux (ἐκεῖ οὖν ἐστιν ἡ καλουμένη

327 Engelmann (1963) II, 37; II, 40.

328 Bergson (1956) II, 39.

μακάρων χώρα)[329] comme si cette terre utopique, associée chez Ibn al-Faqīh aux Brahmanes, correspondait à la zone des ténèbres.[330] G. Strohmaier a consacré un essai à la cosmologie coranique en expliquant que la notion coranique *maǧmaʿ al-baḥrayn* «rencontre des deux mers» relève d'une vision archaïque de la présentation du monde. En fait, *maǧmaʿ al-baḥrayn* «rencontre des deux mers» désignerait précisément l'endroit où l'eau céleste rencontre l'eau de mer:

> Der arabische Begriff des *baḥr* schließt im Unterschied zu unserem Meer nicht den Salzgehalt ein, und so hat ihn Mohammed hier in der Ausdrucksmöglichkeit des Duals auch auf den himmlischen Süßwasserozean jenseits des Firmaments ausgedehnt, das in der Vorstellung der meisten Zeitgenossen die Erdscheibe am Rande berührte. Und dort musste es eine Sperre geben, die dafür sorgte, dass das himmlische Wasser süß blieb.[331]

Cette source doit être localisée au bord du monde connu, représenté comme un disque plat dans le *Roman d'Alexandre.* Alexandre admet lui-même dans la lettre à Olympias d'être à la recherche de «la fin du monde» (τὸ τέλος τῆς γῆς),[332] qui est située à un endroit où «le ciel se déclinerait»[333]:

Πάλιν οὖν διενοήθην ἐν ἑαυτῷ λέγων εἰ πάντως ἐνταῦθά ἐστιν τὸ τέρμα τῆς γῆς καὶ ὁ οὐρανὸς ἐνταῦθα κλίνεται. ἠβουλήθην οὖν ἱστορῆσαι τὴν ἀλήθειαν.

A nouveau, je méditai donc en me disant à moi-même, si se trouverait vraiment la fin du monde là-même et si le ciel déclinerait là-même. Je voulus donc chercher à savoir la vérité.

L'infinitif aoriste ἱστορῆσαι fait référence à la tâche de l'historien, selon la pratique d'Hérodote, à qui la connaissance autoptique du terrain permet une présentation des données qui deviennent ainsi scientifiquement valable. Le célèbre confluent des deux mers est lié pour al-Qazwīnī, *Kitāb ʿaǧāʾib al-maḫlūqāt (Livre des merveilles de la création)*[334] à la «mer des Ténèbres» *(baḥr al-ẓulmāt).* Cette désignation d'une coloration presque poétique correspondrait, selon lui, à l'océan Atlantique puisqu'elle figure au chapitre dédiée sur *al-Andalus*:

C'est là où il y avait près d'elle la mer Noire *(baḥr al-aswad)* qui fut appelée mer des Ténèbres *(baḥr al-ẓulmāt)* qui encercle l'Ouest et le Nord de l'Espagne *(al-Andalus).* A la fin de la péninsule ibérique *(fī āḫirin al-Andalus)*, il y a la rencontre des deux mers que Dieu mentionne dans le *Coran.*

وبها البحر الاسود الذى يقال له بحر
الظلمات محيط بغربى الاندلس وشماليه وفى
آخر الاندلس مجمع البحرين الذى ذكره الله

329 Bergson (1956) II, 39.
330 *Cf.* le chapitre 2.3.3.
331 Strohmaier (2013).
332 Van Thiel (1974) II, 41.
333 Van Thiel (1974) II, 41.
334 Wüstenfeld (1849) II, 338.

في القران

La localisation topographique du confluent reste tout de même très vague, car *fī āḫirin al-Andalus* «à la fin de la péninsule ibérique» pourrait indiquer soit le Nord, soit l'Ouest, quoique la seconde hypothèse paraisse plus logique. La localisation de la mer des Ténèbres dans le voisinage immédiat de la péninsule ibérique marque une variante parmi bien d'autres. Quant à localisation de cette mer, M. Casari la situe, tout comme la source de vie, dans les régions au Nord du monde connu, dans le cadre de l'«exploration of the Northern lands and seas of Eurasia».[335] Cet intérêt géographique et scientifique pour les régions au Nord, inauguré probablement avec le voyage d'un contemporain d'Alexandre le Grand, l'explorateur Pythéas de Marseille, se voit prolongé dans la littérature romanesque relative au Macédonien, tel que le *Roman d'Alexandre*. M. Casari essaie d'expliquer cet intérêt dans le cas de l'Alexandre historique pour les régions au Nord avec son intérêt pour la question qui consiste à savoir si la mer Caspienne serait une mer intérieure ou non. Néanmoins, M. Casari, dans ce qu'il appelle «une approche cosmographique» de la dimension des conquêtes d'Alexandre le Grand, relève une correspondance entre l'historien aṭ-Ṭabarī, *Taʾrīḫ ar-rusul wa-l-mulūk (Histoire des prophètes et des rois)* et la recension β du *Roman d'Alexandre* en ajoutant que la recension γ contiendrait une version plus détaillée:

aṭ-Ṭabarī[336]

ودخل الظلمات مما يلى القطب الشمالىّ والشمس جنوبيّة فى اربع مائة رجل يطلب عين الخُلد فسار فيها ثمانية عشر يوما ثم خرج ورجع الى العراق.

Il pénétra les ténèbres *(aẓ-ẓulmāt)*, qui se trouvaient tout près du pôle Nord *(al-quṭb aš-šamālī)*, pendant que le soleil se trouvait au Sud *(aš-šams ǧanūbiyya)* – avec quatre cents hommes – en quête de la source de l'immortalité. Il y voyagea dix-huit jours, puis sortit ⟨de cet endroit⟩ et retourna en Iraq.

*Roman d'Alexandre*[337]

Ἐκεῖθεν οὖν παραλαβὼν τοὺς πλείονας ὁδηγοὺς ἠθέλησα εἰσελθεῖν εἰς τὰ ὀπίσω μέρη τῆς ἐρήμου κατὰ τὴν ἅμαξαν τοῦ πόλου.

De là, ayant donc pris avec lui en outre les guides, il désira pénétrer les parties en arrière du pays désert selon la Grande Ourse du pôle.

Aṭ-Ṭabarī, en réalité, ne fait pas mention du pôle Nord *(al-quṭb aš-šamālī)*, comme le suggère l'extrait cité, mais du pôle nord céleste *(al-quṭb as-samāwī aš-šamālī)*. En fait, Alexandre se dirige, lors de la recherche de la source de l'immortalité, dans une région décrite par «les ténèbres» *(aẓ-ẓulmāt)*, et plus précisément par le pôle Nord céleste et par le fait d'être éclairée par le soleil se trouvant au Sud *(aš-šams ǧanūbiyya)*. Au verbe arabe *daḫala* «entrer» correspond au grec εἰσέρχομαι «entrer (dans)». Pour la constellation du nom de ἅμαξα «le Chariot» ou «la Grande Ourse», les Arabes ne connaissent qu'une

335 Casari (2012) 178.

336 De Goeje (1879) 701.

337 Bergson (1956) II, 32.

traduction du deuxième terme qui devient chez Ptolémée *dubb al-akbar* «le grand ours». En ce qui concerne l'expression κατὰ τὴν ἅμαξαν τοῦ πόλου, L. Bergson souligne dans l'apparat critique que la recension λ a le pluriel τῶν πόλων.[338] A. Piemontese situe «la quête de l'eau vitale par Alexandre» dans une région à l'extrême Nord du monde connu:

> Chez les auteurs médiévaux arabes et persans, la quête de l'eau vitale par Alexandre se passe dans «la zone glaciale» (*zolomât*, plutôt que «ténèbres») de la Mer Verte. Cette zone se trouve «sous le pôle Nord», est-il dit chez Nezāmi.[339]

Quoi qu'il en soit, la correspondance entre aṭ-Ṭabarī et le *Roman d'Alexandre* ne peut être expliquée par une traduction du grec à l'arabe. En revanche, on doit prendre en considération la possibilité de la transmission orale ce qui n'est pas une explication satisfaisante pour celui désirant des preuves philologiques. Selon l'historien aṭ-Ṭabarī, qui n'a pas de connaissance directe des sources grecques, la localisation de la source d'immortalité est intéressante.[340] Dans la version pré-islamique de Ibn al-Hišām, dans le *Kitāb at-tiğān (Livre des couronnes)*,[341] la zone des Ténèbres est même associée à la navigation sur l'océan:

| | |
|---|---|
| Wahb dit: «Puis, il navigea l'océan en y voyageant une année jusqu'à ce qu'il laissa le soleil à sa droite en pénétrant dans les ténèbres *(aẓ-ẓulmāt).*» | وقال وهب ثمّ ركب المحيط وسار فيه حولاً حتّى ترك الشمس عن يمينه ولجّ فى الظلمات |

Il s'agit de toute évidence d'un assemblage d'éléments mythiques illustrant bien dans quelle mesure le *Roman* du Pseudo-Callisthène se voit transformé que la source même n'est plus présente.

A l'épisode de la source de vie s'attache, surtout dans l'Orient, le deuxième épisode issu de la *sūrat al-kahf (Sourate de la caverne)*, consacré à Gog et Magog. De fait, l'épisode de Gog et Magog représente dans le *Roman d'Alexandre* un chapitre qui montre dans quelle mesure l'ouvrage du Pseudo-Callisthène peut contenir une dimension religieuse ou sacrale. Alexandre le Grand est censé avoir construit un rempart pour empêcher l'invasion des peuples apocalyptiques de Gog et Magog. Or, ce motif littéraire est inconnu des recensions α et β, tandis qu'il est présent dans les recensions byzantines λ, ε et γ. Fondamentalement, le motif de Gog et Magog du *Roman d'Alexandre* est basé sur deux évolutions antérieures. D'un côté, il y a la tradition historique selon laquelle Alexandre aurait construit des remparts pendant ses campagnes militaires. De l'autre côté, il y a la tradition prophétique, inaugurée par la vision d'Ezékiel que l'on trouve dans le livre d'Ézékiel dans la *Septante.* Cette vision est commentée de la manière suivante par A. Schmitt:

338 Bergson (1956) 193.
339 Piemontese (1999) 255.
340 Abel (1955) 62/63.
341 Lidzbarski (1893) 302/303.

> The real basis for all subsequent Jewish, Christian and ultimately also Islamic descriptions of Gog and Magog as eschatological figures is the frightful vision of the prophet Ezekiel during his Babylonian exile.[342]

Le premier auteur écrivant en grec qui a opéré la fusion de ces deux éléments, bien distincts à l'origine, est l'historien Flavius Josèphe. En fait, il associe généralement Magog aux Scythes vus plutôt comme un peuple barbare réel qu'un peuple apocalyptique.[343] A. R. Anderson a établi le syllogisme suivant afin de schématiser le développement de cet épisode du *Roman* chez l'historien juïf:

1. Alexander built the gate in the Caucasus to exclude the barbarians of the north, called by the general name Scythians.
2. As early as Josephus, (Gog and) Magog were identified with the Scythians and placed north of the Caucasus.
3. Therefore Alexander built the gate of the Caucasus to exclude Gog and Magog.[344]

Cet historien d'origine juive illustre ainsi le développement que la figure d'Alexandre le Grand a connu dans le milieu juif d'Alexandrie à l'époque hellénistique. En fait, l'analyse littéraire de l'épisode de Gog et Magog dans le *Coran*, où le protagoniste n'est pas nommé explicitement Alexandre, mais le Bi-cornu, a amené A. R. Anderson à la synthèse suivante:

> So profound was the influence of this passage from the Koran that in the Mohammedan versions of these fabulous histories of Alexander were likely to undergo revision and, instead of remaining the *History of Alexander*, to become the *History of Dulcarnain*. The Arabic version of the *Alexander Romance*, the *History of Dulcarnain par excellence*, seems to have been based principally upon the Syrian *History of Alexander* (Pseudo-Callisthenes), seventh century, on the Syrian *Christian Legend*, sixth century, and on the *Koran*, xviii, 82ff. but seems to have undergone revision of terms according to the *Koran*, xviii, 82 ff., so that we may speak of it as establishing *the Koranic Recension of the Alexander Romance*.[345]

Ce que l'auteur appelle «the Koranic Recension of the Alexander Romance» correspond exactement la tradition du Bi-cornu.[346] A l'origine, Gog et Magog ont été perçus comme une entité géographique, sans aucune implication apocalyptique. Par conséquent, la première attestation de Magog est celle dans la *Septante* où nous lisons dans *Généalogie* des peuples de *Genèse*,[347] à la suite de la mort de Noé, que Magog est un des fils de Yaphet:

| | |
|---|---|
| Αὗται δὲ αἱ γενέσεις τῶν υἱῶν Νωε, Σημ, Χαμ, Ιαφεθ, καὶ ἐγενήθησαν αὐτοῖς υἱοὶ μετὰ τὸν κατακλυσμόν. | Voici la descendence des fils de Noé, Sem, Cham, Yaphet, et il leurs furent engendrés des fils après le déluge.<br>Fils de Yaphet: Gamer, Magog, Madai, |

342 Van Donzel/Schmitt (2010) 5.

343 Anderson (1932) 8; Van Donzel/Schmitt (2010) 10.

344 Anderson (1932) 19.

345 Anderson (1932) 30.

346 *Cf.* le chapitre 1.4.1.

347 *Septuaginta*, Rahlfs (A.)(éd.), Stuttgart 2006, *Genesis* 10, 1/2; Anderson (1932) 4.

| | |
|---|---|
| Υἱοὶ Ιαφεθ· Γαμερ καὶ Μαγογ καὶ Μαδαι καὶ Ιωυαν. | Yavan. |

Il est intéressant de constater qu'un autre fils de Yaphet, du nom de *Yavan* a été emprunté dans la tradition arabe dans le cadre de la généalogie des Grecs. Cette confusion entre le fils de Yaphet, *Yavān* et le terme *al-Yūnāniyyūn* se trouve ainsi, par exemple, dans la chronique universelle de al-Yaʿqūbī, dans les *Historiae*[348] où l'auteur forge une généalogie erronée des Grecs[349]:

| | |
|---|---|
| Les premiers rois des Grecs étaient les enfants de *Yūnān*, fils de Japhet *(Yāfiṯ)*, fils de Noé *(Nūḥ).* | وكان اوّل ملوك اليونانيّين وهم اولاد يونان بن يافث بن نوح. |

A travers cette confusion généalogique, on perçoit que les matériaux hébraïques de la Bible hébraïque et de la *Septante*, à savoir la généalogie des fils de Noé, ont circulé dans l'Orient pour finir à entrer dans la chronique universelle. Dans le *Roman d'Alexandre*, dans la sous-recension λ Gog et Magog sont censés être fils de Yaphet (ἦσαν γὰρ οἱ τοῦ Ἰάφεθ ἀπόγονοι καὶ πάσης μιαρᾶς καὶ ἀκαθάρτου ⟨πράξεως⟩ ἐτύγχανον ἐσθιόντες ἀκάθαρτα, μύσαρα καὶ βδελυκτά: «En effet, ils étaient les descendants de Japhet et de toute une manière impure et (…) et ils mangeaient des choses impurs, abominables et répugnantes»).[350] Or, cette description des peuples apocalyptiques est issue de l'*Apocalypse* du Pseudo-Méthode, rédigée d'abord en syriaque, ensuite traduite en grec, dont voici la version[351]:

| | |
|---|---|
| οὗτος κτίζει Ἀλεξάνδρειαν τὴν μεγάλην καὶ βασιλεύει ἐν αὐτῇ ιθ'. οὗτος κατελθὼν εἰς τὴν ἑῴαν ἀπέκτεινε Δαρεῖον τὸν Μῆδον καὶ κατεκυρίευσε χωρῶν πολλῶν καὶ πόλεων, καὶ περινόστησε τὴν γῆν καὶ κατήχθη ἕως τῆς θαλάσσης ἐπονομαζομένης ἡλίου χώρας. | Celui fonde la grande Alexandrie et y règne 19 ans. Après être descendu vers l'orient, celui-là tua Darius le Mède et s'empara de nombreuses terres et villes; il fit le tour de la terre et il parvint jusqu'à la mer étant appelée du nom de «terre du soleil». |

On peut se demander si la terre portant le nom de «terre du soleil» est apparentée à ce qui précède immédiatement l'épisode de Gog et Magog (18:89-90) dans la *sūrat al-kahf (Sourate de la caverne)*:

| | |
|---|---|
| 18:89: Puis, il poursuivit son chemin | ثُمَّ أَتْبَعَ سَبَبًا. |
| 18:90: jusqu'à il arriva à l'endroit du coucher du soleil *(maṭlaʿa aš-šams)* et il la trouva se lever sur un | حَتَّىٰ إِذَا بَلَغَ مَطْلِعَ ٱلشَّمْسِ وَجَدَهَا تَطْلُعُ |

348 Houtsma (1883) 161.
349 Di Branco (2009) 37.
350 Van Thiel (1959) III, 53.
351 Van Thiel (1974) 248.

peuple auquel nous n'avons pas donné d'abri devant elle.

عَلَىٰ قَوْمٍ لَّمْ نَجْعَل لَّهُم مِّن دُونِهَا سِتْرًا.

Chez le Pseudo-Méthode, Alexandre parvient à une mer nommée «terre du soleil» (κατήχθη ἕως τῆς θαλάσσης ἐπονομαζομένης ἡλίου χώρας) tandis que le *Coran* fait mention de «l'endroit du coucher du soleil» *(maṭlaʿ aš-šams)*. Les deux descriptions relèvent d'une espèce de géographie que l'on pourrait qualifier d'«imaginaire». Cet auteur appartient à la tradition syriaque où Alexandre le Grand est vu d'une manière extrêmement positive par les Chrétiens d'Orient. Selon cette vision idéalisée, Alexandre le Grand devient le protecteur de l'humanité devant l'invasion de ces peuples apocalyptiques. Le succès du thème de Gog et Magog dans la littérature arabe dérive sans doute du récit coranique (18:83-97) relatif à la construction du rempart de la part de *Ḏū l-qarnayn* pour empêcher l'invasion des peuples apocalyptiques *Yāğūğ* et *Māğūğ*, tels que Gog et Magog sont appelés en arabe:

18:92 Puis, il poursuivit son chemin

ثُمَّ أَتْبَعَ سَبَبًا.

18:93 Et quand il eut atteint un endroit situé entre les deux Barrières *(balaġa bayn as-saddayn)*, il trouva derrière elles une peuplade *(qaum)* qui ne comprenait presque aucun langage.

حَتَّىٰ إِذَا بَلَغَ بَيْنَ ٱلسَّدَّيْنِ وَجَدَ مِن دُونِهِمَا قَوْمًا لَّا يَكَادُونَ يَفْقَهُونَ قَوْلًا.

18:94 Ils dirent: «Ô Bi-cornu, *Yāğūğ* et *Mağūğ* causent des dégâts sur la terre. Est-ce que nous pourrons t'accorder un tribut *(ḫarğan)* pour construire une barrière *(radman)* entre eux et nous?»

قَالُوا۟ يَـٰذَا ٱلْقَرْنَيْنِ إِنَّ يَأْجُوجَ وَمَأْجُوجَ مُفْسِدُونَ فِى ٱلْأَرْضِ فَهَلْ نَجْعَلُ لَكَ خَرْجًا عَلَىٰٓ أَن تَجْعَلَ بَيْنَنَا وَبَيْنَهُمْ رَدْمًا.

Tout comme pour le premier épisode, Alexandre n'est pas explicitement cité. Le motif de Gog et Magog n'apparaît que dans des recensions relativement tardives (λ, ε, γ). Quant à la recension λ, il s'agit d'un emprunt des *Révélations* du Pseudo-Méthode, rédigées en syriaque vers 690/91 ap. J.-C. et traduites ensuite en grec et en latin. Sans entrer dans des discussions théologiques, nous voyons d'un point de vue littéraire qu'Alexandre le Grand devient une figure prophétique à travers la *Sourate de la caverne*. Celle-ci n'est qu'une réminiscence du *Roman d'Alexandre.* Cette tradition profondément coranique est présente même chez des auteurs[352] comme al-Mubaššir ibn Fātik[353] qui, même s'il ne fait pas allusion aux épisodes coraniques, garde tout de même une brève allusion à la construction du rempart, situé dans l'Orient:

Il conquit tous les pays d'Orient *(bilād al-mašriq)*: les Turcs et d'autres. Il y construisit la barrière *(as-sadd)* et il proclama les rois.

ودوّخ بلاد المشرق كله: الترك وغيرهم. وبنى المدن فيها، وبنى السدّ وملّك الملوك.

352 *Cf.* le chapitre 1.4.4.
353 Badawī (1958) 237.

Dans la tradition de la géographie humaine arabe, Gog et Magog finissent par représenter une véritable donnée, comme E. van Donzel et A. Schmitt le démontrent dans leur étude exhaustive.[354] Dans la tradition arabe, on pourrait même distinguer deux développements pour ce qui est de la matière relative à Gog et Magog. La plus importante des deux est certainement la tradition issue du *Coran*, basée sur la littérature apocalyptique. Elle a connu une fusion avec l'historiographie hellénistique. Dans la tradition géographique par contre, Gog et Magog se trouvent, dans la plupart des cas, réduits à la simple illustration d'un climat donné. On ne s'interroge pas plus sur ces peuples apocalyptiques si célèbres grâce au récit coranique.

En revanche, le savant philhellène al-Bīrūnī est une exception car il encadre Gog et Magog dans la littérature géographique en posant en plus la question de leur localisation exacte. On constate qu'il opère dans la *Chronologie*[355] une fusion entre la tradition coranique, qu'il ne peut ignorer en tant que musulman croyant, et l'intérêt géographique, historiographique et scientifique:

En ce qui concerne la muraille *(ar-radm)* construite entre les deux barrières *(bayn as-saddayn)*, il est évident que l'histoire *(al-qiṣṣa)* dans le *Coran* ne désigne pas sa localisation terrestre. Les livres contenant le souvenir des pays et des villes, comme la géographie *(al-ǧuġrāfīyā)* et les livres *al-masālik wa-l-mamālik*, ⟨disent⟩ que cette tribu, c'est-à-dire *Yāǧūǧ* et *Māǧūǧ*, eux ils sont une tribu des Turcs de l'est qui habitent au début de cinquième climat et au sixième ⟨climat⟩.

فأَمّا الرَّدْم المبْنيُّ بين السَّدَّيْن فانَّ ظاهِرَ القِصَّة
فى القرآن لا يَنُصُّ على مَوْضِعه من الأَرْض, وقد
نتقت الكُتُبُ المُشْتَمِلةُ على ذِكْرِ البِلاد والمُدُن
كجغرافيا وكُتُب المَسالِكِ والمَمالِكِ على أَن هذه
الأُمّةَ اعنى ياجوجَ وماجوجَ هم صِنْفٌ من
الأَتراكِ المَشْرقيِيَّة الساكنةِ في مَبادِيِ الإقليم
الخامسِ والسادسِ.

Dès le début de l'extrait, il se réfère à la célèbre muraille «construite entre les deux barrières» en constatant que le récit coranique ne correspond pas à une «localisation terrestre» exacte. Puis il cite les ouvrages de la deuxième tradition, celle qui appartient à la géographie humaine *(al-ǧuġrāfīyā)* et à la géographie technique dont témoignent les ouvrages intitulés *al-masālik wa-l-mamālik* («les routes et les royaumes»). Or, ces ouvrages décrivent les royaumes et les routes qui traversent le califat à l'époque abbaside sans faire mention de merveilles tel que le fait un auteur comme Ibn al-Faqīh, qui mélange la géographie humaine aux légendes associées à une région donnée. En guise de conclusion à ce chapitre et notamment à la localisation de Gog et Magog sur la carte géographique, citons ces propos d'A. Miquel:

> La seconde caractéristique de ce merveilleux est la liberté qu'il peut prendre avec la géographie. Comment s'en étonner? Tant qu'à rêver, on le fait ici ou ailleurs. Sans doute la localisation sur la carte n'est-elle pas toujours absente: dans la mesure, par exemple, où tel pays fabuleux est donné comme dans les parages ou aux limites de

---

354 Van Donzel/Schmitt (2010).

355 Sachau (1923) 41.

tel autre, connu celui-là, nous pourrons lui assigner une place, vague peut-être, mais enfin une place sur la terre. Ainsi sait-on que le peuple de Gog et Magog est enfoui au fin fond de l'Asie continentale (...)[356]

La combinaison des deux thèmes, ceux de la source de vie et de Gog et Magog, n'a pas été traduit directement du *Roman d'Alexandre*. Tracer le processus de transmission de ce complexe thématique ne peut pas aboutir à des résultats satisfaisants. Néanmoins, il convient de constater tout simplement que la dimension de sa popularité dans l'Orient s'explique par le poids majeur que les auteurs musulmans ont accordé au texte coranique.

### 2.2.5 Le vol aérien (II, 41)

Cette aventure légendaire d'Alexandre a inspiré de nombreux artistes au cours du Moyen Âge, entre 1000 et 1600 ap. J.-C., selon R. Stoneman qui cite, entre autres, l'architecture et la décoration sacrales, sous forme de mosaïques et de sculptures dans le Sud de l'Italie. L'exemple le plus illustre de la présentation du vol d'Alexandre se trouverait sur une mosaïque du sol de la cathédrale d'Otrante.[357] Le vol aérien d'Alexandre s'inscrit dans le domaine de la littérature et de la mythologie grecques, pour lequel C. Jouanno signale un certain nombre d'exemples, tel que l'enlèvement de Ganymède ou l'apothéose de ce dernier ou encore le voyage de Ménippe dans l'*Icaroménippe* de Lucien. Le vol de Dédale et Icare forment une partie intégrante des mythes grecs de l'ascension.[358] Après avoir passé en revue la littérature apocryphe judéo-chrétienne, «où l'on voit une foule de saints et de prophètes monter de ciel en ciel jusqu'au firmament»,[359] elle souligne l'importance de la littérature orientale où «l'on peut trouver les récits d'ascension les plus proches de notre texte romanesque»,[360] comme par exemple l'histoire d'Étana, celle de Nemrod, roi de Babel et fondateur de Ninive, ainsi que celle du roi perse *Kaykāūs*. L'histoire de ce dernier est décrite par l'historien Abū Manṣūr aṯ-Ṯaʿālibī dans *Ġurar aḫbār mulūk al-furs wa-siyarihim (L'origine des nouvelles des rois persans et leurs vies)*[361]:

Il se livra tout entier à l'ascension au ciel *(fa-āzamaʿa aṣ-ṣaʿūda fī s-samāʾi)*, il chercha à connaître son état réel et à en être le maître comme il fut le maître de la terre entière. Il ordonna que quatre jeunes aigles *(al-ʿiqbān)* fussent élevés et nourris jusqu'à ce qu'ils fussent devenus forts. Ensuite, il monta au faîte d'un édifice élevé, dont la hauteur était de quatre cents coudées, et il fit apporter un siège léger. Il ordonna que quatre lances fussent fixées aux bouts des quatre angles, où il fit accrocher de la

فازمع الصعود فى السمآء وتعرّف اخبارها
وامتلاكها كما امتلك الارض بحذافيرها وامر
باربعة من فراخ العقبان فرُبّيت وذيت حتى
قويت ثُمّ صعد فى سطح الصرح وارتفاعه اربع
مائة ذراع ودعا بسرير خفيف وامر بأن يُركَز
فى زوايا اطرافه الاربع اربعة من الرماح ويعلَّق
من اللحم وتُشَدّ ارجل العقبان باصول الرماح

356 Miquel (1975) 484.
357 Stoneman (2008) 114-120.
358 Jouanno (2002) 273.
359 Jouanno (2002) 273.
360 Jouanno (2002) 274.
361 Zotenberg (1900) 665.

viande. Les pattes des aigles furent attachées aux pointes des lances fixées et il s'assit, en armes, sur le siège. Les aigles s'élancèrent avec le siège du faîte de l'édifice élevé. Ils ne cessèrent de monter dans l'air en mangeant les bouts de viande qui étaient au-dessus jusqu'à parvenir au terme ⟨le plus⟩ éloigné de ce qui se trouvait entre la terre et le ciel *(mimmā bayn al-arḍ wa-s-samāʾ)*. Lorsqu'ils furent affamés et devinrent trop faibles pour voler, pendant que le soleil brûlait leurs ailes, ils tombèrent sur la terre avec le siège (…)

المركزة وقعد على السرير ومعه السلاح فطارت العقبان من سطح الصرح بالسرير وما زالت تعلو فى الجوّطمعًا فى اللحوم الّتى فوقها حتّى بلغت اقصى مبلغ ممّا بين الارض والسمآء فلمّا جاعت وضعفت عن الطَيَران واحرقت الشمس اجنحتها تساقوطت الى الارض بالسرير.

La raison du vol aérien du roi persan est un désir d'exploration. Le lieu qu'il désire connaître «ce qui se trouvait entre la terre et le ciel» *(mimmā bayn al-arḍ wa-s-samāʾ)*. Dans le *Roman d'Alexandre*, seule une lance est mentionnée, tenue par Alexandre en personne, alors que Abū Manṣūr aṯ-Ṯaʿālibī signale quatre lances. La manière dont la viande est accrochée – au bout de la/ les lance/s – est semblable dans les versions grecque et arabe. Le mécanisme de la montée – les aigles qui essaient de manger de la viande – est le même dans le *Roman d'Alexandre* et chez Abū Manṣūr aṯ-Ṯaʿālibī.

Le vol aérien est, tout comme la plongée en bathyscaphe, un épisode romanesque typiquement occidental dont il n'y a point de traduction arabe littérale. Nonobstant, la *Qiṣṣat ḏī l-qarnayn (Histoire du Bi-cornu)* conserve une version que l'on pourrait évoquer afin de souligner l'universalité du thème de l'ascension. De plus, les deux épisodes cités ne figurent pas dans la traduction syriaque, ce qui n'est pas étonnant si l'on tient compte du fait que la version syriaque appartienne à la famille de la recension α. Le vol du protagoniste représente un ajout tardif dans le corpus du *Roman d'Alexandre* puisqu'il fait son apparition pour la première fois dans le texte L. Il y figure à la fin du livre II du *Roman*, dans une lettre que le conquérant envoie à sa mère Olympias et à Aristote. L'épisode du vol aérien suit immédiatement l'épisode de la source de vie.[362]

Comme Alexandre désire connaître la fin du monde (τὸ τέλος τῆς γῆς), il invente une construction afin de pouvoir explorer le monde connu, à partir d'un appareil tiré par «de grands oiseaux blancs, extrêmement fort et apprivoisés» (ὄρνεα μέγιστα λευκά, ἀλκιμώτατα καὶ ἥμερα). Alexandre ne leur donne rien à manger pendant trois jours (ἡμερῶν τριῶν μὴ δοθῆναι αὐτοῖς βρῶσιν), de sorte qu'ils sont très affamés au moment où il leur présente le «foie d'un cheval» (ἧπαρ ἵππιον), accroché à sa lance. Au préalable, il avait construit une corbeille en peau de vache qu'il avait attachée à une pièce de bois en forme de joug, lié au cou des deux oiseaux. Le début de la montée au ciel est décrit à la première personne par Alexandre dans le texte L[363]:

εὐθὺς οὖν ἀνέπτη τὰ ὄρνεα τοῦ καταφαγεῖν τὸ ἧπαρ καὶ ἀνῆλθα μετ'

Soudain, les oiseaux s'attachèrent donc à dévorer le foie et je montai avec eux dans

362 Van Thiel (1974) II, 41.

363 Van Thiel (1974) II, 41.

αὐτῶν ἐν τῷ ἀέρι, ὡς νομίζειν με πλησίον τοῦ οὐρανοῦ ὑπάρχειν.

l'air, au point de croire que je pouvais être proche du ciel.

On remarque la forme tardive ἀνῆλθα «je suis monté» pour l'aoriste thématique ἀνῆλθον, dont la désinence est celle de l'aoriste sigmatique. Une réélaboration romanesque en langue arabe du commentaire coranique de aṭ-Ṭabarī est contenue dans un témoignage tardif. En fait, la *Qiṣṣat ḏī l-qarnayn (Histoire du Bi-cornu)* n'est pas une traduction du *Roman d'Alexandre* mais une réécriture populaire du commentaire coranique de l'historien aṭ-Ṭabarī, également auteur d'une œuvre somme de l'historiographie arabe, déjà mentionnée, à savoir le *Ta'rīḫ ar-rusul wa-l-mulūk (Histoire des prophètes et des rois)*. Au lieu de désigner Alexandre de façon explicite par son nom, aṭ-Ṭabarī, *Tafsīr*, 369 se contente d'une allusion à «un jeune homme grec» *(šābban min ar-Rūm)*, qui aurait construit Alexandrie[364]:

Il était un jeune homme grec *(kāna šābban min ar-Rūm)*. Il parvint ⟨à un endroit⟩ où il fit construire une ville égyptienne, Alexandrie. Lorsqu'il eut achevé ⟨sa construction⟩, un ange vint à sa rencontre. Il monta avec lui au ciel. Il lui demanda: «Que vois-tu?» Il lui répondit: «Je vois ma ville et des villes.»

كان شابًّا من الرومِ, فجاء فبنَى مدينةَ
مصرَ, الإسكندريةَ, فلمّا فرَغ جاءه مَلَكٌ
فعلا به في سماءٍ: ما ترى؟ فقال: أرَى
مدينَتى ومدائنَ.  ثم علا به: ما ترَى؟

Les détails qui qualifient le personnage nous amène à conclure qu'il s'agit d'Alexandre le Grand sauf que l'auteur évite de le mentionner explicitement. En raison de la confusion entre le personnage coranique, le Bi-cornu *(Ḏū l-qarnayn)* et le personnage historique que fut le conquérant macédonien, la description donnée par aṭ-Ṭabarī tend à nous faire penser que l'auteur parle plutôt du personnage historique. Or, la *Qiṣṣat ḏī l-qarnayn (Histoire du Bi-cornu)*[365] reproduit la même vision d'Alexandre s'envolant dans les airs avec l'ange *Zayāqīl*. Ce dernier l'incite à contempler l'image du monde depuis une perspective aérienne:

Il sortit sa tête au-dessous de l'aile, l'ange lui demanda: «Regarde le monde! Que vois-tu?» Le Bi-cornu lui répondit: «Je vois ma ville et les villes autour d'elle.»

فأخرج رأسه من تحت جناحه فقال له الملك
"انظور إلى الدّنيا وماذا ترا منها؟" فقال ذو
القرنين "أرى مدينتي ومدائِن حولها"

Cette première vision se trouve élargie en ce qui concerne la perspective aérienne au fur et à mesure que la distance parcourue par Alexandre et l'ange augmente. Le dialogue entre les deux, construit de manière assez schématique sur le jeu de question et réponse est répété dans la *Qiṣṣat ḏī l-qarnayn (Histoire du Bi-cornu)* en ajoutant une description de la terre selon la cosmogonie coranique[366]:

364 Consulté le 8/10/2013, http://archive.org/stream/tabaritafsir/taftabry15#page/n368/mode/2up.
365 Zuwiyya (2001) 12.
366 Zuwiyya (2001) 12.

«Regarde sur la terre! Que vois-tu?» – «Je vois ma ville seule, lui dit-il, et il n'y a que des mers autour d'elle. Elle est entourée des mers, elle est située dans la Mer Verte.»

"انظار إلى الأرض ومذا ترى منها؟" قال له "أرى مدينتي وحدها وليس حولها إلاّ البحار وهى محدقة بها وهي في لجّة خضراء"

Selon Z. D. Zuwiyya, le vol d'Alexandre dans ce roman populaire serait la révélation de la mission divine qu'il doit accomplir:

> In the Arabic QDh, Alexander's flight is beneath the wing of the guardian angel Zayāqīl, and serves as a revelation of the mission God has designed for him. He sees the lands he will conquer.[367]

Dans ce cadre, Alexandre est clairement un personnage sacral. Il n'est plus le conquérant païen de la plus ancienne recension α ou de la traduction syriaque. Quant au rôle de l'ange *Zayāqīl*, c'est précisément lui, qui va commenter cette vision du monde d'un point de vue propre à l'Islam dans la *Qiṣṣat ḏī l-qarnayn (Histoire du Bi-cornu)*[368]:

«Ô Bi-cornu, ce n'est pas ta ville ⟨que tu vois⟩, ceci n'est que la terre entière autour de laquelle règnent les eaux de l'océan. La terre entière, ô Bi-cornu, est une île en pleine mer, tout comme un bateau au milieu de la mer. La mer porte l'île, la puissance de Dieu porte la mer. Ô Bi-cornu, tu n'es pas étonné à la vue de la puissance de ton seigneur et de ton créateur.»

"يا ذا القرنين لست تلك مدينتك إنّما ذالك الدنيا كلّها وقد احاط بها البحر والدّنيا يا ذا القرنين كلّها جزيرة في لجج البحر ومثلها كمثل سفينة في وسط البحر والبحر حمل الجزيرة والبحر حملته القُدْرَة يا ذا القرنين أفلا تتعجّب من قدرة ربّك وخالقك"

La terre entourée de la mer y est présentée à travers l'image poétique du bateau flottant dans la mer. Dans cette version populaire, le vol aérien sert d'*incipit* à la conquête du monde par le Macédonien. Avant la conquête réelle, le vol trace déjà les grandes lignes de ce monde qu'il va conquérir. Dans la *Qiṣṣat dī l-qarnayn (Histoire du Bi-cornu)*,[369] la conclusion de l'ascension est la suivante:

Il a vu l'ensemble du monde sur terre et sur mer, il finit par connaître l'intérieur et l'extérieur ⟨du monde⟩, comme s'il l'avait pénétré auparavant. Ensuite, il fit savoir à tous ses soldats et ses compagnons ce qu'il avait vu. Ils lui répondirent: «Vous serez obéi». Les vieillards parmi eux ainsi que les jeunes entreprirent, à la suite d'une mûre

وقد أراه جميع الدنيا برّها وبحرها وعرّفه مداخلها ومَخارِجَها حتّى كاد كأنّه دخلها قبل ذالك ثمّ أعلم بذالك جميع جنوده وأصحابه فاجَابُوه سَمْعاً وطاعةً وعزم الكبير منهم والصّغير على المسير مع ذي القرنين

367 Zuwiyya (2001) 23.
368 Zuwiyya (2001) 12.
369 Zuwiyya (2001) 13.

réflexion, de suivre le Bi-cornu dans son itinéraire.

Dans la recension α du Pseudo-Callisthène, Alexandre ne décrit pas encore son vol aérien à l'ensemble de ses soldats mais il les incite à le suivre dans sa campagne militaire dirigée contre les Barbares. Les jeunes (οἱ δὲ βουλόμενοι τῶν νέων παραγίνονται εἰς τὴν Μακεδονίαν αὐθαίρετοι) tout comme les vieux, c'est-à-dire les vétérans ayant combattu au côté de son père Philippe (ἤγαγε δὲ καὶ τοὺς παρασπιστὰς τοῦ Φιλίππου γηραιοὺς ὄντας), consentent à le suivre.[370] Le vol aérien représente une des innovations du texte L, l'épisode ne figurant pas dans la recension α du *Roman*. On peut supposer qu'il y a un fond commun de la tradition de l'«oral history» et non à la tradition historique grecque d'Alexandre le Grand. Probablement inspirée de *al-miʿrāğ* «l'ascension» du prophète Mahomet,[371] la *Qiṣṣat ḏī l-qarnayn (Histoire du Bi-cornu)* narre le vol aérien d'Alexandre et la rencontre avec l'ange *Zayāqīl* ce qui représente une innovation par rapport au texte L du *Roman d'Alexandre* où il n'est question que d'«un être avec des ailes» (πετεινὸν ἀνθρωπόμορφον)[372]:

| | |
|---|---|
| εἶτα συναντᾷ με πετεινὸν ἀνθρωπόμορφον καὶ λέγει πρός με· ὦ Ἀλέξανδρε, ὁ τὰ ἐπίγεια μὴ καταλαβὼν τὰ ἐπουράνια ἐπιζητεῖς; | Puis, un être à forme humaine et des ailes vint à ma rencontre et me dit: «Alexandre, toi qui n'a pas compris les choses terrestres, ⟨pourquoi⟩ cherches-tu les choses célestes?» |

Il s'agit d'une réminiscence littéraire à la comédie ancienne, à savoir aux *Nuages*, 218ff d'Aristophane. Socrate y est présenté en tant que sophiste qui cherche à connaître les mystères scientifiques dans le ciel ainsi que sous la terre. Ici, dans le *Roman d'Alexandre*, ce thème de la recherche est transformé en une opposition entre le monde ci-bas et celui d'en haut. Derrière cette opposition se cache une critique de l'homme car Alexandre est associé au vieux τόπος grec de la hybris, celui de l'homme dépassant sa condition. Bien au contraire, les paroles de l'être ailé sont censées rappeler Alexandre sa condition humaine nonobstant sa condition sociale, à savoir royale.

Quant à la vision géographique, le texte L véhicule une vision du monde vu d'en haut qui, malgré sa composition tardive à l'époque byzantine est encore profondément inscrite dans la vision archaïque de la terre des Ioniens[373]:

| | |
|---|---|
| ἐγὼ δὲ μετὰ φόβου προσχὼν [καὶ] εἶδον, καὶ ἰδοὺ ὄφις μέγας κύκλῳ καὶ μέσον τοῦ ὄφεως ἅλωνα σμικροτάτην. καὶ λέγει μοι ὁ συναντήσας μοι· ἐπίστρεψον οὖν τὸ δόρυ ἐπὶ τὴν ἅλωνα, ἥτις ἐστιν ὁ κόσμος. ὁ γὰρ ὄφις ἡ | Moi, pris de peur, je vis, voici, un grand serpent en cercle et au milieu du serpent, un repli de serpent, très petit. Celui qui était venu à ma rencontre, me dit: «Tourne donc ta lance sur le repli de serpents, qui est l'univers. En effet, le serpent est la mer qui entoure la terre.» |

370 Kroll (1926) I, 25.
371 $EI^2$, VII, 97-100 (B. Schrieke [J. Horovitz]).
372 Van Thiel (1974) II, 41.
373 Van Thiel (1974) II, 41.

θάλασσά ἐστιν ἡ κυκλοῦσα τὴν γῆν.

Cet extrait exprime très bien la vision d'une terre entourée par un océan extérieur, vue du haut du ciel, également décrite par Lucien de Samosate dans l'*Histoire vraie*: καθορῶμεν γῆν τινα μεγάλην ἐν τῷ ἀέρι καθάπερ νῆσον, λαμπρὰν καὶ σφαιροειδῆ «nous voyons une grande terre comme une île dans l'air autour de la terre, brillante et d'une forme arrondie».[374] Comme le souligne C. Jacob dans sa conclusion, on perçoit à travers le *Roman d'Alexandre*, et plus précisément à travers le texte L, la persistance de cette idée ancienne à l'époque classique et au-delà:

> Pourtant, on continue à tracer des cartes, sur le modèle des 'circuits de la terre' archaïques, on continue à les étudier, dans les lieux très spécialisés et d'accès très difficile pour les profanes: c'est l'école de Socrate, c'est l'école de Platon, dans laquelle travaille Eudoxe de Cnide, c'est l'école d'Aristote où, à la veille de l'expédition asiatique d'Alexandre, les cartes représentent encore la terre habitée telle qu'elle était connue au temps d'Hécatée de Milet et d'Hérodote. Un tel immobilisme est frappant et montre que le courant ethno-historique avait pris la prééminence sur la cartographie, l'astronomie et la géométrie.[375]

Cette vision géographique fut si populaire qu'elle a été véhiculée dans l'Orient, en particulier dans le domaine de la géographie. C'est ainsi que Ibn al-Faqīh établit une comparaison entre la forme circulaire de la terre et la forme d'œuf. Sans qu'il ne soit possible de préciser la source de cette idée, cet extrait devrait remonter tout de même à des conceptions grecques. Il ne présente pas la même vision de la terre telle que celle apparaissant dans le texte L du *Roman* mais semble plus proche de la vision scientifique de Ptolémée et d'Aristote[376]:

| | |
|---|---|
| Certains philosophes *(ba'ḍ al-falāsafa)* ont raconté que la terre *(al-arḍ)* est ronde *(mudawwara)* comme la circonférence d'une boule *(ka-t-tadwīr al-kura)* placée au milieu du corps sphérique *(falak)* comme le cœur même à l'intérieur de l'œuf. | وذكر بعض الفلاسفة ان الارض مدوَّرة كتدوير الكرة موضوعة في جوف الفلك كالمحَّة في جوف البيضة. |

Le géographe se fonde sur «certains philosophes» *(bahḍ al-falāsafa)* sans les citer explicitement. Il montre du moins avoir pris connaissance de Ptolémée et de la forme sphérique de la terre. Dans la littérature grecque, la vision archaïque de la terre entourée de l'océan remonte au premier exemple d'une ἔκφρασις «description», qui est celle du bouclier d'Achille dans l'*Iliade* homérique.[377] Cette conception d'une géographie encore mythique sera scientifiquement fondée par les physiciens ioniens, comme Hécatée qui

---

374 Lucien, *Histoire vraie,* Bompaire (J.)(éd.), Paris 1998, tome II, I, 10.

375 Jacob (1990) 167.

376 De Goeje (1885) 4.

377 Homère, *Iliade*, Mazon (P.)(éd.), Paris 1938, tome III, XVIII, 478-489.

aurait dessiné la terre sous une forme circulaire. Hérodote se moque de cette conception ionienne dans ses *Histoires*[378]:

Γελῶ δὲ ὁρέων γῆς περιόδους γράψαντας πολλοὺς ἤδη καὶ οὐδένα νόον ἐχόντως ἐξηγησάμενον, οἳ Ὠκεανόν τε ῥέοντα γράφουσι πέριξ τὴν γῆν, ἐοῦσαν κυκλοτερέα ὡς ἀπὸ τόρνου (…)

Je ris en voyant que de nombreuses personnes ont déjà dessiné les circuits de la terre sans que personne ne les ait expliqués de façon intelligente: ils dessinent l'Océan qui coule autour d'une terre plus ronde que comme si elle était faite par un tour (…)

Il s'agit d'une vision du monde présocratique, très schématique, qui est surtout conservé chez les Chrétiens d'Orient; le dépassement de cette vision par Aristote et Ptolémée n'a exercé aucun impact sur la littérature populaire.[379] Le monde est vu comme un disque plat avec des bords, où, par exemple, la source de vie est localisée à un endroit à cheval entre le connu et l'inconnu, entre le bord mythique et le bord réel d'une terre entourée par les flots de l'océan. Le *Roman d'Alexandre* conserve donc la vieille conception mythique de la géographie désormais populaire, d'une terre sous forme d'un disque rond et plat. Par conséquent, en dépit du progrès de la géographie, ce sont ces idées anciennes qui, selon C. Jacob, ont persisté auprès du peuple n'ayant pas été atteint par la géographie «savante»:

> Vedere la terra dall'alto: il punto di vista degli dei e degli astri è in effetti concesso al cartografo, al termine della sua vecchia elaborazione del mondo. Il progetto scientifico realizza un vecchio sogno mitico, quello di Dedalo e Icaro: vedere l'ecumene a volo d'uccello. All'epoca di Tolomeo e di Dionigi il perigeta, il tema era ancora ben presente nella memoria dei letterati e nell'immaginazione popolare.[380]

Le témoignage suivant de al-Bīrūnī offre une autre preuve des réminiscences de la géographie populaire des Grecs dans l'Orient. Dans son livre sur l'Inde, *Taḥqīq mā l-hind min maqūla maqbūla fil-ʿaql aw marḏūla (Etude des idées de l'Inde, qu'elles soient conformes à la raison ou rejetées par celle-ci)*,[381] il décrit la terre habitée *(al-maʿmūra)* de façon générale que voici:

Elle est entourée *(yaṭīfu)* par la mer qui est appelée des deux côtés, à l'Ouest et à l'Est, la mer «encerclante» *(muḥīṭan)*. Les Grecs *(al-Yūnāniyyūn)* appellent l'Océan *(Uqyānūs)* ce qui suit à l'Ouest de leur territoire. Il sépare cette terre habitée *(al-maʿmūra)* de ce qui pourrait se trouver au-delà de cette mer, à l'Ouest et à l'Est, que ce soit un continent ou bien un monde habité

ويطف به بحر يسمّى فى جهتى المغرب
والمشرق محيطا ويسمّى اليونانيّون ما يلى
المغرب منه وهو ناحيتهم أوقيانوسَ وهو قاطع
بين هذه المعمورة وبين ما يمكن أن يكون وراء
هذا البحر فى جهتين من برٍّ أو عمارة فى جزيرة

378 Hérodote, *Histoires*, Legrand (Ph.-E.), Paris 1986, IV, 36.
379 Strohmaier (2013).
380 Jacob (1983) 62.
381 Sachau (1910) 156; Strohmaier (2002) 77-79.

sur une île (*ʿimāra fī ǧazīra*). Car il n'est pas navigable (*bi-maslūk*) à cause de l'obscurité de l'air et la densité de l'eau, à cause de la confusion des chemins et la grandeur du risque sans fin utile. C'est pourquoi les Anciens y ont construit des repères dans la mer et au bord des côtes interdisant le passage (*sulūkihi*).

إذ ليس بمسلوك من ظلام الهواء ومن غِلَظِ الماء ومن اضطراب الطرق وعظم الغرّر مع عدم العائدة ولذلك عمل الأوائلُ فيه فى سواحله علاماتٍ تمنع عن سلوكه.

Chez al-Bīrūnī, la «terre habitée» chez correspond au participe passif grec au féminin singulier, ἡ οἰκουμένη, sous-entendue γῆ. Il évoque un «continent» (*barr*), terme qui désigne toute terre ferme s'opposant à la mer, «une île habitée» (*ʿimāra fī ǧazīra*), située dans la partie à l'Ouest de la terre habitée. En ce qui concerne cette localisation à l'extrême Ouest, on pourrait songer au *Timée* de Platon où la puissance mythique l'Atlantide est située au-delà des Colonnes d'Héracles dans l'océan Atlantique[382]:

λέγει γὰρ τὰ γεγραμμένα ὅσην ἡ πόλις ὑμῶν ἔπαυσέν ποτε δύναμιν ὕβρει πορευομένην ἅμα ἐπὶ πᾶσαν Εὐρώπην καὶ Ἀσίαν, ἔξωθεν ὁρμηθεῖσαν ἐκ τοῦ Ἀτλαντικοῦ πελάγους. τότε γὰρ πορεύσιμον ἦν τὸ ἐκεῖ πέλαγος· νῆσον γὰρ πρὸ τοῦ στόματος εἶχεν ὃ καλεῖτε, ὥς φατε, ὑμεῖς Ἡρακλέους στήλας, ἡ δὲ νῆσος ἅμα Λιβύης ἦν καὶ Ἀσίας μείζων, ἐξ ἧς ἐπιβατὸν ἐπὶ τὰς ἄλλας νήσους τοῖς τότε ἐγίγνετο πορευομένοις, ἐκ δὲ τῶν νήσων ἐπὶ τὴν καταντικρὺ πᾶσαν ἤπειρον τὴν περὶ τὸν ἀληθινὸν ἐκεῖνον πόντον. τάδε μὲν γάρ, ὅσα ἐντος τοῦ στόματος οὗ λέγομεν, φαίνεται λιμὴν στενόν τινα ἔχων εἴσπλουν· ἐκεῖνο δὲ πέλαγος ὄντως ἥ τε περιέχουσα αὐτὸ γῆ παντελῶς ἀληθῶς ὀρθότατ' ἂν λέγοιτο ἤπειρον.

En effet, vos écrits disent que votre cité a mis un terme jadis à une puissance si grande, qui avançait par l'hybris en même temps sur toute l'Europe et l'Asie, après qu'elle s'était élançée au-delà de l'océan Atlantique. En effet, à cette époque-là, on pouvait traverser cette mer-là: en effet, elle présentait devant son embouchure une île, comme vous dites, les colonnes d'Héraclès, l'île était plus grande que la Lybie et l'Asie ensemble, et depuis celle-là il était possible aux voyageurs de passer sur les autres îles, depuis les îles ⟨on pouvait passer⟩ sur le continent entier situé en face, ⟨continent⟩ que ce véritable océan-là entoure. D'un côté, cela, en effet, tout ce qui ⟨se trouve⟩ à l'intérieur de l'embouchure, dont nous parlons, apparaît comme un port, qui a une entrée étroite: cela ⟨était⟩ réellement une mer, et la terre qui l'entoure entièrement, on pourrait véritablement, justement, l'appeler un continent.

Un de ces repères que les Anciens associaient à la fin du monde connu était les «Colonnes d'Héraclès», mentionnées également dans le *Roman d'Alexandre*. Ibn al-Faqīh offre dans le *Muḫtaṣar kitāb al-buldān (L'abrégé du livre des pays)*[383] un exemple qui illustre bien de

382 *Platonis Opera*, Burnet (J.)(éd.), Oxford 1902, IV, 24e.
383 De Goeje (1885) 71.

quelle manière ce thème authentiquement grec de la limite du monde connu a fait l'objet d'une adaptation orientale en langue arabe:

| | |
|---|---|
| C'est le Bi-cornu qui vit longtemps *(Ḏū l-qarnayn al-muʿammar)*, qui s'arrêta devant le *ṣāḥib aṣ-ṣuwar* [i.e. Héraclès?] au moment où il entra dans les Ténèbres *(aẓ-ẓulmāt)* et parvint à un endroit qu'il ne pouvait pas pénétrer plus loin. Il façonna à lui un cheval de bronze tenant dans sa main gauche la bride de son cheval, tandis qu'il étend sa main droite, où il est écrit en himyarite: «Il n'y pas de passage *(maslak)* derrière moi.» | وذو القرنين المعمَّر هو الذى وقف على صاحب الصُور حين ذخل الظلمات وبلغ مكانا لم ينفذ وراءَه فصوَّر فرسا من نحاس عليه فارس من ممسك على عنان فرسه يسرى يدبيه ومادٌّ يده اليمنى مكتوب فيها بالحميريّة ليس وراءِى مسلك. |

Dans le chapitre relatif à la fondation d'Alexandrie, il a déjà été question de l'Océan Atlantique désigné comme étant la mer des Ténèbres.[384] Le géographe fait clairement référence au «vieux Bi-cornu» *(Ḏū l-qarnayn al-muʿammar)*, également désigné par *Ḏū l-qarnayn al-akbar* «le grand Bi-cornu». C'est de cette manière que certains interprètes étroitement rattachés à l'exégèse coranique nomment le personnage de la *sūrat al-kahf (Sourate de la caverne)*, qui, pour eux, n'équivaut pas à Alexandre le Grand, un roi des Grecs.

Chez Ibn al-Faqīh, l'inscription himyarite où il est question d'un *maslak* «voie», «chemin», «route qu'on poursuit» rappelle le *sulūk* «passage» de al-Bīrūnī. En fait, la mention concrète de la statue d'un chevalier correspond à ce que al-Bīrūnī désigne de façon plus générale, plus neutre, par des «repères» *(ʿalāmāt)*.

En conclusion, on constate que le vol aérien n'a pas été traduit de façon littérale en arabe à partir du texte L. Cependant il y a certaines rencontres thématiques, mythiques ou coraniques qui attestent, du moins, le grand succès que ce thème légendaire a connu en Occident et en Orient.

## 2.3 Le livre III

La tradition arabe retient du troisième livre du *Roman d'Alexandre* des épisodes de la tradition du Pseudo-Callisthène et de la littérature de sagesse. Premièrement, ce livre est organisé autour de la conquête de l'Inde qui comprend notamment la bataille entre les armées d'Alexandre et Porus. Celle-ci est marquée par la ruse des statues, suivie de l'illustration du célèbre duel entre Alexandre et Porus finissant par la victoire d'Alexandre sur son adversaire indien. De plus, il y a le cas spécifique *Lettre des merveilles*. En dernier lieu, le thème de la représentation des femmes, à savoir les Amazones et Candace, n'a pas visiblement été un succès dans l'Orient ce qui se manifeste à travers deux chapitres relativement courts. Deuxièmement, il faut citer la rencontre entre Alexandre et les Brahmanes ainsi que les trois derniers chapitres qui tournent autour de la disparition

384 *Cf.* le chapitre 2.1.6.

d'Alexandre le Grand en commençant par son empoisonnement suivie de la «Lettre de consolation» et des sentences des philosophes autour de sa tombe.

### 2.3.1 L'exploration de l'Inde (III, 1)

Dans le *Roman d'Alexandre* du Pseudo-Callisthène, le troisième livre s'ouvre sur une description concise du territoire parcouru par Alexandre et son armée en Inde. Cette description sert de transition entre les événements en Perse avec la défaite de Darius et sa mort et les événements en Inde auxquels une place majeure au dernier livre du *Roman d'Alexandre* sera attribuée. Chez al-Mubaššir ibn Fātik, la seule correspondance en arabe de cette description est conservée. Après avoir comparé cette dernière avec les recensions grecques, une version proche des recensions α ou β paraît être sa source. La mise en parallèle de ces trois versions donne une idée assez précise de la difficulté de trancher pour un modèle grec ou pour un autre:

| al-Mubaššir ibn Fātik[385] | *Roman d'Alexandre*[386] | *Roman d'Alexandre*[387] |
|---|---|---|
| ثم ارتحل إلى فور ملك الهند، فسار إليه شهراً فى أرض مجهولة وعرة وجبال. | Πολλὴν ἔρημον ὁδεύσας καὶ τόπους ἀνύδρους καὶ φαραγγώδεις νάπας [τε] ἔκαμνε μετὰ τῶν στρατευμάτων (…) | Μετὰ δὲ ταῦτα πάντα τὴν ὁδοιπορίαν ἐποιεῖτο Ἀλέξανδρος ἀναλαβὼν τὴν δύναμιν αὐτοῦ πρὸς Πῶρον βασιλέα τῶν Ἰνδῶν. πολλὴν οὖν ἔρημον ὁδεύσαντες καὶ τόπους ἀνύδρους καὶ φαραγγώδεις (…) |
| Ensuite, il se mit en route chez Porus *(Fūr)*, le roi de l'Inde. Il l'assaillit pendant un mois dans une région inconnue *(fī arḍ maǧhūla)* et escarpée, et des montagnes *(al-ǧibāl)*. | Ayant traversé un désert immense, des régions dépourvues d'eau et des vallons boisés creusés de ravins, ses troupes cédèrent (…) | Après tout cela, Alexandre fit route et prit ses troupes pour combattre Porus, le roi des Indiens. Ils traversèrent un désert immense, des régions dépourvues d'eau et creusées de ravins (…) |

Tout d'abord, on constate que Porus n'est pas cité dans le plus ancien témoignage grec, la recension α mais qu'il est évoqué chez al-Mubaššir ibn Fātik et dans la recension β. Cette citation du roi indien pourrait être un indice appuyant la thèse que cette traduction arabe dépend de cette recension de l'époque byzantine. Quant au modèle grec de al-Mubaššir, le but de l'expédition souligne cette thèse; le combat contre Porus est clairement évoqué dans la recension byzantine β dès le début du livre III et dans la version arabe. Le verbe arabe *(raḥala)* à la forme VIII «se mettre en route» correspond à la locution grecque ὁδοιπορίαν

385 Badawī (1958) 234.
386 Kroll (1926) III, 1.
387 Bergson (1956) III, 1.

ἐποιεῖτο de la recension β qui signifie «il fit route» alors que ἡ ὁδοιπορία revêt le sens de «la marche» ou «le voyage».

Le territoire traversé par Alexandre est caractérisé «une région inconnue» *(fī arḍ mağhūla)*. A la même racine que l'adjectif cité appartient le terme *mağhal* avec le pluriel externe *maǧāhil* qui signifie un «désert où il n'y a point de signes ou d'objets à l'aide desquels un voyageur puisse se guider». C'est précisément dans ce sens-là que le texte arabe est proche du grec πολλὴν ἔρημον un «désert immense» des recensions α et β.

Chez al-Mubaššir ibn Fātik, «les montagnes» *(al-ǧibāl)* ne correspondent nullement au *Roman d'Alexandre* où il n'est question que de «vallons boisés creusés de ravins» (φαραγγώδεις νάπας) dans la recension α. Ceux-là se trouvent simplifiés à leur tour dans la recension β où l'adjectif qualificatif φαραγγώδεις se rapporte à un terme beaucoup plus général étant celui de τόπους «régions». Dans la version arabe, l'accent est mis sur le duel entre Alexandre et Porus. Ce duel a exercé une si grande fascination dans l'Orient qu'il n'est pas seulement mentionné dans les chroniques universelles mais également dans les récits – preuve d'une véritable prédilection.

Bien au contraire, dans les recensions grecques, le cadre brièvement évoqué mène à la transcription d'un «discours délibératif» (λόγος συμβουλευτικός) dans lequel les généraux s'adressent à leurs soldats. Ce type de discours est un signe de l'importance de la rhétorique dans les recensions grecques du *Roman*. A la suite de la victoire sur Darius III et de la soumission de la Perse, ils refusent d'avancer dans l'Inde «vers des régions remplies de bêtes sauvages» (εἰς θηριώδεις τόπους). C'est à ce moment-là que le *Roman* en grec conserve un discours délibératif au moyen duquel le héros romanesque doit faire face à ses soldats en essayant de les persuader afin qu'ils continuent leur marche d'exploration en Inde.

### 2.3.2 La ruse des statues & Le duel entre Alexandre et Porus (III, 3/4)

Dans la tradition du Pseudo-Callisthène, Alexandre le Grand s'apprête à être le modèle d'un héros capable de vaincre ses adversaires aussi par la ruse. Le fait de prendre le dessus sur ses deux adversaires principaux Darius III et Porus reflète une vision très schématique qui paraît être issue d'une tradition plutôt populaire. C'est la ruse des statues de la part d'Alexandre qui va servir de prélude à l'affrontement militaire.

Avant de venir à la réception arabe de ces deux chapitres du *Roman*, il y a un autre témoignage illustrant l'esprit inventeur de son protagoniste qui se rend en tant que son propre ambassadeur chez le roi persan où il prend part au symposion. L'historien Abū Manṣūr aṯ-Ṯaʿālabī offre dans le *Ġurar aḫbār mulūk al-furs wa-siyarihim (L'origine des nouvelles des rois persans et leurs vies)*[388] – intitulé par l'éditeur H. Zotenberg tout simplement *Histoire des rois de Perse* – la peinture d'une scène où l'on peut encore percevoir l'influence lointaine du *Roman d'Alexandre* sans qu'il ne s'agisse d'une traduction littérale:

388 Zotenberg (1900) 405-407.

*Roman d'Alexandre*[389]

τῶν δὲ πινόντων πυκνοτέρως ἐν τοῖς σκύφοις Ἀλέξανδρος ἐπίνοιαν τοιαύτην ἐποίησεν· ὅσους σκύφους ἔλαβεν ἔσωθεν τοῦ κόλπου ἔβαλεν.

Pendant qu'ils étaient en train de boire sans interruption dans les vases à boire, Alexandre s'inventa une telle invention que voici: il prit tous les vases à boire qu'il jeta au dedans d'un pli de ⟨son⟩ vêtement.

Abū Manṣūr aṯ-Ṯaʿālabī[390]

فكان الاسكندر كلّما سُقِيَ فى جام ذهب عليه
صورة دارا شربه ولم يردّه على الساقى واودعه خفّه
او كُمّه.

Alexandre, chaque fois qu'on ⟨lui⟩ donnait à boire dans un verre d'or, sur lequel se trouvait l'image de Darius *(Dārā)*, il le buvait sans le rendre à l'échanson en le cachant dans sa bottine ou dans sa manche.

Dans la version grecque, Alexandre enlève plusieurs verres à boire de Darius alors que la version arabe ne conserve qu'un seul. Ce procédé, le fait d'enlever le verre, peut être vu comme une sorte d'annonce métaphorique. Dans la suite des événements au deuxième livre, Alexandre va enlever non seulement les richesses de Darius mais il va se rendre maître de son empire entier. Chez l'historien chrétien arabophone, Agapius dans le *Kitāb al-ʿunwān (Livre du modèle)*[391] est préservé un procédé analogue. Cette fois-ci, Alexandre se rend déguisé chez le roi indien Porus:

Après peu de jours, il partit avec son armée pour parvenir au pays de l'Inde où il fit halte au camp de son lieutenant Seleucos *(Salīqūs ḫalifatihi)*.

Il écrivit au roi de l'Inde en lui apprenant cela et en l'invitant à lui obéir. Il l'informa qu'il lui ferait la guerre, s'il a de la répugnance pour l'obéir.

Il fit préparer des messagers pour ⟨porter⟩ sa lettre, il [i.e. Alexandre] se fit lui-même secrètement un d'eux parce qu'il voulait voir de ses propres yeux l'endroit, où il voulait les combattre et les rencontrer lorsqu'il traverserait le pays ⟨des Indiens⟩, et pour connaître leur ordre et ce que l'on lui rapportait de leur état ⟨exact⟩.

وبعد ايام قلايل شخص بعساكره حتى انتهى
الى بلاد الهند ونزل معسكر سليقوس خليفته
وكتب الى صاحب الهند يعلمه ويدعوه الى
طاعته ويوذنه بالحرب ان هو كره ذلك.
وهيّا لكتابه رسلًا صير نفسه احدهم سرًا
ارادة للمعاينة لموضع يرتاده لقتالهم وللقيام
فيه فى ممره فى البلاد وبمعرفته بامرهم وما
يردّ عليه من حالهم

En ce qui concerne le statut de Seleucos, il n'est pas mentionné au début du troisième livre du *Roman*. Le terme arabe *ḫalifa* peut signifier soit «successeur», soit tout simplement «lieutenant». Par ailleurs, Agapius mentionne la lettre qu'Alexandre est censé avoir envoyée à Porus dans le chapitre précédant du *Roman* (III, 2). L'action de se joindre aux autres ambassadeurs est une version inconnue du Pseudo-Callisthène et représente un apport originel de l'Orient à la légende d'Alexandre. En revanche, la ruse des statues

389 Bergson (1956) II, 15.
390 Zotenberg (1900) 406.
391 Vasiliev (1915) 99/100.

remonte de toute évidence au *Roman d'Alexandre*. Elle rentre dans le cadre des antécédents du duel entre Alexandre le Grand et son antagoniste indien. La victoire d'Alexandre sur Porus est un thème récurrent dans le domaine de la numismatique, mis en évidence par O. Palagia:

> Towards the end of Alexander's life a series of commemorative silver coins or medallions were struck to celebrate his defeat of the Indian Porus at the Hydaspes River in 326.[392]

En ce qui concerne la première attestation de la ruse des statues dans l'Orient, c'est l'historien al-Yaʿqūbī qui la préserve dans un chapitre dédié aux rois de l'Inde. On constate que ce chapitre est présenté au lecteur comme une entité à part sans qu'il n'y ait un lien avec l'aperçu historique de la vie d'Alexandre le Grand appartenant au chapitre consacré aux rois grecs. Dans son histoire universelle, dans les *Historiae*,[393] al-Yaʿqūbī décrit de manière méticuleuse les différentes étapes de la fabrication des statues. La longueur de cette description peut surprendre, si l'on tient compte du caractère des histoires universelles visant à un survol des épisodes historiques relatifs à Alexandre et à l'histoire grecque de façon plus générale:

Porus *(Fūr)* était un des rois de l'Inde, c'était dans son pays qu'Alexandre *(al-Iskandar)* fit une incursion après qu'il eut tué le roi perse et lui eut arraché la terre de l'Irak. Il continua ses conquêtes depuis le royaume de Darius *(Dāriyūš)* et c'est pourquoi il écrivit à Porus *(Fūr)* en lui ordonnant de se soumettre à son autorité. Porus *(Fūr)* lui répondit qu'il irait avec son armée entière à sa rencontre. Ensuite, Alexandre *(al-Iskandar)* partit et se rendit dans son pays.

من ملوكهم فور وهو الذى غزا بلاده
الاسكندر لـمّا قتل ملك الفرس وغلب على
ارض العراق وما والاها مـمَّا كان فى مملكة
داريوش وذلك انّه كتب اليه يأمره بالدخول
فى طاعته وكتب اليه فور انّه يزحف
بالجيوش فبدر الاسكندر فصار الى بلاده

392 Palagia (2012) 371.

393 Houtsma (1883) 96/97.

وخرج اليه فور فحاربه واخرج فور الفيلة
وكان العلوّ على الاسكندر فكانت لا يقف
لها شيءٌ فعمل الاسكندر تماثيل من نحاس
ثمّ حشاها بالنفط والكبريت واشعل النار فى
داخلها ثمّ صيّرها على عَجَل والبسها
السلاح ثمّ قدَّمها امام الصفوف فلمّا
تلاقوا دفعتها الرجال الى الفيلة فلمّا قربت
حملت عليها الفيلة بخراطيمها فكانت تلفّ
الخراطيم على ذلك النحاس وهو يلهب
ويشتوى وتنصرف منهزمة فتفلّ كراديس
الهند وتهلكهم

ثمّ دعا الاسكندر فور ملك الهند الى ان
يبارزه فبرز له فقتله الاسكندر مبارزةً بعدله
واستباح عسكره

Porus *(Fūr)* se révolta contre lui, puis lui fit la guerre en faisant sortir les éléphants; Porus *(Fūr)* était plus grand qu'Alexandre *(al-Iskandar)*. Rien ne pouvait les arrêter. Alexandre *(al-Iskandar)* fit alors l'ouvrage de statues en cuivre, puis il les remplit de bitume et de souffre avant d'allumer le feu à l'intérieur d'elles. Il les fit avancer promptement en leur faisant porter des armes. Ensuite, il les mit en tête, devant l'armée rangée. Lorsque ⟨les deux armées⟩ se trouvèrent face à face l'une de l'autre, les soldats repoussèrent les éléphants par des coups. Lorsque les éléphants se trouvèrent tout près ⟨des statues⟩ et les attaquèrent de leurs trompes, ils périrent en raison du cuivre qui brûlait leurs trompes et qui éreintait leur monture par une chaleur excessive. Mis en déroute, les éléphants s'éloignèrent. Les escadrons indiens les abandonnèrent et les perdirent.

Alexandre *(al-Iskandar)* poussa Porus *(Fūr)*, le roi indien, à descendre dans l'arène pour lutter avec lui. Puis, il se montra à lui avant qu'Alexandre *(al-Iskandar)* ne le tuât avec justice en duel et s'empara de son armée.

Le résumé que al-Yaʿqūbī donne du chapitre correspondant du *Roman d'Alexandre* peut être divisé en trois parties. La première partie a pour sujet la campagne menée par le Macédonien en Perse et la défaite de Darius III. La deuxième partie contient la description très détaillée de la ruse des statues en bronze ainsi que la bataille opposant les armées d'Alexandre et de Porus. La troisième partie est dédiée au célèbre duel à la fin duquel Alexandre triomphe de Porus. Le résumé de al-Yaʿqūbī présente la campagne en Inde comme une guerre offensive menée par Alexandre à la suite de la conquête du centre de la Perse, à savoir le territoire du *ʿIrāq*. Il ne cite que brièvement la lettre envoyée par Alexandre à Porus, sans donner de détails quant à son contenu exacte.

L'historien al-Yaʿqūbī préserve une version qui correspond aux chapitres III, 3 et 4 du *Roman* du Pseudo-Callisthène. Cependant, il y manque l'étape intermédiaire entre les deux versions, celle de l'historien arabe et celle du *Roman* en grec. De plus, le récit du duel entre Alexandre et Porus est abrégé. La version de la ruse des statues, suivie du duel, tel qu'elle se retrouve chez al-Mubaššir ibn Fātik dépend probablement de la recension β du *Roman d'Alexandre*. Alexandre est qualifié de φρενήρης «prudent» dans cette recension lorsqu'il commence à inventer la ruse en contemplant «la disposition des bêtes» (τὴν παράταξιν τῶν θηρίων).[394] Dans la section biographique des *Muḫtar al-ḥikam wa-maḥāsin al-kalim (Choix de proverbes et beauté des sentences)*, elle suit immédiatement à la transcription de la lettre, de coloration fortement musulmane, envoyée par Alexandre à Porus:

394 Bergson (1956) III, 3.

al-Mubaššir ibn Fātik[395]

ثم أمر بجمع الصناع, فصنعوا له أربعة وعشرين ألف تمثال على بكرات حديد تماثيل مجوّفة وملأها حطباً وصفّها صفوفاً وألبسها السلاح وأَضْرَمَ فى داخلها النار.

Ensuite, il ordonna de rassembler les ouvriers, afin qu'ils lui confectionnent vingt-quatre mille statues dans des fours en fer, ⟨c'est-à-dire⟩ des statues creuses. Il les fit remplir de bois, les rangea en bataille, leur fit porter des armes et il attisa le feu dans leur intérieur.

وزحف فور إلى الاسكندر برجال والفيلة والسباع, فتبادر الفيلة إلى تلك التماثيل يظنونها أناساً, ولوث خراطيمها عليها. فالتهبت النار فيها فأحرقتها. واشتدت السباع عليها فأصابها مثل ذلك, فولى جميعها على الأدبار؛ فطحنت جنود فور وقتلتهم.

Porus *(Fūr)* s'avança vers Alexandre *(al-Iskandar)* avec des soldats, des éléphants et des bêtes féroces. Les éléphants coururent vers ces statues en les prenant pour des hommes. Ils roulèrent autour d'elles leurs trompes. Le feu, qui fut allumé à leur intérieur et qui lança des flammes, les brûla. Les bêtes féroces se lancèrent contre eux, il leur arriva la même chose, de sorte que tous reculèrent en arrière. Ils battirent à plate couture l'armée de Porus et les [i.e. ses soldats] tuèrent.

وحمل ذو القرنين وأصاحبه بعقب ذلك عليهم

*Roman d'Alexandre*[396]

ὅσους ἂν εἶχεν ἀνδριάντας χαλκοὺς καὶ τῶν στρατιωτῶν τὰ καταφράγματα στήσας τρόπαια τούτους ἐκέλευσε πυρωθῆναι ἐπιμελῶς ὡς εἶναι μόνον πῦρ τὸ χάλχωμα· καὶ ἐκέλευσεν αὐτοὺς ἔμπροσθεν στῆναι ὡσεὶ τεῖχος τῆς παρατάξεως τοῦ πολέμου. καὶ ἐσάλπισαν τὸ πολεμικὸν μέλος.

Ayant fait dresser tout ce qu'il pouvait avoir de statues de bronze et ayant placé à un poste les cuirasses de soldats comme trophées, il ordonna que ceux-là soient enflammés avec soin comme si la statue était seulement un feu; il ordonna de les placer comme le mur d'une bataille rangée de guerre. Et les trompettes entonnèrent le chant de guerre.

ὁ δὲ Πῶρος εὐθέως ἐκέλευσεν ἀπολυθῆναι τοὺς θῆρας. τὰ οὖν θηρία τῇ ὁρμῇ ἐρχόμενα ἐπεπήδων καὶ ἐδράσσοντο τῶν ἀνδριάντων· καὶ εὐθέως τὰ στόματα αὐτῶν ἀνήπτετο, καὶ οὐκέτι οὐδενὸς ἥπτοντο. οὕτως οὖν τὴν ὁρμὴν τῶν θηρίων κατέπαυσεν ὁ νουνεχὴς Ἀλέξανδρος.

Porus ordonna soudain que les bêtes féroces soient libérées. Ils entravèrent donc les bêtes féroces qui s'avançaient par l'assaut et ils saisirent les statues. Et soudain, leur bouches furent brûlées, et ils ne atteignirent plus personne. C'est ainsi que le sage Alexandre mit fin à l'assaut des bêtes féroces.

οἱ δὲ Πέρσαι κατεδυνάστευον τοὺς Ἰνδοὺς

395 Badawī (1958) 234/235.

396 Bergson (1956) III, 3.

| | |
|---|---|
| وقاتلوهم إلى الليل. ولم يزالوا كذلك عشرين يوماً حتى تفانوا | καὶ τούτους ἐπεδίωκον τοξοβολίαις καὶ ἱππομαχίαις. πολλὴ δὲ ἦν ἡ μάχη ἀναιρούντων καὶ ἀναιρουμένων. (…) καὶ τούτου γενομένου ἀμελήσας τοῦ πολέμου ὁ Ἀλέξανδρος εἴκοσιν ἡμέρας ἔμειναν πολεμοῦντες μετ᾽ ἀλλήλων. |
| Le Bi-cornu et ses compagnons les attaquèrent à la suite en les combattant jusqu'à la nuit. Ils ne cessèrent de faire cela pendant vingt jours jusqu'à s'anéantir réciproquement. | Les Perses opprimaient les Indiens et ils s'acharnaient à poursuivre ceux-là avec des tirs de l'arc et des combats de cavalerie. Serré était le combat entre ceux qui massacraient et ceux qui ont été massacrés. (…) A la suite de cet événement, Alexandre négligea la guerre; ils restèrent vingt jours à combattre les uns avec les autres. |

La version arabe remonte à un modèle grec proche de la famille de la recension β. Plusieurs détails l'indiquent. Premièrement, la durée du combat, qui est de vingt jours, est la même dans la version arabe et dans la recension β tandis que la recension α mentionne vingt-cinq jours. Deuxièmement, l'idée de la réciprocité est absente dans la description de la bataille de la recension α. La recension grecque l'exprime à travers le pronom de réciprocité au génitif accordé à la préposition μετά (μετ᾽ ἀλλήλων) alors que l'arabe peut se servir de la forme VI «se détruire», «s'anéantir réciproquement» du verbe *fanā* qui note le sens réfléchi de la forme III avec une nuance de réciprocité.

A la suite de la description de la bataille entre les armées se trouve le célèbre duel entre Alexandre et Porus. Il y a un discours d'Alexandre à ses soldats (III, 2, 5) dans lequel le rédacteur combine l'intelligence d'Alexandre avec le thème des animaux sauvages vus comme les armes des Barbares.[397] Ce discours est présent dès la plus ancienne recension conservée et se retrouve modifiée par des retouches légères dans la famille β qui nous paraît plus proche du texte arabe. En particulier, la description des statues rangées devant l'armée d'Alexandre est trop brève dans la recension α pour pouvoir être le modèle. En ce qui concerne la durée de la bataille entre les armées d'Alexandre et Porus, la version arabe concorde avec la famille de β, en parlant de vingt jours, pendant que la recension α mentionne vingt-cinq jours.[398] Quel a été l'intérêt de cet épisode du *Roman d'Alexandre* pour l'Orient?

Chez l'historien al-Yaʿqūbī, la description de la ruse des statues ne figure pas dans le récit principal portant sur Alexandre. Celui-ci ne reflète que de manière assez vague le *Roman*. On constate une différence notable entre les deux passages. Dans la première, qui présente de façon générale l'aperçu historique des données au sujet du Conquérant, le style d'une chronique universelle prévaut: bien qu'il y ait des aspects communs avec le Pseudo-Callisthène, pas de traduction littérale; tandis que le deuxième récit présente la description d'un chapitre du *Roman* du troisième livre.

397 Kroll (1926) III, 2, 5; Bergson (1956) III, 2, 5.

398 Kroll (1926) III, 4.

Le fait de conserver un tel épisode pourrait s'expliquer par l'intérêt oriental centré sur la fabrication des métaux. Comme l'épisode est contenu même dans le roman arabe tardif, la *Qiṣṣat ḏī l-qarnayn (Histoire du Bi-cornu)*, son éditeur pense que sa présence s'explique peut-être par la fascination des Arabes pour la métallurgie («perhaps because of the Arabs' fascination with the processes of metallurgy used to make animal figures»).[399]

Chez al-Mubaššir ibn Fātik et dans la recension β du *Roman d'Alexandre*, le récit de la bataille des deux armées est suivi immédiatement du récit du célèbre duel entre Alexandre et Porus:

al-Mubaššir ibn Fātik[400]

وكثر ذهاب أصحاب ذى القرنين؛ فخاف وأشفق ونادى: "يا فور! إن الملك ليس برفعة له أن يورد جنده مورد الهلكة وهو يقدر على دفعها. قد ترى فناء أصابنا؛ فما يدعونا إلى هذا؟ تعال نقتتل أنا وأنت: فمن قتل صاحبه غلب على مملكته."

Comme les compagnons du Bi-cornu étaient nombreux à disparaître, il craignit et se garda ⟨de l'armée de Porus⟩ et lui cria: «Porus *(Fūr)*! Il n'est pas du rang au roi qu'il conduise son armée au chemin qui conduit à la mort. Il peut écarter le danger d'elle. Tu as vu l'état périssable de nos compagnons; que décidons-nous dans cette situation? Allez, combattons-nous, toi et moi: celui qui tue son adversaire, s'emparera de son royaume.»

*Roman d'Alexandre*[401]

Νοήσας οὖν Ἀλέξανδρος, ὅτι μέλλει προδιδοῦσθαι σιγὴν κελεύσας γενέσθαι τοῦ πολέμου ἀπεφήνατο πρὸς Πῶρον βασιλέα λέγων· «τοῦτο οὐκ ἔστι βασιλέως δύναμις, ⟨εἰ⟩ ἵνα ὁπότερος ἡμῶν νικήσῃ, μεταξὺ ὑμῶν τὰ στρατόπεδα ἀπολοῦνται, ἀλλὰ τοῦτο γενναιότης ἐστὶν τοῦ ἰδίου σώματος, ἐὰν ὁπότερος ἡμῶν ἀναπαυσαμένης τῆς στρατείας ἔλθωμεν εἰς μονομαχίαν περὶ τῆς βασιλείας.»

Alexandre s'étant mis donc dans l'esprit, qu'il allait être trahi, il ordonna que la bataille s'arrêtat et s'adressa au roi Porus par les paroles suivantes: «Cela ne manifeste pas la puissance d'un roi, si ce n'est que l'un de nous deux vaincra, ⟨et⟩ entre nous les armées périront, mais cela est la noblesse du propre corps, si nous deux, lors de la fin de la bataille, nous allons ⟨combattre⟩ dans un duel pour la royauté.

فأعجب ذلك فور لأنه كان عظيم الخلقة وكان ذو القرنين حقيراً. فمشيا جميعاً والصفوف واقفة, واستلاّ سيفيهما, وأقبل فور مقتدراً. فلما قرب من ذى القرنين سمع فى عسكره صيحة راعته؛ فالتفت لينظر ما هى, فاغتنمها الاسكندر فضربه

ἐχάρη δὲ ὁ Πῶρος καὶ ὑπέσχετο μονομαχῆσαι πρὸς αὐτὸν ὁρῶν τὸ σῶμα Ἀλεξάνδρου μὴ ἀναλογοῦν πρὸς τὸ ἑαυτοῦ σῶμα. ἦν γὰρ Πῶρος πηχέων πέντε, ὁ δὲ Ἀλέξανδρος οὐδὲ τριῶν. ἔστησαν οὖν ἑκάτερα τὰ πλήθη ἐπὶ θεωρίᾳ Πώρου καὶ Ἀλεξάνδρου. θόρυβος οὖν

399 Zuwiyya (2001) 17.

400 Badawī (1958) 235.

401 Bergson (1956) III, 4.

ضربة على كتفه بسيفه فصرعه ووقع عليه.

γίνεται ἄφνω εἰς τὸ τοῦ Πώρου στρατόπεδον. ὁ οὖν Πῶρος θροηθεὶς ἐστράφη εἰς τὰ ὀπίσω ἰδεῖν τίς ὁ θόρυβος. ὁ δὲ Ἀλέξανδρος κυλλάνας τοὺς πόδας [Πώρου] ἐμπεδᾷ εἰς αὐτὸν καὶ ἐντίθησι τὸ ξίφος αὐτοῦ εἰς τὰς λαγόνας αὐτοῦ, καὶ παραυτίκα ἀναιρεῖ Πῶρον τὸν βασιλέα Ἰνδῶν. (...)

Cela plaisait à Porus *(Fūr)* parce qu'il était gros de physionomie, tandis que le Bi-cornu était petit. Ils se dirigèrent l'un contre l'autre, pendant que les armées rangées s'arrêtèrent. Ils tirèrent leurs épées, Porus *(Fūr)* avança de toute puissance. Lorsqu'il il fut proche du Bi-cornu, il entendit dans son armée un cri qui lui fit peur, il se retourna pour regarder ce que c'était. Alexandre *(al-Iskandar)* saisit l'occasion et le roua de coups de son épée sur son épaule. Il le renversa et le fit tomber par terre.

Porus se réjouit et s'engagea de combattre en combat singulier contre lui parce qu'il voyait que le corps d'Alexandre ne correspondait pas à son propre corps. En effet, Porus mesurait cinq coudées, tandis qu'Alexandre ne mesurait même pas trois. Chacune des foules se tint debout pour voir le spectacle de Porus et d'Alexandre. Il se produit soudain un tumulte dans la troupe de Porus. Porus étant effrayé par ses cris, il se tourna pour voir en arrière quel ⟨était⟩ le bruit. Alexandre lui entrava ⟨les pieds⟩ et mit son épée sur son flanc, et soudain il s'empara de Porus, le roi des Indiens. (...)

τὰ δὲ τίμια πάντα τοῦ παλατίου αὐτοῦ λαβὼν τὴν οἰδοπορίαν ἐποιεῖτο πρὸς τοὺς Βραχμᾶνας (...)

Prenant toutes les choses précieuses de son palais, il fit route chez les Brahmanes (...)

De cette mise en parallèle résulte clairement que al-Mubaššir reproduit le *Roman d'Alexandre*: de nombreux détails correspondent dans les deux versions. Par exemple, le fait que Porus se réjouit lorsqu'Alexandre lui propose le combat sous forme d'un duel, surtout en raison de sa supériorité physique. En conclusion, on constate que la fabrication des statues souligne l'intérêt oriental pour les différentes matières premières, et de façon spécifique pour la métallurgie. En revanche, le récit du duel entre Alexandre et Porus s'inscrit plutôt dans le thème de la *translatio imperii*, tout comme la scène de la mort de Darius III, marquée par le θρῆνος. C'est la scène de la mort de Porus qui est un motif récurrent dans l'historiographie musulmane.

### 2.3.3 Les Brahmanes (III, 5/6)

La rencontre entre Alexandre le Grand et les Brahmanes est un thème qui rapproche le *Roman* du Pseudo-Callisthène de l'historiographie grecque. R. Stoneman souligne que l'écriture littéraire des différentes formes de la rencontre historique entre le conquérant et son armée avec les Brahmanes, advenue au printemps de 326 av. J.-C., «were already literary set pieces by the time the romance was written».[402] L'épisode appartient à une tradition philosophique, plus particulièrement cynique.

Parmi les historiens d'Alexandre, c'est Onésicrite qui aurait contribué à la formation de cet épisode d'inspiration philosophique. Selon Strabon, *Géographie*, Onésicrite, lors de la rencontre avec les Brahmanes à Taxila, leur aurait dit qu'il avait lui-même été disciple de Diogène (καὶ Διογένηγς οὗ καὶ αὐτὸς ἀκροάσαιτο).[403] C'est pourquoi au sein de cette tradition philosophique, deux figures récurrentes, le philosophe cynique mentionné et les Brahmanes, sont associées à la légende d'Alexandre. Diogène de Sinope n'est pas cité dans les plus anciennes recensions du *Roman d'Alexandre* mais il figure dans la recension γ où il est présent lors d'un débat à Athènes concernant la politique à adopter contre Alexandre. A la suite de la destruction de Thèbes, cette version offre le récit d'une rencontre entre Alexandre et le philosophe cynique culminant dans un bon mot qui connaîtra également une fortune orientale[404]:

ὡς δ' ἐπαύσατο ὁ πόλεμος ἵστατο Ἀλέξανδρος καὶ περισκοπῶν τὰ ἀναθήματα ἐντυγχάνει Διογένει ἔν τινι ἡλιακῷ καθεζόμενον τόπῳ καί φησι· «οὗτος δὲ τίς;» οἱ δὲ περὶ αὐτοῦ ἔφησαν· «οὗτος ἐστιν δεσπότης[405] Διογένης ὁ φιλόσοφος ὁ πολλάκις συμβουλεύσας Ἀθηναίοις τῷ σῷ μὴ μάχεσθαι κράτει.» ταῦτα ἀκούσας Ἀλέξανδρος καταλαμβάνει τὸν τόπον εἰς ὃν Διογένης καθημένος ἡλιάζετο – πρωὶ γὰρ ἦν καὶ Διογένης τῷ κρύει ἐπιέζετο· καί φησιν Ἀλέξανδρος· «ὦ Διόγενες τί σοι χαρίσομαι;» ὁ δὲ πρὸς αὐτόν· «οὐδέν» ἔφη ἄλλον εἰ μὴ τὸν ἥλιόν μοι χάρισαι ἀπιὼν ἀπ' ἐμοῦ, ἵνα τὸ παρὸν θερμανθῶ.»

Quand la guerre cessa, Alexandre se plaça debout et en examinant les offrandes, il rencontra par hasard Diogène assis dans un certain endroit ensoleillé et dit: «Celui-là, qui est-ce?» Ses gens dirent: «Celui-là est Diogène, maître, le philosophe qui a souvent conseillé aux Athéniens de ne pas combattre ta puissance.» Ayant entendu cela, Alexandre se dirigea vers la place où Diogène assis se chauffait au soleil – en effet, c'était le matin, et Diogène était frigorifié; et Alexandre lui dit: «Diogène, en quoi ⟨puis-je⟩ te faire plaisir?» «Rien», lui dit-il, «sauf me donner le soleil en t'écartant de moi, pour que je puisse à présent être au chaud.»

L'action du philosophe cynique est celle d'un orateur qui essaie de façon récurrente de dissuader les Athéniens d'adopter une conduite qui consiste à combattre Alexandre: le participe aoriste actif masculin συμβουλεύσας «ayant conseillé» rappelle la désignation technique du λόγος συμβουλευτικός «discours délibératif». Cet exemple d'un dialogue entre Alexandre et Diogène est transmis de façon plus concise dans la collection de sentences de al-Mubaššir ibn Fātik où il figure dans la biographie de Diogène de Sinope ainsi que chez Plutarque. Dans la biographie d'Alexandre de ce dernier, la scène est

402 Stoneman (2008) 92.

403 Strabon, *Géographie*, Laudenbach (B.)(éd.), Paris 2014, XV 1, 65.

404 Von Lauenstein (1962) I, 27.

405 Le texte de l'édition von Lauenstein (1962) présent le vocatif δέσποτα au lieu duquel nous avons préféré le nominatif δεσπότης.

orientée sur la campagne militaire que les Grecs ont l'intention de mener contre Darius III. Il résulte de toute évidence grâce à l'attestation chez Plutarque que la version de al-Mubaššir remonte à un modèle grec:

al-Mubaššir ibn Fātik[406]

وبعثه أهل أثينيا الى الإسكندر برسالةٍ,
ففضّها عليه, فقال: ما الذى يرضيهم عنّى ؟
فقال: لا أحسب يرضيهم عنك إلّا موتك.
ومرّ به الملك فوجده جلساً فى مَشْرِقَةٍ,
فوقف عليه فقال له: سَلْ حاجتك! قال:
حاجتى إليك التنحىّ لإنْ تقع الشمسُ علىّ.

Les Athéniens l'envoyèrent avec une lettre chez Alexandre *(al-Iskandar)*, qui l'ouvrit en sa présence et lui demanda: «Qu'est-ce qui peut les rendre contents de moi?» Il lui répondit: «Je ne pense pas que tu puisses les rendre contents, si ce n'est par ta mort.» Le roi passa à côté de lui, il le trouva assis dans un lieu exposé au soleil *(fī mašriq)*. Il s'arrêta devant lui et lui dit: «Demande ce que tu désires!» Il dit: «Ce que je désire de toi c'est que tu te déplaces pour que le soleil se répande sur moi.»

Plutarque[407]

Εἰς δὲ τὸν Ἰσθμὸν τῶν Ἑλλήνων συλλεγέντων καὶ ψηφισαμένων ἐπὶ Πέρσας μετ' Ἀλεξάνδρου στρατεύειν, ἡγεμὼν ἀνηγορεύθη. πολλῶν δὲ καὶ πολιτικῶν ἀνδρῶν καὶ φιλοσόφων ἀπηντηκότων αὐτῷ καὶ συνηδομένων, ἤλπιζε καὶ Διογένην τὸν Σινωπέα ταὐτὸ ποιήσειν, διατρίβοντα περὶ Κόρινθον. ὡς δ' ἐκεῖνος ἐλάχιστον Ἀλεξάνδρου λόγον ἔχων ἐν τῷ Κρανείῳ σχολὴν ἦγεν, αὐτὸς ἐπορεύετο πρὸς αὐτόν· ἔτυχε δὲ κατακείμενος ἐν ἡλίῳ. καὶ μικρὸν μὲν ἀνεκάθισεν, ἀνθρώπων τοσούτων ἐπερχομένων, καὶ διέβλεψεν εἰς τὸν Ἀλέξανδρον. ὡς δ' ἐκεῖνος ἀσπασάμενος καὶ προσειπὼν αὐτὸν ἠρώτησεν, εἴ τινος τυγχάνει δεόμενος, «μικρὸν» εἶπεν· «ἀπὸ τοῦ ἡλίου μετάστηθι.»

Lorsque les Grecs furent réunis sur l'Isthme et qu'ils eurent voté de faire campagne contre les Perses avec Alexandre, il fut proclamé chef de l'armée. Après que de nombreux hommes d'Etat et de philosophes étaient venus à sa rencontre et ⟨l'⟩avaient félicité, il espérait que Diogène de Sinope, qui séjourna à Corinthe, agirait de la même manière. Comme celui-là tenait Alexandre en piètre estime, passait son temps au *Kraneion*, Alexandre alla vers lui en personne: Il se trouvait couché au soleil. Il se dressa un peu sur son séant, comme s'approchaient tant de personnes, et fixa le regard droit sur Alexandre. Comme celui-là le saluant et lui adressant la parole, lui demandait, s'il avait besoin de quelque chose. «Peu», répondit-il, «écarte-toi du soleil.»

Les extraits de Plutarque et de al-Mubaššir ibn Fātik remontent probablement à la même collection de sentences ce qui se voit à travers le récit de l'épisode. Des détails tels que la

406 Badawī (1958) 73.
407 Magnino (1987) 14.

mention de la ville de Corinthe et du *Kraneion*, le «gymnase de Corinthe», sont inconnus de la version arabe qui insiste sur la seule ville grecque, à savoir Athènes. Cette ville fait souvent son apparition dans de nombreuses sources orientales au sujet d'Alexandre le Grand et, de façon plus générale, dans l'histoire des Grecs. Le début de l'extrait de Plutarque rappelle le discours d'exhortation du *Roman d'Alexandre*.[408] Chez al-Mubaššir, le philosophe cynique est envoyé chez Alexandre tandis que, chez Plutarque, c'est le conquérant qui vient à la rencontre de Diogène. Selon O. Overwien, l'anecdote aboutirait à la réflexion que «Der Herrscher besitzt nichts, was für den Kyniker von Interesse wäre»,[409] ce dernier incarnant le rôle du sage qui possède des biens idéels que le roi Alexandre ne peut posséder et qu'il ne peut acquérir.

A cette figure de la philosophie cynique s'ajoute le sujet du présent chapitre qui est celui des Brahmanes. C'était à l'origine un épisode indépendant du *Roman d'Alexandre*. Dans la recension α, on retrouve «deux pièces autonomes» qui selon C. Jouanno, seraient d'un côté les dix questions posées par Alexandre aux Brahmanes attestées bien an amont de la formation du *Roman* autour de l'an 100 av. J.-C. à travers un papyrus, le *P.Berol.inv.*13044.[410] Cette pièce est, selon Th. Nöldeke, «durchaus literarischen Ursprungs».[411] De l'autre côté, l'opuscule de Palladius, *Sur les peuples de l'Inde,* est une interpolation du texte A qui n'a pas fait l'objet d'une réception orientale. En revanche, l'épisode des dix questions qui «bénéficia visiblement d'une large faveur auprès du public antique»[412] a suscité tout comme la figure de Diogène un grand intérêt dans l'Orient. C'est ainsi que l'on retrouve le récit d'un peuple ancré dans un espace et une communauté utopiques dans la *Qiṣṣat ḏī l-qarnayn (Histoire du Bi-cornu)*[413]:

Il contempla *(naẓara)* un peuple, sans doute, le meilleur peuple où il n'y avait pas de maître, ni de juge, ni de pauvre, ni de riche: ils étaient tous égaux sans que quel qu'un se distinguât parmi eux; il n'y avait pas de querelles, ni de revendications. Il fut saisi d'étonnement à la vue de ⟨tout⟩ cela.

ونظر إلى أمّة لا شكّ أنّها خير أمّة لا ولات
فيها ولا قضات ولا فيهم فقير ولا غنّى كلّهم
على السّويّة ولا جَوْرَ بينهم ولا مخاصمة ولا
مداعية فتعجّب من ذلك

L'accent est mis sur le fait qu'Alexandre devient le spectateur d'une scène décrite non au moyen d'un paysage idéalisé mais à travers une communauté idéalisée. Le verbe arabe *naẓara* «observer», «envisager», «contempler» fait du Bi-cornu le spectateur de la scène qui lui procure un certain plaisir, plaisir qui est exprimé à travers le verbe *ʿağaba* à la forme V «s'étonner de», «être saisi d'étonnement à la vue de». Ce témoignage en langue arabe peut être mis en relation avec le *Roman d'Alexandre* en soulignant notamment une qualité stylistique. La version arabe met l'accent sur la qualité du peuple en question alors que le *Roman d'Alexandre* s'attache à la description de son environnement. C'est à partir de la

408 *Cf.* le chapitre 2.1.5.
409 Overwien (2005) 365.
410 Jouanno (2002) 25/26; Stoneman (2008) 97-100.
411 Nöldeke (1890) 7.
412 Jouanno (2002) 25/26.
413 Zuwiyya (2001) 29.

recension β que cette innovation se manifeste sous forme d'une description d'un *locus amoenus*, à savoir l'habitat des Brahmanes, qui se présente aux yeux d'Alexandre[414]:

καὶ ἐθεώρησεν ὕλας πολλὰς καὶ δένδρα πολλὰ καὶ ὑπέρκαλα μετὰ καρπῶν παντοδαπῶν, ποταμὸν δὲ περικυκλοῦντα τὴν γῆν ἐκείνην, οὗ ἦν τὸ ὕδωρ διαφανές, λευκὸν ὡσεὶ γάλα, ⟨καὶ⟩ φοίνικας πολυπληθεῖς καρπῶν γέμοντας, τὸ δὲ τῆς ἀμπέλου κλῆμα ἔχον βότρυας χιλίους καλοὺς λίαν εἰς ἐπιθυμίαν.

Et il contempla une grande forêt et de nombreux arbres, extrêmement beaux avec des fruits de toute sorte, un fleuve qui entourait cette terre là en cercle, ⟨un fleuve⟩ dont l'eau était transparente, blanche comme du lait, et ⟨il vit⟩ des palmiers chargés de fruits, ⟨chaque⟩ branche de vigne portant mille belles grappes, des plus appétissantes.

Cette description d'un paysage que l'on pourrait qualifier par le terme technique ἔκφρασις «description» est définie par le théoricien Aphthonius dans les *Exercices préparatoires* (Προγυμνάσματα): ἔκφρασις ἐστι λόγος περιηγηματικὸς ὑπ' ὄψιν ἄγων τὸ ἐναργῶς τὸ δηλούμενον. «L'*ekphrasis* est un discours descriptif qui met sous les yeux ce qui est montré avec évidence».[415] Cette expression visuelle – l'*ekphrasis* – est le fruit d'une recherche théorique qui essaie de déceler les mécanismes de la production littéraire. Dans le domaine de la critique littéraire, et plus particulièrement dans celui de la stylistique, citons les *Catégories stylistiques* (Περὶ ἰδεῶν) d'Hermogène de Tarse. L'auteur y établit un schéma extrêmement complexe de caractéristiques stylistiques. Selon ce théoricien, le discours par excellence, qui serait celui de Démosthène, est composé de différentes catégories stylistiques.[416] Or, la description de ce *locus amoenus* rentre dans le cadre de ce qu'il définit comme la catégorie de la γλυκύτης «saveur» dans les *Catégories stylistiques* [417] :

πάντα ὅσα ταῖς αἰσθήσεσιν ἡμῶν ἐστιν ἡδέα, λέγω ὄψει ἢ ἁφῇ ἢ γεύσει ἤ τινι ἄλλῃ ἀπολαύσει, ταῦτα καὶ λεγόμενα ἡδονὴν ποιεῖ. Ἀλλ' αἳ μέν εἰσιν αἰσχραὶ τῶν κατὰ ἀπόλαυσιν ἡδονῶν, αἳ δ' οὐ τοιαῦται. Καὶ τὰς μὲν οὐκ αἰσχρὰς ἔστιν ἁπλῶς ἐκφράζειν, οἷον κάλλος χωρίου καὶ φυτείας διαφόρους καὶ ῥευμάτων ποικιλίας (…)

Tout ce qui est agréable à nos sens, je dis à la vue, au toucher, au goûter et à n'importe quel autre plaisir des sens, cela procure du plaisir en tant qu'énoncé. Mais, les uns parmi les ⟨énoncés⟩ selon les plaisirs des sens sont honteux, tandis que les autres ne sont pas tels. Et ceux qui ne sont pas honteux peuvent être facilement décrits, comme la beauté d'un pays, la variété des plantes, la variété des courants de fleuve (…)

---

414 Bergson (1956) III, 5.

415 Patillon (2008) XII, 1.

416 *Cf.* l'étude de Patillon (2010) sur les catégories stylistiques d'Hermogène de Tarse.

417 Patillon (2012) II, 4, 5-6.

Dans la géographie humaine, ce paysage idéalisé, c'est-à-dire l'habitat des Brahmanes, est localisé dans l'extrême Occident au lieu de l'Inde comme dans les plus anciennes recensions α et β du *Roman d'Alexandre*. Cette localisation des Brahmanes pourrait rappeler une théorie de la cosmologie grecque illustrée par Aristote dans *Du ciel*. Le Stagirite y parle de la taille de la terre en constatant qu'elle n'est pas grande (τὸ μέγεθος οὐκ οὖσα μεγάλη). Afin de prouver cette affirmation, il ajoute l'observation suivante qui consiste à dire qu'un déplacement soit vers le Nord soit vers le Sud, entraîne un changement considérable des astres, preuve de l'étendue limitée de la terre (μικρᾶς γὰρ γενομένης μεταστάσεως ἡμῖν πρὸς μεσεμβρίαν καὶ ἄρκτον ἐπιδήλως ἕτερος γίγνεται ὁ ορίζων κύκλος, ὥστε τὰ ὑπὲρ κεφαλῆς ἄστρα μεγάλην ἔχειν τὴν μεταβολήν, καὶ μὴ ταὐτὰ φαίνεσθαι πρὸς ἄρκτον τε καὶ μεσημβρίαν μεταβαίνουσιν).[418] Par conséquent, ce fait explique la confusion géographique qui existe entre l'extrême Occident et l'extrême Orient, à savoir l'Inde, confusion qu'Aristote essaie de résoudre[419]:

Διὸ γὰρ τοὺς ὑπολαμβάνοντας συνάπτειν τὸν περὶ τὰς Ἡρακλείας στήλας τόπον τῷ περὶ τὴν Ἰνδικήν, καὶ τοῦτον τὸν τρόπον εἶναι τὴν θάλατταν μίαν, μὴ λίαν ὑπολαμβάνειν ἄπιστα δοκεῖν· λέγουσι δὲ τεκμαιρόμενοι καὶ τοῖς ἐλέφασιν, ὅτι περὶ ἀμφοτέρους τοὺς τόπους τοὺς ἐσχάτους ὄντας τὸ γένος αὐτῶν ἐστιν, ὡς τῶν ἐσχάτων διὰ τὸ συνάπτειν ἀλλήλοις τοῦτο πεπονθότων.

C'est pourquoi, en effet, ceux qui croient que la région des colonnes d'Héraclès touche à celle de l'Inde, et, de cette manière, qu'il y a une seule mer, ne semblent pas croire des choses invraisemblables; ils disent, en tirant un indice même des éléphants, parce que leur espèce se trouve dans toutes les deux régions situées à l'extrémité ⟨du monde connu⟩, estimant que cela arrive aux régions extrêmes parce qu'elles se touchent.

Il invoque l'existence des éléphants comme facteur commun qui crée pour la science géographique de son époque un lien entre l'extrême Occident, où les Brahmanes sont également localisés dans la tradition romanesque, et l'extrême Orient, où la tradition historique tend à les localiser à juste titre.

Tournons le regard vers une version arabe qui localise précisément les Brahmanes à l'extrême Occident. De fait, la version de Ibn al-Faqīh est à cheval entre la géographie humaine et la littérature légendaire. Cela explique pourquoi il conserve une traduction de l'épisode des Brahmanes dérivant d'un modèle grec. La description suivante est celle des îles Canaries sans qu'il ne les mentionne explicitement. Bien au contraire, il se contente d'une allusion vague selon laquelle les Brahmanes présentés par une *figura etymologica ḫalaqa ḫalqan* «il créa un peuple», seraient localisés *ḫalfa al-Andalus* «au-delà de l'Espagne». Cette localisation très vague chez Ibn al-Faqīh, *Muḫtaṣar kitāb al-buldān (L'abrégé du livre des pays)* coïncide avec les îles Fortunées, c'est-à-dire les Canaries[420]:

---

418 Aristote, *Du ciel*, Moraux (P.)(éd.) Paris 1965, II, 14.

419 Moraux (1965) II, 14.

420 De Goeje (1885) 88; *cf.* Miquel (1975) 486: A l'autre bout du monde, les six îles Fortunées, ou

| | |
|---|---|
| On rapporte les paroles de *ʿĀmir aš-Šaʿbī*; il dit: «Dieu, puissant et grand, créa un peuple au-delà de l'Espagne *(al-Andalus)*. Il n'y a pas ⟨plus⟩ de distance entre eux et entre l'Espagne *(al-Andalus)* qu'il y en a entre nous et l'Espagne *(al-Andalus)*. Ils ne pensent pas que quelqu'un puisse ⟨s'opposer⟩ à l'autorité de Dieu. | ويروى عن عامر الشَّعْبيّ قال ان الله جل وعزّ خلق خلقا خلف الاندلس ليس بينهم وبين الاندلس الّا كما بيننا وبين الاندلس لا يرون ان الله عصاه احد |
| Ils ne labourent pas la terre, ni ne sèment, ni ne moissonnent. Près de leurs portes poussent pour eux des arbres dont ils se nourrissent. Cet arbre a de larges feuilles qu'ils unissent l'une à l'autre en sorte qu'ils se couvrent d'elles. Dans leur pays, il y a des perles et de la jacinthe, tandis que dans leurs montagnes il y a de l'or et de l'argent. | لا يحرثون ولا يزرعون ولا يحصدون على ابوابهم شجر ينبت لهم ما يأكلون منه الشجرة اوراق عراض يوصلون بعضها الى بعض فيلبسونها وفى ارضهم الدرّ والياقوت وفى جبالهم الذهب والفضّة |
| Lorsque le Bi-cornu vint chez eux, ils sortirent à sa rencontre. | فاتاهم ذو القرنين فخرجوا اليه |
| Ils lui dirent: «Qu'est-ce que tu es venu ⟨faire⟩? Tu veux régner sur nous? Par Dieu, personne n'a jamais régné sur nous. Si tu désires des richesses, prends.» | فقالوا له ما جاء بك تريد ان تملكنا فوالله ما ملكنا احد قطّ وان كنت تريد المال فخذ |
| Il répondit: «Par Dieu, je ne désire aucune de celles-ci. Mais au contraire, j'ai demandé à mon seigneur qu'il me fasse voyager dans le territoire entre le lever du soleil jusqu'à son coucher. C'est ⟨bien l'endoit⟩ où je suis arrivé chez vous en partant du lever ⟨du soleil⟩.» | فقال والله ما واحد من هاتين اريد ولكن سألت ربّى ان يسيّرنى فيما بين مطلع الشمس الى مغربها فهذا حيث جئتكم من المطلع. |
| Ils dirent: «Ceci est le coucher du soleil auprès de toi.» | قالوا هذا المغرب عندك |

On remarque dans la description de l'île une prédilection pour les métaux tels que l'or, l'argent ou encore *al-yāqūt* «la jacinthe» dérivant du grec ὑάκινθος. Il désigne une pierre précieuse qui peut désigner plusieurs pierres précieuses rouges, bleues, jaunes, violettes, comme le saphir, la chrysalide, la topaze, l'améthyste. Cette île peut être associée à l'île des

Éternelles, symbolisent l'inaccessibilité même de l'Océan qui les abrite: sans doute les Canaries; certains les disent vides, hantées seulement par les chercheurs d'or, que la chaleur implacable a tôt fait d'éloigner de ces lieux, mais d'autres habitées et même, pour la justification de leur nom, paradisiaques: parfaitement soumis à Dieu, les habitants ne sèment ni ne labourent ni ne moissonnent, trop heureux de demander leur nourriture aux fruits d'un arbre, et leur habillement à ses larges feuilles, qu'ils attachent les unes aux autres. Leur pays recèle la perle, l'hyacinthe et, dans les montagnes, l'or et l'argent. Et lorsqu'Alexandre parvint jusque là, dans sa course universelle, les hommes de cet eldorado lui dirent tout bonnement de prendre tout ce qu'il voulait, sauf le pouvoir sur eux-mêmes, dont ils n'avaient jamais consenti à se dessaisir. Mais Alexandre protestant que sa seule intention était de connaître les lieux où se levait et se couchait le soleil (…).

Bienheureux de la recension ε du *Roman d'Alexandre*. Déjà Ch. Genequand a relevé cette rencontre thématique entre Ibn al-Faqīh et cette recension de l'époque byzantine.[421] On relèvera en particulier deux passages de cette recension qui pourraient correspondre à la description du géographe arabe. Dans le premier extrait, les hommes nus ne sont pas explicitement désignés comme Brahmanes ou bien Gymnosophistes. Néanmoins, il résulte clairement du discours adressé à Alexandre qu'il s'agit de la réécriture de l'épisode des Brahmanes de la recension ε[422]:

| | |
|---|---|
| Ἐν τῇ νήσῳ ἐλθὼν εὗρεν ἀνθρώπους ὁμοίους αὐτῷ, γύμνους δὲ πάντας. ὡς οὖν εἶδον αὐτὸν οἱ ἐν τῇ νήσῳ οἰκοῦντες ἦλθον λέγοντες· τί πρὸς ἡμᾶς ἥκας, Ἀλέξανδρε, τί παρ' ἡμῶν λαβεῖν ἠθέλησας; γυμνοὶ ἡμεῖς πάντες, οὐκ ἔχοντες παρ' ἡμῖν εἰ μὴ λόγων ἐνέργειαν. | Etant parvenu dans l'île, il ⟨y⟩ trouva des hommes semblables à lui, tous nus. Quand ceux qui habitent sur l'île le virent, ils s'approchèrent en disant: «Pourquoi es-tu venu chez nous, Alexandre, que veux-tu prendre de nous? Nous sommes tous nus, nous ne possédons que la force des discours.» |

On relève le syntagme λόγων ἐνέργειαν «la force des discours, des paroles», syntagme soulignant le caractère des Brahmanes – porteurs de la sagesse et de l'expression de la pensée. Ce terme est repris dans une séquence de la recension γ qui en dérive.[423] Le récit de l'exploration de l'Occident de la recension ε contient un peu plus loin le deuxième témoignage[424] digne d'être cité pour éclairer le texte arabe de Ibn al-Faqīh:

| | |
|---|---|
| Ἐκεῖθεν οὖν διελθὼν τὴν τῶν Μακάρων κατέλαβε γῆν· ἡ δὲ γῆ νῆσος ἦν. | Ayant donc traversé à partir de là, il arriva au pays des Bienheureux; leur pays était une île. |

Par conséquent, la version de Ibn al-Faqīh présente des réminiscences thématiques de la recension ε sans qu'il s'agisse d'une traduction du grec à l'arabe. Contrairement à cela, la mise en parallèle entre la recension β, la version abrégée de al-Mubaššir ibn Fātik et la *Qiṣṣat ḏī l-qarnayn (Histoire du Bi-cornu)* démontre que la description ethnographique centrée sur le mode de vie des Brahmanes, de leurs femmes et de leurs enfants a fait l'objet d'une véritable traduction arabe:

| *Roman d'Alexandre*[425] | al-Mubaššir ibn Fātik[426] | *Qiṣṣat ḏī l-qarnayn*[427] |
|---|---|---|
| καὶ εἶδεν αὐτοὺς | فرأى قومًا عراة مساكنهم مظال | ورحل معهم حتّى وصل إلى |

421 Genequand (1996) 126.
422 Trumpf (1974) 30, 4.
423 Parthe (1969) III, 35 A.
424 Trumpf (1974) 31, 1.
425 Bergson (1956) III, 5.
426 Badawī (1958) 236.
427 Zuwiyya (2001) 29.

| | | |
|---|---|---|
| Ἀλέξανδρος γυμνοπεριβόλους ὑπὸ καλύβας καὶ σπήλαια κατοικοῦντας. ἔξω δὲ μακρὰν ἀπὸ διαστήματος αὐτῶν πολλοῦ εἶδε τὰς γυναῖκας καὶ τὰ παιδία αὐτῶν ὡς ποίμνια νεμόμενα. | مغائر, وأبناؤهم ونساؤهم فى السهول يجتنون البقل. | أرضهم ودخلها [فرآ] أرضا ليس مثلها أرض ومساكين مرضيّة وصوامع محصّنة ودينار ضيّة ومواشي لا رعاة لها وأناس مستوية في الكسب والقوّة واللباس |
| Et il les vit nus sans rien pour couvrir leur nudité en habitant des huttes et des cavernes. Au dehors, loin d'eux, il vit leurs femmes et leurs enfants en train de faire paître leurs troupeaux de petit bétail. | Il vit des gens nus dont les maisons étaient des tentes et des cavernes, leurs fils et leurs femmes étaient dans les plaines à amasser des récoltes. | (…) il s'achemina avec eux au point d'arriver à leur territoire et à y pénétrer. Il vit une terre qui ne ressemblait à rien d'autre, des gens pauvres ⟨et⟩ contents, des tours fortifiées, des dinars brillants, leurs troupeaux étaient sans berger, les gens étaient égaux du point de vue de la richesse, du pouvoir et des vêtements. |

On remarque que al-Mubaššir ibn Fātik offre une version moins détaillée par rapport à la recension β, tandis que la *Qiṣṣat ḏī l-qarnayn (Histoire du Bi-cornu)* fait preuve d'invention dans la description ethnographique. Des détails inconnus, comme des «tours fortifiés» ou «des troupeaux sans berger» ont modifié la description qui chez al-Mubaššir dérive de toute évidence du *Roman*. La rencontre entre Alexandre et les Brahmanes a inspiré des récits très détaillés en Orient. Une explication possible est le fond philosophique, où un rôle de premier plan est accordé à des thèmes universels comme les questions cosmogoniques énoncées sous forme d'un jeu de questions et de réponses entre le Conquérant et les sages indiens, ou encore le thème crucial de l'immortalité.

Il sera, par la suite, question de deux témoignages en langue arabe où l'épisode des Brahmanes figure comme une sorte d'entité à part. Il se distingue ainsi des versions arabes où il apparaît comme un épisode parmi bien d'autres au sein d'une version plus ou moins proche du Pseudo-Callisthène. C'est M. Grignaschi qui a édité en 1969 une description très détaillée correspondant partiellement aux chapitres relatifs aux Brahmanes du *Roman* tout en témoignant d'un apport purement oriental. Il a établi une comparaison entre les versions correspondentes entre celle de Ibn al-Faqīh, qui a déjà été évoquée, et celle d'un ouvrage historiographique, intitulé *Nihāyat al-arab fī aḫbāri l-furs wa-l-ʿarab (Le dernier but au sujet des histoires des Perses et des Arabes)*.[428] On remarque aisément que la version du géographe est beaucoup plus ramassée que celle de la *Nihāya*. Cette dernière présente de nombreux détails qui sont sans parallèle dans la tradition arabe. Cela explique le choix de

428 Grignaschi (1969) 57-60.

traduire cette version dans son intégralité pour la première fois dans une langue moderne. Etant donné que la version de la *Nihāya* est plus détaillée, on pourrait supposer que la version de Ibn al-Faqīh dérive d'elle.

D'un point de vue méthodologique, c'est la version de la *Nihāya* qui va être mise en parallèle avec le *Roman d'Alexandre*, là où cela se révèle logique en raison d'une correspondance textuelle étroite. Pour compléter des lacunes de la *Nihāya*, le recours à la version de Ibn al-Faqīh s'impose. Parfois, la version de la *Nihāya* n'a pas de correspondant en grec mais se prête à une mise en relation avec d'autres témoignages arabes, procédé qui illustre le succès durable d'une séquence donnée au cours de plusieurs époques bien distinctes l'une de l'autre. La version de la *Nihāya*[429] commence avec le titre «Le voyage d'Alexandre chez les Brahmanes»:

Le voyage d'Alexandre *(al-Iskandar)* chez les Brahmanes *(ilal-braǧmāniyyīn)*
Ensuite, Alexandre *(al-Iskandar)* partit, dit-il, en cultivant la paix, de cet endroit-là chez Candace *(Qandāfa)* en déviant du chemin droit de son pays et en s'éloignant du coucher du soleil *(maġrib aš-šams)* [i.d. de l'extrême Occident] pour arriver à un endroit où le peuple des Israélites *(banī Isrā'īl)* était installé dans une ville. Ils étaient des hommes dévots, pieux envers Dieu et vertueux.

مسير الاسكندر الى البرجمانيّن.
قال ثم ان الاسكندر سار من ذلك المكان مسالماً لقندافة متنكباً عن بلادها متبايناً عن مغرب الشمس حتى انتهى الى أمة من الناس من بني إسرائيل بذلك المكان بمدينة لهم وكانوا عبادًا أتقياء أبرارًا أخيارًا.

Le début de l'extrait est marqué par la localisation de ce peuple, dont il a déjà été question ci-dessus. Les Brahmanes sont définis par *umma min an-nās min banī Isrā'il*, qui veut dire littéralement «un peuple de gens de la tribu des Israélites». Par ailleurs, ce peuple est caractérisé *wa-kāna ʿubādan* ce qui signifie littéralement «ils étaient des serviteurs de Dieu», c'est-à-dire «ils étaient des hommes». L'allusion à Candace rappelle bien évidemment l'historien ad-Dīnawarī qui la mentionne dans *Al-aḫbār aṭ-ṭiwāl (Les histoires détaillées)*.[430] En ce qui concerne la suite de l'épisode, al-Mubaššir ibn Fātik, il présente une version qui est plus proche du texte grec que la version de la *Nihāya* marquée davantage par la transformation musulmane. L'objectif du voyage d'Alexandre le Grand chez les Brahmanes est présenté chez al-Mubaššir sous la forme d'une recherche du savoir *(ʿilm)*[431] et de la sagesse *(ḥikma)*.[432] Ce binôme qui fait référence à la philosophie populaire marquée par de courtes sentences attribuées à un personnage connu est un ajout oriental. Dans le *Roman d'Alexandre*, l'objectif du voyage d'Alexandre chez les Brahmanes n'est pas explicitement mentionné. Dans la comparaison suivante entre le *Roman* et la *Nihāya* la version de al-Mubaššir ibn Fātik a été ajoutée puisqu'elle est plus proche de la version

429 Grignaschi (1969) 57.
430 *Cf.* le chapitre 2.3.5.
431 EI², III, 1133-1134 (ED.).
432 EI², III, 377-378 (A. M. Goichon).

grecque quoiqu'elle soit chronologiquement plus éloignée étant bien postérieure à la *Nihāya*:

| *Roman d'Alexandre*[433] | al-Mubaššir ibn Fātik[434] | *Nihāya*[435] |
|---|---|---|
| τὰ δὲ τίμια πάντα τοῦ παλατίου αὐτοῦ λαβὼν τὴν ὁδοιπορίαν ἐποιεῖτο πρὸς τοὺς Βραχμᾶνας ἤτοι τοὺς Ὀξυδράκας οὐχ ὡς ὄντας πολεμιστὰς τῷ πλήθει ἀλλὰ γυμνοσοφιστὰς ὑπὸ καλύβας καὶ σπήλαια οἰκοῦντας. Οἱ δὲ Βραχμᾶνες μαθόντες παραγίνεσθαι πρὸς αὐτοὺς τὸν βασιλέα Ἀλέξανδρον τοὺς ἀρίστους αὐτῶν φιλοσόφους ἔπεμψαν πρὸς αὐτὸν μετὰ γραμμάτων. καὶ δεξάμενος καὶ ἀναγνοὺς τὰ γράμματα Ἀλέξανδρος εὗρεν οὕτως περιέχοντα· | ثم سار الى البرهمانيين لما بلغ إليه من علمهم وحكمتهم. فلما بلغهم مجيئُه أنفذوا إليه جماعةً من علمائهم, وكتبوا إليه: | فلما انتهى الى أرضهم وبلغهم وروده عليهم اجتمع عظماؤهم وخيارهم فكتبوا اليه. |
| Après avoir pris toutes les choses précieuses de son palais, il fit route chez les Brahmanes, ou bien les Oxydraques non pensant qu'ils étaient des guerriers pour la plupart, mais des gymnosophistes qui habitaient dans des cabanes et des cavernes. Lorsque les Brahmanes eurent appris que le roi Alexandre venait chez eux, ils envoyèrent leurs meilleurs philosophes chez lui avec des lettres. Après avoir reçu et lu les lettres, Alexandre trouva qu'ils contenaient le texte suivant: | Puis, il voyagea chez les Brahmanes *(brahmāniyyīn)* lorsqu'il eut appris leur savoir *(ʿilm)* et leur sagesse *(ḥikma)*. Lorsqu'ils apprirent ⟨la nouvelle de⟩ son arrivée, ils envoyèrent un groupe de savants *(ǧamāʿa min al-ʿulamāʾ)* chez lui avec une lettre, dans laquelle ils lui écrivaient: | Lorsqu'il arriva dans leur pays en parvenant chez eux d'un pas lent, l'élite se rassembla et lui écrivit: |
| «Γυμνοσοφισταὶ Ἀλεξάνδρῳ ἀνθρώπῳ ἐγράψαμεν. | من البرهمانيين القُرّاء إلى ذى القرنين: | بسم الله الرحمن الرحيم من البرجمانين الفقراء الى الله جل |

433 Bergson (1956) III, 4/5.
434 Badawī (1958) 236.
435 Grignaschi (1969) 57.

جلاله وتقدست أسماؤه الى
الاسكندر المغتر بالدنيا
المبعوث اليها

«⟨Nous⟩, les Gymnosophistes, nous avons écrit à l'homme Alexandre.

«Des Brahmanes qui lisent *(min al-brahmāniyyīn al-qurrā')*[436] au Bi-cornu *(ilā Ḏī l-qarnayn)*:

«Au nom de Dieu, clément et miséricordieux. Des pauvres Brahmanes *(min al-braǧmāniyyīn al-fuqarā')* à Dieu qui est grand et dont les noms sont sanctifiés, à Alexandre, aveuglé par ce bas monde, qui y est envoyé comme prophète.

εἰ μὲν παραγίνῃ πρὸς ἡμᾶς πολεμῆσαι, οὐδὲν ὀνήσεις. οὐ γὰρ ἔχεις τί παρ' ἡμῶν βαστάσαι. εἰ δὲ θέλεις ἃ ἔχομεν βαστάσαι, οὐ δέεται ταῦτα πολέμου ἀλλὰ δεήσεως, οὐ πρὸς ἡμᾶς ἀλλὰ πρὸς τὴν ἄνω πρόνοιαν. ἐὰν δὲ βούλῃ μαθεῖν τίνες ἐσμέν, ἄνθρωποι γυμνοὶ φιλοσοφεῖν εἰωθότες, οὐκ ἀφ' ἑαυτῶν ἀλλ' ἐκ τῆς ἄνω προνοίας δημιουργηθέντες. σοὶ μὲν γὰρ ἕπεται πολεμεῖν, ἡμῖν δὲ φιλοσοφεῖν.»

فإن كنت إنما أتيت لقتالنا فليس
عندنا ما تقاتلنا عليه؛ فارجِعْ فإنّا
مساكين وليس لنا إلّا الحكمة بلا
أموال, والحكمة لا تنال بالقتال.
وإن كانت الحكمة طلبك من
قِبَلنا, فارغب إلى الله يُعْطِكَهَا."

أما بعد فقد بلغنا مسيرك
الينا فان كنت محارباً لنا كما
حاربت غيرنا لتأخذ من
دنياهم فانصرف راجعاً فليس
لك عندنا طائل ولا لك في
قتالنا نفع لأنا أناس مساكين
ليس لنا اموال ولا في أرضنا
رغبة الملوك مع أنّـا لم نقاتل
أحداً ولا لنا معرفة بحرب

Si tu viens chez nous pour faire la guerre, cela ne te servira à rien. En effet, tu n'as rien à prendre chez nous. Si tu veux enlever ce que nous avons, cela ne demande pas la guerre, mais une demande, non pas à nous, mais à la providence d'en haut. Mais si tu veux savoir qui nous sommes, nous sommes des hommes nus,

Si tu es venu seulement pour nous combattre, il n'y a rien à combattre chez nous. Retourne-t'en, car nous sommes pauvres *(masākīnun)* et nous n'avons que la sagesse sans biens *(bi-lā amwāl)*, et la sagesse n'est pas donnée par le combat. Si tu

Nous avons appris ton voyage chez nous – si tu viens nous faire la guerre comme tu l'as faite à d'autres pour prendre leurs biens, éloigne-toi. Il n'y a pour toi aucun avantage à tirer de chez nous, ni aucun profit pour toi à

436 Il faudrait corriger cette leçon en ajoutant un *fā'*, ce qui donnera la leçon *fuqarā'* «pauvres», le pluriel de l'adjectif *faqīr* «pauvre».

habitués à pratiquer la philosophie, créés non pas par eux-mêmes, mais par la providence d'en haut. Toi, tu continues à faire la guerre, pendant que nous ⟨continuons⟩ à pratiquer la philosophie.»

demandes à recevoir de nous la sagesse, prie Dieu pour qu'elle te soit donnée.»

nous combattre car nous sommes des gens pauvres *(anās masākīnun)*. Nous n'avons pas de biens *(laysa lanā amwāl)*, il n'y a rien à désirer pour les rois sur notre territoire puisque nous ne combattons personne et nous ne sommes pas connus pour faire la guerre.

وان كنت انما تقصد لطلب العلم فارغب الى الله تعالى وسله أن يفهمك ويهديك الينا مع علمنا بأنك تحب ذلك لانغماسك في الدنيا وانهماكك بلا فكرة في زوالها وانقطاعها فأما نحن فقد تخلينا من الدنيا وخليناها لأهلها ورفضناها ورغبنا في الآخرة وتشوقنا اليها فانصرف ايها العبد الصالح الضعيف عنا فلا أرب لك فينا والسلام

Si tu te diriges seulement vers nous afin de demander la science *(ʿilm)*, prie Dieu qui est grand et demande-lui de t'instruire et de te guider sur le chemin jusqu'à nous. Nous savons que tu désires cet état d'être plongé dans le bas monde par lequel tu es absorbé sans penser à son terme et à sa séparation. Quant à nous, nous vivons séparés de ce bas monde, réservé exclusivement aux gens, et nous l'avons rejeté pour aspirer à la vie future que nous désirons vivement. Eloigne-toi de nous, ô aveugle serviteur vertueux! N'ourdis pas de ruse contre nous. Et sur ce, salut.»

A l'accusatif pluriel de la recension β τοὺς ἀρίστους αὐτῶν φιλοσόφους «leurs meilleurs philosophes» correspond à une expression simplifiée chez al-Mubaššir ibn Fātik, où nous lisons *ǧamāʿa min al-ʿulamāʾ* «un groupe de savants». De fait, la comparaison entre les deux phrases dans lesquelles se trouvent l'une et l'autre expression pour désigner les Brahmanes révèle une parenté étroite puisque la version arabe «ils envoyèrent un groupe de savants chez lui avec une lettre» *(anfaḏū ilayhi ǧamāʿtan min al-ʿulamāʾ)* est très proche de la version grecque «ils envoyèrent leurs meilleurs philosophes chez lui avec des lettres» (τοὺς ἀρίστους αὐτῶν φιλοσόφους ἔπεμψαν πρὸς αὐτὸν μετὰ γραμμάτων).

C'est l'*incipit* des trois lettres citées, la désignation des Brahmanes chez al-Mubaššir, *min al-brahmaniyīn al-qurrāʾ* «des Brahmanes qui lisent» qui pose un problème. Faut-il ajouter une lettre, un *fāʾ* pour que le terme devienne *al-fuqarāʾ* «les pauvres»?

Le rapprochement avec la leçon de la *Qiṣṣat ḏī l-qarnayn (Histoire du Bi-cornu)*, *al-fuqarāʾ* «les pauvres», pourrait servir de preuve bien qu'elle soit tardive. L'*incipit* de ce témoignage tardif est profondément imprégné de formules islamiques («Au nom de Dieu, clément et miséricordieux. Des pauvres Brahmanes *(min al-braǧmāniyyīn al-fuqarāʾ)* à Dieu qui est grand et dont les noms sont sanctifiés»). En revanche, la recension β du *Roman* (Γυμνοσοφισταὶ Ἀλεξάνδρῳ ἀνθρώπῳ ἐγράψαμεν «Nous, les Gymnosophistes, avons écrit à l'homme Alexandre»), pourrait être presque qualifiée de sobre. Le noyau de cette lettre des Brahmanes, appelés également Gymnosophistes dans le *Roman*, est centré sur une suite de phrases conditionnelles – en grec comme en arabe – au moyen desquelles les Brahmanes essaient de détourner Alexandre d'une action militaire.

Par ailleurs, chez al-Mubaššir ibn Fātik et dans la *Qiṣṣat ḏī l-qarnayn (Histoire du Bi-cornu)*, l'absence de biens, de richesses *(amwāl)* est un thème crucial, la marque distinctive d'une société utopique. Sur le plan religieux, on constate le passage de «la providence d'en haut» (ἡ ἄνω πρόνοια) de la recension β à une vision plus explicitement monothéiste dans les deux versions arabes. La longueur de la lettre de la *Qiṣṣat ḏī l-qarnayn (Histoire du Bi-cornu)* dépasse celles du *Roman* et de al-Mubaššir à un tel degré qu'elle n'offre plus de correspondances thématiques avec les deux premières. Elle se termine avec *wa-s-salām*, une formule typique à la fin d'une lettre en arabe marquant ainsi la transition du discours épistolaire au discours narratif.

Dans la suite immédiate, la *Nihāya*[437] ne conserve que l'allusion à un τόπος géographique bien connu: le fleuve de sable. Il n'est rentré que tardivement dans le corpus du *Roman d'Alexandre*, à savoir avec la recension ε de l'époque byzantine,[438] dont dépend également la version de la recension γ.[439] Le fleuve de sable est un élément récurrent de la tradition du Bi-cornu. De plus, la question de la description des maisons des Brahmanes dans le voisinage des tombes sera évoquée:

Après avoir reçu la lettre, il [i.e. Alexandre] décida de venir à eux avec cent compagnons savants et ascètes. Entre lui [i.e. Alexandre] et eux [i.e. les Brahmanes] se trouvait un fleuve de sable *(buḥūr ar-raml)* qui coulait comme de l'eau et qui cessait chaque samedi de se mouvoir jusqu'à la nuit.

فلما أتاه الكتاب عزم على اتيانهم في مائة رجل من علماء أصابه وزهادهم وكان بينه وبينهم بحور رمل يجري كما يجري الماء ويسكن كل يوم سبت فلا يتحرك الى الليل

Leur ville s'appelait *Ma'bārāt* et elle était entourée de neuf villages séparés les uns des autres et dont les noms étaient: *'Uṭraub*, *Dīqūn*, *Ta'rīr*, *Tamrā*, *Ḥasbūn*, *Ya'lā*, *Sanām*, *Banwā* et *Yabġūn*. Leurs maisons étaient égales; la maison d'un puissant n'était pas plus grande que celle d'un non-puissant, leurs champs cultivés et les fruits ⟨récoltés⟩ étaient de la même espèce. Parmi eux, personne n'était plus riche que son compagnon et leurs tombeaux se trouvaient aux portes de leurs maisons.

ومدينتهم تسمى معبارات وحولها تسع قريات لهم متفرقون فيها وتسميتها عطروب وديقون وتعرير وتمرا وحسبون ويعلى وسنام وبنوا ويبغون ودورهم مستوية ليست دار أعلى من دار والقوي والضعيف في زرعهم وثمارهم شرع واحد ليس فيهم أحد أغنى من صاحبه وقبورهم على أبواب دورهم

Alexandre *(al-Iskandar)* y séjourna jusqu'au moment où, le samedi arrivé, ce sable-là s'arrêta. Il suivit le fleuve et marcha le long de celui-ci toute la journée jusqu'au coucher du soleil. Au moment où l'eau cessait de couler, il traversa le fleuve avec les cent compagnons qu'il avait choisis.

فأقام الاسكندر حتى اذا جاء يوم السبت وسكن ذلك الرمل سلك وسار فيه يومه كله الى اصفرار الشمس حتى اذا جاز وانتهى اليهم في المائة الرجل الذي اختارهم من أصحابه

Lorsqu'il s'approcha d'eux, l'assemblée des sages et des hommes supérieurs au nombre de cent hommes alla à sa rencontre, le salua et l'invita à la paix religieuse. Alexandre leur souhaita la bienvenue, entra dans la ville de *Ma'bārāt* et s'assit par terre. Autour de lui s'assirent ceux qui craignent Dieu dont la grandeur attire surtout les pieux.

فلما دنا منهمْ اجتمع من علمائهم وأفاضلهم زهاء مائة رجل فاستقبلوه وسلموا عليه ودعوا له بصلاح دينه فرحب بهم الاسكندر ودخل مدينتهم معبارات فجلس على التراب وجلسوا حوله خاشعين الله جلت عظمته عليهم سيّما الصالحين.

437 Grignaschi (1969) 58.

438 Trumpf (1974) 25, 4.

439 Engelmann (1963) II, 29/30.

Quant au fleuve de sable, il est situé, selon Ibn al-Faqīh, dans le *Muḫtaṣar kitāb al-buldān (L'abrégé du livre des pays)*[440] dans le Maghreb où Alexandre est censé avoir rencontré «un peuple d'Israélites», peuple correspondant aux Brahmanes:

Parmi les merveilles ⟨du Maghreb⟩ figurent le fleuve de sable *(wādī ar-raml)* et la ville de *al-baht.*

ومن عجائبهم وادى الرمل ومدينة البَهْت

La ville de *al-baht* est connue notamment par les *Mille et une nuits* où elle est nommée *madīnat an-nuḥās*[441] «Ville de bronze» et associée à la conquête du Maghreb par Mūsā bin Nuṣayr.[442] La construction de cette ville a été attribuée à Alexandre le Grand, telle qu'elle est citée par al-Bīrūnī dans le *Kitāb al-ǧamāhir fil-ma'rifat al-ǧawāhir (Livre des éléments les meilleurs de la connaissance des pierres précieuses)*[443]:

Parmi les exemples de cette calomnie se trouve la pierre de la confusion *(al-baht)* dont on crut que celui qui la regarde est frappé d'immobilité ⟨des yeux⟩ et dont Alexandre *(al-Iskandar)* aurait fait construire une ville de nuit afin que les ouvriers ne soient pas pris de confusion.

ومن امثال هذا الهمز امر حجر البهت الذى زعموا ان الناظر عليه يتحير ويبهت وان الاسكندر بنى من مدينة بالليل حتى يبهت الفعلة.

Il s'agit d'une critique de la littérature romanesque qui apparaît sous la désignation générique d'«exemples de cette calomnie» *(amṯāl haḏā l-hamz)*. La fondation de cette ville légendaire attribuée à Alexandre est catégoriquement écartée par le philhellène. Néanmoins, la fondation de cette ville située dans le Maghreb correspond à l'exploration de l'extrême Occident dans le *Roman* du Pseudo-Callisthène. Un des successeurs de Ibn al-Faqīh, al-Qazwīnī localise le fleuve de sable d'une manière très semblable au Maghreb dans le *Kitāb al-aǧā'ib al-maḫluqāt (Livre des merveilles de la création)*[444]:

Le fleuve de sable *(wādī ar-raml)* est un fleuve *(wādin)* dans le «pays du Maghreb» *(al-maġrib)*, après le pays de *al-Andalus.*

وادى الرمل وادٍ بارض المغرب بعد بلاد الاندلس

Le fait de localiser ce peuple à l'extrême Occident a amené Ch. Genequand à émettre l'hypothèse que la version de Ibn al-Faqīh serait la traduction de la recension ε du *Roman* du Pseudo-Callisthène.[445] Le fleuve de sable est mentionné correctement chez Ibn al-Faqīh,

---

440 De Goeje (1885) 84.
441 EI$^2$, XII Supplement, 554/555 (A. Hamori).
442 Genequand (1996) 127.
443 Krenkow (1936/1937) 101.
444 Wüstenfeld (1849) 184.
445 Genequand (1996) 126/127.

*Muḫtaṣar kitāb al-buldān (L'abrégé du livre des pays)*[446] qui conserve *baḥr ar-raml*, «le fleuve de sable» tout comme le manuscrit L de la *Nihāya*, alors que M. Grignaschi a opté pour éditer le pluriel *buḥūr ar-raml* «les fleuves de sable». Le terme *baḥr* désigne une «grande masse d'eau» pouvant désigner la mer ou tout simplement «un grand fleuve».

Au-delà de la localisation des Brahmanes, il y a un thème récurrent dans l'Orient qui est celui des tombes. Selon les témoignages de la *Nihāya*, de al-Mubaššir ibn Fātik, de la *Qiṣṣat ḏī l-qarnayn (Histoire du Bi-cornu)* et de la version de Ibn Hišām, les tombes qui se trouvent devant les maisons des Brahmanes forment une sorte de *memento mori*. C'est notamment la version préislamique de Ibn Hišām, le *Kitāb at-tiğān (Livre des couronnes)* qui atteste la formation précoce de ce thème littéraire. La version de al-Mubaššir ressemble fortement à celle de Ibn Hišām:

| Ibn Hišām[447] | *Nihāya*[448] | al-Mubaššir ibn Fātik[449] | *Qiṣṣat ḏī l-qarnayn*[450] |
|---|---|---|---|
| قال وهب ثمّ سار يريد أرض الهند حتّى اذا بلغ قطرسل فوجد بها قوما سُمّوا الترجمانين (...) ووجدهم سكنوا مقابرهم ووجدهم لا غنيّ فيهم ولا فقير ولا قاضى فيهم | ودورهم مستوية ليست دار أعلى من دار والقوي والضعيف في زرعهم وثمارهم شرع واحد ليس فيهم أحد أغنى من صاحبه وقبورهم على أبواب دورهم | وحُكى أن ذا القرنين مر على قرية فإذا بيوتهم مستوية لا يفضل بعضها على بعض, وإذا قبورهم بأفنيتهم عند أبوابهم؛ وليس عندهم قاض. | ورآ قبورا على باب دورهم لا يدخلون ولا يخرحون إلا نظروا إليها |
| Wahb[451] dit: «Puis, il partit au pays de l'Inde jusqu'à ce qu'il parvînt à *Qṭr..l* (?). Il y trouva un peuple que l'on appelle les *tarğmāniyyin* (…) il les trouva à habiter des tombeaux et il ne trouva chez eux pas de riche, ni de pauvre, ni de juge. | Leurs maisons étaient égales, la maison d'un puissant n'était pas plus grande que celle d'un non-puissant, leurs champs cultivés et les fruits ⟨récoltés⟩ étaient de la même espèce. Parmi eux, personne n'était plus riche que ses compagnons, leurs tombeaux se | On raconte que le Bi-cornu passa à côté d'un village, où les maisons étaient égales, sans que l'une fût supérieure à l'autre; leurs tombes se trouvaient dans leurs cours près des portes; ils n'avaient pas de juge chez eux. | Il vit des tombes devant les portes de leurs maisons de sorte qu'il ne leur était pas possible d'en sortir, ni d'y rentrer sans les contempler. |

446 De Goeje (1885) 85.
447 Lidzbarski (1893) 305/306.
448 Grignaschi (1969) 58.
449 Badawī (1958) 238.
450 Zuwiyya (2001) 29.
451 Pour Wahb ibn Munabbih, *cf.* EI², XI, 34-36 (R. G. Khoury).

trouvaient aux portes
de leurs maisons.

La question des tombes joue un rôle dans le dialogue entre Alexandre et les Brahmanes, tel qu'il est déjà contenu dans les recensions grecques du *Roman*. Dans le même dialogue le thème de la présence de la mort, dont il sera encore question ci-dessous, aboutit ainsi à la requête de l'immortalité, un don que même Alexandre n'est pas capable de distribuer à ceux qui le lui demandent. En ce qui concerne la description de cette tribu, l'aspect d'une communauté fortement idéalisée se déploie à travers la description de leurs membres. L'absence de rapport de forces entre celui qui exerce le pouvoir, qui est «fort», «puissant» *(qawīy)* et celui qui est qualifié de «faible», «impuissant» *(ḍaʿīf)* souligne le caractère utopique de la société des Brahmanes profondément marquée par l'égalité de leurs membres. Le *Roman d'Alexandre* ignore une telle définition de cette société fortement idéalisée dans l'Orient. En comparant ainsi le dialogue entre Alexandre et les Brahmanes dans la *Nihāya* et dans la recension β, il en résulte que seule la question de la localisation des tombes est commune aux versions arabe et grecque:

| *Nihāya*[452] | *Roman d'Alexandre*[453] |
| --- | --- |
| فقال لهم ما بال قبوركم على أبواب بيوتكم | Ἐζήτησε δὲ ἀπ' αὐτῶν Ἀλέξανδρος λέγων· «τάφους οὐκ ἔχετε;» |
| Il [i.e. Alexandre] leur demanda: «Pourquoi vos tombes se trouvent-elles aux portes de vos maisons?» | Alexandre chercha à connaître d'eux en leur demandant: «Vous n'avez pas de tombeaux?» |
| فقالوا ليكون ذكر الموت نصب أعيننا | οἱ δὲ εἶπον· «τοῦτο τὸ χώρημα, ἔνθα μένομεν, ἔστιν ἡμῖν καὶ τάφος. ὧδε γὰρ ἀναπαυόμεθα ἐπὶ τὴν γῆν ταφίζοντες ἑαυτοὺς εἰς ὕπνον. γῆ γὰρ ἡμᾶς γεννᾷ, γῆ τρέφει, ὑπὸ γῆν δὲ τελευτήσαντες κείμεθα τὸν αἰώνιον ὕπνον.» |
| Ils lui répondirent: «C'est pour que la pensée de la mort soit placée devant nos yeux.» | Ils lui répondirent: «Cette place, où nous demeurons, est pour nous aussi un tombeau. En effet, nous prenons notre repos de cette manière sur la terre en nous ensevelissant nous-mêmes dans le sommeil. En effet, la terre nous engendre, la terre nous nourrit, nous nous trouvons sous la terre pour le sommeil éternel après notre mort.» |
| قال فهل فيكم فقير أو مسكين | |
| Puis, il leur demanda: «Est-ce qu'il y a parmi vous des pauvres | |

452 Grignaschi (1969) 58.
453 Bergson (1956) III, 6.

ou des gens dans le dénuement?»

قالوا ما أحد أغنى من صاحبه

«Il n'y a personne qui soit plus riche que son compagnon», dirent-ils.

قال لهم من شر عباد الله الخ . . .

«Quels sont les plus mauvais serviteurs de Dieu [i.e. les hommes]?», demanda-t-il.(…)

La réponse à cette dernière question ne se trouve pas dans la *Nihāya*, mais uniquement dans la version correspondante de Ibn al-Faqīh, *Muḫtaṣar kitāb al-buldān (L'abrégé du livre des pays)*[454]:

| | |
|---|---|
| Ils répondirent: «Celui qui agit en homme vertueux dans sa vie de ce monde et qui dévaste sa vie future.» | قالوا من اصلح دنياه واخرب آخرته |

Ibn al-Faqīh se démarque de son modèle, la *Nihāya* quant à une série de questions de l'ordre cosmogonique. En comparant les questions et les réponses chez le géographe avec celles de la recension β du *Roman* on constate une variation de l'aménagement selon lequel les questions et les réponses sont disposées dans les deux versions. En partant de l'ordre du géographe arabe nous présentons les passages grecs correspondants en face:

| Ibn al-Faqīh[455] | *Roman d'Alexandre*[456] |
|---|---|
| قال فالبرّ اقدم ام البحر | p. 145, III, 6, l. 8: ἔτι ἠρώτησεν· «τί πλεῖον, ἡ γῆ ἢ ἡ θάλασσα;» |
| Il leur demanda: «Qu'est-ce qui est plus ancien, la terre ou la mer?» | Il demanda encore: «Qu'est-ce qui est plus grand, la terre ou la mer?» |
| قالوا لا بل البرّ لان البحر انما يحول الى البرّ | p. 145, III, 6, l. 9: οἱ δὲ εἶπον· «ἡ γῆ· καὶ γὰρ αὐτὴ ἡ θάλασσα ὑπὸ τῆς γῆς κατέχεται.» |
| Ils lui répondirent: «C'est plutôt la terre car la mer ne se répand *(yaḥawalu)* que sur la terre.» | Ils lui répondirent: «La terre; en effet, la mer même est contenue par la terre.» |
| قال فالليل اقدم ام النهار | p. 146, III, 6, l. 1: ἑτέρῳ δὲ εἶπεν· «τί πρῶτον ἐγένετο, νὺξ ἢ ἡμέρα;» |
| Il leur demanda: «Qu'est-ce qui est antérieur | Il demanda à un autre: «Qu'est-ce qui s'est |

454 De Goeje (1885) 86.
455 De Goeje (1885) 86.
456 Bergson (1956) III, 6.

*(aqdam)*, la nuit ou le jour?»
قالوا بل الليل اقدم لان الخلق انما خُلقوا فى الظلمة فى بطون الامّهات ثم خرجوا بعد ذلك الى النور

Ils dirent: «Sans aucun doute, la nuit est antérieure car les créatures *(al-ḫalq)* ne sont créées que dans les ténèbres *(aẓ-ẓulma)*, dans le ventre de leurs mères, puis elles en sortent après cela à la lumière *(an-nūr)*.»

produit d'abord, nuit ou jour?»
p. 146, III, 6, l. 1-2 : οἱ δὲ εἶπον· «ἡ νύξ· καὶ γὰρ τὰ γενόμενα ἐν τῷ σκότει τῆς γαστρὸς αὐξάνονται· εἶτα εἰς τὴν αὐγὴν ἀποκύει λαβεῖν τὸ φῶς.»
Ils lui répondirent: «La nuit; en effet, ce qui naît commence à se développer dans l'obscurité du ventre; puis, vient au jour pour rencontrer la lumière.»

Une thématique cruciale lors de la rencontre entre Alexandre et les Brahmanes est la question de l'immortalité. C'est un autre parallèle entre le *Roman* et la *Nihāya*, le modèle de Ibn al-Faqīh. Chez al-Mubaššir ibn Fātik, il y a, en plus, une sorte d'introduction à ce dialogue[457]:

Il leur posa des questions, ils échangèrent des propos *(muḥāwarāt)* et de nombreuses questions *(masāʾil)* au sujet du savoir *(al-ʿilm)* et de la sagesse *(al-ḥikma)*.

فسألهم, وجرت بينه وبينهم محاورات ومسائل كثيرة فى العلم والحكمة.

La popularité de ce dialogue entre les Brahmanes et Alexandre apparaît très clairement dans le tableau suivant contenant une comparaison entre la recension β du *Roman* avec la *Nihāya*, Ibn al-Faqīh et al Mubaššir ibn Fātik. Malgré une étroite correspondance entre les trois versions arabes et le *Roman* du Pseudo-Callisthène, il ne s'agit pas d'une traduction littérale du grec à l'arabe mais plutôt d'une réélaboration de motifs littéraires:

| *Roman d'Alexandre*[458] | *Nihāya*[459] | Ibn al-Faqīh[460] | al-Mubaššir ibn Fātik[461] |
|---|---|---|---|
| ταῦτα ἀκούσας Ἀλέξανδρος εἶπε πᾶσιν· «αἰτήσασθέ με τί θέλετε καὶ δώσω ὑμῖν.» | قال سلوني حوائجكم | قال فسلوني حوائجكم | ثم قال لهم: "سلونى لعامّتكم!" |
| Ayant entendu cela, Alexandre dit à tous: «Demandez-moi ce que vous voulez et je vous le donnerai.» | Il dit: «Demandez-moi ce dont vous avez besoin.» | Il dit: «Demandez-moi ce dont vous avez besoin.» | Puis, il leur dit: «Demandez-moi quelque chose pour votre peuple.» |

457 Badawī (1958) 236.
458 Bergson (1956) III, 6.
459 Grignaschi (1969) 59.
460 De Goeje (1885) 86.
461 Badawī (1958) 236.

| | | | |
|---|---|---|---|
| ἐξεβόησαν δὲ πάντες λέγοντες· «δὸς ἡμῖν ἀθανασίαν.» | قالوا نسئلك الجلود في الدنيا | قالوا نسئلك الخُلْد. | فقالوا: "نسألك الخلود لا نريد غيره." |
| Tous demandèrent à grands cris: «Donne-nous l'immortalité.» | Ils répondirent: «Nous te demandons la vie éternelle dans ce bas-monde.» | Ils répondirent: «Nous te demandons la vie éternelle.» | Ils répondirent: «Nous te demandons la vie éternelle, nous ne désirons rien d'autre.» |
| ὁ δὲ Ἀλέξανδρος εἶπεν· «τούτου ἐγὼ ἐξουσίαν οὐκ ἔχω· κἀγὼ γὰρ θνητὸς ὑπάρχω.» | قال وهل يقدر على ذلك أحد الّا الله جل جلاله | قال هل يقدر على ذلك احد الّا الله | فقال لهم: "وكيف يقدر على الخلود لغيره مَن لا يملك لنفسه زيادةَ ساعةٍ في عمره؟! هذا ما لم يملكه أحد! |
| Alexandre dit: «Moi, je n'ai pas le pouvoir de cela. En effet, moi aussi, je suis mortel.» | Il dit: «Est-ce que quelqu'un est en état de donner cela, si ce n'est Dieu, grand et puissant.» | Il dit: «Est-ce que quelqu'un est en état de donner cela, si ce n'est Dieu.» | Il leur dit: «Comment peut être en état de donner la vie éternelle à autrui, celui qui ne possède ⟨même⟩ pas une heure en plus pour lui-même dans sa propre vie? Cela, personne n'est capable de le faire.» |
| οἱ δὲ εἶπον· «τί τοίνυν θνητὸς ὑπάρχων τοσαῦτα πολεμεῖς; ἵνα πάντα ἄρῃς; καὶ ποῦ ἀπενέγκῃς; οὐ πάλιν καὶ σὺ αὐτὰ ἑτέροις καταλιμπάνεις;» | قالوا فان كنت موقناً بالموت فما تصنع بقتال أهل الأرض أرايتك ان غلبت على جميع الأرض وحويت ما فيها | قالوا فان كنت موقناً بالموت فما تصنع بقتل اهل الارض. | فقالوا له: "إن كنت تعلم هذا، فما تريد من قتال هذا الخلق وإبادتهم وجمع كنوز الأرض وأنت مفارقها؟ |
| Ils lui demandèrent: «Pourquoi alors, bien que tu sois mortel, combats-tu autant? Pour que tu t'empares de tout? Et où emportes-tu ⟨tout | Ils demandèrent: «Si tu es destiné à mourir, pourquoi combats-tu les peuples de la terre? Je t'ai vu t'emparer de toute la terre et | Ils demandèrent: «Si tu es destiné à mourir, pourquoi combats-tu les peuples de la terre?» | Ils lui demandèrent: «Si tu as appris cela, pourquoi veux-tu tuer cette création, écarter les hommes et rassembler les |

cela⟩? Au contraire, même toi, ne le laisses-tu pas aux autres?»

de toutes les créatures qui y sont (…)»

trésors de la terre, bien que tu doives être séparé d'eux?»

ὁ δὲ Ἀλέξανδρος εἶπεν· «ταῦτα ἐκ τῆς ἄνω προνοίας διοικεῖται, ἵνα ἡμεῖς †ὑμῶν† διάκονοι γενώμεθα τῆς ἐκείνων ἐπιταγῆς. οὐ γὰρ κινεῖται θάλασσα, εἰ μὴ ἄνημος πνεύσῃ, οὐδὲ σαλεύεται δένδρα, εἰ μὴ ῥιπίσῃ πνεῦμα· οὐ γὰρ ἐνεργεῖται ἄνθρωπος, εἰ μὴ ἐκ τῆς ἄνω προνοίας. κἀγὼ δὲ παυσάσθαι θέλω τοῦ πολεμεῖν, ἀλλ' οὐκ ἐᾷ με ὁ τῆς γνώμης μου δεσπότης. (…)»

قال الاسكندر اني لموقن بذلك غير اني لا أملك لنفسي ضرًّا ولا نفعاً ولا تعلمون ان أمواج البحار لا تتحرك حتى يبحث الله عز وجل عليها الرياح فتحركها

قال نعم انى موقن بذلك غير انى لا املك لنفسى ضرّا ولا نفعا

فقال لهم: إنى لم أفعل ذلك من قِبَل نفسى. ولكن ربى بعثنى لإظهار دينه وقَتْل من كفر به. أما تعلمون أن أمواج البحر لا تتحرك حتى تحركها الريح؟! فكذلك أنا: لولم يبعثنى ربى لم أبرح من موضعى, ولكنّى مطيعٌ لربى, منفذ أمره حتى يأتينى أجلى فأفارق الدنيا عريان كما جئتها.

Alexandre leur répondit: «Cela est réparti par la providence d'en haut, afin que nous devenions les serviteurs de leur commandement. En effet, la mer ne se met pas en mouvement, si le vent ne souffle pas, et les arbres ne sont pas agités, si le vent ne les agite pas; en effet, l'homme n'agit pas, si ce n'est par la providence d'en haut. Et moi, je veux arrêter de faire la guerre,

Alexandre dit: «Je suis destiné à cela, et à rien d'autre. Je ne règne pas pour moi-même de façon misérable et sans profit. Ne savez-vous pas que les vagues des mers ne se remuent pas jusqu'à ce que Dieu, puissant et grand, leur envoie le vent qui les remue (…).»

Il dit: «Oui, je suis destiné à cela, et à rien d'autre. Je ne règne pas pour moi-même de façon misérable et sans profit (…).»

Il leur répondit: «Moi, je ne fais pas cela pour être dirigé par moi-même, mais mon seigneur m'a envoyé pour mettre au grand jour son culte extérieur et de tuer celui qui ne croit pas en Dieu unique *(man kafara bihi)*. Ne savez-vous pas que les vagues de la mer ne se remuent pas si le vent ne les remue pas?! Cela vaut aussi pour moi-même: Si mon

| | | |
|---|---|---|
| mais le maître de mon esprit ne me le permet pas. (…)» | | seigneur ne m'avait pas envoyé, je ne m'éloignerais pas de ma place. Mais au contraire j'obéis à mon seigneur, j'exécute son ordre jusqu'à ma mort. Je quitterai le monde nu comme j'y suis arrivé.» |

Quant au thème de «la providence d'en haut» (ἡ ἄνω προνοία), cette dernière est remplacée par le Dieu unique chez al-Mubaššir ibn Fātik. La reprise de l'image poétique de la mise en mouvement des vagues de la mer grâce au souffle du vent du *Roman d'Alexandre* se trouve dans la *Nihāya* et chez al-Mubaššir. Chez Ibn al-Faqīh, la réplique d'Alexandre est abrégée ce qui ressort clairement de la comparaison avec la *Nihāya*. Du côté grec, la recension β est assez proche de la recension α ce qui rend difficile une hypothèse sur le modèle grec. Etant donné que la recension β a certainement été connue dans l'Orient, elle figure dans le tableau ci-dessus.

Aux traditions arabes de l'épisode des Brahmanes s'ajoute encore un témoignage particulier chez l'historien al-Masʿūdī qui présente une réélaboration originale de la matière issue du Pseudo-Callisthène. Dans le chapitre portant sur la campagne d'Alexandre en Inde, voici le témoignage de al-Masʿūdī dans *Murūǧ aḏ-ḏahab wa-maʿādin al-ǧawhar (Les prairies d'or et les mines de pierres précieuses)*[462]:

| | |
|---|---|
| (…) il apprit qu'il y avait à l'extrémité de la terre de l'Inde le ⟨plus grand⟩ roi des rois, pourvu de sagesse (*ḥikma*)et de sens politique, de sentiments religieux et de justice envers les sujets. Il avait atteint l'âge d'une centaine d'années, il n'y avait aucun philosophe ou sage comme lui dans le pays de l'Inde; on l'appelle *Kand*. | بلغَه أنَّ في أقاصي أرض الهند ملكًا من ملوكهم ذا حكمة وسياسة  وديانة وإنصاف للرعيَّة, وأنَّه قد أُتي عليه من عُمره مِئون من سنين, وأنّه ليس بأَرض الهند من فلاسفتهم وحكمائهم مثله, ويقال له كنْد |

Il mentionne un roi du nom de *Kand*, personnage qui reprend le chef des Brahmanes du *Roman* Calanus?[463] Quoi qu'il en soit, il est possible de dire que la réception orientale pourrait s'expliquer par ses points de contacts avec la philosophie populaire, plus précisément avec la littérature de sagesse. Le jeu des questions-réponses entre Alexandre et les Brahmanes reproduit le style des sentences contenues dans les chries visant à la *brevitas*. A une échelle plus vaste, on pourrait dire que la raison de la réception de l'épisode des Brahmanes en Orient s'explique probablement par l'intérêt philosophique se

462 Barbier de Meynard/Pavet de Courteille/Pellat (1966) § 680.
463 Di Branco (2011) 80.

manifestant de toute évidence au sein du mouvement des *Graeco-Arabica*. En ce concerne la recension grecque ayant servi de modèle, on constate qu'à la fois la recension β, γ et ε pourraient avoir contribué à la formation de l'épisode en Orient.

### 2.3.4 L'*Epistola Alexandri ad Aristotelem* (III, 17)

La *Lettre des merveilles* présente un genre littéraire qui a profondément marqué la rhétorique épistolaire du *Roman d'Alexandre*. Sa création est liée aux idées que l'imaginaire populaire se faisait de la campagne militaire d'Alexandre le Grand. Elle a inspiré, à son époque, chez ses contemporains la formation de nombreuses légendes au sujet de ces pays exotiques, notamment de l'Inde. La traduction latine de cette lettre, éditée par W. Boer, dépasse en longueur celle qui est conservée dans la recension α.[464]

Quant à la réception arabe de cette lettre, on n'en connaissait pendant longtemps que quelques courtes citations, c'est-à-dire de brèves allusions, comme celle de al-Mubaššir ibn Fātik, qui dans *Muḫtar al-ḥikam wa-maḥāsin al-kalim (Choix de proverbes et beauté des sentences)*[465] mentionne la lettre d'Alexandre à Aristote sur les merveilles de l'Inde sans transcrire son contenu exacte:

| | |
|---|---|
| Il écrivit à son précepteur Aristote *(Arisṭāṭālīs)* pour l'informer sur les merveilles *('aǧā'ib)* qui lui étaient arrivées et sur les merveilles *('aǧā'ib)* qu'il avait vues dans le pays de l'Inde. | وكتب إلى معلّمه أرسطاطاليس يخبره بعجائب ما جرى له وعجائب ما رأى فى بلاد الهند |

Lors du passage du grec à l'arabe, S. Brock souligne l'intérêt de la version de la lettre telle qu'elle est contenue dans la traduction syriaque notamment pour ce qui est de la poursuite de la conquête en Chine:

> (...) the Syriac version of this is of particular interest here, since it alone adds a section at the end which describes Alexander's supposed further journey on to China.[466]

L'étude de cette lettre se justifie dans le domaine des *Graeco-Arabica* car elle est étroitement apparentée au *Roman d'Alexandre*. Elle a été publiée à une date très récente sous le titre de l'*Epistola Alexandri ad Aristotelem* par F. Doufikar-Aerts. Il en ressort clairement que la version arabe de cette lettre est apparentée de façon étroite à la recension α du Pseudo-Callisthène.

La lettre en question est contenue dans certains manuscrits d'une épopée populaire, quoiqu'assez tardive, intitulée *Sīrat al-Iskandar (Vie d'Alexandre)*. Cette dernière n'est pas encore éditée. Elle est une des quatre interpolations, que F. Doufikar-Aerts a appelées «the *Sīra* interpolations»:

> Several of the *Sīrat al-Iskandar* manuscripts examined contain four interpolated episodes. The first is a chapter from Pseudo-Callisthenes known as the 'Last Days of Alexander'. A second lengthy episode is the Letter from Alexander to Aristotle – the

464 Boer (1973).
465 Badawī (1958) 236.
466 Brock (2003) 13.

> *Epistola* – about the wonders of India which is also part of these manuscripts. Then two shorter episodes follow, i.e. Aristotle's Letter to Alexander named earlier as the 'Elevating Letter' and the story of the Amazons. The interpolations in these *Sīras* give a paraphrased translation of the respective chapters from the Syriac Pseudo-Callisthenes. This translation probably dates from the 9th century, a period in which knowledge of Syriac was still widespread and during which most of the translations into Arabic were made.[467]

Par ailleurs, elle affirme qu'«it is clear that the recently discovered Letter to Aristotle in the *Sīra* interpolations also must have been translated from the Syriac into Arabic».[468] De plus, elle fait remarquer qu'il y a une deuxième version de l'*Epistola* contenue dans le roman arabe transmis par le scribe Quzmān:

> The translation of Alexander's Letter to Aristotle is different from that found in Quzmān's romance. This is all the more noteworthy because it is actually the *Epistola* in this romance that has been handed down in the most complete Arabic form.[469]

En comparant cette lettre aux différentes recensions grecques du *Roman*, on constate que la lettre n'est conservée dans la recension α que sous une forme abrégée. En revanche, une version intégrale en latin est conservée et éditée par W. Boer. L'importance de cette traduction latine faite à partir d'un modèle grec perdu est mise en évidence par C. Jouanno puisque la lettre en latin «nous offre en tout cas une traduction plus complète que la lettre insérée dans le *Roman* au chapitre III, 17.»[470] Puis, elle donne une énumération des épisodes qui ne sont conservés que dans la lettre en latin. Parmi ces derniers se trouve aussi, à la fin de la lettre latine «les serpents portant une émeraude autour du cou (§ 69)».[471] Or, la vallée des diamants connaîtra un succès tout à fait singulier dans l'Orient. Le lien entre la version latine et la réception arabe a été brièvement mentionné par R. Stoneman:

> The final episode of the *Letter* (20) is the arrival in the Valley of Jordia, where there live serpents that have jewels (emeralds) in their necks, a prototype of the story of the Valley of Diamonds.[472]

Le même auteur cite un extrait de al-Qazwīnī, qui conserve la même histoire d'Alexandre dans la vallée des diamants que le savant universel al-Bīrūnī dans son *Kitāb al-ǧamāhir fī maʿrifat al-ǧawāhir (Livre des des éléments les meilleurs de la connaissance des pierres précieuses)*[473]:

| | |
|---|---|
| Quant à ce sujet, ils prétendent que ⟨le diamant⟩ ci-présent est celui que le Bi-cornu aurait fait | ومنها انهم زعموا ان الموجود منه الآن هو الذى |

467 Doufikar-Aerts (2010b) 74/75.
468 Doufikar-Aerts (2010b) 75.
469 Doufikar-Aerts (2010b) 75.
470 Jouanno (2002) 23.
471 Jouanno (2002) 24.
472 Stoneman (2008) 77.
473 Krenkow (1936/37) 99.

sortir de sa vallée où il y avait des serpents. On mourrait en les regardant. Il avait fait apporter un miroir, derrière lequel il se cacha pendant qu'ils le portaient. Lorsque les serpents se sont vus eux-mêmes, ils moururent sur-le-champ.

اخرجه ذو القرنين من واديه وفيه حيات يموت من ينظر اليها وانه كان قدم مرآة قد استتر حملوها خلفها فلما رأت الحيات أنفسهم ماتت على المكان.

Cette histoire de serpents chez al-Bīrūnī, qui est une réminiscence de la fondation d'Alexandrie de al-Masʿūdī, devrait remonter à une version grecque dont la lettre latine éditée par W. Boer[474] conserve une trace puisque cette version latine est elle-même une traduction du grec. C'est à travers une version grecque que al-Bīrūnī aurait alors pris connaissance de l'épisode. Le grand philhellène cite l'épisode de façon indépendante sans qu'il y ait la moindre trace de la *Lettre des merveilles* ou d'une des différentes recensions *Roman d'Alexandre*. Bien au contraire, il cite, à la suite de cet épisode, l'autorité médicale de Galien, puisqu'il évoque la *malika al-ḥayyāt* «reine des serpents». L'épisode en question est présent dans la lettre latine, *Epistola Alexandri ad Aristotelem*[475] éditée par W. Boer de la manière suivante:

Pervenimus deinde in vallem Diardinis, in qua serpentes habitabant, habentes in collo lapides qui smaragdi appellantur. (…) Inde nos paucos extulimus ingentis formae smaragdos.

Nous arrivâmes ensuite dans la vallée *Diardinis*, dans laquelle vivaient des serpents, qui avaient au cou des pierres que l'on appelle des émeraudes. (…) De-là, nous emportâmes quelques émeraudes d'une taille énorme.

Cette anecdote est attestée dans un ouvrage pseudo-aristotélicien de minéralogie édité par J. Ruska qui fait remarquer dans son introduction que «das Steinbuch des Aristoteles» a été attribué au Stagirite en raison «der Aufnahme zahlreicher Wundersteine aus dem Kreis der späteren Alexandersage»[476]:

Mon élève Alexandre *(al-Iskandar)* y arriva dans la vallée qui se trouvait au lever du soleil, à l'extrémité du Khorassan, ⟨là où⟩ on ne pouvait voir fond. Lorsqu'Alexandre *(al-Iskandar)* y arriva, de nombreuses vipères l'empêchèrent de poursuivre son chemin. Il y trouva des vipères: si elles jetaient les yeux sur les hommes, ceux-là trouvaient la mort. Il fit fabriquer des miroirs contre elles. Lorsqu'elles se virent elles-mêmes, elles moururent et les gens purent les regarder ⟨enfin⟩. Ensuite, il parvint à un autre stratagème: il fit tuer les moutons, leur fit ôter la peau et les fit jeter sur le sol de la vallée. Les diamants s'y

ووصل اليه تلميذى الاسكندر والوادى بالمشرق باقاصى خراسان لا يلحق البصر قعره ولمّا وصل اليه الاسكندر منعه كثرة الافاعى من سلوكه ووجد فيها افاعيا اذا نظرت الى الانسان مات فعمل لها مرايا فلمّا رأت انفسها ماتت وادركها الناس بابصارهم ثمّ افضا الى غير مسلك فذبح الغنم وسلخها والقاها الى الارض الوادى فالتصق الماس

474 Boer (1973).

475 Boer (1973) 53/54.

476 Ruska (1912) 7.

| | |
|---|---|
| collèrent et les oiseaux de proie les prirent, et ils avaient fait sortir certains ⟨diamants⟩, l'armée les suivit et ⟨les soldats⟩ prenaient ce que tomba d'eux. | واخذتها الجوارح فكانت تخرج بعضها ويدركها الجيش فياخذون ما نثر منها. |

On constate que al-Bīrūnī et l'ouvrage pseudo-aristotélicien présentent un épisode qui n'est pas directement issu du *Roman d'Alexandre*, quoiqu'il montre des points de rencontre avec ce dernier. C'est notamment au deuxième livre du Pseudo-Callisthène la lettre qui parle de pierres noires en combinaison avec des serpents.[477] En ce qui concerne la recension β, cette lettre se retrouve réduite à l'épisode de la consultation des arbres oraculaires par Alexandre, selon C. Jouanno, avec l'objectif de la «rectifier»:

> La même volonté de rectifier les «déficiences» de la première version du *Roman* se fait jour à travers le traitement réservé par le rédacteur de β à la lettre d'Aristote sur les merveilles de l'Inde (III, 17). Remarquant que cette lettre, écrite après la mort de Poros, avait un contenu double et que son ordonnance chronologique laissait à désirer, puisqu'une partie des aventures (§ 9-23) étaient censées avoir lieu dans la région des portes Caspiennes, juste après la victoire sur Darius, tandis que les autres, celles évoquées au début (§ 2-8) et à la fin de la missive (§ 24-42), étaient données pour postérieures à la campagne contre Poros, et localisées aux alentours (ou au-delà) de Prasiakê, il a choisi de ne conserver en III, 17, dans la partie « indienne » du *Roman*, que des épisodes indiens, ou pour mieux dire celui des épisodes indiens qui était le plus célèbre et le plus longuement évoqué, la consultation des arbres oraculaires du Soleil et de la Lune (III, 17, 24-42), auquel il a d'ailleurs ôté sa forme épistolaire pour le transformer en narration à la troisième personne.[478]

Néanmoins, la recension α du *Roman d'Alexandre* conserve une version plus proche des témoignages orientaux. Selon F. Doufikar-Aerts «The source for the oriental derivatives of the *Epistola* was the Syriac translation of the *Alexander Romance* (…)».[479] Comme la traduction syriaque est étroitement apparentée à la famille de la recension α, cette dernière va être mise en parallèle à la lettre en arabe:

| *Roman d'Alexandre*[480] | *Epistola Alexandri ad Aristotelem*[481] |
|---|---|
| | نسخة الكتاب الذي كتب الملك الاسكندر الى معلمه ارسطاطاليس |
| | Une copie de la lettre que le roi Alexandre *(al-Iskandar)* écrivit à son précepteur Aristote *(Arisṭāṭālīs)*: |
| Βασιλεὺς Ἀλέξανδρος Ἀριστοτέλῃ χαίρειν. τὸ συμβεβηκὸς ἡμῖν | بسم الله الرحمن الرحيم. من الملك الاسكندر الى |

477 Van Thiel (1974) II, 36.
478 Jouanno (2002) 264.
479 Doufikar-Aerts (2010a) 92.
480 Kroll (1926) III, 17.
481 Doufikar-Aerts (2010a) 97/99.

παράδοξον ἐπὶ τῆς Ἰνδικῆς χώρας ἀναγκαῖον ἐξειπεῖν.

معلمي ارسطاطاليس السلام والتام عليك اما بعد. فاني احببت اعلامك بما راينا من العجايب بارض الهند وغيرها وما شاهدناه من المدون والبحار والجزاير والجبال وما لقينا في مسيرنا ليستقر عندك وتكون كالمشاهد معنا.

«Le roi Alexandre à Aristote: Salut. Il est nécessaire de raconter en détail les merveilles que nous avons rencontrées dans le pays de l'Inde.

«Au nom de Dieu, clément et miséricordieux. Du roi Alexandre *(al-Iskandar)* à mon maître Aristote *(muʿallimī Arisṭāṭālīs)*, que toute la paix soit sur toi. Je désire t'informer sur les merveilles que nous avons vues dans le pays de l'Inde et dans d'autres ⟨pays⟩, les villes, les mers, les îles et les montagnes que nous avons vues, et ce que nous avons rencontré au cours de notre voyage afin que tu en gardes le souvenir comme si tu l'avais vu avec nous.

παραγενομένων γὰρ ἡμῶν εἰς τὴν Πρασιακὴν πόλιν, ἥτις ἐδόκει μητρόπολις εἶναι τῆς Ἰνδικῆς χώρας, κατελάβομεν παρ' αὐτὴν ἐναργὲς ἀκρωτήριον τῆς θαλάσσης.

واعلمك ايها المعلم اننا قربنا من مدينة الهند يقال لها قرسيقيق وهي عظيمة من مدنهم امّ مداين الهند.

En effet, lorsque nous fûmes arrivés à la ville de Prasiaké, qui était considérée comme la capitale du pays de l'Inde, nous trouvâmes près d'elle un promontoire visible de la mer.

Je t'informe, ô précepteur *(muʿallim)*, que nous nous trouvâmes près de la ville de l'Inde, que l'on appelle *Qarsīqīq*. Elle est une ville indienne importante, c'est-à-dire «la mère des villes indiennes».

καὶ ὁρμήσαντός μου σὺν ὀλίγοις ἐπὶ τὸ προειρημένον [καὶ] καταμαθόντες εὕρομεν νεμομένους ἐκεῖ θηλυμόρφους ἰχθυοφάγους ἀνθρώπους.

فراينا على ساحل البحر اناس منتشرين لهم مواشي يرعوها ويعيشوا منها ووجوههم تشبه ووجوه النساء وطعامهم السمك.

M'étant élancé avec quelques uns ⟨de mes camarades⟩ jusqu'à l'endroit cité auparavant, ayant examiné avec soin, nous trouvâmes des hommes aux formes féminines, qui se nourrissent de poisson, faisant paître ⟨leur troupeaux⟩ là même.

Nous avons vu au bord de la mer des hommes dispersés qui faisaient paître leurs troupeaux dont ils vivaient. Leurs visages ressemblaient aux visages de femmes et le poisson était leur nourriture.

ἐμοῦ δὲ προσκαλεσαμένου τινὰς εὗρον βαρβάρους τῇ διαλέκτῳ, καὶ πυνθανομένου μου περὶ τῶν τόπων ἐσήμαναν ἡμῖν νῆσον, ἣν πάντες ἑωρῶμεν ἐν μέσῳ πελάγει, ἣν

فدعوناهم فلم يفقهوا لغتنا وسمعنا منهم لغة عجيبة وكلاما لا يفقهه الا بالتأويل. ثم راينا في جزيرة قبرا يشبه البرج المبنيّ. فظننا ان فيه مالا لانه قيل لنا انه قبر من

ἔφησαν πάνυ ἀρχαίου βασιλέως εἶναι τάφον, ἐν ᾧ χρυσὸν πολὺν ἱερῶσθαι[482] . . .

قبور الاولين فيه ذهب ومال كثير .

Après avoir appelé quelques uns, je découvris qu'ils étaient des étrangers par leur langage. Comme je cherchais à m'informer sur la région, ils nous montrèrent une île, qui était visible à nous tous au milieu de l'Océan, qui, selon leurs dires, étaient le tombeau d'un roi très ancien, ⟨un tombeau⟩ dans lequel beaucoup d'or était offert en sacrifice . . .

Nous les avons alors appelés, ils ne comprenaient pas notre langue et nous entendîmes d'eux une langue étrange *(ʿağība)*. On ne pouvait comprendre leur langage *(kalāman)* sans l'aide d'un interprète *(bi-taʾwīl)*. Puis, nous avons vu sur une île un tombeau *(qabran)* qui ressemblait à une tour construite. Nous avons supposé qu'il y avait des richesses *(mālān)* parce qu'on nous a dit qu'il était un des plus anciens tombeaux *(qabr min qubūr al-awwalīn)*, dans lequel il y avait de l'or et beaucoup de richesses *(fīhi ḏahabun wa-mālun kaṯīrun)*.

οἱ βάρβαροι ἀφανεῖς ἦσαν τὰ ἴδια πλοιαρίδια καταλιπόντες, ἅπερ ἦν ιβʹ.

فعملت على العبور الى تلك الجزيرة لاتأملها وكانوا اوليك الاعاجم قد غيبوا عنا امرها . فلم ندرك هنالك من المراكب الا اثنا عشر مركبا. وعولت على ركوب السفن فلم امكن من ذلك.

Les barbares étaient placés hors de portée de la vue, après avoir abandonné leurs propres bateaux, qui étaient au nombre de douze.

Je me suis efforcé de passer *(fa-ʿamaltu ʿalal-ʿubūri)* sur cette île *(ilā tilka al-ğazīra)* pour la regarder avec attention, alors que ces barbares-là *(al-aʿāğim)* nous avaient caché le tombeau. Nous n'avons vu ici que douze navires. J'ai essayé de monter sur le bateau, mais cela n'était pas possible.

Quant à l'hypothèse de l'intermédiaire syriaque, on constate combien la ville de Prasiaké se trouve transformée dans la version arabe, où elle apparaît comme *Qarsīqīq*. Cette transformation arabe de la ville de Prasiaké montrerait, selon F. Doufikar-Aerts, que la traduction arabe dépendait de la traduction syriaque du *Roman*.[483] Cependant, dans la note 10 de son apparat, elle donne également les deux leçons *Farsaqīq* pour le manuscrit P3 et *Farsaqīf* pour le manuscrit WE.[484] Or, ces deux leçons appartiennent à une recension qui serait moins proche du texte original que la recension ayant la leçon *Qarsīqīq*.

482 Le verbe contracte ἱερόω-ῶ «consacrer», «sanctifier» a été corrigé par Kroll (1926) 106, à partir de la version arménienne, pendant que la traduction syriaque et celle de Julius Valère, ainsi que le manuscrit A ont προϊρῶσθαι.

483 Doufikar-Aerts (2010a) 96, note 3: In Syr. 169, the name is produced as *Parīhqān*, and a second time, Syr. 170, as *Pūsīqīn*.

484 Doufikar-Aerts (2010a) 97, note 10.

Le début de la lettre arabe est marqué par la *basmala*, c'est-à-dire le fait de prononcer la formule islamique, *b-ismi llāhi* «au nom de Dieu», ici suivie de *ar-raḥmān ar-raḥīm* «clément et miséricordieux». Les auteurs musulmans font précéder leurs ouvrages de cette formule. Quant au contenu de la lettre, *al-ʿağāʾib bi-arḍ al-hind*, «les merveilles dans le pays de l'Inde» correspondent au terme grec τὸ (...) παράδοξον ἐπὶ τῆς Ἰνδικῆς χώρας «le merveilleux dans le pays de l'Inde», sauf qu'en grec le terme est au singulier et non au pluriel comme en arabe. Le pluriel en arabe fait référence à tout un genre littéraire, *al-ʿağāʾib* «les merveilles», qui appartiennent à une branche de la géographie arabe, «in first instance the marvels of antiquity»:

> any kind of casual data about extraordinary monuments, the three realms of nature and meterological phenomena, and the two aspects under which they were viewed came from the Greek spirit on the one hand and the eastern biblical ideas on the other.[485]

Le titre *ʿağāʾib al-hind* «Merveilles de l'Inde» est préciément le titre d'un ouvrage de Buzurg ibn Šahriyār, d'origine persane.[486]

Alexandre est qualifié par l'apposition «roi» en grec, tandis que c'est la recension arabe, basée sur les manuscrits P3 et WE qui a l'ajout *malik* «roi», absent dans la recension plus proche de la forme originale du texte, selon F. Doufikar-Aerts. En ce qui concerne l'apposition au nom d'Aristote dans la lettre arabe «mon maître» *(muʿallimī)*, W. Kroll remarque dans l'apparat critique de la recension α que la traduction syriaque a, tout comme la version arménienne et Julius Valère, l'ajout τῷ διδασκάλῳ μου. Cet ajout correspond donc à la version arabe et pourrait corroborer la thèse de F. Doufikar-Aerts, relative à un intermédiaire syriaque. Le verbe παραγίγνομαι «être à côté», «être auprès de» correspond au verbe *qaraba* «se trouver près de» suivi de la préposition *min*. La désignation arabe pour la ville de Prasiaké est *umm madāʾin al-hind* «la mère des villes de l'Inde», désignation à laquelle correspond exactement ἡ μητρόπολις «ville-mère», «capitale», comme le remarque aussi F. Doufikar-Aerts.[487] Dans la *Leyenda*, éditée par E. García Gómez, le Bicornu et ses soldats sont censés arriver «à une grande ville au bord de la mer la plus grande» *(ʿalā madīna ʿaẓīma ʿalā šawāṭiʾ al-aʿẓam)*.[488] Dans la recension β du *Roman*[489] le récit est à la troisième personne et très ramassé par rapport celui de la recension α et de la lettre arabe. Voici le début du chapitre qui ne partage avec la version arabe que la citation de la ville de Prasiaké:

| | |
|---|---|
| Καὶ τούτου γενομένου ὑπεχώρησεν ἀπ' αὐτῶν ὁ Ἀλέξανδρος ὑποστρέψας εἰς τὴν κατὰ φύσιν ὁδὸν τὴν φέρουσαν εἰς | Après ces événements, Alexandre s'éloigna d'eux et retourna vers son chemin naturel menant à la ville de |

485 EI², I, 203-204 (C.E. Dubler).

486 EI², I, 203: The book consists of stories by the navigators of East Africa, India and S.-E. Asia; some of them show an admixture of real observation and while others can be explained only by the study of the folklore of the people in question.

487 Doufikar-Aerts (2010a) 96, note 4.

488 García Gómez (1929) 16.

489 Bergson (1956) III, 17.

| | |
|---|---|
| τὴν Πρασιακὴν πόλιν, ἥτις δοκεῖ μητρόπολις εἶναι τῆς Ἰνδικῆς χώρας, ἔνθα Πῶρος ἦν βασιλεύων. | Prasiaké, qui est considérée comme la métropole de l'Inde, où Porus se trouvait régnant. |

Les Ἰχθυοφάγοι, «les Ichtyophages» deviennent dans la version arabe «des hommes dispersés». Selon Strabon, il s'agit de peuples qui vivent de poisson près du golfe Persique.[490] Le verbe grec προσκαλέω-ῶ, qui signifie au moyen «appeler à soi», correspond au verbe *daʿā* «appeler quelqu'un»; il est peut-être préférable de rendre *luġa* «langue», «langage général» par «langage» vu que le terme grec est ἡ διάλεκτος «langage» qui peut être aussi la langue d'un pays, donc le dialecte. De toute évidence, le terme de connotation fortement grecque βαρβάρους n'est pas conservé dans la version arabe où le langage *(luġa)* des Ichtyophages est caractérisé comme *ʿağība* «étrange» dans les manuscrits P2 et P4, tandis que les manuscrits P3 et WE donnent un synonyme de ce terme *ġarība* «étrange». Dans la *Leyenda*, comme E. García Gómez l'a déjà fait remarquer, le syntagme grec βαρβάρους τῇ διαλέκτῳ est rendu par *kalāmihim ka-kalāmi aṭ-ṭuyūr* «leur langage ⟨étaient⟩ comme le langage des oiseaux».[491] Le tombeau, rencontré sur l'île, est qualifié en grec par πάνυ ἀρχαίου βασιλέως «d'un roi très ancien», là où la lettre arabe emploie la périphrase *qabr min qubūr al-awwalīn*, un arabisme qui signifie littéralement «un des plus anciens tombeaux».

Quant à la description du tombeau sur l'île, F. Doufikar-Aerts répète le terme *mālun* «richesses». Or, la deuxième occurrence est un ajout (*wa-mālun* «et des richesses») uniquement dans le manuscrit P3. En regardant de plus près le texte grec de la recension α, cet ajout n'est pas nécessaire car le grec a ἐν ᾧ χρυσὸν πολύν, ce qui correspondrait littéralement à la version arabe sans l'ajout de *mālun* «richesses». Cet ajout ne représente qu'une figure de style. En effet, on aurait à la place le syntagme *fīhi ḏahabun kaṯīrun* «il y avait beaucoup d'or», tandis que la lettre a *fīhi ḏahabun wa-mālun kaṯīrun* «il y avait de l'or et beaucoup de richesses» ce qui n'est probablement qu'une figure de style. On perçoit à travers cet exemple dans quelle mesure la version grecque peut contribuer à rendre plus claire une variation arabe, voire à mieux expliquer certains ajouts et à justifier leur nécessité pour la compréhension du texte.

Un exemple pour la transposition ou mieux la traduction d'un concept intrinsèquement grec en arabe est le terme grec βάρβαρος «étranger», «barbare», c'est-à-dire «non grec» qui devient dans la version arabe le pluriel *al-aʿāğim* de *aʿğam* «étranger», «non arabe». Le terme grec contient, tout comme le terme arabe l'idée qu'un individu n'est pas capable de s'exprimer de façon grammaticalement correcte et compréhensible dans une langue donnée. C'est ainsi que βάρβαρος est négativement connoté puisque les étrangers sont censés commettre des fautes contre le bon usage de la langue grecque. Le terme arabe *aʿğam* s'inscrit également dans ce contexte quand il revêt la signification de «qui ne sait pas parler arabe».

En ce qui concerne une observation sur le nombre, les bateaux sont au nombre de douze dans la recension α, comme dans la recension basée sur les manuscrits P2 et P4, tandis que

490 Strabon, *Géographie*, Laudenbach (B.)(éd.), Paris 2014, XV, 2.

491 García Gómez (1929) CXXV.

F. Doufikar-Aerts indique la leçon *ʿašara* «dix» pour les manuscrits P3 et WE. W. Kroll souligne dans son apparat critique que la traduction syriaque a ajouté, tout comme la version arabe, κἀγὼ προθυμότερος ἐγενόμην εἰς τὴν νῆσον διαβαίνειν, ἀλλὰ δεινῶς ἀντετάξαντο ἡμῖν οἱ βάρβ. καὶ ἀποχωρήσαντες ἀφ' ἡμῶν «et j'avais une très grande volonté de passer sur l'île, mais les barbares se sont opposés à nous même après s'être éloignés de nous».

Quant au nom propre de l'ami d'Alexandre, dans la suite de la lettre citée ci-dessous, la traduction syriaque a conservé, selon l'apparat de W. Kroll, le nom propre de Philon[492] pour la leçon Φείδων de la recension α, toutefois disparu dans la version arabe, qui a le nom de Abū l-ʿAbbās. Or, selon F. Doufikar-Aerts, ce nom «which occurs only in mss. P2 and P4, refers to the legendary Saint al-Ḫiḍr, who was Alexander's companion in the *Sīrat al-Iskandar*, the narrative in which this *Epistola* is inserted. The reference here to Abū l-ʿAbbās al-Ḫiḍr is an addition of the copyists of mss. P2 and P4, who took the word sayyid (master/chieftain) to refer to al-Ḫiḍr».[493] Comme Pheidôn dans le *Roman*, il se propose d'aller explorer l'île prétendue, qui, par la suite du récit se révèle être un monstre marin:

*Roman d'Alexandre*[494]

καὶ δὴ Φείδωνος τοῦ γνησιωτάτου μου φίλου καὶ Ἡφαιστίωνος καὶ Κρατεροῦ καὶ τῶν λοιπῶν φίλων μὴ ἐασάντων με διαβῆναι – Φείδων γὰρ ἔλεγεν· «Ἐπίτρεψόν με πρὸ σοῦ καταπλεῦσαι, ἵνα εἰ κακόν τί ἐστι, πρὸ σοῦ ἐγὼ κινδυνεύσω· εἰ δὲ μή, ἐγὼ ὕστερον ἐπιπέμψω τὸ σκάφος. εἰ γὰρ δὴ Φείδων ἐγὼ ἀπόλωμαι, ἕτεροί σοι φίλοι εὑρεθήσονται· ἐὰν δὲ σὺ Ἀλέξανδρος, ὅλη ἡ οἰκουμένη ἐδυστύχησεν.»

Comme Pheidon, mon ami très sincère, Héphaistion et Kratéros et mes autres amis ne voulaient pas me laisser traverser ⟨la mer⟩ en ce moment même – Pheidon ⟨me⟩ dit: «Laisse-moi débarquer à ta place, afin que, s'il y a quelque malheur, je coure un danger à ta place. S'il n'y a pas ⟨de danger⟩, j'enverrai ensuite le bateau. Si moi Pheidon, je meurs, d'autres amis se trouveront pour toi. Si toi, Alexandre, ⟨tu mourais⟩, la terre entière serait malheureuse.»

*Epistola Alexandri ad Aristotelem*[495]

واشار علي سيدي ابو العباس ان لا افعل وبذل بعض قوادي نفسه دوني وقال: انا اكشف الخبر فان كان سوءً فانا افدي الملك بنفسي. وان كان ما هو فارجع واعلم الملك بذلك فاذنت له.

Mon chef *Abū l-ʿAbbās* m'a conseillé de ne pas y aller; un de mes commandants se livra à ma place et dit: «Moi, je vais ⟨te⟩ faire voir l'état réel. S'il y un malheur (*fa-in kāna sūʾan)*, moi, je sauverai la vie du roi par la mienne. Sinon, je retournerai et j'informerai le roi de ce qui se sera passé.» Je lui ai donné l'autorisation ⟨de le faire⟩.

492 Kroll (1926) 107.

493 Doufikar-Aerts (2010b) 98, note 6.

494 Kroll (1926) III, 17.

495 Doufikar-Aerts (2010a) 99.

πεισθεὶς [δὲ] αὐτοῖς συνεχώρησα διαβαίνειν. καὶ ἐκβάντων αὐτῶν ἐπὶ τὴν νομιζομένην νῆσον ὥρας διελθούσης ἄφνω ἔδυνε ⟨τὸ⟩ θηρίον εἰς τὸν βυθόν. ἡμῶν δὲ κραξάντων καὶ ἀφανοῦς γενομένου τοῦ θηρίου οἱ μὲν κακῶς ἀπώλοντο σὺν τῷ γνησιωτάτῳ φίλῳ· καὶ λίαν ἠχθόμην, τοὺς δὲ βαρβάρους ζητήσας οὐχ εὗρον.

Après les avoir persuadés, je me prêtai à traverser. Et, après qu'ils furent partis sur l'île prétendue, un certain temps s'étant écoulé, un monstre plongea tout d'un coup au fond de la mer. Pendant que nous criions fortement et que le monstre disparaissait, les uns périrent misérablement avec mon ami très sincère; et j'ai été très accablé, j'ai cherché les barbares, sans ⟨les⟩ trouver.

ثم انه سار في جماعة من رجال. فاما دنوا من الجزيرة خرجت عليهم دابة من البحر فاقلبت بهم السفينة. فغرقوا عن آخرهم وغابت الدابة في البحر. فاشتدّ حزني على صاحبي ومن كان معه.

Ensuite, il partit au milieu d'un groupe d'hommes. Lorsqu'ils s'approchèrent de l'île, un monstre *(ḏāba)* sortit contre eux de la mer, ensuite, le bateau se dirigea vers eux. Ils se noyèrent dans la mer loin des autres et le monstre disparut dans la mer *(wa-ġābata aḏ-ḏabbatu fil-baḥri)*. Ma tristesse devint intense en raison de ⟨la perte⟩ de mon ami et de ceux qui étaient avec lui.

La version grecque ne concorde que vaguement avec la version arabe, puisque le nom Philon a été transformé en *Abū l-ʿAbbās*. La proposition grecque πρὸ σοῦ ἐγὼ κινδυνεύσω telle qu'elle apparaît dans le discours direct de Philon n'est pas exactement transcrite en arabe où le verbe *baḏala nafsihi* signifie «il se donna». Dans la version grecque, l'île prétendue (τὴν νομιζομένην νῆσον) se transforme devant les yeux de ceux qui la regardent soudain en « un monstre » (ὥρας διελθούσης ἄφνω ἔδυνε ⟨τὸ⟩ θηρίον εἰς τὸν βυθόν «un monstre plongea tout d'un coup au fond de la mer»). La version arabe conserve le mouvement contraire; au lieu d'une locution prépositionnelle comportant la direction, on insiste sur l'origine du mouvement du monstre.

On constate une correspondance entre le génitif absolu ἀφανοῦς γενομένου τοῦ θηρίου («et que le monstre a disparu») et la phrase *wa-ġābata aḏ-ḏabbata fil-baḥri* («et le monstre disparut dans la mer»). La version arabe de la lettre est étroitement apparentée à la *Leyenda*, ce qui démontre clairement la comparaison suivante:

*Leyenda*[496]

قال فلما دنوا من تلك الجزيرة خرجت عليهم دابّة من دواب البحر فابتلعتهم.

Il dit: Lorsqu'ils s'approchèrent de cette île, un très grand monstre maritime sortit contre eux *(fa-lamma dānū min tilka l-*

*Epistola Alexandri ad Aristotelem*[497]

فاما دنوا من الجزيرة خرجت عليهم دابة من البحر فاقلبت بهم السفينة.

Lorsqu'ils s'approchèrent de l'île, un monstre sortit contre eux de la mer *(fa-lamma dānū min al-ǧazīrati ḫaraǧat ʿalayhim ḏābbatun*

496 García Gómez (1929) 17.

497 Doufikar-Aerts (2010a) 98.

*ğazīrati ḫarağat ʿalayhim dābbatun min dawābbi l-baḥri)*, il les avala.

*min al-baḥri)*, ensuite, le bateau se dirigea vers eux.

A cet endroit, le texte de l'*Epistola* n'est pas tout à fait clair ce qui a amené F. Doufikar-Aerts à traduire cette phrase par «When they came near to the island it [the island] rose against them [being in reality] a sea-beast and it turned their boat upside down.» Les ajouts dans la traduction par lesquels elle a essayé de rendre plus clair le texte arabe édité, s'expliquent par l'analogie avec la version syriaque, sinon il aurait fallu traduire, selon elle «a beast attacked them from the sea».[498]

Dans la version arabe de la lettre, Alexandre et ceux qui l'accompagnent demandent aux Indiens de leur montrer «les indications sur les merveilles de leur pays» (*al-adillāʾ ʿalā ʿağāʾib bilādihim*). Parmi ces merveilles figurent les arbres oraculaires qui pour F. Pfister seraient l'indice d'une sacralisation de la figure du Macédonien qui prend son origine déjà dans le domaine païen sous forme d'oracles et de prophéties. En ce qui concerne la survie de ces arbres, R. Stoneman trace les étapes de sa fortune qui vont de la traduction syriaque jusqu'à la traduction éthiopienne et aboutissent à l'épopée nationale persane du poète Firdausī, le *Šahnamā (Livre des rois)*:

> The source for this image is not the *Alexander Romance* but Arabic tradition about the waq-waq tree, found in the islands of *Waq-Waq*, whose fruit is human heads (or, sometimes, tiny people).[499]

En effet, l'association d'un motif du *Roman d'Alexandre* à une tradition de la géographie arabe, à savoir les arbres portant le nom de *wāq-wāq*, pourrait fournir une explication à la réception de cette prophétie dans l'Orient, plus précisément dans les romans populaires, car l'épisode n'est pas mentionné par les historiens arabes. Par contre, c'est dans la littérature géographique arabe que l'île des *wāq-wāq* est citée de façon récurrente. Il faudrait distinguer entre l'île portant ce nom et l'arbre. L'*Epistola* en arabe contient également l'épisode des arbres oraculaires[500] qui est ici mis en parallèle avec la recension α:

*Roman d'Alexandre*[501]

(...) τινὲς δὲ ἐκ τῶν πολυϊδρίων ἐλθόντες ἔλεγον·

(...) quelques uns de ceux qui savent beaucoup étant venus, ils dirent:

*Epistola Alexandri ad Aristotelem*[502]

والتمسنا منهم ادلّا على عجايب بلادهم واطلاعنا على غرايب ما فيها ففعالوا ذلك. ثم انه بدر اليّ رجل منهم وقال:

Nous leur demandâmes des indices sur les merveilles *(adillā ʿalā ʿağaʾib)* de leur pays et de nous instruire des choses extraordinaires qu'il y avait. Puis, ils firent

498 Doufikar-Aerts (2010a) 98.

499 Stoneman (2008) 188/189.

500 Stoneman (2008) 187/188; Pfister (1976) 313.

501 Kroll (1926) III, 17.

502 Doufikar-Aerts (2010a) 107.

«Βασιλεῦ, ἔχομέν σοι δεῖξαί τι παράδοξον ἄξιόν σου· δείξομεν γάρ σοι ⟨φυτὰ⟩ ἀνθρωπιστὶ λαλοῦντα.»
«Roi, nous avons quelque chose d'extraordinaire, digne de toi, à te montrer; en effet, nous te montrerons des arbres qui parlent d'une voix humaine.»

cela. Ensuite, un homme parmi eux arriva promptement auprès de moi et dit:
انّ من ظرآيف بلادنا وما تحبّ ان تنظر الى شجره تتكلم بكلام الانس.
«Parmi les belles choses de notre pays et de ce que tu désires voir, est un arbre qui parle d'une voix humaine *(bi-kalām an-nas)*.» (…)

Le terme grec τι παράδοξον correspond aux «signes sur les merveilles» *(adillā ʿalā ʿağaʾib)*, F. Doufikar-Aerts remarque que la leçon *adillā* qu'elle a éditée correspond à *adillāʾ*. Cela pourrait être une trace de l'arabe moyen, où il y a des confusions entre les voyelles longues et leurs correspondantes brèves. Un autre exemple de ce phénomène est celui de *an-nas* «les gens» au lieu de *an-nās*. Quant à la voix humaine des arbres oraculaires, la recension β, qui présente une simplification de l'écriture romanesque par rapport à la recension α, c'est-à-dire qu'elle comprend un datif instrumental ἀνθρωπίνῳ στόματι «d'une voix humaine». Voici la mise en parallèle de la description des arbres oraculaires entre la recension α et l'*Epistola Alexandri ad Aristotelem*:

*Roman d'Alexandre*[503]

δύο δὲ ἦν δένδρα τὰ προειρημένα, ἃ ἦν παραπλήσια κυπαρίσσοις . . .

Il y avait deux arbres déjà cités, qui étaient presque semblable à des cyprès. (…)

προσηγόρευον δὲ τὸ μὲν ἀρρηνικὸν ἀρρένων λογισμόν, τὸ δὲ θηλυκὸν θηλειῶν· ὄνομα δὲ ἦν τοῦ ἑνὸς ἥλιος, τῆς δὲ θηλείας σελήνη (…) ταῦτα δὲ περιεβέβλητο δορὰς παντοίων ⟨θηρίων⟩, τὸ μὲν ἄρρεν ἀρρένων τὸ δὲ θῆλυ θηλειῶν.

Ils mentionnèrent que l'⟨arbre⟩ mâle parlait d'une voix de mâle, tandis que l'autre parlait d'une voix de femelle. Le nom de l'un était Hélios, tandis que celui de l'arbre féminin était Seléné (…) Cela a été jeté autour, des

*Epistola Alexandri ad Aristotelem*[504]

فلما وصلنا الى ما دلونا عليه القوم اسندونا الى شجرتين عظيمتين شبيهات بالسرو الذي في بلادنا.

Lorsque nous arrivâmes à l'endroit que les gens nous avaient indiqué, ils nous dirigèrent vers deux grands arbres, que l'on peut comparer au cyprès qui se trouve dans notre pays. (…)

وأني رايت تحت هاتين الشجرتين فيما لا يليها ضروفا من جلود البهآيم. بين يدي الذكر جلود الذكر وبين يدي الانثى جلود الاناث فان الاولى ذكر ان هاتين الشجرتين يتكلمان وان احدهما يتكلم بالنهار وهو ذكر منسوبه الشمس والاخرى انثى تتكلم بالليل.

J'ai vu, au-dessous de ces arbres, pas très proche, des enveloppes de peaux d'agneau. Devant l'⟨arbre⟩ mâle, il y avait des peaux d'⟨animaux⟩ mâles, devant l'⟨arbre⟩ féminin, il y avait des peaux d'⟨animaux⟩

503 Kroll (1926) III, 17.
504 Doufikar-Aerts (2010a) 107, 109.

peaux écorchées de toutes les bêtes, le mâle, des peaux d'animaux mâles, tandis que la femelle, celles des animaux femelles.

femelles. Les guides[505] mentionnèrent que ces deux arbres parlaient, l'un d'eux parlait de jour, c'est le mâle appartenant au soleil, tandis que l'autre, la femelle, parlait de nuit.

Quant à la désignation de l'enveloppe des peaux animales en arabes, le texte a *ḍurūfan*, une leçon qui correspondrait, selon F. Doufikar-Aerts à *ẓurūfan*, *ẓurūf* étant le pluriel de *ẓarf* signifiant «étui de cuir».[506] Une telle confusion entre ces deux lettres emphatiques offre un autre exemple du moyen arabe.

En conclusion, on retiendra l'importance de la recension α dont dérivent quelques passages du moins de la version arabe à travers la traduction syriaque. La version arabe présente des innovations par lesquelles elle se démarque parfois de toute évidence de son modèle grec ce qui n'est pas étonnant car l'intermédiaire syriaque appartient à la recension *δ. Une comparaison philologique avec la version syriaque pourrait rendre plus claire cette première ébauche du relais gréco-arabe contenue dans ce chapitre.

### 2.3.5 Candace (III, 18-23)

Le troisième livre du *Roman* est occupé en grand partie par la rencontre entre Alexandre le Grand et la reine Candace. C. Jouanno a mis en évidence que «(...) l'histoire de la reine Candace (...) forme un véritable petit roman à l'intérieur du roman.»[507] A ce qu'il semble, il n'y a pas de traduction littérale de ce «petit roman», composé de cinq chapitres dans l'Orient en langue arabe.

Néanmoins, la reine Candace n'est pas une figure inconnue dans l'Orient. C'est l'historien ad-Dīnawarī qui conserve une réélaboration de la lettre qu'Alexandre envoie à Candace, ainsi que la réponse de la reine. Dans la recension α du *Roman*, le royaume de cette dernière est localisé en Éthiopie.[508] Bien au contraire, ad-Dīnawarī place le royaume de cette dernière en Occident *(Qindāqa malikat al-maġrib)* ce qui présente une innovation orientale rappelant la localisation des Brahmanes à l'extrême Occident.[509] En ce qui concerne le contenu des épîtres, il faudrait constater que l'échange épistolaire entre le fils de Philippe et Candace a subi une transformation si grande que l'on ne peut à peine reconnaître le *Roman* du Pseudo-Callisthène tant la lettre en question est transformée par la tonalité musulmane chez ad-Dīnawarī dans *Al-aḫbār aṭ-ṭiwāl (Les histoires détaillées)*[510]:

On dit: Alexandre *(al-Iskandar)* apprit de Candace *(Qindāqa),*[511] la reine de l'Occident *(al-maġrib)*, l'étendue de son pays, la fertilité de sa terre et la

قالوا وبلغ الاسكندر أمر قِنْداقة ملكة المغرب

505 *Cf.* Doufikar-Aerts (2010a) 109, note 102 dans l'apparat, selon lequel il faudrait lire *al-adillā'* «les guides».

506 Doufikar-Aerts (2010a) 109, note 100.

507 Jouanno (2002) 88.

508 Kroll (1926) III, 18; Jouanno (2002) 88.

509 *Cf.* le chapitre 2.3.3.

510 Guirgass (1888) 37.

511 W. Guirgass vocalise le nom de la reine *Qindāqa*. Cependant, on pourrait le vocaliser également *Qandāqa* ce qui correspondrait mieux au terme grec.

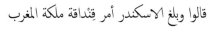

grandeur de son royaume. Il apprit également que sa ville ⟨était située⟩ à quatre parasanges et que la longueur d'une pierre de la muraille de sa ville était de soixante-dix coudées. Il apprit la manière d'être de Candace *(Qindāqa)*, son esprit et sa résolution ferme. Puis, il lui écrivit ⟨ceci⟩:

D'Alexandre *(al-Iskandar)*, fils de Philippe *(al-Fīlifūs)*, le roi qui a le pouvoir sur ⟨tous⟩ les rois de la terre, à Candace *(Qindāqa)*, reine de *Samura*: «Tu as appris combien de pays Dieu m'a livrés entre les mains et il m'a donné de nombreuses victoires. Si tu as écouté mon avis, obéis-moi, crois en Dieu, renonce aux idoles d'une divinité fausse, qui sont adorées sans Dieu, et apporte-moi le tribut fixe *(al-ḫarāǧ)* ⟨que⟩ j'accepte; je m'abstiens d'envahir ton pays. Si tu refuses cela, je marche contre toi. Seul en Dieu est la force.»

وسعة بلادها وخِصب أرضِها وعِظم ملكها
وان مدينتها أربع فراسخ وان طول الحجر
الواحد من سور مدينتها ستّون ذراعا, وأُخبر
عن حال قنداقة وعقلها وحزمها فكتب اليها
من الاسكندر بن الفيلفوس الملك المُسلَّط على
ملوك الارض الى قنداقة ملكة سَمُرَة أما بعد
فقد بلغك ما افآء الله علىّ من البلاد واعطانى
من العِدّ والنصرة فان سمعتِ واطعتِ وآمنتِ
بالله وخلعتِ الانداد التى تُعْبَد من دون الله
وحملتِ الىّ وظيفة الخراج قبلتُ منك وكففت
عنك وتنكّبت ارضَك وان أبيتِ ذلك سرتُ
اليكِ ولا قوّة الّا بالله

A côté de la leçon *Samura*, la *Leyenda*[512] a *Samūra*, pendant qu'E. A. W. Budge donne la transcription *Samrāyē* dans sa traduction anglaise du *Roman d'Alexandre* en syriaque.[513] Il est évident que la version de l'historien arabe ne représente pas une traduction du *Roman* mais la réélaboration islamique d'un motif du Pseudo-Callisthène.

En ce qui concerne la localisation précise du royaume de Candace, dans les *Al-aḫbār aṭ-ṭiwāl (Les histoires détaillées)*,[514] ad-Dīnawarī le situe dans l'Afrique du Nord, quelque part entre l'Égypte et l'Andalousie, puisqu'il évoque le passage par *Qayrawān* situé sur le territoire de la Tunisie actuelle:

Alexandre *(al-Iskandar)* se prépara contre elle en passant avec ses soldats jusqu'à la ville de *Qayrawān*, étant distante d'un mois de voyage de l'Égypte. Il s'empara d'elle à l'aide des machines de guerre à lancer des pierres *(bi-l-maǧānīq)*. Puis, il marcha chez Candace *(Qindāqa)*; De lui et d'elle il y a des histoires *(qiṣaṣ)* et des nouvelles *(anbā')*. Il conclut avec elle un traité de réconciliation et de paix qui disait qu'il ne s'approcherait pas de son pouvoir ni de son royaume.

فتجهّز الاسكندر اليها ومضى فى جنوده حتى
انتهى الى مدينة القيروان وهى من مصر على
شهر فافتتحها بالمجانيق ثم سار الى القنداقة
فكانت له ولها قِصَص وأنبآء فعاهدها على
الموادعة والمسالمة والّا يطور بسلطانها وشىءٍ
ممّا فى مملكتها

Le pluriel arabe *al-maǧānīq* les «machines de guerre à lancer des pierres», avec le singulier *maǧnūq*, est calqué sur le grec τὸ μάγγανον. Ce terme est employé, par exemple, dans le

512 García Gómez (1929) 58.
513 Budge (1896) 118.
514 Guirgass (1888) 37.

chapitre portant sur les sièges de villes par le Pseudo-Maurice dans son manuel militaire intitulé Στρατηγικόν.[515] Ce manuel sert d'illustration à des techniques militaires de l'armée byzantine aux VI^e et VII^e siècles ap. J.-C. Quant à aux machines de guerre *(al-maǧānīq)* citées, on pourrait même songer à une réminiscence du célèbre siège de Tyr qui se trouve sous forme d'une brève allusion au premier livre du *Roman* depuis la recension α, siège autrement inconnu de la tradition arabe.[516] De cet extrait ressort également une dimension «métalittéraire», une réflexion sur la nature même des récits relatifs à Alexandre et Candace dans la littérature arabe. Peut-être que l'affirmation «De lui et d'elle il y avait des histoires *(qiṣaṣ)* et des nouvelles *(anbā')*» prouve que l'historien avait pris connaissance de ce «petit» roman au sein du *Roman d'Alexandre*? Est-ce que ces deux termes placés ici en *hendiaduoin* servent à mettre en relief le fait que ce cycle narratif a été bien connu dans l'Orient?

Quoi qu'il en soit, la *Leyenda* étant un témoignage tardif semble confirmer non seulement l'allusion «métalittéraire» de ad-Dīnawarī mais également l'existence d'un cycle narratif en langue arabe. En effet, le récit de la rencontre entre le Conquérant et Candace, les protagonistes de ce cycle narratif, s'étend sur plusieurs pages. Ce dernier contient même le détail du portrait d'Alexandre que la reine aurait ordonné de faire peindre ainsi que la mention du fils de Candace du nom de Κανδαύλη qui devient *Qandūš* dans la *Leyenda*.

En conclusion, on doit constater qu'il y a un témoignage tardif la *Leyenda* qui conserve le «petit roman» autour d'Alexandre et Candace sans qu'il ne s'agisse d'une traduction littérale d'une recension grecque donnée. Ces chapitres ont fait l'objet d'une réélaboration thématique très tardive, preuve du succès durable du *Roman* même dans l'Occident arabophone. En revanche, l'historien ad-Dīnawarī étant bien antérieur à ce roman populaire cité préserve une version beaucoup plus ramassée profondément transformée d'un point de vue géographique et religieux. Alexandre le Grand y devient encore une fois le porteur de l'Islam.

### 2.3.6 Les Amazones (III, 25)

La rencontre entre Alexandre et les Amazones est une invention des historiens d'Alexandre, elle relève, bien sûr, de la légende. Motif populaire dans le *Roman d'Alexandre* du Pseudo-Callisthène, les femmes guerrières sont connues dans l'Orient en langue arabe. En ce qui concerne l'origine grecque de ce motif littéraire, c'est l'historien Onésicrite qui, selon P. Pédech, en est le véritable inventeur de la rencontre entre le Macédonien et la reine des Amazones du nom de Thalestris:

> (...) son imagination lui a fait inventer l'histoire de la rencontre d'Alexandre avec Thalestris, la reine des Amazones. Il en est réellement l'inventeur. Plutarque nomme quatre historiens qui ont raconté cette fable: Clitarque, Polyclite, Antigène et Istros. (...) On s'est demandé quelle était la signification de cette fiction. Pour les uns il fallait qu'Alexandre rencontrât les Amazones puisque Héraclès et Achille, ses ancêtres et ses modèles, les avaient rencontrées. Mais ils les avaient combattues. Il n'eût pas été plus difficile d'imaginer un combat entre Alexandre et les Amazones

---

515 *Mauricius. Arta militara*, Mihaescu (H.)(éd.), Bucuresti 1970, 10, 3.

516 Kroll (1926) I, 35; Bergson (1956) I, 35; van Thiel (1974) I, 35; von Lauenstein (1962) I, 35.

> que cette rencontre pacifique, qui doit avoir une autre explication. Pour d'autres cet épisode voulait montrer qu'Alexandre avait atteint non seulement les limites de l'Asie, mais encore celles du pays des fées, au-delà desquelles vivaient les créatures.[517]

De ces affirmations résulte clairement que la rencontre mythique a suscité des débats quant à son interprétation et la raison de son invention même. P. Pédech propose de l'interpréter selon un τόπος attribué constamment à l'action historique d'Alexandre le Grand. Il fait référence à la symbiose entre les peuples conquit, notamment la Perse de Darius III, et son propre peuple qui seraient les différents peuples de la Grèce, symbiose culminant dans son propre mariage avec Roxane:

> En s'unissant à Thalestris pour engendrer une descendance à la fois grecque et asiatique, le conquérant inaugurat sa politique de rapprochement avec les Barbares. Il devait lui donner une suite logique en épousant Roxane, fille d'un seigneur bactrien, puis Stateira et Parysatis, filles de Darius, et en mariant à Suse en 324 ses plus illustres compagnons et dix mille de ses soldats avec les Persanes.[518]

En ce qui concerne le mariage entre Alexandre et Roxane, la tradition arabe ne s'intéresse pas à l'élément érotique dans le sens étymologique du terme qui caractérise le genre du roman grec. Bien au contraire, on se contente de citer le nom de Roxane en tant que fille de Darius qu'il épouse lorsqu'il prend la succession de son père.

Contrairement à la tradition historique, le *Roman* du Pseudo-Callisthène montre une prédilection pour la rhétorique épistolaire lorsqu'il introduit le thème des Amazones. L'échange épistolaire entre Alexandre et les Amazones fait partie du *Roman* depuis la plus ancienne recension α. D'abord, c'est son protagoniste qui s'adresse à ces femmes guerrières à travers une brève lettre, puis, la réponse des Amazones clôt l'épisode. E. García Gómez, l'éditeur de la *Leyenda*, mentionne que cette dernière contient l'échange épistolaire entre Alexandre et «reine des femmes» *(malika an-nisā')*[519] dérivé du Pseudo-Callisthène en soulignant une différence notable entre la *Leyenda* et le *Roman*:

> Ignoro de dónde procede la localización de las amazonas en el Yemen (اليمن) y el extraño nombre (جمّانه) que en HD lleva su reina. El resto del episodio es completamente extraño a PC.[520]

Ce témoignage très tardif contient une version arabe qui ressemble le plus à la lettre grecque que les Amazones envoient à Alexandre dans la *Leyenda*[521]:

| | |
|---|---|
| Chez nous, il n'y a pas d'hommes, à part ceux qui habitent derrière la mer sur une île. Nous avons une grande fête. | وليس عندنا رجل غير انهم وراء البحر فى الجزيرة ومنازل ولنا عيد عظيم. |

517 Pédech (1984) 87/88.
518 Pédech (1984) 89.
519 García Gómez (1929) 67-68.
520 García Gómez (1929) CXXXIII.
521 García Gómez (1929) 68.

Il n'y a pas de traduction exacte dans la tradition arabe de l'échange épistolaire entre Alexandre et les Amazones du *Roman*. Rien n'est préservé de la lettre qu'il adresse aux femmes guerrières. Par ailleurs, c'est la réponse des femmes guerrières qui relève d'un intérêt spécifique pour ce qui est de la réception en langue arabe.

Avant de rapprocher cette lettre des Amazones au Macédonien à la réception arabe, il faudrait souligner que le thème littéraire de ces femmes guerrières a connu un succès tout à fait singulier dans le genre géographique, plus précisément dans la géographie humaine et non scientifique. Dans l'Orient, notamment chez les géographes, elles deviennent le synonyme pour un climat géographique, à la même manière que «les Byzantins» *(ar-Rūm)*. Chez Ibn al-Faqīh, dans le *Muḫtaṣar kitāb al-buldān (L'abrégé du livre des pays)*[522] elles ne sont pas explicitement citées mais de leur description ressort de toute évidence qu'il s'agit de ces femmes guerrières connues dans l'imaginaire grecque depuis l'époque archaïque, à savoir l'*Iliade* homérique[523]:

| | |
|---|---|
| Le sixième climat est celui des Francs *(Firanğa)* et d'un peuple où les femmes ont l'habitude de se couper leur mamelle et de se la brûler en bas-âge pour qu'elle ne soit pas grande. | والاقليم السادس فِرَنْجة وامم اخرى وفيه نساءٌ من عادتهن قطع ثديهنّ وكيُّه فى صغرهنّ لئلّا يعظم. |

Al-Qazwīnī cite dans le *Kitāb ağā'ib al-maḫlūqāt (Livre des merveilles de la création)*[524] une île de femmes *(ğazīra an-nisā')* située dans la mer de Chine *(fī baḥri al-ṣīn)* dans le premier climat. Dans la lettre des Amazones à Alexandre dans la recension α, cette île habitée par ces dernières est mentionnée (οἰκοῦμεν δὲ ἐν νήσῳ «nous habitons dans une île»).[525] Dans la recension β, ce détail n'y figure pas tandis que dans le texte L, il n'est que question de la locution prépositionnelle ἐν μέσῳ «au milieu» caractérisant la position de l'île au milieu du fleuve.[526] Au-delà de la littérature géographique où elles désignent une entité de la géographie humaine, qui est celle d'un climat, ces femmes guerrières font leur apparition aussi dans l'historiographie. C'est ainsi que l'historien ad-Dīnawarī les cite au Xe siècle dans les *Al-aḫbār aṭ-ṭiwāl (Les histoires détaillées)*[527] lors d'une description éthnographique:

| | |
|---|---|
| Lorsqu'il eut achevé de construire la barrière entre eux et ces peuples, il s'éloigna d'eux. | فلما فرغ من بنآء السدّ بينهم وبين تلك الامم رحل عنهم |
| Il alla à la rencontre d'un peuple de gens d'une couleur rouge, aux cheveux roux, où les | فوقع الى امّة من الناس حُمر الالوان صُهب |

522 De Goeje (1885) 6.

523 Pour une synthèse portant sur les Amazones, *cf.* Blok (1995).

524 Wüstenfeld (1849) 308.

525 Kroll (1926) III, 25.

526 Van Thiel (1974) III, 25.

527 Guirgass (1888) 39.

| | |
|---|---|
| hommes sont séparés de leurs femmes et ne se rencontrent que trois jours chaque année. Celui parmi eux qui veut se marier ne peut le faire que pendant ces trois jours. Si la femme met au monde un enfant mâle, elle le sèvre et le rend à son père pendant ces trois jours. Si elle donne vie à une fille, elle la garde auprès d'elle. | الشعور رجالهم معتزلون عن نسائهم لا يجتمعون الا ثلاثة أيّام فى كلّ عام فمن اراد منهم التزويج فانما يتزوّج فى تلك الثلثة الايّام واذا ولدت المرأة ذكرا وفطمته دفعته الى ابيه فى تلك الثلثة الايّام وان كانت انثى حبستها عندها |

Il faut constater qu'il ne nomme pas explicitement les Amazones. Néanmoins, de sa description résulte clairement qu'il s'agit bien d'elles. La question du mariage est inconnue des versions grecques tout comme la description ethnographique d'un peuple «d'une couleur rouge». On peut se demander si la description que les Brahmanes donnent de leur mode de vie à Alexandre dans la recension β[528] est liée à la description des Amazones chez ad-Dīnawarī:

| | |
|---|---|
| «(…) ἔχομεν δὲ ἕκαστος τὴν ἰδίαν γυναῖκα· καὶ κατὰ σελήνης γένναν πορεύεται ἕκαστος καὶ πλησιάζει τῇ ἰδίᾳ συνεύνῳ, ἕως ἂν τέκῃ δύο παῖδας· καὶ λογιζόμεθα τὸν μὲν ἕνα ἀντὶ τοῦ πατρός, τὸν δὲ ἄλλον ἀντὶ τῆς μητρός.» | «(…) Nous avons chacun notre propre femme; lors de la naissance de la lune chacun s'approche également de sa propre femme, jusqu'à ce qu'elle engendre deux enfants; et nous conjecturons que l'un est l'égal du père, tandis que l'autre l'égal de la mère.» |

La description du mode de vie des femmes guerrières doit être rattachée, selon R. Stoneman, à la longue tradition des utopies sociales dans la littérature grecque:

> The description of the Amazon's state recalls the situation of other Greek utopias, not least that of the Brahmans in Palladius, who live on an island in a river and keep their womanfolk the other side of the water.[529]

A la rencontre trois jours chaque année durant chez ad-Dīnawarī correspond un détail de l'Antiquité grecque: Dans la lettre des Amazones destinée à Alexandre, conservée à la fois dans la recension α et dans la famille de β, elles sont censées de se réunir une fois par an lors d'une fête (πανήγυριν) en l'honneur de Zeus, Poseidon, Héphaistos et Arès. Dans la *Leyenda*, éditée par E. García Gómez, la reine des Amazones fait mention d'«une grande fête» (*ʿīd ʿaẓīm)*.[530] Ni dans la *Leyenda* ni chez ad-Dīnawarī sont conservés les noms des divinités du panthéon gréco-romain. La description éthnographique que les Amazones donnent d'elles-mêmes sous forme épistolaire contient un détail issu du contexte de l'Antiquité grecque: dans la recension ε, les femmes des Bienheureux (30,4) ont déjà été identifiées par Ch. Genequand comme les Amazones[531] bien que ces dernières ne fassent

528 Bergson (1956) III, 6.
529 Stoneman (2008) 131.
530 García Gómez (1929) 68.
531 Genequand (1996) 126/127.

leur apparition que plus tard dans le récit ε (38) à travers une lettre qui n'a pas fait l'objet d'une réception en arabe.

On remarque un assemblage nouveau de deux différentes séquences issues du *Roman* du Pseudo-Callisthène chez l'historien ad-Dīnawarī dans *Al-aḫbār aṭ-ṭiwāl (Les histoires détaillées)*. C'est la construction de la barrière contre Gog et Magog qui précède la description d'un peuple que l'on pourrait identifier avec celui des Amazones. La version de la recension α est mise en parallèle à la version arabe – non parce qu'elle est son modèle mais parce qu'elle est la plus ancienne version conservée ne présentant que quelques variations à la recension β:

| ad-Dīnawarī[532] | *Roman d'Alexandre*[533] |
| --- | --- |
| فلما فرغ من بنآء السدّ بينهم وبين تلك الامم رحل عنهم | |
| Lorsqu'il eut achevé de construire la barrière entre eux et ces peuples, il s'éloigna d'eux. | |
| فوقع الى امّة من الناس حُمر الالوان صُهب الشعور رجالهم معتزلون عن نسائهم لا يجتمعون الا ثلثة أيّام فى كل عام فمن اراد منهم التزويج فانما يتزوّج فى تلك الثلثة الايام | ἐσμὲν δὲ αἱ κατοικοῦσαι παρθένοι ἔνοπλοι μυριάδες κʹ· ἄρσεν δὲ παρ' ἡμῶν οὐδὲν ὑπάρχει· οἱ δὲ ἄνδρες πέραν τοῦ ποταμοῦ κατοικοῦσι τὴν χώραν νεμόμενοι. ἡμεῖς δὲ κατ' ἐνιαυτὸν ἄγομεν πανήγυριν, ἱπποφονίαν θύουσαι τῷ Διὶ καὶ Ποσειδῶνι καὶ Ἡφαίστῳ ἐπὶ ἡμέρας λʹ . . . ὅσοι δὲ βούλονται διακορεῦσαί τινας ἐξ ἡμῶν, καταμένουσι πρὸς αὐτάς· |
| Il alla à la rencontre d'un peuple de gens d'une couleur rouge, aux cheveux roux, où les hommes sont séparés de leurs femmes et ne se rencontrent que trois jours chaque année. Celui parmi eux qui veut se marier ne peut le faire que pendant ces trois jours. | Nous, les vierges y habitant, nous sommes vingt milles sous les armes. Aucun mâle ne se trouve chez nous. Les hommes habitent au-delà du fleuve, en menant paître sur le territoire. Nous, chaque année, nous célébrons une fête en sacrifiant à Zeus, à Poséidon et à Héphaïstos pendant trente jours… tous ceux qui veulent s'unir à une de nous, restent avec elles. |
| واذا ولدت المرأة ذكرا وفطمته دفعته الى ابيه فى تلك الثلثة الايّام وان كانت انثى حبستها عندها | καὶ τὰ θηλυκά, ὅσα ἂν τίκτωσι, γενόμενα ἑπτέτη διαβιβάζουσι πρὸς ἡμᾶς. |
| Si la femme met au monde un enfant mâle, elle le sèvre et le rend à son | Et les femelles, toutes celles qu'elles engendrent, lorsqu'elles ont sept ans, elles passent franchissent |

532 Guirgass (1888) 39.
533 Kroll (1926) III, 25.

| | |
|---|---|
| père pendant ces trois jours. Si elle donne vie à une fille, elle la garde auprès d'elle. | le fleuve ⟨pour venir⟩ chez nous. |

Chez l'historien arabe, la rencontre entre les Amazones et les hommes dure trois jours, tandis que dans les recensions α et β, cette rencontre, dans le cadre de la fête dure trente jours. La version arabe ne corrrespond que vaguement au Pseudo-Callisthène, quoique il y ait des réminiscences de la tradition grecque.

En conclusion, on doit admettre qu'il n'existe aucune traduction littérale du chapitre portant sur les Amazones du *Roman* en arabe. Cependant, les témoignages chez Ibn al-Faqīh et l'historien ad-Dīnawarī montrent clairement que ce peuple de femmes a été bien connu dans l'Orient.

### 2.3.7 L'empoisonnement d'Alexandre (III, 31/32)

Le thème littéraire de la mort du Conquérant macédonien a connu un succès extraordinaire dans la littérature orientale en langue arabe. Dans le premier livre des *Maccabées* de l'*Ancien Testament*, la mort d'Alexandre figure à travers une allusion (καὶ μετὰ ταῦτα ἔπεσεν ἐπὶ τὴν κοίτην καὶ ἔγνω ὅτι ἀποθνῄσκει «à la suite des ces événements, il tomba sur son lit et il comprit qu'il allait mourir»).[534] Il est censé comprendre en quelque sorte qu'il allait mourir, notamment à travers l'emploi de l'aoriste à voyelle longue de γιγνώσκω qui insiste sur le moment précis de la prise de conscience. Bien qu'il ne s'agisse que d'une allusion assez vague, sa seule mention fait comprendre que le thème de la mort du roi qui a conquis la terre entière, est évoquée même dans un aperçu historique si bref ne présentant que les grandes lignes de la carrière d'Alexandre le Grand. Dans le *Roman d'Alexandre* en grec, la mort du protagoniste est annoncée à travers le prodige qui consiste dans la naissance d'un enfant monstrueux (III, 30). Aucun présage de ce genre n'existe dans la tradition arabe où figurent néanmoins des astrologues comme dans les *Annales* d'Eutychius[535]:

| | |
|---|---|
| Sa mère lui avait raconté que les astrologues *(al-munaǧǧimīn)* lui ont dit à sa naissance qu'il périra à un endroit dont le ciel est fait d'or et la terre est de fer. | وكانت امه اخبرتهُ ان المنجمين قالوا لها حين ولدته انهُ يهلك بموضع سماؤهُ ذهب وارضه حديد. |

Etant donné ce récit très ramassé, il n'est pas facile de le situer dans un contexte approprié. En revanche, l'ensemble devient plus clair, si l'on compare la version d'Eutychius à un autre auteur chrétien arabophone Agapius ou encore à al-Mubaššir ibn Fātik:

534 *Septuaginta*, Rahlfs (A.)(éd.), Stuttgart 2006, *Maccabées* I, 5.

535 Cheikho (1906) 82.

Agapius[536]

فبينما هم يسيرون على ظهر الطريق اذ وجده فترة وتاذى من حرارة الشمس فنزل عن فرسه وظلل اصحابه عليه بتراسهم وهى مملوة بالذهب فلم يجد خفّة وقرب ذهاب النهار فامرهم ان يعدّلوا به الى اقرب القرى منه ففعله به كما امرهم وبات بها مقيمًا واصبح وقد اشتدت به الشكاية فسال عن اسم القرية فاخبروه انها تسما رومية المداين فانقطع عند ذلك رجاوه بحسابه كان بان ميتته تدركه فى بيت من ذهب برومية.

Pendant qu'ils voyageaient sur un chemin à travers le désert, il se trouva affaibli et blessé par la chaleur du soleil. Il descendit de son cheval. Ses compagnons l'ombragèrent de leurs boucliers qui étaient couverts d'or. Il ne sentait pas de soulagement et le crépuscule de la journée s'approcher. Il leur ordonna de le conduire tout droit près d'une ville. Ils firent comme il le leur avait ordonné et y firent halte. Le matin, sa plainte fut devenue intense et il demanda le nom de la ville. On lui apprit qu'elle portait le nom de *Rūmiyya al-Madāïn*. Son espoir finit sur ces entrefaites, parce qu'il pensa que la mort s'emparerait de lui dans une maison d'or à *Rūmiyya*.

al-Mubaššir ibn Fātik[537]

وذكروا أنه كان, فيما نظر المنجمون فيه من نهاية القضاء ملك الاسكندر, أن آية ذلك أن يموت على أرض من حديد تحت سماء من ذهب. فبينا هو يسير ذات يوم, إذ رعف رعافًا شديدًا, فأجهده الضعف حتى مال عن فرسه. فنزل بعض قوّاده, فنزع درعه وفرشها له وظلّله من الشمس بترس مذهب. فلما رأى ذلك قال:" هذا أوان منيّتى!

On mentionne qu'il y avait des signes que les astrologues *(al-munağğimūn)* ont observés au sujet de la mort du roi Alexandre *(al-Iskandar)*: il mourra sur une terre de fer sous un ciel d'or. Pendant qu'il voyageait un jour, le sang lui coula violemment du nez. La faiblesse le tourmenta au point de descendre de son cheval. Un des ses commandants descendit, lui ôta sa cuirasse, l'étendit par terre et l'ombragea du soleil avec un bouclier doré. Lorsqu'il vit cela, il dit: «C'est le moment de ma mort.»

Al-Mubaššir ibn Fātik mentionne explicitement la prophétie de la mort du Conquérant à travers laquelle la mention presque énigmatique d'Eutychius «il périra à un endroit dont le ciel est fait d'or et la terre est de fer» devient compréhensible: Alexandre mourra étendu sur sa cuirasse en fer, ombragé par son bouclier d'or. Chez Agapius, il est question de plusieurs boucliers d'or qui appartenaient à «ses compagnons» et pas uniquement à Alexandre comme chez al-Mubaššir.

La version d'Agapius représente une scène isolée dans la tradition arabe. En fait, il localise également la terre où le roi va être enterré en présentant une description non dépourvue d'une certaine aspiration littéraire. Cela paraît assez étonnant pour une chronique universelle visant à la narration concise des faits historiques. Cependant, on en

536 Vasiliev (1915) 107.
537 Badawī (1958) 239.

retrouve aussi quelques reflets chez al-Mubaššir ibn Fātik qui mentionne également des signes observés par les astrologues ainsi que la nouveauté orientale «d'une terre de fer sous un ciel d'or», la mention de l'endroit où Alexandre va être enterré inconnue des recensions grecques du Pseudo-Callisthène.

Agapius situe l'avènement de la mort du Conquérant dans une ville, appelée *Rūmiyya al-Madāïn*, *Madāïn* étant un des pluriels de *madīna* «ville». L'ancienne ville de Ctésiphon (Séleucie) sur les bords du Tigre est désignée de ce nom.

Or, il y a une troisième version qui ressemble à celles d'Agapius et Eutychius. H. Zotenberg, l'éditeur de Abū Manṣūr aṯ-Ṯaʿālabī la mentionne dans la préface à son édition «une grande analogie avec le récit d'Eutychius».[538] Au lieu des astrologues, c'est Ptolémée en personne qui va tirer l'horoscope d'Alexandre chez l'historien Abū Manṣūr aṯ-Ṯaʿālibī dans *Ġurar aḫbār mulūk al-furs wa-siyarihim (L'origine des nouvelles des rois persans et leurs vies)*[539]:

| | |
|---|---|
| Il donna ordre à Ptolémée d'établir son horoscope en observant ses étoiles, ce qu'il fit. Puis, il lui dit: «Tu vas bien jusqu'au moment où tu vois ta terre de fer et ton ciel d'or. A ce moment-là, on doit avoir des craintes pour toi.» | فامر بطلميوس باخذ طالعه والنظر فى نجمه ففعل ثمّ قال له انّك بخير الى ان ترى ارضك من الحديد وسمآءك من ذهب فحينئذ يخاف عليك. |

Dans la tradition arabe, le lieu de la mort d'Alexandre est un sujet si discuté que l'historien al-Masʿūdī cite dans les *Murūǧ aḏ-ḏahab wa-maʿādin al-ǧawhar (Les prairies d'or et les mines de pierres precieuses)* trois endroits différents, les villes de *Šahrazūr*, de Nisibis et l'Irak.[540]

Après avoir passé en revue les témoignages qui présentent un apport original de la tradition arabe à la réception du *Roman*, seul le patriarche melkite arabophone Eutychius en conserve une version détaillée de l'empoisonnement d'Alexandre le Grand. Très longtemps, on a pensé que cette version était inconnue dans l'Orient:

> It was thought that this version did not appear in the work of Muslim historians and was seen by Nöldeke [1890] 17 as "den Arabern unbekannte Vergiftungsgeschichte". Research has shown, however that this version circulated and was preserved in various manuscripts. (…) In the *Liber philosophorum* by Sijistānī, there is also a reference to a story about poisoning.[541]

Désormais, passons à la question de savoir dans quelle recension grecque la version d'Eutychius est dérivée. Selon C. Jouanno, l'épisode de l'empoisonnement a été raccourci en passant de la recension α à la recension β:

> De même, les chapitres consacrés à la mort d'Alexandre ont été considérablement raccourcis dans la recension β: l'auteur ne parle pas, en III, 32 de la plume

538 Zotenberg (1900) XXXIV.

539 Zotenberg (1900) 448/449.

540 Barbier de Meynard/Pavet de Courteille/Pellat (1966) § 675.

541 Doufikar-Aerts (2010b) 23, note 38.

> empoisonnée que, dans le texte A, Iollas donnait à Alexandre pour l'achever plus sûrement (§ 1-2), et il omet d'évoquer la disparition de Cassandre et de son frère une fois leur forfait accompli (§ 3).[542]

Dans la version arabe d'Eutychius, il n'est aucunement question de ces détails contenus dans la recension α et omis dans la recension β. Il n'est plus question dans la version arabe de la qualité du poison, qui relève pour Plutarque de la sphère purement romanesque lorsqu'il dit que «la plupart ⟨des auteurs⟩ sont d'avis que le récit concernant le poison a été inventé» (οἱ δὲ πλεῖστοι τὸν λόγον ὅλως οἴονται πεπλάσθαι τὸν περὶ τῆς φαρμακείας).[543]

Il reste la question de savoir si la version d'Eutychius est une traduction à partir de la traduction syriaque du Pseudo-Callisthène ou bien s'il s'agit d'une traduction arabe faite à partir d'une recension grecque du *Roman.* M. Breydy affirme dans l'introduction à son édition partielle des *Annales* n'avoir pas pu relever une traduction arabe directement faite à partir d'une source grecque quelle que soit:

> Andererseits ist es mir kein einziges Mal gelungen, einen direkten Auszug aus griechischen Quellen bei Ibn Baṭrīq zu finden. Für die Kirchengeschichte sowie für die christliche Profangeschichte sind überall syrische bzw. aus dem Syrischen oder aus dem Griechischen schon vor Ibn Baṭrīq ins Arabische übersetzte Quellen benutzt worden. Dies lässt sich einerseits an den vielen syrischen Wörtern und Verbalformen bestätigen, die man in seinen ausgewählten liest; andererseits an seiner Unkenntnis schwerwiegender Details über einzelne Werke und Persönlichkeiten aus der byzantinischen Literatur von der Zeit an, wo die Araber den Nahen Osten erobert hatten.[544]

Déjà Th. Nöldeke précise qu'Eutychius conserve «die Hauptzüge der Vergiftungsgeschichte»:

> Nur der orthodoxe ägyptische Patriarch Eutychios († 940) der überhaupt den Roman in manchen Stücken getreuer wiedergiebt als die Muslime, hat die Hauptzüge der Vergiftungsgeschichte ganz wie jener. Daneben aber auch anderes, was nicht dazu stimmt. Er hat also, wenigstens indirect, neben der persisch-arabischen Form des Romans noch eine genauere benutzt.[545]

La version d'Eutychius n'est pas une traduction proche du texte grec. Elle montre un certain nombre de variations ce qui complique la tâche de l'attacher à une recension précise du *Roman*:

542 Jouanno (2002) 251.
543 Magnino (1987) 77.
544 Breydy (1985) VII/VIII.
545 Nöldeke (1890) 34/35.

Eutychius, *Annales*[546]

*Roman d'Alexandre*[547]

فلمَّا غلب الملوك واستولى على الدنيا وصار الى بابل سقوهُ سمًّا فمات.

Après avoir vaincu les rois et s'être rendu maître du monde, il se dirigea vers Babel où on lui donna à boire le poison. Ensuite, il y mourut.

وذلك ان امه الومفيدا كانت كتبت اليهِ كتاباً تشكو فيهِ عامله الذي على مكدونية فحقد عليهِ الاسكندر وعزم على قتله.

α, III, 31: Τῆς δὲ μητρὸς αὐτοῦ Ὀλυμπιάδος πλεονάκις γραφούσης περὶ τοῦ Ἀντιπάτρου καὶ δεινοπαθούσης (…)

Sa mère Olympias *(Ulūmfīdā)* lui avait écrit une lettre dans laquelle elle se plaignait de son gouverneur en Macédoine. Alexandre nourrit contre lui une haine en épiant l'occasion de lui nuire et, à la suite d'une mûre réflexion, il décida de le tuer.

α, III, 31: Sa mère Olympias lui écrit souvent au sujet d'Antipatros et se plaint avec véhémence (…)

فاحسّ الرجل بذلك منهُ فوجَّه بابن لهُ الى الاسكندر ومعُ هدايا كثيرة والطاف واعطاهُ سمًّا قاتلًا واوصاه ان يتلطف بكل حيلةٍ بان يسمّ الاسكندر.

α, III, 31: μεταπεμψάμενος οὖν [τὸ] τοξικὸν φάρμακον (…) ἔδωκε Κασάνδρῳ τῷ υἱῷ καὶ ἐξαπέστειλε ποιῆσαι ξένια Ἀλεξάνδρῳ λόγῳ συλλαλήσοντα Ἰόλλᾳ ἀδελφῷ περὶ τῆς τοῦ φαρμάκου δόσεως.

Cet homme connaissait avec certitude l'intention ⟨d'Alexandre⟩. Il envoya son fils chez Alexandre *(al-Iskandar)* avec de nombreux cadeaux généreux et lui donna le poison mortel. Il lui recommanda d'empoisonner Alexandre *(al-Iskandar)* par n'importe quelle ruse.

α, III, 31: Ayant envoyé vers ⟨lui⟩ un poison dont on imprègne les flèches (…), il le donna à son fils Cassandre et l'envoya faire à Alexandre des présents d'hospitalité, après avoir parlé avec son frère Iollas sur la manière de lui donner le poison.

فقدم الفتى واوصل كل ما كان معهُ من الهدايا ولقي فيمن لقي صاحب شراب الاسكندر وقد كان الاسكندر قبل ذلك وجد عليهِ فضربهُ. وكان موغر الصدر فطابقهُ صاحب الشراب على غرضه ودخل معهما في الامر رجل من خاصّة الاسكندر.

α, III, 31: Ἀφικόμενος δὲ ὁ Κάσανδρος εἰς Βαβυλῶνα καὶ καταλαβὼν τὸν Ἀλέξανδρον περὶ τὰς θυσίας ὄντα καὶ ὑποδοχὰς ξένων συνελάλησε τῷ Ἰόλλᾳ, ἀρχιοινοχόῳ ὄντι τοῦ Ἀλεξάνδρου. τὸν δὲ Ἰόλλαν ἔτυχεν ὀλίγαις ἡμέραις πρότερον Ἀλέξανδρος ῥάβδῳ καθιγμένος κατὰ τῆς κεφαλῆς διά τινα αἰτίαν ἐξ ἀταξίας γεγενημένην, ὅθεν ὁ

546 Cheikho (1906) 81.

547 Kroll (1926) III, 31; Van Thiel (1974) III, 33.

νεανίσκος προχείρως ὀργιζόμενος ἀσμένως ὑπήκουσε πρὸς τὸ παρανόμημα. καὶ παρέλαβε Μήδιον Θεσσαλὸν Ἀλεξάνδρου μὲν ὄντα φίλον, ἑαυτοῦ δὲ ἐραστήν. οὗτος δὲ συνηδικημένος τῷ Ἰόλλᾳ διὰ τὴν διάθεσιν διετάξατο πρὸς αὐτὸν ὡς δώσων τὸ φάρμακον πιεῖν.

L'adolescent arriva et fit parvenir tous les cadeaux qu'il avait apportés. Parmi les personnes qu'il rencontra, il y avait l'échanson d'Alexandre *(al-Iskandar)* contre lequel Alexandre *(al-Iskandar)* s'était fâché et qu'il avait battu auparavant. Le cœur de ce dernier bouillonnait de colère. L'échanson approuvait son intention ⟨de tuer Alexandre⟩ et un des notables d'Alexandre *(al-Iskandar)* et conspira *(daḫala)* avec tous les deux dans l'affaire.

α, III, 31: Après que Cassandre fût arrivé à Babylone et ayant compris qu'Alexandre était en train de faire des sacrifices, il parla avec Iollas, qui était le grand-échanson d'Alexandre. Peu de jours auparavant, Alexandre avait fait donner des coups de bâton sur la tête à Iollas, en raison d'un certain désordre qui s'était produit, c'est pour cela que le jeune homme naturellement en colère consentit avec joie à ce méfait. Et il prit avec lui le Thessalien Médios, qui comptait parmi les «amis» d'Alexandre mais qui était son amant à lui. Celui-là, ayant fait tort à Iollas, prit ses dispositions envers lui grâce à cet arrangement pour lui donner à boire le poison.

واتَّفق ان الاسكندر اتخذ طعامًا لاصحابهِ فاكلوا وشربوا وجلس الاسكندر مع خاصَّتهِ وندمائه مسرورًا جذلًا بمجلسه. فلما اخذ فيهِ الشراب خلط الساقي من ذلك السم في كأس الملك ثم ناولهُ ايَّاها. فلم يلبث حين شربهُ الى ان احسّ بالموت.

α, III, 31: τοῦ δὲ Ἀλεξάνδρου ἡδέως γενομένου μετὰ τῶν παρόντων φίλων καὶ τεχνιτῶν (…)
τοῦ δὲ Ἀλεξάνδρου ἀνακλινθέντος προσήνεγκεν αὐτῷ Ἰόλλας τὸ ποτήριον. εἶθ' οὕτως τοῖς παροῦσι λόγου ἐμπεσόντος διατριβῆς ἕνεκεν, τοῦ πότου διεληλόθος ἱκανὸν χρόνον, ἐξαίφνης ὁ Ἀλέξανδρος ἀνεβόησεν ὡς τόξῳ πεπληγὼς εἰς τὸ ἧπαρ· μικρὸν δὲ ἐπισχὼν χρόνον καὶ τὴν ὀδύνην καρτερήσας ἀπῄει εἰς ἑαυτόν, ἐντειλάμενος τοῖς παροῦσι πίνειν.

En même temps, Alexandre *(al-Iskandar)* faisait préparer un repas pour ses amis. Ils mangèrent et burent. Alexandre *(al-Iskandar)* était assis avec son entourage et ses commensaux étaient contents et joyeux en sa compagnie. Lorsqu'il fut pris d'ivresse à cause de la boisson, l'échanson

α, III, 31: Alexandre se trouvait dans un état agréable avec ses amis présents et les artistes (…) Quand Alexandre se fut allongé, Iollas lui apporta la coupe. Ensuite, la conversation devint générale pour long temps, et comme le moment de boire était arrivé, Alexandre poussa tout à coup un grand cri comme s'il

mélangea ce poison-là dans le verre du roi avant de le lui tendre. Peu de temps après l'avoir bu, il sentit qu'il allait mourir.

avait été touché par une flèche au foie; il attendit un peu de temps et après avoir supporté la douleur, il se retira chez lui, en ordonnant à ceux qui étaient présent de continuer à boire.

فامر باحضار كاتبه فاملى عليهِ كتابًا الى امه هذه نسخته.

L, III, 33: Καὶ κελεύσας εἰσελθεῖν ὑπομνηματογράφον (…) προσέταξε δὲ γράψαι ⟨πρὸς⟩ τὴν μητέρα αὐτοῦ (…)

Il ordonna de lui amener son secrétaire et lui dicta pour sa mère la lettre suivante (…)

L, III, 33: Et après avoir ordonné à son secrétaire d'entrer, (…) il donna l'ordre d'écrire ⟨une lettre⟩ à sa mère (…)

Il s'agit d'une réélaboration de l'épisode et non pas d'une traduction. En effet, elle présente des affinités avec la recension α[548] bien qu'elle cite également la lettre de consolation étant uniquement conservée dans le texte L.

La version arabe cite une lettre envoyée par Olympias à son fils, là où la recension α cite plusieurs (Τῆς δὲ μητρὸς αὐτοῦ Ὀλυμπιάδος πλεόνακις γραφούσης περὶ τοῦ Ἀντιπάτρου καὶ δεινοπαθούσης). Le nom du gouverneur Antipatros n'est pas mentionné, à la place, il est présenté à travers la fonction qu'il occupe étant celle de *ʿāmil* «préfet», «gouverneur d'une province». Comme il n'est qu'un personnage historique de second plan, son nom est resté probablement inconnu dans l'Orient. Dans la version d'Eutychios, Alexandre aurait voulu tuer Antipater. Bien au contraire, dans le *Roman* du Pseudo-Callisthène, ce dessein a été présenté comme étant celui d'Antipater: αἰσθόμενος οὖν ὁ Ἀντίπατρος τὴν ἐπίνοιαν Ἀλεξάνδρου τῆς στρατιωτικῆς λειτουργίας ἐπεβούλευεν αὐτῷ φόνον (…).[549] L'événement qui déclenche le complot contre Alexandre est la violence du Conquérant contre l'échanson, «contre lequel Alexandre s'était fâché et qu'il avait battu auparavant» selon la version arabe. Le *Roman* contient, une fois de plus, un récit plus détaillé car il précise que «peu de jours auparavant Alexandre avait fait donné des coups de bâton à la tête à Iollas» (τὸν δὲ Ἰόλλαν ἔτυχεν ὀλίγαις ἡμέραις πρότερον Ἀλέξανδρος ῥάβδῳ καθιγμένος κατὰ τῆς κεφαλῆς). En ce qui concerne le complot contre le roi macédonien, on constate que l'homosexualité, d'une inspiration typiquement grecque, a été délibérément écartée de la version du patriarche melkite. Dans le *Roman* du Pseudo-Callisthène, le troisième personnage investi est l'amant du grand-échanson Iollas, le Théssalien Médios.

D'un point de vue du lexique employé, le dessein d'empoisonner Alexandre est qualifié en arabe par un terme assez général, assez neutre, qui serait *amr* «affaire» tandis que le *Roman* apporte un jugement de valeur puisqu'il est illustré de façon dépréciative en grec par τὸ παρανόμημα «acte contraire à lois», «illégalité», «méfait». Cette différence peut s'expliquer par la tendance laudative du Pseudo-Callisthène où toute critique historique est absente. L'ivresse d'Alexandre advenue lors du banquet telle qu'elle est évoquée chez

548 Kroll (1926) III, 31.
549 Kroll (1926) III, 31.

Eutychius paraît une invention orientale car le *Roman* l'ignore complètement. La recension α dit seulement que Iollas lui aurait donné le poison un certain temps après (τοῦ πότου διεληλυθότος ἱκανὸν χρόνον). D'autres témoignages en langue arabe mentionnent qu'Alexandre a été empoisonné. Par exemple, l'historien Agapius y consacre dans le *Kitāb al-ʿunwān (Livre du modèle)*[550] une brève allusion selon laquelle il aurait été empoisonné par «un de ses serviteurs»:

| | |
|---|---|
| Il est dit qu'un des ses serviteurs lui a donné à boire du poison en ce lieu [i.e. Babylone *(Bābil)*] et le tua ⟨ainsi⟩. | ويقال ان بعض عبيده سقاه سمًا في موضعه وقتله |

En conclusion, il résulte clairement que la version d'Eutychius remonte à la recension α sans qu'il s'agisse d'une traduction littérale. Il s'agit plutôt de la réélaboration d'un motif littéraire de la part du patriarche à partir d'une source proche de la plus ancienne recension connue du *Roman d'Alexandre*.

### 2.3.8 La «Lettre de consolation» (III, 33)

La «Lettre de consolation» qu'Alexandre écrit à sa mère Olympias avant sa mort ne figurait pas dans les plus anciennes recensions α et β. Elle représente un ajout ultérieur qui s'est effectué à l'époque byzantine puisqu'elle n'apparaît que dans le texte L transmis dans un manuscrit tardif du XV$^{e}$ siècle. De plus, la recension ε contient une variante de la «Lettre de consolation» sans qu'elle n'ait pas fait l'objet d'une réception arabe.[551]

Etant donné la présence de la rhétorique épistolaire dans le *Roman*, commençant avec la recension α, on constate une différence entre la «Lettre de consolation» et les autres épîtres. En fait, elle ne relève ni de la partie de la série des lettres à tonalité délibérative – comme par exemple toute la correspondance entre Alexandre et Darius précédant les affrontements militaires – ni des lettres à tonalité géographique – comme la *Lettre des merveilles,* témoin du passage de l'espace réel à un espace plutôt imaginaire.

En ce qui concerne sa transmission orientale, la «Lettre de consolation» pose un certain nombre de problèmes: Elle ne fait son apparition que dans une recension tardive du *Roman d'Alexandre*. Face à cette date tardive se trouvent les trois recensions arabes établies par A. Spitaler qui à leur tour précèdent chronologiquement la lettre grecque.[552] Pour l'étude des *Graeco-Arabica*, c'est la recension I qui est d'un plus grand intérêt que les recensions II et III où il n'est plus possible de découvrir une ressemblance thématique avec la «Lettre de consolation» du *Roman*. Selon F. Doufikar-Aerts, les trois versions les plus importantes de la recension I seraient celles de Ḥunayn ibn Isḥāq (91-93), de al-Mubaššir ibn Fātik (242, 249) et celle de Abū ʿAbd al-Malik (118a-b) qui n'a pas encore été éditée.[553]

Les lettres des recensions II et III sont si fortement imprégnées de l'innovation orientale marquée par une forte touche musulmane qu'elles peuvent être laissées délibérément de côté. Il faudrait noter, néanmoins, que le patriarche melkite Eutychius présente la «Lettre de

550 Vasiliev (1915) 108.
551 Trumpf (1974) 45, 4.
552 Spitaler (1956) 3/4; *cf.* également le tableau détaillé de Doufikar-Aerts (2010b) 122.
553 Doufikar-Aerts (2010b) 50-58.

consolation» sous la forme de la recension II et non pas, comme on pourrait supposer, sous forme de la recension I. Il conserve une traduction de l'épisode de l'empoisonnement d'Alexandre assez proche du *Roman.* Cet épisode précède immédiatement la lettre en question. Le fait que l'épisode de l'empoisonnement est beaucoup plus proche du *Roman* du Pseudo-Callisthène que la «Lettre de consolation» illustre assez bien qu'Eutychius a retravaillé des sources d'origine hétérogène. Quoi qu'il en soit de la version d'Eutychius, revenons à la chronologie même de la «Lettre de consolation». Cet anachronisme et la problématique du relais gréco-arabe sont mis en évidence par F. Doufikar-Aerts:

> The only instance that this type of letter has been found in Greek is in the L-recension, a sub-recension of β, which has been transmitted in the 15th-century Leiden manuscript Vulcanii n.93. Although the Greek version is considered to be the forerunner of the Arabic, this cannot be verified. Given the unicity and late date of the Greek manuscript-version and the early and wide circulation of the various Arabic versions of the letter, it is not impossible that the opposite took place and that the Arabic version was the basis for the Greek. (…) It is also possible that both the Greek and Arabic versions were elaborations of the motif independently taken from the Greek gnomic tradition. Furthermore, it should be noted that the Syriac recension of the Alexander Romance does not contain a Letter of Consolation, while the Ethiopic version – most probably via the Arabic intermediary – does.[554]

D'un point de vue chronologique, il n'est pas certain que la lettre grecque insérée au texte L ait précédé les trois recensions arabes. S'agit-il d'une traduction du grec à l'arabe ou *vice versa*?

De plus, la transmission de cette lettre pose autre problème, celui du passage de la traduction syriaque du VII$^{e}$ siècle appartenant à la famille de la recension α à la traduction éthiopienne du XIV$^{e}$ siècle qui a été traduite d'une version arabe désormais perdue: La «Lettre de consolation» ne figure pas dans la traduction syriaque mais elle figure dans la traduction éthiopienne. Il est probable qu'elle a été introduite dans cette chaîne de transmission grâce à la version arabe perdue.

Comme la lettre de consolation figure – sous forme de deux recensions, la recension I et II de Spitaler – dans la collection de sentences de Ḥunayn ibn Isḥāq, *Kitāb ādāb al-falāsifa (Livre des sentences des philosophes)*, elle devrait prendre son origine dans une collection de sentences datant de l'époque byzantine où le traducteur nestorien aurait puisé l'ensemble des sentences. La recension I de la «Lettre de consolation» est annoncée da la manière suivante chez Ḥunayn ibn Isḥāq[555]:

| | |
|---|---|
| Nouvelle d'Alexandre *(ḫabar al-Iskandar)* à la fin de sa maladie lorsqu'il savait avec certitude qu'il allait mourir, ⟨parce qu'⟩on lui avait fait boire du poison. ⟨Voici⟩ sa lettre à sa mère ⟨dans laquelle⟩ il lui défend la tristesse et il lui ordonne la patience. | خبر الاسكندر في آخر علّته لمّا أيقن بالموت, وكان سُقي سُمّاً وكتابه إلى أمّه ينهاها عن الجزع ويأمرها بالصبر عنه |

554 Doufikar-Aerts (2010b) 120/121.
555 Badawī (1985) 91.

En comparant la «Lettre de consolation» du *Roman* avec la lettre de Ḥunayn ibn Isḥāq, on doit constater qu'il ne s'agit pas d'une traduction littérale du grec à l'arabe. Le début de la version arabe est si différent de la version grecque que nous nous contentons de mettre en parallèle un extrait de la fin de la lettre de Ḥunayn ibn Isḥāq qui est apparenté en quelque sorte au texte L du *Roman*, c'est-à-dire où l'on peut relever des motifs communs:

*Roman d'Alexandre*[556]

προσέταξε δὲ γράψαι ⟨πρὸς⟩ τὴν μητέρα αὐτοῦ οὕτως·
Il ordonna d'écrire à sa mère ce qui suit:

Βασιλεὺς Ἀλέξανδρος τῇ γλυκυτάτῃ μοι μητρὶ χαίρειν. δεξαμένη μου ταύτην τὴν τελευταίαν γραφὴν ποίησον ἄριστον πολυτελῆ εἰς ἀντάμειψιν τῆς ἄνω προνοίας τὸν τοιοῦτόν σοι παρασχούσης υἱόν. πλὴν εἰ βούλει με θεραπεῦσαι, αὐτὴ δι' ἑαυτῆς πορευθεῖσα συνάγαγε πάντας μικρούς τε καὶ μεγάλους, πλουσίους καὶ πένητας ἐν τῷ ἀρίστῳ λέγουσα πρὸς αὐτούς·

Le roi Alexandre salue sa mère qui lui est très chère. Quand tu recevras cette dernière lettre de ma part, organise un festin somptueux pour remercier la providence divine de t'avoir donné un tel fils. Si tu veux m'honorer, sors toi-même pour réunir tout le monde lors du festin, les grands et les petits, les riches et les pauvres, en leur disant:

«ἰδοὺ τὸ ἄριστον ἡτοίμασται· δεῦτε εὐωχηθῆτε. πλὴν μηδεὶς ἐξ ὑμῶν ⟨ὃς⟩ ἔχει θλῖψιν ἢ νῦν ἢ ἔκπαλαι εἰσέλθῃ, ὅτι οὐ θλίψεως ἄριστον ἐποίησα ἀλλὰ χαρᾶς.» ἔρρωσον μήτηρ.

«Voilà que le festin est préparé: allons

Ḥunayn ibn Isḥāq[557]

ومُري, يا أُمُّ, ببناء مدينة عظيمة حين يرد عليك موت الإسكندر وأعدّي فيها من الطعام والشراب, واحشري الناس إليها من بلاد لوبية وأورفية ومقدونية وآسية, ليوم معلوم إلى طعام مُعدّ وشراب مُتّخذ (...)

Ordonne, mère, la fondation d'une grande ville au moment où la mort d'Alexandre *(al-Iskandar)* t'est rapportée, prépare-y à manger et à boire, rassemble-y des gens de la Lybie *(Lūbiyya)*, de l'Europe *(Ūrufiyya)*, de la Macédoine *(Maqadūniyya)* et de l'Asie *(Āsiyya)* le jour fixé pour un dîner et une boisson préparés (…)

فإذا تمّ ذلك, فتقدمنَّ إلى الناس كافةً أن يحضروا ذلك الطعامَ والشراب, وألّا يتخلّف أحدٌ عن حضور موائد الملكة التي اتخذتها لإكرامهم في يوم كذا وكذا. ثم نادي في الناس: "لا يحضر طعام الملكة ولا يدخل دارها أحدٌ أصابته مصيبة, ليكون مأتم الإسكندر مخالفاً لمآتم العامة."

Lorsque cela sera achevé, ordonne à tous les

556 Van Thiel (1974) III, 33.
557 Badawī (1985) 93.

festoyons. Mais que nul qui parmi vous est accablé d'un chagrin actuel ou passé n'entre ⟨au banquet⟩, parce que j'ai organisé un festin, non de chagrin, mais de joie.» Porte-toi bien, ma mère.

gens d'être présents au dîner et à la boisson, que personne ne s'absente[558] de la présence au rendez-vous de la reine qui l'avait choisi entre plusieurs pour leur préparer un mets dans un tel et tel jour. Puis, invite les gens: «Que personne ne sois présent au dîner de la reine et que personne n'entre dans son palais qui a été frappé d'un malheur à cause de la mort d'Alexandre *(al-Iskandar)*, contrairement à la mort d'un homme commun.»

Τοῦτο δὲ ποιήσασα ἡ Ὀλυμπιάς, οὐδεὶς παρεγένετο ἐν τῷ ἀρίστῳ οὔτε μικρὸς οὔτε μέγας, οὐ πλούσιος οὐ πένης εὑρέθη δίχα θλίψεως. εὐθὺς οὖν ἐπέγνω ἡ μήτηρ αὐτοῦ τὴν σοφίαν αὐτοῦ καὶ ὡς ὅτι ἐκεῖ τῶν ὄντων ἐξῆλθεν Ἀλέξανδρος καὶ χάριν παραμυθίας ἔγραψεν ταῦτα, ὡς ὅτι οὐ ξένον τι συνέβη τούτῳ, ἀλλὰ τοῖς πᾶσι συμβὰν καὶ συμβαῖνον.
Après qu'Olympias avait eut fait cela, personne ne vint au festin, ni grand ni petit, ni riche ni pauvre qui se trouva sans chagrin. Aussitôt, sa mère reconnut donc sa sagesse, qu'Alexandre avait quitté là-même les vivants et il lui a écrit cela pour la consoler, que rien d'étrange ne lui était arrivé sinon ce qui est arrivé et arrive à tout le monde.

Dans la chronologie de l'apparition de la «Lettre de consolation», il faut constater qu'elle ne se limite pas à la littérature de sagesse puisqu'un auteur comme l'historien al-Yaʿqūbī mentionne dans ses *Historiae*[559] une version qui reflète la version grecque correspondant à la recension I d'A. Spitaler:

Lorsqu'il perdit tout espoir de vie en sachant qu'il allait mourir, il s'arrêta dans un lieu pour écrire une lettre à sa mère dans laquelle il la consolait de sa mort. Il lui dit à la fin: «Prépare-moi un festin et rassemble-moi des femmes puissantes du royaume. Qu'⟨aucune d'elles⟩ ne mange de ton

فلمّا يئس من نفسه وعلم ان الموت قد نزل به كتب الى امّه كتابا يعزّيها عن نفسه وقال لها فى آخره اصنعى طعاما واجمعى من قدرت عليه من نساءٍ اهل المملكة ولا يأكل من

558 La traduction littérale serait «ne reste derrière les autres».

559 Houtsma (1883) 162.

dîner qui n'ait jamais été frappé d'un malheur.» Elle fit préparer le dîner et rassembla les gens. Ensuite, elle leur ordonna que ne mangent pas seulement celles qui n'ont jamais été frappées d'un malheur *(bi-muṣība)*. Personne ne mangeait.

طعامك من اصيب بمصيبة قطّ فعملت طعاما
وجمعت الناس ثم امرتهم ألّا يأكل من اصيب
بمصيبة قطّ فلم ياكل احد.

L'historien al-Yaʿqūbī fait preuve d'un style assez simple, presque monotone, qui se déploie à travers la citation de la «Lettre de consolation» et également à travers le récit des événements marquant la conséquence de la lettre. Une version singulière inconnue du *Roman* offre al-Mubaššir ibn Fātik[560] l'occasion d'élargir le récit romanesque au profit d'une version centrée sur la réaction d'Olympias. C'est la mère d'Alexandre qui se retrouve au centre et non plus son fils dont l'enterrement devient ainsi le prétexte à une sorte de θρῆνος de la part de sa mère:

Lorsque les sages *(al-ḥukamāʾ)* cessèrent de parler, elle ordonna de ⟨le placer⟩ dans le cercueil, puis de l'enterrer à Alexandrie. Ensuite, elle prépara un dîner comme Alexandre *(al-Iskandar)* l'avait ordonné dans sa lettre à elle. Les femmes se présentèrent chez elle. Lorsque le dîner fut placé devant elles, elle se leva devant elles: «Qu'aucune femme ne mange de son dîner chez qui la tristesse *(ḥuzn)* serait entrée ou qui aurait été frappé d'un malheur *(muṣība)*.» Lorsqu'elles eurent entendu cela, elles s'abstinrent de manger et dirent: «La tristesse est entrée dans la maison de chacune d'entre nous et nous avons été frappées de malheurs.» Elle dit: «Pourquoi vois-je les femmes stupéfaites! Je pense que le malheur et la tristesse (*al-ḥuzn)* les ont toutes touchées tout à coup comme moi.»

ولما فرغ الحكماء من كلامهم أمرت بالتابوت
فدفن بالاسكندرية. ثم صنعت طعامًا كما أمرها
الاسكندر فى كتابه إليها, وأحضرت لها
النساء. فلما وُضع الطعام بين أيديهن أقمت
عليهن أن لا تأكل من طعامها امرأة دخل بيتها
حزن, أو أصابتها مصيبة. فلما سمعن ذلك
أمسكن عن الطعام وقُلن: "كلنا قد دخل
بيوتنا الحزن وأصابتنا المصائب". فقالت: "مالى
أرى النساء حيارى! إنى لأظن البلاء والحزن
قد دخل عليهن أجمعين مثل ما دخل علىّ."

En conclusion, la «Lettre de consolation» a connu un développement singulier dans l'Orient en se démarquant nettement de son modèle grec du texte L. Elle s'inscrit comme les sentences des philosophes du chapitre suivant, dans la tradition de la littérature de sagesse où elle n'est plus dissociable de termes étroitement liés au deuil tels que *ḥuzn* «tristesse» ou encore *muṣība* «malheur» présents à la fois chez al-Yaʿqūbī et al-Mubaššir ibn Fātik.

### 2.3.9 Les sentences des philosophes (ε 46)

Sans équivalent exact dans le *Roman*, ces sentences ont été prononcées à la tombre d'Alexandre à Alexandrie selon la tradition orientale, en syriaque et en arabe. On verra comment la recension ε aurait pu avoir contribué à la génèse d'un genre si populaire auquel Th. Nöldeke porte un jugement plutôt défavorable:

560 Badawī (1958) 242.

> Die Orientalen haben ja überhaupt mit Vorliebe lehrhafte Zusätze an die Geschichte Alexander's gehängt. Namentlich gehören hierhin die Aussprüche der Weisen an Alexander's Sarg bei Masʿūdī u.s.w. u.s.w. deren verschiedene Gestalten eine kleine, ebenso gut gemeinte wie einschläfernde, Litteratur bilden.[561]

L'étude de ce genre en lui-même et de son évolution dans de nombreux recueils serait l'objet d'une étude spécialisée sur ce sujet dépassant le cadre du présent chapitre. Il s'agira seulement de montrer que la recension ε du *Roman d'Alexandre* annonce déjà le succès de ces collections de sentences dans l'Orient. La popularité de ce genre auprès du public contemporain, à l'époque du califat abbaside, est attestée également par la définition que al-Mubaššir ibn Fātik[562] en donne lui-même. Sa collection de sentences ne serait que la version abrégée d'un «grand ouvrage historique complet»:

D'autres hommes prononcèrent des paroles de sagesse (*ḥikma*) et des exhortations (*al-mauʿiẓa*) comme ceux-ci se prononcèrent et ils s'adressèrent à lui brièvement (*iḫtiṣāran*) en peu de mots. J'ai exposé cela et d'autres histoires à son sujet dans mon grand ouvrage historique complet.

وقال جماعات أُخر من الناس من الحكمة
والموعظة مثل ما قال هؤلاء وحذفته
اختصاراً. وقد أوردته وباقى أخباره فى تاريخى
الكبير مستوفىً على تمامه.

Le genre des sentences est défini par le fait de contenir «des paroles de sagesse et des exhortations» marquées par la brièveté. Le terme technique pour la brièveté du discours est *iḫtiṣāran*, le nom d'action ou le *maṣdar* de la forme VIII signifiant «parler en peu de mots», «abréger (son discours)». Chez le traducteur nestorien Ḥunayn ibn Isḥāq, dans le *Kitāb ādāb al-falāsifa (Livre des sentences des philosophes)*[563] la scène de l'*Histoire d'Alexandre (ḫabar al-Iskandar)* est introduite de la manière suivante:

Il y eut un ⟨chapitre⟩ de l'*Histoire d'Alexandre (ḫabar al-Iskandar)* au moment de sa mort, où il fut déposé dans un cercueil en or. Puis, ils l'emmenèrent en le faisant porter par les nobles, les grands et les gens de bonne famille, sur leurs épaules, jusqu'à Alexandrie, où il fut placé devant les yeux de ceux qui étaient présents parmi les gens de son royaume et des philosophes pour qu'ils prononcent des sentences qui devaient être retenues d'eux, servant d'exemple *(ʿibra)* et d'exhortation *(mauʿiẓa)*.

وكان من خبر الإسكندر حين هلك, أنه
جُعل في تابوتٍ من ذهب, ثم انطلقوا به
محمولاً يحمله الأشراف والعظماء وأهل
البيوتات على عواتقهم, حتى أتوا به
الإسكندرية. فوُضع نصْب أعين من حضر
من أهل مملكته وأهل الفلسفة ليتكلموا
بكلام يحفظ عنهم, ويكون عبرةً وموعظة.

Selon O. Overwien, l'ensemble du chapitre chez Ḥunayn ibn Isḥāq présenterait une version cohérente remonterant au *Roman* du Pseudo-Callisthène.[564] Les sentences prononcées par

561 Nöldeke (1890) 48.
562 Badawī (1958) 241.
563 Badawī (1985) 98.
564 *Cf.* le chapitre 1.2.3.3.

les philosophes servent ainsi à la fois d'«exemple» *(ʿibra)* et d'«exhortation» *(mauʿiẓa)*. Chez le rhéteur grec du IV^e siècle ap. J.-C. Aphthonius, la chrie (χρεία) «maxime», «sentence» sert aussi d'«exemple» (παραδείγματι), terme qui correspond à *ʿibra* «exemple». Au début du chapitre ΠΕΡΙ ΧΡΕΙΑΣ dans les *Progymnasmata*,[565] il définit la chrie de façon générale:

| | |
|---|---|
| Χρεία ἐστὶν ἀπομνημόνευμα σύντομον εὐστόχως ἐπί τι πρόσωπον ἀναφέρουσα. | La chrie est une parole mémorable, concise et sagace qui illustre le caractère d'un personnage quelconque. |

L'adjectif σύντομος «concis» désigne de la même manière que le *maṣdar iḫtiṣāran* la caractéristique formelle de la chrie, «la parole mémorable», c'est-à-dire dont le souvenir a une fonction pédagogique. Les traités d'Ælius Théon, d'Aphthonius, du Pseudo-Hermogène de Tarse que l'on appelle Προγυμνάσματα «Exercices préparatoires» ainsi que les modèles d'exercices de Libanios étaient à l'époque impériale et au début de l'époque byzantine dans les écoles de rhétorique destinés aux élèves qui, avant de composer eux-mêmes des discours, étaient censés apprendre les fondements de la prose au moyen de courtes compositions – les exercices préparatoires. Selon l'historien al-Masʿūdī,[566] les philosophes, qui sont censés prononcer ces sentences, occupent la fonction de conseillers royaux:

| | |
|---|---|
| Lorsqu'Alexandre *(al-Iskandar)* mourut, les sages *(al-ḥukamāʾ)* – qui l'avaient accompagné – grecs, perses et indiens ainsi que des sages d'autres peuples l'entourèrent. Il avait l'habitude de les réunir et de suivre leur conseil. Il ne prenait aucune décision sans les avoir consultés (…). | فلمَّا مات الإسكندر طافت به الحكماء ممَّن كان معه من حكماء اليونانيِّين والفُرس والهند وغيرهم من علماء الأُمم، وكان يجمعهم ويستريح إلى كلامهم ولا يُصدر الأُمور إلَّا عن رأيهم .(...) |

Les sages *(al-ḥukamāʾ)* – issus des trois peuples qui se trouvent au centre de chaque livre du Pseudo-Callisthène, les Grecs au premier, les Perses au deuxième et les Indiens au troisième livre – sont présentés comme les conseillers d'Alexandre. Une telle définition rattache les sentences des philosophes au genre du miroir des princes.

En rapprochant le genre des sentences des philosophes des différentes recensions du *Roman d'Alexandre*, on constate clairement que l'origine de la scène des philosophes réunis autour de la tombe du Macédonien doit être recherchée dans la recension ε.[567] Celle-ci va plus loin que les versions précédentes en introduisant «le dernier discours de tous ⟨les discours⟩» (πάντων τὸν ὕστατον λόγον) d'Alexandre. Ce discours qui, en réalité, est un poème en dodécasyllabes témoigne de l'agonie du Conquérant au milieu d'une scène

565 Patillon (2008) 4.
566 Barbier de Meynard/Pavet de Courteille/Pellat (1966) § 675.
567 Trumpf (1974) 46, 3.

«emplie de chants funèbres» (πάντα θρῆνοις μέστα). Il est présenté par sa qualité d'orateur prononçant son dernier discours devant l'assemblée de ses successeurs:

Καὶ ἦν ἰδεῖν πάντα θρήνοις μεστά.
ἐπένθουν Μακεδόνες, ὠλοφύροντο
Πέρσαι, καὶ Ἀλέξανδρος μέλλων
ἐκπνέειν τόνδε ἔλεξε πάντων
ὕστατον λόγον·
Ὃς τὴν ἅπασαν οἰκουμένην διῆλθον,
ἀοίκητόν τε καὶ σκοτεινώδη γαῖαν,
φυγεῖν δ' οὐκ ἐξίσχυσα τὴν
εἱμαρμένην·
κύλιξ δὲ πικρὰ τῷ θανάτῳ προδίδει,
νέκυσι προπέμψασα φαρμάκου μίξει.
βλέπων δὲ στρατὸς θανεῖν
βιαζόμενον
βοηθῆσαι θέλοντες ἀδυνατοῦσιν.
λοιπὸν ἐν Ἅιδῃ κείσομαι τεθαμμένος.

Ταῦτα εἰπὼν παρεκάλεσε πάντας ἐν τῇ κατ' Αἴγυπτον ταφῆναι Ἀλεξανδρείᾳ, καὶ ὑπὸ πάντων τῷ τάφῳ παραπεμφθῆναι, μετὰ δὲ τὸ ταφῆναι αὐτὸν ἕκαστος γὰρ τῇ ἀφορισθείσῃ αὐτῷ ἀπελθεῖν βασιλείᾳ.

On pouvait voir toute une scène emplie de chants funèbres. Les Macédoniens étaient dans le deuil, les Perses se lamentaient, et Alexandre, qui était sur le point de mourir, prononça le tout dernier de ses discours:

Moi, qui parcourus la terre habitée en entier,
La terre ⟨et celle qui est⟩ inhabitée et ténébreuse,
Sans être assez fort pour échapper au destin.
Une coupe amère me livre à la mort,
Elle m'accompagne chez les morts par son mélange de poison.
L'armée, qui me voit contraint de mourir,
Voulant venir à mon secours, ils sont impuissants.
Désormais, je vais être étendu mort, enterré dans l'Hadès.

Après avoir prononcé ces mots, il les exhorta (παρεκάλεσε) tous à l'enterrer à la ville d'Alexandrie en Égypte et à tous l'accompagner au tombeau. Après son enterrement, ⟨il exhorta⟩ chacun à rentrer dans son propre royaume.

Le début du discours d'Alexandre (Ὃς τὴν ἅπασαν οἰκουμένην διῆλθον) résonne dans la sentence suivante d'un philosophe chez al-Masʿūdī dans les *Murūǧ aḏ-ḏahab wa-maʿādin al-ǧawhar (Les prairies d'or et les mines de pierres précieuses)*[568]:

Le vingtième dit: «Celui qui est souvent allé autour ⟨du monde⟩, s'arrête maintenant pour longtemps».

قال العشرين: "هذا الذي دار كثيرًا والآن يقرّ طويلًا"

De plus, l'allusion à la terre inhabitée (ἀοίκητὸν) et ténébreuse (σκοτεινώδη) pourrait être une référence aux conquêtes des espaces inconnus, voire mythiques, comme ceux qu'Alexandre a parcourus dans la région des Ténèbres que al-Bīrūnī caractérise ainsi dans la *Chronologie*: *wa-duḫūlu aẓ-ẓulmati fiš-šamāli* «et l'entrée des Ténèbres au Nord».[569] Par ailleurs, cette notion de la terre entière (Ὃς τὴν ἅπασαν οἰκουμένην διῆλθον)

568 Barbier de Meynard/Pavet de Courteille/Pellat (1966) § 676.
569 Sachau (1923) 36.

parcourue par Alexandre rappelle le τόπος issu de l'*incipit* du premier livre des *Maccabées* cité par Th. Nöldeke:

> Aber ein Volksbuch ist das seltsame Werk allerdings geworden. Trotz der bald darauf erfolgenden Christianisierung ist es im Osten und Westen ungemein viel gelesen. Das ganze Mittelalter hindurch und im Orient noch später hat man Alexander fast nur als den farblosen Helden des Romans gekannt, der διῆλθεν ἕως ἄκρων τῆς γῆς (1 Macc. 1,3), dessen Abenteuer aber weit über die Gränzen der Möglichkeit hinausgehn, der aber nicht entfernt an den Titanen heranreicht, den uns die Geschichte zeigt.[570]

Le syntagme des *Maccabées* διῆλθεν ἕως ἄκρων τῆς γῆς se retrouve ainsi légèrement modifié dans les *Annales* de l'historien al-Yaʿqūbī, plus précisément dans le θρῆνος de sa mère Olympias[571]:

| | |
|---|---|
| Et il fut maître (*ḥāza)* des extrémités de la terre de son royaume. | وحاز اقطار الارض ملكه. |

L'aoriste διῆλθεν ne correspond pas tout à fait sémantiquement au verbe arabe *ḥāza* «posséder», «être maître» à l'accompli. De plus, Olympias restreint le lieu d'action de son fils à «son royaume» au lieu de désigner le monde entier selon un τόπος littéraire répandu dans de nombreuses sources arabes.

La suite de ce dernier discours d'Alexandre dans la recension ε contient le concept de destin (τὴν εἱμαρμένην) à qui correspondent dans la *Chronologie*[572] de al-Bīrūnī «un pouvoir et une puissance extraordinaires» conférés au Bi-cornu de la part de Dieu:

| | |
|---|---|
| Il était un homme très vertueux à qui Dieu avait conféré un pouvoir et une puissance extraordinaires. | كان رَجُلًا صالحا شديدا قد أُعْطاه الله من السُّلطان والقُدرْة أمرًا عظيما |

Les exemples cités ne prouvent pas que la recension ε ait été traduite en arabe mais qu'elle partage un certain nombre d'idées avec des sources orientales. On pourrait songer à un échange d'idées entre l'Empire byzantin et le califat des Omeyyades et/ou des Abbasides?

Dans les collections de sentences populaires, l'art de la parole est ainsi omniprésent. C'est à travers de ces courtes sentences qu'elles soient des énoncés d'Aristote, d'un élève du Stagirite, d'un sage ou d'une femme autrement iconnue qu'Alexandre apparaît en tant qu'orateur comme dans les *Annales*[573] du patriarche melkite d'Alexandrie Eutychius:

| | |
|---|---|
| Le sage Aristote *(Arisṭāṭālīs)* prononça ⟨ceci⟩: Alexandre *(al-Iskandar)*, doué de la parole *(nāṭiq)* nous a quitté et celui qui est réduit au | وقال ارسطاطاليس الحكيم: صدر عنا الاسكندر ناطقًا وقدم علينا صامتًا. |

570 Nöldeke (1890) 11.
571 Houtsma (1883) 63.
572 Sachau (1923) 36.
573 Cheikho (1906) 83.

silence *(ṣāmit)* nous a abordé.

Cette sentence attribuée au philosophe de Stagire définit le Macédonien de façon assez neutre par le participe actif à l'accusatif *nāṭiq*[574] «doué de la parole», participe qui exprime une opposition au participe *ṣāmit* «qui ne parle pas» avec lequel il forme un *homoioteleuton*. Une variation par rapport aux sages, aux philosophes, qui ont marqué le genre en question, nous apparaît chez Ḥunayn ibn Isḥāq où la sentence est prononcée par une femme anonyme[575]:

Une autre ⟨femme⟩ dit: «Quel excellent orateur *(naʿma al-wāʿiẓ)* qui fut Alexandre *(al-Iskandar)* hier, tandis qu'aujourd'hui il avertit plus *(auʿaẓu)* qu'hier.»

وقالت أخرى: نِعم الواعظ كان الإسكندر بالأمس, وهو اليومَ أوعظ منه بالأمس.

La sentence est introduite par la particule d'éloge et d'admiration *naʿma* que l'on peut également vocaliser *niʿma*, *niʿima*, *niʿama*, *niʿammā* ou *niʿimmā*. Cela marque la dimension de l'éloge de l'orateur royal. Cette particule se rapporte au participe actif *wāʿiẓ* que l'on traduit littéralement par celui «qui avertit», «qui exhorte». Une variation de cette sentence se retrouve chez le polygraphe al-Ǧāḥiẓ dans le *Kitāb al-ḥayawān (Livre des animaux)*[576]:

Certains sages ont vu les funérailles d'Alexandre *(al-Iskandar)*, un certain dit: Si Alexandre *(al-Iskandar)* était plus éloquent *(anṭaqa)* hier qu'aujourd'hui, il avertit *(auʿẓu)* davantage aujourd'hui qu'hier.

ونظر بعض الحكماء إلى جنازة الإسكندر، فقال: إنّ الإسكندرَ كان أمسِ أنطقَ منه اليوم، وهو اليومَ أوعَظُ منه أمس.

Il exprime l'opposition temporelle «hier» *(ams)* et «aujourd'hui» *(al-yaum)* à travers les élatifs *anṭaqa* «plus éloquent» et *auʿẓu* «il exhorte davantage». Il y a une antithèse entre l'état du passé et celui du présent. Chez al-Mubaššir ibn Fātik, Alexandre est présenté de la même manière comme un véritable orateur *(al-minṭīq)*[577]:

Un élève d'Aristote *(Arisṭūṭālīs)* se leva, frappa de sa main le cercueil en disant: «Ô très-disert *(al-minṭīq)*! Que tu es muet!»

فقام بعض تلاميذ اريسطوطاليس فضرب بيده على التابوت وقال: ايها المنطيق! ما أخرسك!

Le début de la sentence qui est attribuée à un élève non spécifié du philosophe de Stagire insiste davantage sur l'état du présent, à savoir la mort. D'un point de vue lexicologique, la

574 *Cf.* aussi Strohmaier (2012) 44: Arabisch *nāṭiq* heißt wörtlich übersetzt «sprechend», aber in der Sprache der Übersetzer aus dem Griechischen als eine etwas zu wörtliche Wiedergabe von griechisch *logikos* auch «vernünftig».

575 Badawī (1985) 97.

576 *Kitāb al-ḥayawān (Livre des animaux)*, ʿAbd as-Salam Muḥammad Hārūn (éd.), Beyrouth 1969, tome 6, 605.

577 Badawī (1958) 240.

qualification «très-disert» *(al-minṭīq)* dérive de la racine trilittère *naṭaqa* «parler» qui comporte aussi l'usage réel de la faculté de parler. L'homme qui a reçu la sagesse *(ḥikma)* parle avec raison. Cette racine a été choisie pour traduire le terme grec λόγος «parole», «raison».[578] La mère d'Alexandre, Olympias occupe un rôle singulier dans les collections des sentences. La sentence suivante se trouvant chez al-Mubaššir ibn Fātik est marquée par la même opposition entre le passé et le présent, entre la capacité de s'exprimer et le fait de se taire[579]:

«La merveille, mon fils, toi qui as atteint le ciel par ta sagesse et les régions de la terre avec ton royaume, les rois se sont soumis à toi de force – comment peux-tu dormir aujourd'hui et ne pas te réveiller? Tu gardes le silence et tu ne parles ⟨plus⟩ (…).»

"العجب يابنيّ لمن بلغت السماء حكمته، وأقطارَ الأرض ملكه، ودانت له الملوك عنوةً – كيف هو اليوم نائم لا يستيقظ، وساكت لا يتكلم! (...)"

Cependant, il y a encore une opposition entre la conquête du monde connu divisé entre le ciel et la terre, la sagesse étant associée au ciel et le royaume à la terre. Alexandre apparaît comme un conquérant universel, presque divin auquel «les rois» *(al-mulūk)* se seraient soumis. La sentence prononcée par Olympias est également proche d'un genre poétique, la monodie que la critique littéraire appelle un θρῆνος «chant de deuil». Dans l'*Histoire variée*, le polygraphe de l'époque impériale, Elien conserve une anecdote qui s'inscrit dans le même esprit que la sentence que l'on vient de citer[580]:

Ὀλυμπιὰς ἡ Ἀλεξάνδρου πυθομένη ὅτι πολὺν χρόνον ὁ παῖς αὐτῆς ἄταφος μένει, βαρὺ ἀναστήνουσα καὶ θρηνοῦσα εὖ μάλα λιγέως «ὦ τέκνον», εἶπεν, «ἀλλὰ σὺ μὲν οὐρανοῦ μετασχεῖν βουλόμενος καὶ τοῦτο σπεύδων, νῦν οὐδὲ τῶν κοινῶν δήπου καὶ ἴσων πᾶσιν ἀνθρώποις μετασχεῖν ἔχεις, γῆς τε ἅμα καὶ ταφῆς· (…)»

Olympias, la mère d'Alexandre, après avoir appris que son enfant restait longtemps sans sépulture, gémissait fortement et se lamentait énormément, avec des cris perçants, «mon enfant», dit-elle, «mais toi, tu qui voulais avoir ta part du ciel et qui visais à cela, à présent, tu n'as même pas une part aux choses communes, sans doute, et égales à tous les hommes: la terre et un tombeau. (…)»

Il est peu probable que la sentence de al-Mubaššir ibn Fātik soit une traduction de l'anecdote d'Élien. Elle met en évidence de quelle manière les thèmes littéraires ont traversé les siècles et comment ils ont pu passer d'une langue à l'autre en intéressant toute sorte de public.

578 EI², VI, 442-452 (R. Arnaldez).

579 Badawī (1958) 241.

580 *Claudii Aeliani de natura animalium libri xvii, varia historia, epistolae, fragmenta*, Hercher (R.)(éd.), Leipzig 1866, tome II,13, 30.

# 3 Conclusion

Au sein des *Graeco-Arabica* pas un seul ouvrage de l'historiographie grecque n'a été transmis – ni de l'époque classique ni des historiens d'Alexandre. L'Orient a fait la connaissance d'Alexandre le Grand à travers la traduction du Pseudo-Callisthène qui a été perçu comme une véritable source historique, alors que son caractère fictionnel a été remis au second plan sans avoir été pleinement reconnu. Un tel ouvrage anonyme n'obéit pas du tout aux règles de la traduction dite «technique».

En effet, un seul texte grec ne correspond pas à une traduction arabe unique. Bien au contraire, le *Roman* du Pseudo-Callisthène se caractérise par une évolution constante d'une recension à l'autre. Jusqu'à présent, l'absence d'une traduction arabe intégrale complique la tâche de l'examiner sous le fond des *Graeco-Arabica.* Néanmoins, F. Doufikar-Aerts a annoncé avoir trouvé une version du *Roman d'Alexandre* intégralement conservée en arabe, la *Sīrat al-malik Iskandar ḏī l-qarnayn (Vie du roi Alexandre, le Bi-cornu)* copiée par un certain Quzmān et effectuée à partir de la traduction syriaque (*δ) dont le modèle grec n'a pas été conservé. La publication de l'édition, qu'elle est en train de préparer, jettera certainement plus de lumière sur la question de la réception arabe du *Roman* et fournira de nouvelles données afin de compléter la «mosaïque» littéraire de ce dernier dans l'Orient.

Quels chapitres des différentes recensions grecques ont été traduits en arabe ou font objet d'une réélaboration thématique? Les résultats de l'enquête philologique, c'est-à-dire la recension grecque la plus importante pour chaque chapitre évoqué, sont résumés dans le tableau suivant:

| Chapitre | Titre du chapitre | Quelle recension grecque a été traduite en arabe? |
|---|---|---|
| I, 1-14 | La naissance d'Alexandre | Traduction de la recension β |
| I, 16 | Alexandre et Aristote | Traduction de la recension β |
| I, 23 | Le tribut | Réélaboration arabe de la recension β à travers la traduction syriaque |
| I, 24 | Pausanias | Traduction arabe de la recension α ou β? |
| I, 25 | Discours délibératif d'Alexandre aux Grecs | Réélaboration musulmane de la recension β |
| I, 31 | La fondation d'Alexandrie | Traduction de la recension β? |
| I, 36/38 | L'échange épistolaire entre Alexandre et Darius | Réélaboration à partir de la recension β |
| II, 20 | La mort de Darius | Traduction de la recension β |
| II, 21 | La crucifixion des assassins de Darius | Traduction de la recension α ou β? |
| II, 38 | La plongée sous-marine | Réélaboration arabe du texte L |

| | | |
|---|---|---|
| II, 41 | Le vol aérien | Réélaboration arabe du texte L |
| II, 39-41 | La source de l'immortalité & Gog et Magog | Réélaboration arabe de deux motifs littéraires grecs |
| III, 1 | L'exploration de l'Inde | Traduction de la recension β |
| III, 3/4 | La ruse des statues & Le duel entre Alexandre et Porus | Traduction de la recension β |
| III, 5/6 | Les Brahmanes | Traduction de la recension β |
| III, 17 | L'*Epistola Alexandri ad Aristotelem* | Traduction de la recension α à travers un intermédiaire syriaque |
| III, 18-23 | Candace | Réélaboration d'une recension grecque |
| III, 25 | Les Amazones | Allusion au *Roman d'Alexandre* |
| III, 31/32 | L'empoisonnement d'Alexandre | Réélaboration à partir de la recension α |
| III, 33 | La «Lettre de consolation» | Traduction arabe d'une version grecque contenue dans une collection de sentences de l'époque byzantine ou réélaboration de la version du texte L? |
| ε 46 | Les sentences des philosophes | ≈ recension ε |

Il paraît que la recension β ait joué un rôle de premier plan pour ce qui est de la réception arabe. Néanmoins, il résulte très souvent difficile de trancher entre la recension α de l'époque impériale et la recension β de l'époque byzantine ce qui confirme *grosso modo* la thèse de K. F. Weymann selon laquelle la traduction arabe du *Roman* a été faite à partir d'éléments issus de ces deux recensions. Il paraît, par ailleurs, qu'il y a des manuscrits grecs appartenant à la recension β qui n'ont pas été pris en compte par L. Bergson.[1] La révision cette édition de 1956 serait donc un *desiderativum* pour des recherches futures concernant le *Roman d'Alexandre* et les *Graeco-Arabica*. Comme une édition critique devrait être à la base d'une examination approfondie des sources, je me contente à signaler cette question qui pourrait éventuellement élargir davantage le panorama de la tradition arabe.

D'un point de vue technique, il y a deux manières de transmission écrite: la traduction littérale et la réélaboration thématique. Parfois, il résulte nécessaire d'avoir recours à la transmission orale pour décrire ce qui ne peut pas être expliqué au moyen de la philologie «pure». En réalité, la question de l'oralité est loin d'être résolue de façon définitive car il manque très souvent des preuves physiques pour fonder une telle supposition.

D'un point de vue thématique, le noyau gréco-romain du *Roman d'Alexandre* va être enrichi dans l'Orient de traditions syriaques et persanes pour donner lieu à des développements nouveaux. Une étude qui prendrait en compte non seulement les sources syriaques mais également les sources persanes telles que les épopées de Firdausī et Niẓāmī

1 C'est grâce aux remarques critiques et savantes de F. Doufikar-Aerts et J. Niehoff-Panagiotidis que j'ai pris conscience de ce fait.

pourrait ainsi compléter le cadre de la réception orientale, si riche et si peu explorée pour ce qui est notamment des auteurs arabo-chrétiens ou pour ceux dont il n'y a pas encore d'édition. Par ailleurs, l'étude des sources hébraïques et leur influence sur la traduction arabe du *Roman d'Alexandre* peut certainement fournir de nouveaux éléments.

# Bibliographie

## Editions et traductions (corpus de textes)

Adler/Tuffin (2002) = *The Chronography of George Syncellos*, Adler (W.)/Tuffin (P.)(éds.), Oxford 2002.

Badawī (1985) = Ḥunayn ibn Isḥāq, *Kitāb ādāb al-falāsifa (Livre des sentences des philosophes)*, Badawī (A.)(éd.), Kuwayt 1985.

Badawī (1958) = al-Mubaššir ibn Fātik, *Muḫtar al-ḥikam wa-maḥāsin al-kalim (Choix de proverbes et beauté des sentences)*, Badawī (A.)(éd.), Madrid 1958.

Barbier de Meynard/Pavet de Courteille/Pellat (1966) = al-Masʿūdī, *Murūǧ aḏ-ḏahab wa-maʿādin al-ǧawhar (Les prairies d'or et les mines de pierres précieuses)*, Barbier de Meynard (Ch.A.C.)/Pavet de Courteille (A.)(éds.)/édition revue par Pellat (Ch.), Beyrouth 1966, vol.I.

Bar Hebraeus (1890) = *Tarīḫ al-muḫtaṣar ad-duwal (Histoire abrégée des pays)*, Beyrouth 1890.

Bergson (1956) = *Der griechische Alexanderroman. Rezension β*, Bergson (L.)(éd.), Stockholm/Göteborg/Uppsala 1956.

Boer (1973) = *Epistola Alexandri ad Aristotelem*, Boer (W.W.)(éd.), Meisenheim am Glan 1973.

Bounoure/Serret (1992) = Bounoure (G.)/Serret (B.), *Le Roman d'Alexandre: la vie et les hauts faits d'Alexandre de Macédoine*, Paris 1992.

Breydy (1985) = Breydy (M.), *Das Annalenwerk des Eutychios von Alexandrien: Ausgewählte Geschichten und Legenden kompiliert von Saʿīd ibn Baṭrīq um 935 A.D*, Louvain 1985, vol.I-II.

Budge (1896) = *The History of Alexander the Great. Being the Syriac Version of Pseudo-Callisthenes*, Budge (E.A.W.)(éd.), Amsterdam 1976 (New York 2003).

Budge (1932) = *The Chronography of Gregory Abū'l-Faraj (Bar Hebraeus)*, Budge (E.A.W.)(éd.), vol.1, London 1932 [Amsterdam 1976].

Budge (1933) = *The Alexander Book in Ethiopia*, Budge (E.A.W.)(éd.), London 1933.

Callu (2010) = *Julius Valère. Roman d'Alexandre*, Callu (J.P.)(éd.), Turnhout 2010.

Chambry (2012) = Ésope, *Fables*, Chambry (E.)(éd.), Paris 2012.

Cheikho (1906) = Eutychius (Saʿīd ibn al-Baṭrīq), *Annales*, Cheikho (L.)(éd.), Beryti-Parisiis-Lipsiae 1906.

Chiron (1992) = Démétrius, *Du Style*, Chiron (P.)(éd.), Paris 1992.

Doufikar-Aerts (2010a) = Doufikar-Aerts (F.)(éd.), «A letter in Bits and Pieces: The Epistola Alexandri ad Aristotelem Arabica. A First Edition with Translation Based on Four 16th-18th Century Manuscripts», dans Kerr (R.)/Milo (T.)(éds.), *Writings and Writing from another World and another Era in honour of J.J. Witkam*, Cambridge 2010, 91-115.

Engelmann (1963) = *Der griechische Alexanderroman. Rezensio Γ*, Engelmann (H.)(éd.), II, Meisenheim am Glan 1963.

Feldbusch (1976) = *Der Brief Alexanders an Aristoteles über die Wunder Indiens. Synoptische Edition*, Feldbusch (M.)(éd.), Meisenheim am Glan 1976.

Flügel (1871) = Ibn an-Nadīm, *Kitāb al-fihrist (Livre de la table des matières)*, Flügel (G.)(éd.), Leipzig 1871.

García Gómez (1929) = *Un nuevo texto árabe occidental de la leyenda de Alejandro*, García Gómez (E.)(éd.), Madrid 1929.

De Goeje (1879) = aṭ-Ṭabarī, *Taʾrīḫ ar-rusul wa-l-mulūk (Histoire des prophètes et des rois)*, de Goeje (M.J.)(éd.), Lugduni Batavorum 1879, I.

De Goeje (1885) = Ibn al-Faqīh, *Compendium libri Kitāb al-buldān*, de Goeje (M.J.)(éd.), Leiden 1885.

De Goeje (1894) = al-Masʿūdī, *Kitāb at-tanbīh wa-l-išrāf (Livre de l'avertissement et de la surveillance)*, de Goeje (M.J.)(éd.), Lugduni Batavorum 1894.

Guirgass (1888) = ad-Dīnawarī, *Al-aḫbār aṭ-ṭiwāl (Les histoires détaillées)*, Guirgass (W.)(éd.), Lugduni Batavorum 1888.

Houtsma (1883) = al-Yaʿqūbī, *Historiae*, Houtsma (M.Th.)(éd.), Lugduni Batavorum 1883.

Krenkow (1936/37) = al-Bīrūnī, *Kitāb al-ǧamāhir fil-maʿrifa l-ǧawāhir (Livre des éléments les meilleurs de la connaissance des pierres précieuses)*, Krenkow (F.)(éd.), Hydarabad 1936/37.

Kroll (1926) = *Historia Alexandri Magni (Pseudo-Callisthenes). Recensio vetusta*, Kroll (W.)(éd.), Berlin 1926.

Von Lauenstein (1962) = *Der griechische Alexanderroman. Rezensio Γ*, von Lauenstein (U.)(éd.), I, Meisenheim am Glan 1962.

Lidzbarski (1893) = Lidzbarski (M.), «Zu den arabischen Alexandergeschichten», dans *Zeitschrift für Assyrologie*, VIII, 1893, 263-312.

Magnino (1987) = Plutarco, *Alessandro*, Milano 1987.

Maróth (2006) = *The Correspondence between Aristotle and Alexander the Great. An Anonymous Greek Novel in Letters in Arabic Translation*, Maróth (M.)(éd.), Piliscsaba 2006.

Massé (1973) = Massé (H.), *Abrégé du livre des pays*, Damas 1973.

Meissner (1895) = Meissner (B.), «Mubašširs Aḫbâr el-Iskender», *Zeitschrift der Deutschen Morgenländischen Gesellschaft*, 1895, 583-627.

Mohl (1841) = Mohl (J.), «Extraits du Modjmel el-Tewarikh», *Journal Asiatique* 1841, tome XI, 136-361/tome XII, 497-536.

Parthe (1969) = *Der griechische Alexanderroman. Rezensio Γ*, Parthe (F.)(éd.), III, Meisenheim am Glan 1969.

Patillon (2008) = Patillon (M.)(éd.), *Préambule à la rhétorique (Aphthonius/Ps.Hermogène)*, Paris 2008.

Pococke (1663) = Bar Hebreaus (Gregorius Abū l-Farağ), *Taʾrīḫ muḫtaṣar ad-duwal (Histoire abrégée des pays)*, Pococke (E.)(éd.), Oxoniæ 1663.

Ritter (1954) = *Asrār al-balāġa. The mysteries of eloquence of ʿAbdalqāhir al-Jurjānī*, Ritter (H.)(éd.), Istanbul 1954.

Reinink (1983) = *Das syrische Alexanderlied. Die drei Rezensionen*, Reinink (G.)(éd.), Louvain 1983.

Reinink (1993) = *Die syrische Apokalypse des Pseudo-Methodius*, Reinink (G.)(éd.), Louvain 1993.

Ruska (1912) = *Das Steinbuch des Aristoteles*, Ruska (J.)(éd.), Heidelberg 1912.

Russel/Wilson (1981) = *Menander Rhetor*, Russel (D.A.)/ Wilson (N.)(éds.), Oxford 1981.

Sachau (1910) = *Al-Biruni's India*, Sachau (E.)(éd.), London 1910.

Sachau (1923) = al-Bīrūnī, *Kitāb al-āṯār al-bāqiya ʿan al-qurūn al-ḫāliya (Le livre des vestiges restants des siècles passés)*, Sachau (E.)(éd.), Leipzig 1923.

Sternbach (1963) = *Gnomologium Vaticanum*, Sternbach (L.)(éd.), Berlin 1963.

Strohmaier (2002) = Strohmaier (G.), *Al-Bīrūnī. In den Gärten der Wissenschaft*, Leipzig 2002.

Tallet-Bonvalot (1994) = Tallet-Bonvalot (A.), *Le Roman d'Alexandre*, Paris 1994.

Trumpf (1974) = *Anonymi byzantini Vita Alexandri Regis Macedonum*, Trumpf (J.)(éd.), Stuttgart 1974.

Thurn (2000) = Malalas, *Chronographie*, Thurn (J.)(éd.), Berlin 2000.

Van Thiel (1959) = *Die Rezension λ des Pseudo-Kallisthenes*, van Thiel (H.)(éd.), Bonn 1959.

Van Thiel (1974) = *Leben und Taten Alexanders von Makedonien: Der griechische Alexanderroman nach der Handschrift L*, van Thiel (H.)(éd.), Darmstadt 1983.

Vasiliev (1910) = Agapius (Maḥbūb Ibn Qusṭanṭīn), «Kitāb al-ʿunwān. Histoire universelle (I,1)», Vasiliev (A.)(éd.), dans Graffin (R.)/Nau (F.), *Patrologia orientalis*. Tome V .Fasc.4, Paris/Fribourg 1910, 562-691.

Vasiliev (1915) = Agapius (Maḥbūb Ibn Qusṭanṭīn), «Kitāb al-ʿunwān. Histoire universelle (I,2)», Vasiliev (A.)(éd.), dans Graffin (R.)/Nau (F.), *Patrologia orientalis*. Tome XI. Fasc.1, Paris/Fribourg 1915, 1-144.

Wüstenfeld (1849) = *Zakarija Ben Muhammed Ben Mahmud el-Cazwini's Kosmographie. 'Kitāb ʿAjā'ib al-Makhlūqāt', die Wunder der Schöpfung*, Wüstenfeld (F.)(éd.), Göttingen 1849.

Zotenberg (1900) = aṯ-Ṯaʿālibī, *Ġurar aḫbār mulūk al-fars wa-siyarihim (L'origine des nouvelles des rois persans et leurs vies)*, Zotenberg (H.)(éd.), Paris 1900.

Zuwiyya (2001) = *Islamic Legends concerning Alexander the Great: taken from two medieval Arabic manuscripts in Madrid*, Zuwiyya (Z.D.)(éd.), Albany, NY 2001.

## Etudes

Abbott (1957) = Abbott (N.), *Studies in Arabic Literary Papyri – I Historical Texts*, Chicago 1957.

Abel (1955) = Abel (A.), *Le Roman d'Alexandre. Légendaire médiéval*, Bruxelles 1955.

Abumalham (1991) = Abumalham (M.), «Alejandro "Dū l-Qarnayn" en el Kitāb ādāb al-falāsifa», Anaquel de estudios árabes, Nº 2, 1991, 75-118.

Anderson (1932) = Anderson (A.R.), *Alexander's Gate, Gog and Magog, and the Inclosed Nations*, Cambridge (Mass.) 1932.

Asirvatham (2012) = Asirvatham (S.), «Alexander the Philosopher in the Graeco-Roman, Persian and Arabic Traditions», dans Stoneman (R.)/Erickson (K.)/Netton (I.)(éds.), *The Alexander Romance in Persia and the East*, Groningen 2012, 311-326.

Bachmann (2002/03) = Bachmann (P.), «'Der mit den zwei Hörnern': Alexander der Große in Werken der arabischen Literatur», dans Grimm (G.)(éd.), *19./20. Trierer Winkelmannsprogramm*, Mainz am Rhein 2002/03, 1-19.

Bielawski/Plezia (1970) = Bielawski (J.)/Plezia (M.), *Lettre d'Aristote à Alexandre sur la politique envers les cités*, Wroclaw 1970.

Van Bladel (2008) = Van Bladel (K.), «The Alexander Legend in the Qur'ān 18:83-102», dans Reynolds (G.S.)(éd.), *The Qur'ān in its historical context*, London 2008, 175-203.

Blok (1995) = Blok (J.), *The early Amazons: modern and ancient perspectives on a persistant myth*, Leiden 1995.

Briant (2003) = Briant (P.), *Darius dans l'ombre d'Alexandre*, Paris 2003.

Brock (1970) = Brock (S.), «The Laments of the Philosophers over Alexander in Syriac», dans *Journal of Semitic Studies* XV, 1970, 205-18.

Brock (1994) = Brock (S.), «Greek and Syriac in Late Antique Syria», dans Bowman (A.K.)/Woolf (G.)(éds.), *Literacy and power in the Ancient World*, Cambridge 1994, 149-160.

Brock (2003) = Brock (S.), «Syriac Translations of Greek Popular Philosophy», dans Bruns (P.) (éd.), *Von Alexandrien nach Bagdad*, Bonn 2003, 9-28.

Brocker (1966) = Brocker (M.), *Aristoteles als Alexanders Lehrer in der Legende*, Bonn 1966.

Bruns (2003) = Bruns (P.) (éd.), *Von Alexandrien nach Bagdad*, Bonn 2003.

Cary (1956) = Cary (G.), *The Medieval Alexander*, Ross (D.J.A.)(éd.), Cambridge 1956.

Casari (2012) = Casari (M.), «The King Explorer: A Cosmographic Approach to the Persian Alexander», dans Stoneman (R.)/Erickson (K.)/Netton (I.)(éds.), *The Alexander Romance in Persia and the East*, Groningen 2012, 175-204.

Ciancaglini (1997) = Ciancaglini (C.A.), «Gli antecedenti del romanzo di Alessandro», dans Valvo (A.)(éd.), *La diffusione dell'eredità classica nell'età tardo antica e medievale. Il 'Romanzo di Alessandro' e altri scritti*, Alessandria 1997, 55-93.

Colin (2007) = Colin (G.), *Alexandre le Grand-héros chrétien en Ethiopie: Histoire d'Alexandre (Zênâ Eskender)*, Leuven 2007.

Cottrell (2012) = Cottrell (E.), «Al-Mubaššir ibn Fātik and the α Version of the Alexander Romance», dans Stoneman (R.)/Erickson (K.)/Netton (I.)(éds.), *The Alexander Romance in Persia and the East*, Groningen 2012, 233-254.

Dahmen (2007) = Dahmen (C.), *The Legend of Alexander the Great on Greek and Roman Coins*, London-New York 2007.

Demandt (2009) = Demandt (A.), *Alexander der Große. Leben und Legende*, München 2009.

Di Branco (2009) = Di Branco (M.), *Storie arabe di Greci e di Romani*, Pisa 2009.

Di Branco (2011) = Di Branco (M.), *Alessandro Magno. Eroe arabo del medioevo*, Roma 2011.

Dönitz (2011) = Dönitz (S.), «Alexander the Great in Medieval Hebrew Traditions», dans Zuwiyya (Z.D.) (éd.), *A Companion to Alexander Literature in the Middle Ages*, Leiden 2011, 21-39.

Dönitz (2013) = Dönitz (S.), *Überlieferung und Rezeption des Sefer Yosippon*, Tübingen 2013.

Van Donzel/Schmitt (2010) = Van Donzel (E.)/Schmitt (A.), *Gog and Magog in Early Eastern Christian and Islamic Sources. Sallam's Quest for Alexanders Wall*, Leiden-Boston 2010 [avec une contribution de C.Ott].

Doufikar-Aerts (1994) = Doufikar-Aerts (F.C.W.), «A Legacy of the 'Alexander Romance' in Arab Writings», dans Tatum (J.) (éd.), *The Search for the Ancient Novel*, Baltimore-London 1994, 323-43.

Doufikar-Aerts (1996) = Doufikar-Aerts (F.C.W.), «Alexander the Great and the Pharos of Alexandria», dans Bridges (M.)/Bürgel (J.Ch.) (éds.), *The problematics of power. Eastern and Western representations of Alexander the Great*, Bern 1996, 191-202.

Doufikar-Aerts (2010b) = Doufikar-Aerts (F.C.W.), *Alexander Magnus Arabicus. A Survey of the Alexander Tradition through Seven Centuries: From Pseudo-Callisthenes to Ṣūrī*, Paris-Leuven-Walpole 2010.

Doufikar-Aerts (2010c) = Doufikar-Aerts (F.C.W.), «Dionysus, Enoch and Zakhraf: Deity, Prophet and King of the Jinn. Metamorphoses of the Golden Letter», dans Lalomia (G.)/Pioletti (A.) (éds.), *Medioevo romanzo e orientale. Temi e motivi epico-cavallereschi fra Oriente e Occidente*, Soveria Mannelli 2010, 115-128.

Doufikar-Aerts (2012) = Doufikar-Aerts (F.C.W.), «King Midas' ears on Alexander's head», dans Stoneman (R.)/Erickson (K.)/Netton (I.)(éds.), *The Alexander Romance in Persia and the East*, Groningen 2012, 61-80.

Fahd (1966) = Fahd (T.), *La divination arabe*, Leiden 1966.

Fahd (1991) = Fahd (T.), «La version arabe du 'Roman d'Alexandre'», dans *Graeco-Arabica*, IV 1991, 25-31.

Friedländer (1931) = Friedländer (I.), *Die Chadirlegende und der Alexanderroman*, Leipzig 1931.

Genequand (1996) = Genequand (C.), «Sagesse et pouvoir: Alexandre en Islam», dans Bridges (M.)/Bürgel (J.Ch.)(éds.), *The problematics of power. Eastern and Western representations of Alexander the Great*, Bern 1996, 125-33.

Gleixner (1961) = Gleixner (H.), *Das Alexanderbild der Byzantiner*, München 1961.

Gouguenheim (2008) = Gouguenheim (S.), *Aristote au mont Saint-Michel. Les racines grecques de l'Europe chrétienne*, Paris 2008.

Grignaschi (1965-66) = Grignaschi (M.), «Les 'Rasāʾil Arisṭāṭālīsa ilā l-Iskandar' de Sālim Abū l-ʿAlāʾ», dans *Bulletin d'Etudes Orientales de Damas*, XIX 1965-66, 7-83.

Grignaschi (1967) = Grignaschi (M.), «Le roman épistolaire classique conservé dans la version arabe de Sālim Abū l-ʿAlāʾ», dans *Le Muséon*, LXXX 1967, 211-64.

Grignaschi (1969) = Grignaschi (M.), «La 'Nihāyat l-arab fī aḫbār mulūk al-Furs wa-l-ʿArab (première partie)», dans *Bulletin d'Etudes Orientales de Damas*, XXII 1969, 15-67.

Grignaschi (1973) = Grignaschi (M.), «La 'Nihāyat al-arab fī aḫbār mulūk al-Furs wa-l-ʿArab et les Siyaru mulūki-l-ağam du Ps. Ibn al-Muqaffaʿ», dans *Bulletin d'Etudes Orientales de Damas*, XXVI 1973, 83-184.

Grignaschi (1996) = Grignaschi (M.), «Un roman épistolaire gréco-arabe: la correspondence entre Aristote et Alexandre», dans Bridges (M.)/Bürgel (J.Ch.)(éds.), *The problematics of power. Eastern and Western representations of Alexander the Great*, Bern 1996, 109-23.

Gutas (1975) = Gutas (D.), *Greek Wisdom Literature in Arabic Translation. A Study of the Graeco-Arabic Gnomologia*, New Haven 1975.

Gutas (1998) = Gutas (D.), *Greek Thought, Arabic Culture*, London-New York 1998.

Habby (1997) = Habby (J.), «Alessandro incendiario di libri?», dans Valvo (A.)(éd.), *La diffusione dell'eredità classica nell'età tardo antica e medievale. Il 'Romanzo di Alessandro' e altri scritti*, Alessandria 1997, 135-141.

Heckel/Tritle (2009) = Heckel (W.)/Tritle (L.A.)(éds.), *Alexander the Great. A new History*, Oxford 2009.

Högemann (1985) = Högemann (P.), *Alexander der Große und Arabien*, München 1985.

Hunnius (1904) = Hunnius (C.), *Das syrische Alexanderlied*, Göttingen 1904.

Jacob (1983) = Jacob (C.), «Carte greche», dans Prontera (F.)(éd.), *Geografia e geografi nel mondo antico. Guida storica e critica*, Bari 1983, 46-67.

Jacob (1990) = Jacob (C.), *Géographie et Ethnographie en Grèce ancienne*, Paris 1990.

Jouanno (2002) = Jouanno (C.), *Naissance et métamorphoses du 'Roman d'Alexandre'*, Paris 2002.

Kennedy (2002) = Kennedy (H.), «Islam», dans Bowersock (G.W.)/Brown (P.)/Grabar (O.)(éds.), *Interpretating Late Antiquity*, Cambridge and London 2002.

Khalidi (1975) = Khalidi (T.), *Islamic Historiography*, New York 1975.

Macuch (1991) = Macuch (R.), «Pseudo-Callisthenes Orientalis and the Problem of Ḏu l-Qarnain», dans *Graeco-Arabica*, IV 1991, 223-64.

Marín (1991) = Marín (M.), «Legends on Alexander in Muslim Spain», dans *Graeco-Arabica*, IV 1991, 71-89.

Mazzaoui (1991) = Mazzaoui (M.M.), «Alexander the Great and the Arab Historians», dans *Graeco-Arabica*, IV 1991, 33-43.

Merkelbach (1977) = Merkelbach (R.), *Die Quellen des griechischen Alexanderromans*, München 1954 (1.éd.) [1977 (2.éd. en collaboration avec TRUMPF (J.)].

Michel (1975) = Michel (A.), *La géographie humaine du monde musulman jusqu'au milieu du 11^e^ siècle. Géographie arabe et représentation du monde: la terre et l'étranger*, Paris 1975, tome II.

Monferrer Sala (2011) = Monferrer Sala (J.P.), «Alexander the Great in the Syriac literary tradition», dans Zuwiyya (Z.D.)(éd.), *A Companion to Alexander Literature in the Middle Ages*, Leiden 2011, 41-72.

Nagel (1978) = Nagel (T.), *Alexander der Große in der frühislamischen Volksliteratur*, Waldorf-Hessen 1978.

Nöldeke (1890) = Nöldeke (Th.), *Beiträge zur Geschichte des Alexanderromans*, Wien 1890.

Overwien (2003) = Overwien (O.),«Ḥunayn b. Isḥāq, 'Ādāb al-falāsifa: Griechische Inhalte in einer arabischen Spruchsammlung», dans Piccione (R.M.)/Perkams (M.)(éds.), *Selecta colligere*, Alessandria 2003, 95-115.

Palagia (2012) = Palagia (O.), «The Impact of Alexander the Great in the Art of Central Asia», dans Stoneman (R.)/Erickson (K.)/Netton (I.)(éds.), *The Alexander Romance in Persia and the East*, Groningen 2012, 369-82.

Paret (1927) = Paret (R.), *Die Geschichte des Islams im Spiegel der arabischen Volksliteratur*, Tübingen 1927.

Paret (1980) = Paret (R.), *Der Koran. Kommentar und Konkordanz*, Stuttgart 1980.

Patillon (2010) = Patillon (M.), *La théorie du discours chez Hermogène le rhéteur. Essai sur les structures linguistiques de la rhétorique ancienne*, Paris 2010.

Pédech (1984) = Pédech (P.), *Historiens compagnons d'Alexandre*, Paris 1984.

Pellat (1970) = Pellat (Ch.), *Langue et littératures arabes*, Paris 1970 (1^e^ édition 1952).

Pellat (1976) = Pellat (Ch.), «Variations sur le thème de l'adab», dans *Etudes sur l'Histoire socio-culturelle de l'Islam (VIIe-XVe s.)*, London 1976.

Pernot (1993) = Pernot (L.), *La rhétorique de l'éloge dans le monde gréco-romain*, Turnhout 1993, tome I.

Pfister (1976) = Pfister (F.), *Kleine Schriften zum Alexanderroman*, Meisenheim am Glan 1976.

Pfister (1976a) = Pfister (F.), «Alexander der Grosse in den Offenbarungen der Griechen, Juden, Mohammedaner und Christen», dans *Kleine Schriften zum Alexanderroman*, Meisenheim am Glan 1976, 301-345.

Pfister (1976b) = Pfister (F.), «Das Nachleben von der Überlieferung von Alexander und den Brahmanen», dans *Kleine Schriften zum Alexanderroman*, Meisenheim am Glan 1976, 53-79.

Pfister (1976c) = Pfister (F.), «Chadir und Alexander», dans *Kleine Schriften zum Alexanderroman*, Meisenheim am Glan 1976, 143-150.

Piemontese (1999) = Piemontese (A.), «Le submersible Alexandrin dans l'abysse, selon Amir Khusrau», dans Harf Lancner (L.)/Kappler (C.)/Suard (F.)(éds.), *Alexandre le Grand dans les littératures occidentales et proche-orientales*, Paris 1999, 253-271.

Poggi (1997) = Poggi (V.), «Alessandro Magno, dal 'Romanzo' alla Sura 'della Caverna'», dans Valvo (A.)(éd.), *La diffusione dell'eredità classica nell'età tardoantica e medievale. Il 'Romanzo di Alessandro' e altri scritti*, Alessandria 1997, 197-208.

De Polignac (1982) = De Polignac (F.), «L'image d'Alexandre dans la littérature arabe: l'Orient face à l'Hellénisme», dans *Arabica* XXIX 1982, 296-306.

De Polignac (1991) = De Polignac (F.), «Alexandre maître des seuils et des passages: de la légende grecque au mythe arabe», dans Harf-Lancner (L.)/Kappler (C.)/Suard (F.)(éds.), *Alexandre le Grand dans les littératures occidentales et proche-orientales*, Paris 1991, 215-25.

De Polignac (1996) = De Polignac (F.), «Cosmocrator: l'Islam et la légende antique du souverain universel», dans Bridges (M.)/Bürgel (J.Ch.)(éds.), *The problematics of power. Eastern and Western representations of Alexander the Great*, Bern 1996, 149-164.

De Polignac (2000) = De Polignac (F.), «Echec de la perfection, perfection de l'inachevé. Le renversement du sens dans la légende arabe d'Alexandre», dans *Mélanges de l'Ecole française de Rome. Moyen-Âge, Temps modernes* T.112, N° 1 2000, 75-84.

Quṭb (1971) = Quṭb (S.), *Fī ẓilāl al-qur'ān (Dans l'ombre du Coran)*, IV (12-18), Le Caire 1972.

Radke (1992) = Radke (B.), *Weltgeschichte und Weltbeschreibung im mittelalterlichen Islam*, Beirut 1992.

Rashed (2001) = Rashed (R.), «Scienze esatte dal greco all'arabo: trasmissione e traduzione», dans Settis (S.)(éd.), *I Greci: Storia, Cultura, Arte, Società*, 3 I Greci oltre la Grecia, Torino 2001, 705-740.

Reinink (1999) = Reinink (G.J.), «Alexandre et le dernier empereur du monde: les développements du concept de la royauté chrétienne dans les sources syriaques du septième siècle», dans Harf Lancner (L.)/Kappler (C.)/Suard (F.)(éds.), *Alexandre le Grand dans les littératures occidentales et proche-orientales*, Paris 1999, 149-59.

Richter (1932) = Richter (G.), *Studien zur Geschichte der älteren arabischen Fürstenspiegel*, Leipzig 1932.

Romm (1992) = Romm (J.), *The Edges of the Earth in Ancient Thought: Geography, Explorations and Fiction*, Princeton 1992.

Rosenthal (1968) = Rosenthal (F.), *A History of Muslim Historiography*, Leiden 1968 (2.éd.).

Rosenthal (1975) = Rosenthal (F.), *The Classical Heritage of Islam*, Berkely 1975.

Samir (1997) = Samir (S.K.), «Les versions arabes chrétiennes du Roman d'Alexandre», dans Valvo (A.)(éd.), *La diffusione dell'eredità classica nell'età tardo antica e medievale. Il 'Romanzo di Alessandro' e altri scritti*, Alessandria 1997, 227-247.

Shboul (1979) = Shboul (A.M.H.), *Al-Masʿūdī & His World*, London 1979.

Spiegel (1851) = Spiegel (F.), *Die Alexandersage bei den Orientalen*, Leipzig 1851.

Spitaler (1956) = Spitaler (A.), «Die arabische Fassung des Trostbriefs Alexanders an seine Mutter», dans *Studi orientalistici in onore di Giorgio Levi della Vida*, II, Roma, 1956, 493-508 [aussi dans Spitaler (A.), *Philologica: Beiträge zur Arabistik und Semitistik*, Wiesbaden 1998, 174-189.].

Stoneman (2008) = Stoneman (R.), *Alexander the Great. A Life in Legend*, New Haven-London 2008.

Stoneman (2011) = Stoneman (R.), «Primary Sources from the Classical and Early Medieval Periods», dans Zuwiyya (Z.D.)(éd.), *A Companion to Alexander Literature in the Middle Ages*, Leiden 2011, 1-20.

Stoneman/Erickson/Netton (2012) = Stoneman (R.)/Erickson (K.)/Netton (I.)(éds.), *The Alexander Romance in Persia and the East*, Groningen 2012.

Strohmaier (1996) = Strohmaier (G.), *Von Demokrit bis Dante*, Hildesheim-Zürich-New York 1996.

Strohmaier (2003a) = Strohmaier (G.), *Hellas im Islam*, Wiesbaden 2003.

Strohmaier (2003b) = Strohmaier (G.), «Die Weisheit des kleinen Mannes. Das Gnomologium – eine ausgestorbene, aber dennoch amüsante Literaturgattung» dans Piccione (R.M.)/Perkams (M.)(éds.*), Selecta colligere*, Alessandria 2003, 3-16.

Strohmaier (2012) = Strohmaier (G.), *Zwischen Islamismus und Eurozentrismus*, Wiesbaden 2012.

Strohmaier (2013) = Strohmaier (G.), «Koranische Kosmologie und das Zusammentreffen der Meere», dans Fodor (P.)/Mayer (M.M.)/Szovák (K.)/Takács (L.)(éds.), *More Modoque. Die Wurzeln der europäischen Kultur und deren Rezeption im Orient und Okzident. Festschrift für Miklós Maróth*, Budapest 2013, 277-284.

Tarn (2003) = Tarn (W.W.), *Alexander the Great II Sources and Studies*, Cambridge 2003.

Weymann (1901) = Weymann (K.F.), *Die aethiopische und arabische Übersetzung des Pseudocallisthenes. Eine literaturkritische Untersuchung*, Kirchhain 1901.

Wheeler (2002) = Wheeler (B.M.), *Moses in the Quran and Islamic Exegesis* [Quranic Studies Series], London 2002.

Wheeler (2008) = Wheeler (B.M.), «The Alexander Legend in the Quran 18:83-102», dans Reynolds (G.S.) (éd.), *The Qur'an in its Historical Context*, London 2008, 175-203.

Wilcken (1931) = Wilcken (U.), *Alexander der Große*, Leipzig 1931.

Zacher (1876) = Zacher (J.), *Pseudocallisthenes-Forschungen zur Kritik und Geschichte der ältesten Aufzeichnung der Alexandersage*, Halle 1876.

Zuwiyya (2011) = Zuwiyya (Z.D.), «The Alexander Romance in the Arabic Tradition», dans Zuwiyya (Z.D.)(éd.), *A Companion to Alexander Literature in the Middle Ages*, Leiden 2011, 73-112.

## Ouvrages généraux

Bailly (1950) = Bailly (A.), *Dictionnaire grec-français*, Paris 1950.

De Biberstein Kazimirski (1860) = De Biberstein Kazimirski (M.), *Dictionnaire arabe-français*, Paris 1860.

Chantraine (1999) = Chantraine (P.), *Dictionnaire étymologique de la langue grecque. Histoire des mots*, Paris 1999 [1.édition 1968].

EI² (*Encyclopedia of Islam*) (1960-2005) = New Edition, Bearman (P.J.)/Bianquis (Th.)/Bosworth (C.E.)/van Donzel (E.)/Heinrichs (W.P.) et al. (éds.), Leiden 1960-2005.

Wehr (1998) = Wehr (H.), *Arabisches Wörterbuch für die Schriftsprache der Gegenwart*, Wiesbaden 1998.

# Index eclectique